汽车使用与保养

主　编　王　扬　于天宝
副主编　信建杰　依志国　袁金辉
　　　　郭秀红　范　茜
主　审　刘金华

北京理工大学出版社
BEIJING INSTITUTE OF TECHNOLOGY PRESS

内 容 简 介

本书全面地介绍了现代汽车维修人员在汽车使用和保养方面所应掌握和了解的相关知识和技能，注重职业素质的培养与提高，注重知识与技能的结合。本书共分两大部分，10个工作项目，44个工作任务。第一部分为汽车使用篇，涵盖五个工作项目，分别是：项目一，了解汽车文化；项目二，认识汽车结构；项目三，选购汽车；项目四，操纵使用汽车；项目五，驾驶汽车。第二部分为汽车保养篇，内容上也涵盖了五个工作项目，分别是：项目六，汽车售前检查；项目七，汽车7 500 km保养（首保）；项目八，汽车15 000 km保养；项目九，汽车30 000 km保养；项目十，汽车60 000 km保养。

本书可作为高等学校汽车服务、维修专业的教材以及从事汽车维修和服务的人员使用，也可供其他从事汽车相关工作的人员学习和参考。

图书在版编目（CIP）数据

汽车使用与保养／王扬，于天宝主编. —北京：北京理工大学出版社，2023.9重印

ISBN 978-7-5640-3043-8

Ⅰ.①汽… Ⅱ.①王…②于… Ⅲ.①汽车-使用-高等学校-教材②汽车-车辆保养-高等学校-教材 Ⅳ.①U471.2②U472

中国版本图书馆CIP数据核字（2010）第020486号

出版发行／北京理工大学出版社

社　　址／北京市海淀区中关村南大街5号

邮　　编／100081

电　　话／(010)68914775(办公室)　68944990(批销中心)　68911084(读者服务部)

网　　址／http：// www. bitpress. com. cn

经　　销／全国各地新华书店

印　　刷／廊坊市印艺阁数字科技有限公司

开　　本／787毫米×1092毫米　1/16

印　　张／19.75

字　　数／460千字

版　　次／2023年9月第1版第15次印刷　　责任校对／陈玉梅

定　　价／39.80元　　责任印制／边心超

教材编写委员会成员名单

（按姓氏笔画排序）

特邀审稿顾问

（按姓氏笔画排序）

出版说明

汽车产业是国民经济重要的支柱产业，产业链长、关联度高、就业面广、消费拉动大，在国民经济和社会发展中发挥着重要作用。进入21世纪以来，我国汽车产业高速发展，形成了多品种、全系列的各类整车和零部件生产及配套体系，产业集中度不断提高，产品技术水平明显提升，已经成为世界汽车生产大国。中国汽车业在产业飞速发展的同时，人才缺口也日益增大。汽车人才的培养不仅仅是为了填补这个缺口，更是中国汽车业的良性发展的需要。

北京理工大学出版社为顺应国家对于培养汽车专业技术人才的要求，满足企业对毕业生的技能需要，以服务教学、面向岗位、面向就业为方向，特邀请一批国内知名专家、学者、优秀学校骨干教师和企业专家编写并审读《面向“十二五”高等学校规划教材·汽车类》系列教材，力求为广大读者搭建一个高质量的学习平台。

本系列教材面向汽车类相关专业。作者结合众多学校学生的学习情况，本着“实用、适用、先进”的编写原则和“通俗、精炼、可操作”的编写风格，以学生就业所需的专业知识和操作技能为着眼点，力求提高学生的实际操作能力，使学生更好地适应社会需求。

一、教材定位

- 以内容为核心，注重形式的灵活性，使学生易于接受。
- 以实用、适用、先进为原则，使教材符合汽车类课程体系设置。
- 以就业为导向，培养学生的实际操作能力，达到学以致用的目的。
- 以提高学生综合素质为基础，充分考虑对学生个人能力的提高。

二、丛书特色

- 系统性强、定位明确。丛书中各教材之间联系密切，符合各个学校的课程体系设置，为学生构建了完整、牢固的知识体系。
- 层次性强。各教材的编写严格按照由浅及深，循序渐进的原则，采用以具体实操项目为单元的项目式编写方法，重点、难点突出，以提高学生的学习效率。

- 先进性强。本套教材吸收最新的研究成果和企业的实际案例，使学生对当前专业发展方向有明确的了解。
- 操作性强。教材重点培养学生的实际操作能力，并最大限度地将理论运用于实践中。本系列教材所选案例均贴合工作实际，以满足广大企业对汽车类专业应用型人才实际操作能力的需求，增强学生在就业过程中的竞争力。

本套教材适用于汽车维修、检测、营销等专业的高等学校使用，也可供相关专业从业人员参考。

前　言

随着我国国民经济的不断发展和人们生活水平的迅速提高，作为我国支柱产业之一的汽车工业正以前所未有的速度迅猛发展，汽车正在进入普通百姓家庭，其社会保有量急剧增加，买车、用车、养车已经成为生活的一部分，与此同时，社会对汽车维修行业从业人员的要求也不断提高。在这种形式下，本书在编写过程中力求体现“定位准确、注重能力、内容创新、结构合理、叙述通俗”的特色，并从汽车使用和保养实际出发，采用简明扼要，通俗易懂的方式叙述内容，以知识点必须、够用为度，注重实用性。同时，本书采用图文并茂的形式，深入浅出地介绍了汽车历史、购买汽车、汽车基础知识、汽车维护保养等内容。

本书共分两大部分，10 个工作项目，44 个工作任务。第一部分为汽车使用篇，涵盖五个工作项目，分别是：项目一，了解汽车文化；项目二，认识汽车结构；项目三，选购汽车；项目四，操纵使用汽车；项目五，驾驶汽车。第二部分为汽车保养篇，内容上也涵盖了五个工作项目，分别是：项目六，汽车售前检查；项目七，汽车 7 500 km 保养（首保）；项目八，汽车 15000 km 保养；项目九，汽车 30 000 km 保养；项目十，汽车 60 000 km 保养。

本书有两大特点：一是教学内容切入点准确。汽车使用部分的内容能够帮助读者解决今后买车、用车过程中遇到的实际问题；汽车保养篇内容源于企业真实生产任务，与企业按照行驶里程对车辆进行保养的实际情况相符合。二是教学资源丰富。实践教学指导录像将企业中不同行驶里程车辆的真实保养过程摄制成录像，并注重技师的操作规范性；通过 PPT 教学课件演示，以达到辅助教师授课和帮助学生理解的目的；建立了教学试题库和答案库，使每个任务都配有丰富的习题，并给出标准答案；按照工作过程系统化、任务引领的授课模式编写教学过程设计，给教师提供一种教学组织的参考；通过任务引领的方式，使学生在完成任务工单的同时，学习知识，掌握技能。

参与本书编写的所有编委会成员均长期工作在汽车维修和教学工作第一线，具有丰富实践经验和理论知识。本书由长春职业技术学院王扬、于天宝主编，刘金华主审，信建杰、依志国、袁金辉、郭秀红、范茜任副主编，参加编写的同志有高文智、卢臣、朱宏、张传慧、张士强、李彤、王军、孟思聪、金鑫、徐彦波、高忠义、徐西安、李萌、张华、姜吉光、于兆佳、常兴华、侯海等同志。

本书在编写过程中，参考了大量的国内外书籍和资料，以及一些相关网站，有些内容引自其中，在此对原作者表示诚挚的谢意！

由于编者水平和经验有限，书中难免存在疏漏和不足，恳请广大读者批评指正。

编　者

目 录

汽车使用篇

▶ **项目一　了解汽车文化** …… 3

工作任务 1.1　了解汽车发展史 …… 3
工作任务 1.2　了解汽车工业发展趋势 …… 12
复习思考题 …… 17

▶ **项目二　认识汽车结构** …… 18

工作任务 2.1　了解汽车发动机的工作原理及总体构造 …… 18
工作任务 2.2　了解汽车传动系统 …… 32
工作任务 2.3　了解汽车行驶系统 …… 39
工作任务 2.4　了解汽车转向系统 …… 40
工作任务 2.5　了解汽车制动系统 …… 43
工作任务 2.6　了解汽车车身 …… 45
复习思考题 …… 53

▶ **项目三　选购汽车** …… 54

工作任务 3.1　确定购车方案 …… 54
工作任务 3.2　掌握购车流程 …… 59
工作任务 3.3　评价车辆性能 …… 67
复习思考题 …… 74

▶ **项目四　操纵使用汽车** …… 75

工作任务 4.1　认识仪表指示灯 …… 75
工作任务 4.2　正确使用中央门锁 …… 83
工作任务 4.3　正确使用车窗升降器及滑动/外翻式天窗 …… 87

工作任务 4.4 正确使用车辆灯光 …… 90
工作任务 4.5 正确使用玻璃刮水器 …… 93
工作任务 4.6 正确使用车辆后视镜及调整电动座椅 …… 96
工作任务 4.7 正确使用自动空调系统 …… 102
工作任务 4.8 新车磨合、环保驾驶及汽车养护和清洁 …… 106
复习思考题 …… 113

▶ **项目五 驾驶汽车** …… 114

工作任务 5.1 汽车常规驾驶 …… 114
工作任务 5.2 汽车驾驶技巧 …… 121
工作任务 5.3 应急处理汽车常见故障 …… 130
工作任务 5.4 安全驾驶 …… 136
复习思考题 …… 154

汽车保养篇

▶ **项目六 汽车售前检查（PDI）** …… 157

工作任务 6.1 蓄电池检查 …… 158
工作任务 6.2 目视检查发动机和发动机舱 …… 166
工作任务 6.3 检查全车油品 …… 171
工作任务 6.4 检查汽车底部 …… 177
工作任务 6.5 检查轮胎 …… 182
工作任务 6.6 电脑检测与调整 …… 188
工作任务 6.7 调整驾驶室内各种设备 …… 195
工作任务 6.8 调整风挡清洗喷嘴 …… 201
复习思考题 …… 203

▶ **项目七 汽车 7 500 km 保养（首保）** …… 205

工作任务 7.1 更换机油及机滤 …… 205
工作任务 7.2 常规检查 …… 215
复习思考题 …… 218

▶ **项目八 汽车 15 000 km 保养** …… 219

工作任务 8.1 更换空气滤清器 …… 219
工作任务 8.2 更换空调滤清器 …… 222

工作任务 8. 3　更换燃油滤清器…… 226
复习思考题 …… 233

▶ **项目九　汽车 30 000 km 保养** …… 234

工作任务 9. 1　检查/更换火花塞 …… 234
工作任务 9. 2　清洗节气门…… 240
工作任务 9. 3　检查/更换制动片 …… 245
复习思考题 …… 259

▶ **项目十　汽车 60 000 km 保养** …… 260

工作任务 10. 1　更换制动液 …… 260
工作任务 10. 2　更换冷却液 …… 270
工作任务 10. 3　更换助力转向油 …… 276
工作任务 10. 4　更换 ATF …… 284
工作任务 10. 5　更换正时皮带 …… 295
复习思考题 …… 306

▶ **参考文献** …… 307

汽车使用篇

项目一

了解汽车文化

项目说明

这个项目主要介绍国内外汽车的发展历程、汽车相关文化背景以及国内外汽车及相关行业的发展现状等知识。目的是让学生全面了解汽车、熟悉汽车、爱好汽车，形成良好的汽车文化氛围。项目以文化为内涵，以素质为目标，集汽车史话知识与文化知识于一体，实现技术知识与文化知识的有机结合。

工作任务 1.1 了解汽车发展史

在所有的历史变迁中，车的变迁，可谓与人们生活息息相关，都具有时代个性，代表着一种文化背景和品位。从它的由简到繁、由人（畜）力到机械、由慢到快……我们无法考证其“车”的沧桑巨变。

1.1.1 车的由来

汽车是指本身具有动力装置，可以单独行驶并完成运载任务的无轨轮式车辆。现代汽车的概念中，动力装置通常是指内燃机或电动机，而不包括蒸汽机。

汽车作为重要的陆路交通工具，问世百余年来，取得了惊人的发展。目前，全世界有几亿辆汽车在陆地上行驶，并且以每年几千万辆的速度增长。汽车已成为人类最常用的交通工具，全世界有 1/2 以上的客货运输是由汽车完成的。人们最早发明汽车时，肯定没有想到日后它会对人类产生如此重大的影响。

早在几千年前，人类就知道使用车辆来运输人和重物（图 1.1.1）。公元前一世纪，人们开始设想利用蒸汽作为动力来代替人力和畜力，但直到 17 世纪，随着蒸汽机的出现，人们的这一设想才变成现实。

一、蒸汽机的发明

大家都知道，发动机分为内燃机和外燃机两种。现在的汽车上装用的都是内燃机，但最早的汽车上装用的却是外燃机——蒸汽机。1712 年，英国发明家纽科门研制出世界上第一

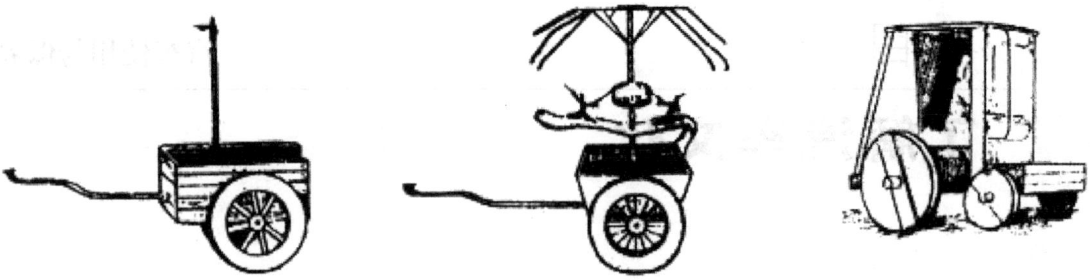

(a)　　　　(b)　　　　(c)

图 1.1.1　早期的车辆

(a) 三国时期的指南车；(b) 燕肃发明的记里鼓车；(c) 英国人发明的滑轮车

台蒸汽机（图 1.1.2）。这种蒸汽机用煤来烧开水，使水变成蒸汽，然后推动活塞产生动力。当时这种蒸汽机还很不完善，有许多问题没有解决，但毕竟可以代替人们一部分体力劳动。因此，在欧洲流行了近 60 年，主要用在煤及其他矿石的开采上。

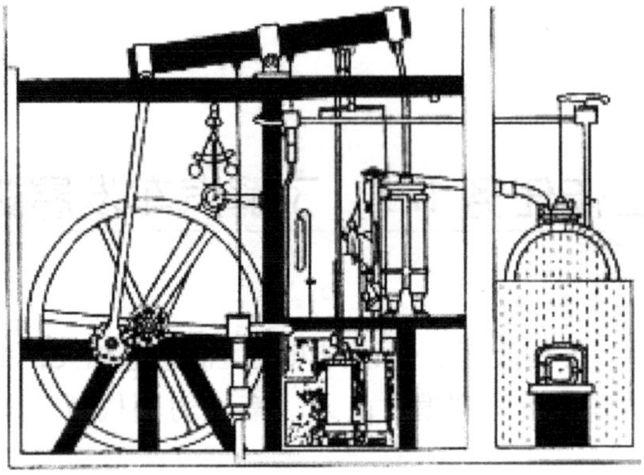

图 1.1.2　早期的蒸汽机

二、蒸汽汽车的出现

1769 年，法国军官库尼奥研制出世界上第一辆装用蒸汽机的三轮汽车（图 1.1.3）。这辆车的车轮、车架均为木制，没有转向装置，只能直线行驶，车速仅有 4km/h 左右。“汽车”由此而得名（也有人认为汽车的得名是因现代汽车大都使用汽油），这是汽车发展史上的第一个里程碑。

1781 年，英国人瓦特对纽科门发明的蒸汽机进行了改进，使其热效率提高，可靠性增加，从而使得蒸汽机进入实用阶段，在各行各业中得到广泛应用。在此后的 100 年，欧洲各国和英国的发明家，制造出了多种不同用途的蒸汽汽车；如英国人嘉内制成的蒸汽公共汽车（图 1.1.4）；美国人艾文思发明的水陆两用汽车；法国人佩夸尔研制的蒸汽牵引汽车等。

蒸汽汽车由于速度慢、体积大、污染严重，随着内燃机汽车的出现，便逐渐退出了历史舞台。

（a）

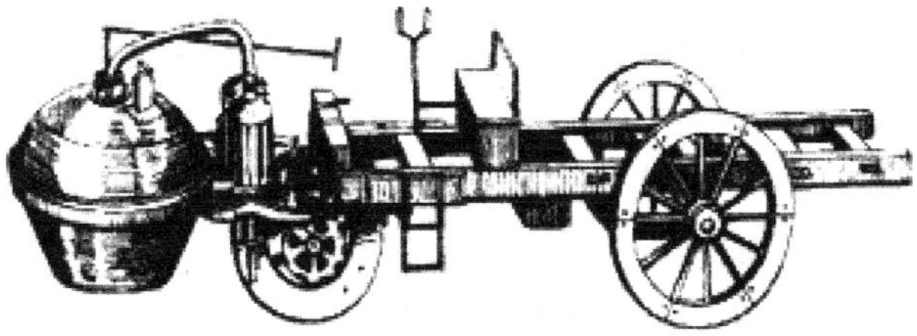

（b）

图 1.1.3　库尼奥和他的蒸汽汽车

（a）库尼奥；（b）世界上第一辆蒸汽汽车

三、内燃机汽车的问世

蒸汽机的燃油是在汽缸外面燃烧的，因此，其热量很容易散失，热效率很低。为了从根本上解决这一问题，人们便开始积极研究使燃油直接在汽缸内燃烧的动力装置，即内燃机。

1860 年，法国发明家勒努瓦成功地研制出了一台使用煤气作为燃油的单缸二冲程内燃机，这是世界上最早的内燃机。

1876 年，德国人奥托制成了第一台往复式四冲程内燃机（图 1.1.5）。这种内燃机利用活塞往复运动的四个行程，将吸入的煤气和空气的混合气压缩后，再点火燃烧，大大提高了内燃机的热效率。

图 1.1.4　早期的蒸汽公共汽车

图 1.1.5　奥托研制的内燃机

1885 年，德国人卡尔·本茨设计制造出了世界上第一辆装用汽油内燃机的三轮汽车（图 1.1.6）。这辆三轮汽车采用钢管焊接车架，辐条式车轮，发动机为单缸四冲程，工作容积 1687 mL，转速 200 r/min，功率 1.103 kW，最高速度 18 km/h。1886 年 1 月 26 日，卡尔·本茨以这辆三轮汽车获得了汽车制造专利权，并正式注册。在世界汽车史上，这一天被公认为首辆汽车诞生日。卡尔·本茨也被公认为汽车发明人。

图 1.1.6　本茨研制的世界上第一辆内燃机汽车

1.1.2 汽车发展史上的三次重大变革

近120年的汽车发展史表明：汽车诞生于德国、成长于法国、发展于欧洲、成熟于美国、挑战于日本。

1886年，德国人卡尔·本茨和戴姆勒发明了汽车后，在欧洲出现了一些生产汽车的公司。最早成立的汽车公司有德国的奔驰公司、戴姆勒公司，法国的标致公司、雷诺公司，英国的奥斯汀公司、罗浮公司，意大利的菲亚特公司等，欧洲是汽车工业的摇篮。德国人发明了汽车，而促进汽车发展的是法国人。1891年，法国人阿尔芒·标致对汽车结构进行了重新设计：发动机前置，后轮驱动，脱离了马车式的设计思路，奠定了传动系统的基本构造，汽车制造也从德国移向了法国；1898年，法国人路易斯·雷诺将万向节首先应用在汽车传动系统中，并发明了锥齿轮式主减速器。当时产量居世界第一，但手工生产，追求豪华，成本高，限制了汽车工业的发展。

一、第一次变革（成熟于美国）

美国福特公司推出T型汽车，发明了汽车装配流水线。1892年，美国查尔斯·杜里埃和弗兰克·杜里埃兄弟制造出美国历史上第一批以汽油发动机（简称汽油机）为动力的13辆汽车，但没有得到美国政府的重视。1903年，亨利·福特汽车公司成立。1908年，推出了大众化的T型车，使家庭轿车的梦想成为现实，在长达20年的T型车生产期间，T型车被称为“运载整个世界”的工具。1913年，福特汽车公司在汽车城底特律市建成了世界上第一条汽车装配流水线，使T型车成为大批量生产的开端，汽车的装配时间从12.5h减少到1.5 h，大大提高了生产率。1908年—1927年，T型车共生产了1500多万辆，售价从一辆850美元减少到360美元，可为大多数人接受。1915年，福特汽车公司的产量占美国各公司总产量的70%，而德、英、法等欧洲各国的汽车总产量也不过是美国汽车产量的5%。1908年，美国通用汽车公司成立。由于亨利·福特不注重T型车的改进，使其显得单调、简陋。1927年，带有豪华饰件的通用公司的雪佛兰汽车赢得了人们的普遍欢迎，击败了独霸世界汽车市场20年的福特T型汽车，使其最终退出了汽车舞台。

二、第二次变革（发展于欧洲）

汽车产品单一化到汽车产品多样化的变革。欧洲人不甘心美国汽车一统天下，但又无法在规模和价格上与美国竞争，因此，采用了以下措施。

① 品种多样化。利用自己的技术优势，针对美国车型单一、体积庞大、油耗高等弱点开发了多姿多彩的新产品。例如，发动机前置前轮驱动，发动机后置后轮驱动，承载式车身，微型节油车等。尽量适应不同的道路条件、个人爱好等要求，与美国汽车公司抗衡。例如，严谨规范的奔驰、宝马；轻盈典雅的法拉利、雪铁龙；雍容华贵的劳斯莱斯、美洲虎；神奇的甲壳虫；风靡全球的“迷你”等车型。

② 取消欧盟各国关税。20世纪50年代末至60年代初，欧盟取消各国关税，各国汽车可在欧洲自由销售，多样化的设计一下子变成了最大优势，世界汽车工业重心一下子由美国移向西欧。1966年，欧洲汽车突破1000万辆，比1955年增长5倍，年均增长率为10.6%，超过北美汽车产量，成为世界上第二个汽车工业发展中心。1973年，欧洲汽车产量达到1500万辆。世界汽车工业又由美国转向欧洲。

三、第三次变革（挑战于日本）

日本在20世纪七八十年代完善生产管理，形成精益生产方式。

① 20世纪50年代之前。日本的汽车工业起步较晚，1933年，日本第一及第二大汽车公司丰田和日产汽车公司相继建立，但发展缓慢。

② 20世纪60年代后。丰田汽车公司采用“全面质量管理”：全员参加的、全过程的、全面运用一切有效方法、全面控制质量因素（人、机器、设备、材料、工艺方法、检测、环境）、全面经济效益的管理系统。引进“及时生产系统”，两者紧密衔接，推动了日本汽车工业的高速发展。1966年，日本人均国民生产总值突破1000美元（1960年只有500美元），为汽车普及创造了条件。同时，日本各汽车公司推出了物美价廉的汽车，其售价比20世纪50年代中期下降30%~50%，于是日本出现普及汽车的高潮。

③ 20世纪70年代后。1973年中东战争，引发全球石油危机，汽车由豪华气派型转向小型省油型，日本抓住时机，生产节油汽车，占领欧美市场。1973年，日本出口汽车达到200万辆；1977年，日本出口汽车达到400万辆；1980年，日本出口汽车量猛增到600万辆。由于日本实现了汽车国内销售量和出口量双高速增长，使得日本的汽车工业飞速发展，创造了世界汽车工业发展的奇迹。1960年，日本汽车产量仅为16万辆，远远低于美国和欧洲各主要汽车生产国的产量。1967年，汽车产量达到300万辆，超过欧洲各主要汽车生产国的产量，居世界第二位。1980年，日本汽车产量达到1100万辆，首次超过美国，跃居世界第一位。日本成为继欧洲、美国之后的第三个汽车工业发展中心，世界汽车工业又发生了从欧洲到日本的第三次转移。

1.1.3　我国汽车发展简史

一、旧中国的汽车

1901年，一个叫李恩思的匈牙利人将两辆美国生产的奥兹莫比尔汽车从香港运到上海，从此中国开始出现汽车。

我国现在保存最早的汽车——存放在颐和园的慈禧太后的座驾，被人冠以“中国第一车”的美名。这是袁世凯1902年从香港购买赠给慈禧的厚礼（图1.1.7）。

该车是德国奔驰公司1898年的产品，设有4个座位，发动机在前排底座下方，通过链条驱动后轮。汽车的造型还算气派，但谈不上豪华，采用开式车身，6根垂直的杆子支起一个精美的顶棚，车头还挂着两盏精美的黄铜煤油灯，更为出色的是钢板弹簧悬挂和4只充满气体的轮胎大大提高了汽车的平顺性。

1929年，我国汽车进口量已达8781辆，世界各国汽车蜂拥而入。1930年，上海已陆续出现了从事汽车或零部件销售、汽车出租的洋行。中国汽车保有量为38484辆，却没有一辆国产汽车，不少有知之士都想制造中国的汽车，可是限于当时的情况，都没能实现。

1912年，孙中山先生在江阴视察江防工作时，曾做了“关于道路与自动车建设”的专题报告，阐明了修筑公路、开办长途客货汽车运输对货物流畅、便利交通、发展经济的重要性。

1920年，孙中山先生在《建国方略》一书中讲道：“……最初用小规模，而后用大规模，以供四万万人需要。所造之车当用于各种用途，为农用车、商用车、旅行用车、运输用

图 1.1.7 袁世凯送给慈禧的第二代奔驰汽车

车等。一切车以大规模制造，实可较今更廉，欲用者皆可得之。”

1928 年，张学良在东北易帜后，要化兵为工，在辽宁迫击炮厂成立了民用工业制造处，后改称为辽宁民生工厂，试制汽车。中国人当时还没有生产汽车的经验，于是聘请了美国人为总工程师。1929 年 3 月，民生工厂引进了一辆美国“瑞雷号”汽车进行装配试验，并以该车为样板。1931 年，试制成功了一辆命名为“民生牌”75 型汽车，它开辟了中国人试制汽车的先河。可惜第二辆汽车还没制造出来，“九一八”事件爆发，东北三省被日本占领。

继“民生牌”汽车以后，20 世纪 30 年代国产汽车试制工作在国内许多地方进行，但均以失败告终。

旧中国的造车梦毁于统治者的腐败无能，毁于帝国主义的硝烟战火。新中国成立后，才建立和发展了中国的汽车工业。

二、新中国的汽车工业

新中国的汽车工业，与共和国共命运，经过半个世纪的努力，发生了天翻地覆的变化。从一个曾经是“只有卡车没有轿车”、“只有公车没有私车”、“只有计划没有市场”的汽车工业，终于形成了一个种类比较齐全、生产能力不断增长、产品水平日益提高的汽车工业体系。回顾中国汽车工业 60 年来走过的路程，一步一个脚印，处处印证着各个历史时期的时代特色，经历了从无到有、从小到大，创建、成长和全面发展的三个历史阶段。

1. 创建阶段（1953 年—1965 年）

1953 年 7 月 15 日，在长春打下了第一根桩，从而拉开了新中国汽车工业筹建工作的帷幕。1956 年 7 月 13 日，国产第一辆汽车驶下总装配生产线，这是由长春第一汽车制造厂（简称一汽）生产的“解放牌”载货汽车（图 1.1.8），结束了中国不能制造汽车的历史，圆了中国人自己生产国产汽车之梦。

一汽是我国第一个汽车工业生产基地。同时，也决定了中国汽车业自诞生之日起就重点选择以中型载货车、军用车以及其他改装车（如民用救护车、消防车等）为主的发展战略，

图 1.1.8　解放 CA10 型载货汽车

因此，使得中国汽车工业的产业结构从开始就形成了“缺重少轻”的特点。

1957 年 5 月，一汽开始仿照国外样车自行设计轿车；1958 年，先后试制成功 CA71 型“东风牌”轿车（图 1.1.9）和 CA72 型“红旗牌”高级轿车（图 1.1.10）。同年 9 月，又一辆国产“凤凰牌”轿车在上海诞生。“红旗牌”高级轿车被列为国家礼宾用车，并作为国家领导人乘坐的庆典检阅车。“凤凰牌”轿车参加了 1959 年国庆十周年的献礼活动。

图 1.1.9　CA71 型“东风牌”轿车

1958 年以后，中国汽车工业出现了新的情况。由于国家实行企业下放，各省市纷纷利用汽车配件厂和修理厂仿制和拼装汽车，形成了中国汽车工业发展史上第一次“热潮”，形成了一批汽车制造厂、汽车制配厂和改装车厂。到 1960 年，汽车制造厂由 1953 年的一家发展为 16 家，维修改装车厂由 16 家发展为 28 家。其中，南京汽车制造厂（简称南汽）、上海汽车制造厂（简称上汽）、北京汽车制造厂（简称北汽）和济南汽车制造厂（简称济汽）共四个较有基础的汽车制配厂，经过技术改造成为继一汽之后第一批地方汽车制造厂，生产

图 1.1.10　CA72 型“红旗牌”轿车

多种汽车，相应建立了专业化生产模式的总成和零部件配套厂。相继生产出如南京 NJ130 型“跃进牌”轻型载货汽车（图 1.1.11）和 SH760 型“上海牌”轿车（图 1.1.12）。

图 1.1.11　南京 NJ130 型“跃进牌”轻型载货汽车

图 1.1.12　SH760 型“上海牌”轿车

各地方发挥自己的力量，在修理厂和配件厂的基础上进行扩建和改建所形成的这些地方汽车制造企业，一方面丰富了中国汽车产品的构成，使中国汽车不但有了中型车，而且有了轻型车和重型车，还有各种改装车，满足了国民经济的需要，为今后发展大批量、多品种生产协作配套体系打下了初步基础。另一方面，这些地方汽车制造企业从自身利益出发，片面追求自成体系，从而造成整个行业投资严重分散和浪费，布局混乱，重复生产的“小而全”畸形发展格局，为以后汽车工业发展留下了隐患。

进入20世纪60年代，国民经济实行“调整、巩固、充实、提高”方针，在国家和省市支持下，力求探索汽车工业管理的改革，国家决定试办汽车工业托拉斯，实施了促进汽车工业发展的多项举措，20世纪60年代中期，工业托拉斯停办。与此同时，汽车改装业起步，重点发展了一批军用改装车。民用消防车、救护车、自卸车和牵引车相继问世，并为社会经济发展提供了城市、长途和团体这三大类客车。

1966年以前，汽车工业共投资11亿元，主要格局是形成“一大四小”5个汽车制造厂及一批小型制造厂，年生产能力近6万辆、9个车型品种。1965年，全国民用汽车保有量近29万辆，国产汽车17万辆（其中一汽累计生产15万辆）。

2. 成长阶段（1966年—1980年）

1964年，国家确定在“三线”建设以生产越野汽车为主的第二汽车制造厂（简称二汽），二汽是我国汽车工业第二个生产基地，与一汽不同，二汽是依靠我国自己的力量创建起来的工厂（由国内自行设计、自己提供装备），采取了“包建”（专业对口老厂包建新厂、大厂包建小厂）和“聚宝”（国内的先进成果移植到二汽）的方法，同时在湖北省内外安排新建、扩建26个重点协作配套厂。一个崭新的大型汽车制造厂在湖北省十堰市兴建和投产，当时主要生产中型载货汽车和越野汽车。二汽拥有约2万台设备，100多条自动生产线，只有1%的关键设备是引进的。二汽的建成，开创了中国汽车工业以自己的力量设计产品、确定工艺、制造设备、兴建工厂的纪录，检验了整个中国汽车工业和相关工业的水平，标志着中国汽车工业上了一个新台阶。

与此同时，四川和陕西汽车制造厂（简称陕汽）和与陕汽生产配套的陕西汽车齿轮厂（简称陕齿），分别在重庆市大足县和陕西省宝鸡市（现已迁西安）兴建和投产，主要生产重型载货汽车和越野汽车。20世纪60年代中后期，国家提出“大打矿山之仗”的决策，矿用自卸车成为其重点装备，上海32t（图1.1.13）试制成功投产之后，天津15t、常州15t、北京20t、一汽60t（后转本溪）和甘肃白银42t电动轮矿用自卸车也相继试制成功投产，缓解了冶金行业采矿生产装备需要。为适应国民经济发展对重型载货汽车的需求，济南汽车制造厂扩建“黄河牌”8t重型载货汽车的生产能力，安徽淝河、南阳、丹东、黑龙江和湖南等地方汽车厂也投入同类车型生产。邢台长征牌12t重型载货汽车（源于北京新都厂迁建）、上海15t重型载货汽车投产问世。

在此期间，一汽、南汽、上汽、北汽和济汽5个老厂分别承担了包建和支援“三线”汽车厂（二汽、川汽、陕汽和陕齿）的建设任务，其自身投入技术改造扩大生产能力。地方发展汽车工业，几乎全部仿制国产车型重复生产。据粗略统计，“解放牌”车型20多家，北京130车型20多家，“跃进牌”车型近20家，北京越野车近10家。改装零产件品种增多，厂家增加到2100家。

这一时期，由于当时全国汽车供不应求，再加上国家再次将企业下放给地方，因此造成

图 1.1.13　1969 年 10 月，我国第一台 32 t 矿用自卸车在沪问世

中国汽车工业发展的第二次热潮。1976 年，全国汽车生产厂家增加到 53 家，专用改装厂增加到 166 家，但每个厂平均产量不足千辆，大多数在低水平上重复。从 1964 年起，上海汽车厂批量生产了“上海牌”（原“凤凰牌”）轿车，逐渐形成 5000 辆的年产水平，同时，上海一批零部件厂和附配件厂也随着汽车工业的发展而相继成长。

汽车工业经过这一阶段的摸索成长，1980 年，生产 22.2 万辆，是 1965 年产量的 5.48 倍；1966 年—1980 年，生产汽车累计 163.9 万辆；汽车生产向多品种、专业化发展，生产厂点近 200 家；1980 年，大中轻型客车生产 1.34 万辆，其中长途客车 6000 多辆；1980 年，全国民用汽车保有量 169 万辆，其中载货汽车 148 万辆。

3. 全面发展阶段（1981 年至今）

在改革开放方针指引下，汽车工业进入全面发展阶段。汽车老产品（“解放牌”、“跃进牌”、“黄河牌”）升级换代，结束 30 年一贯制的历史；调整商用车产品结构，改变“缺重少轻”的生产格局；引进技术和资金，建设轿车工业，形成生产规模；行业管理体制和企业经营机制改革，汽车车型品种、质量和生产能力大幅增长。在这近 30 年中，中国汽车工业发生了大变革，成为中国汽车工业一个旧时代的结束和一个新时代开始的分水岭。

工作任务 1.2　了解汽车工业发展趋势

随着全球经济一体化进程和科技进步的不断发展，世界范围内的汽车产业从产业技术、生产经营以及销售等方面都呈现出了与以往截然不同的发展趋势。我国汽车产业作为国民经济支柱型产业之一，我国加入 WTO 以后将面临全球范围内的激烈竞争，这对我国汽车产业的发展而言，既带来了新的动力，同时也提出了新的挑战。因此，从全球汽车产业的发展趋势出发，探讨新形势下我国汽车产业的发展对策，对于实时更新我国汽车产业的发展战略，保证其健康持续发展具有重要意义。

1.2.1 当代世界汽车产业发展趋势

自1886年德国人卡尔·本茨发明了世界上第一台以汽油为动力的汽车以来，世界汽车工业已经历了100多年的发展历程。随着全球经济一体化进程的发展及技术进步的加快，当代全球汽车产业呈现出一系列与以往不同的发展趋势，具体表现为如下几个方面。

一、汽车市场由发达国家逐步转向发展中国家

进入21世纪以来，全球汽车市场呈现萎缩趋势，西欧及北美等传统发达国家的情况与全球整体变化趋同。与此同时，全球汽车产业的生产规模不减反增，目前每年全球有1500万辆汽车属于过剩产品，各大汽车生产商都在全球范围内寻找新的市场增长点。在发达国家汽车市场逐渐饱和，美国、英国、法国、意大利等国汽车销售持续疲软的同时，以亚洲、东欧、南美的中国、马来西亚、泰国、匈牙利、巴西等国为代表的发展中国家，以其庞大的人口（为发达国家的6倍之多，且绝大部分为无车人口）和较快的经济增长速度为基础，近年来汽车市场发展迅速，成为新的世界汽车市场。全球汽车市场的重心逐渐由发达国家向发展中国家转移，并以这些地区为转移重点。

二、汽车生产企业通过世界范围内的集团化重组、兼并、联合，新的汽车产业格局已初步形成

20世纪末和21世纪初，世界汽车产业经过一系列全球范围的汽车企业改组、兼并、联合，逐步形成了当前的“六加三”格局，就是通用集团、福特集团、大众集团、丰田集团、戴姆勒—克莱斯勒集团、雷诺—日产集团六大集团和宝马公司、本田公司、法国标致—雪铁龙公司三家相对独立的汽车公司。经历兼并重组之后的世界汽车工业基本上为美国和德国的汽车公司所统治，新形成的集团公司规模惊人，超过了以往任何时期。基于现代信息技术的跨国管理方式，推动了扁平型企业管理组织的发展，加速了大集团管理链中的信息流动，大大降低了规模扩张后带来的管理成本，使超大汽车集团的形成成为现实。这表明原有的世界汽车产业竞争格局已被打破，新的汽车产业格局正在逐渐形成。

三、产业链配置呈全球化趋势

目前，全球主要汽车制造企业在全球范围内配置资源，以适应各地区不同的经营环境和市场需求。产业链中主要环节的分布已不再局限于一国的地理范围，而是日趋立足于全球平台操纵。

20世纪80年代以来，随着汽车市场逐渐向发展中国家的转移，发达国家的汽车企业纷纷采取跨国投资办厂的经营模式，这些跨国公司的子公司或者合资公司为当前的产业链全球性配置提供了基础。

20世纪90年代以后，世界各个地区性贸易组织逐步扩张，地区和国家间关税壁垒逐步打破，导致世界多边贸易体制逐步形成，国际贸易趋于同化。信息技术的发展加速了信息传递，互联网采购使得交易成本大幅下降，新型的跨国组织形式逐渐完善同。处于汽车工业产业链当中的市场客户、分销中心、生产商、零部件供应商之间的资源配置，逐渐由过去在一个地区转向在全球范围内进行产业链资源的最优配置，缩短了产品的研发周期和新产品的投放周期，使自身竞争能力得以提高。

四、零部件企业技术进步加快，系统集成和模块化生产成为新的发展方向

网络化采购保证了企业可以及时地了解市场当中消费者的需求与偏好，以适时调整自己的产品满足市场需求，降低库存成本，减少以前常常出现的过时产品积压现象。这种生产方式加速了产品的更新，缩短了汽车产品的生命周期，传统的一个车型独享一系列零部件的生产方式，已不能满足目前汽车产业发展的需要。原来依附于单个整车组装企业的零部件企业开始面对全球范围的多个企业供货，原来配置于整车组装企业内部的某些非核心业务开始外部化，整车和零部件企业之间出现了网络型组织。零部件企业技术进步加快，系统集成和模块化生产成为新的发展方向。在传统零部件企业数量大大减少的同时，零部件的跨国公司迅速增加。新的分工协作模式推动了平台化战略的实施，最大可能地实现了零部件共享、系统集成和模块化生产。

五、产业的核心技术变革加快

目前，汽车产业核心技术变革主要集中在汽车燃油和自动驾驶两个方面。传统的石油燃油给环境造成了难以挽回的破坏及石油资源日渐枯竭的形势，使得寻找新的绿色能源成为全球汽车产业技术变革的努力方向。目前，汽车代用燃油技术开发已经处于突破性阶段，福特、奔驰公司在2004年实现燃油电池汽车的商品化。据预测，到2010年燃油电池汽车产量将达到100万辆。福特公司的小威廉·克莱·福特预言：燃油电池将最终结束内燃机100余年的统治。

为了实现汽车的安全驾驶，世界各大汽车生产厂商一直在寻找各种增加汽车安全系数的技术，新的驾驶技术就是其中的一种。进入信息时代以来，随着电子技术的飞速发展，汽车的自动驾驶即将实现，通过通信卫星和全球定位系统（GPS），计算机将协助人来驾驶汽车，电子系统的精确性将大大提高汽车驾驶的安全性。当前汽车功能的集成化控制正在实现，智能交通系统已开始建设。

1.2.2　中国汽车产业的发展现状

一、中国汽车产业在国民经济和全球汽车产业中的地位进一步增强

1. 中国已经稳居世界汽车生产与消费的前三位

2007年，我国生产汽车888.24万辆，同比增长22.02%，比2006年净增160.27万辆；销售879.15万辆，同比增长21.84%，比2006年净增157.60万辆，再创历史新高。2008年由于全球经济危机，汽车产量及销量同比有所下降。

总体来看，我国汽车产销量在世界各国中的排名已分别位列第三位和第二位，已经成为名副其实的世界汽车产销大国。

2. 自主品牌汽车稳定增长

在商用车方面，自主品牌继续成为主流，过去3年在国内市场上的占有率一直保持在95%以上。其中，北汽福田、东风、一汽，江淮、金杯股份、重汽、长安有限、江铃、南汽、陕汽10家企业共销售商用车167.69万辆，占商用车销售总量的67%。

在轿车方面，自主品牌轿车销量达到124.22万辆，占轿车总销量的26%，其中夏利、QQ、福美来、旗云、F3、骏捷、自由舰、A520、奔奔和吉利金刚十大品牌共销售轿车

88.91 万辆，占自主品牌轿车销量的 72%。

城市越野车（SUV）呈高速增长态势，自主品牌的哈弗、瑞虎分别销售 5.78 万辆和 5.01 万辆。商务车（MPV）销量增长不明显，瑞风和风行分别销售 4 万辆和 1.07 万辆。

总体来看，我国自主品牌汽车经过产品结构调整，2008 年比 2007 年的市场占有率略有下调，但总量却继续保持稳定增长的局面。

3. “走出去”的态势初步形成

2007 年，汽车出口延续了前几年高速增长的势头。其中整车出口量达到 61.27 万辆，同比增长 79.85%，出口金额达到 73.12 亿美元，同比增长 1.3 倍，出口量及出口金额再创历史新高。

具有完全自主知识产权和自主品牌的民族汽车企业已经成为轿车出口的主力，表明我国汽车产业已经形成较完整的生产和配套体系，在中低档轿车、客车和载货车领域的竞争优势明显。

我国华晨、奇瑞、力帆、吉利等自主品牌厂家纷纷加速海外生产基地的开拓步伐，2008 年以来先后在朝鲜、伊朗、俄罗斯、乌克兰等地设立海外工厂。

我国汽车产业参与国际竞争已经取得实质性进展，“走出去”的态势初步形成。

二、我国汽车产业自主创新加快发展，产业国际竞争力有了明显提高

1. 自主创新加速发展

2007 年，一汽解放 J6 重型载货车和东风 1.5t 级高机动性越野车的成功开发，标志着我国重型载货车和越野车开发能力的重大突破，具备了从零部件到整车的完整试制能力，掌握了关键总成的核心技术。建立规范的开发体系和开发流程，对我国汽车工业的自主创新能力的提升具有重要意义。

此外，一汽自主研发的 V12 发动机 CA12GV 的成功点火，意味着我国掌握了开发顶级轿车用 V 型发动机的关键技术，是我国汽车工业自主创新的里程碑。

奇瑞、吉利、长安、华晨、比亚迪、力帆等一批自主品牌企业在全力打造自主品牌轿车方面继续取得新的成就。

2. 新能源汽车迈入重要起步阶段

2007 年 11 月 1 日，国家发改委《新能源汽车生产准入管理规则》正式实施，标志着我国新能源汽车迈入重要的起步年。

目前，全国共有 60 多种自主研发的电动汽车在试验运行，建立了北京、武汉等 4 个电动汽车示范城市及 6 个相应的关键零部件测试基地，已有 8 个混合动力汽车进入国家机动车产品公告。

新能源汽车起步较晚，但在混合动力汽车的产业化和纯电动轿车产业化方面已有突破性进展。

3. 零部件产业集群发展

经过近 20 年的发展，我国形成了以吉林长春、湖北十堰、安徽芜湖、广东花都为代表的汽车零部件产业基地。汽车零部件产业呈现集群化发展的趋势，初步形成了华北、京津、华中、西南、长三角、珠三角六大零部件集中区域。据不完全统计，目前，国内拥有汽车零部件产业园区在 1 000 个左右，关键集群区域约 100 个。

2007年，我国汽车零部件出口金额达145亿美元，高于整车出口，标志着汽车零部件出口已经成为汽车产品出口的主力军。

三、目前我国汽车产业发展存在的几个主要问题

1. 虽然出现大型企业重组的苗头，但产业结构调整依然滞后

“十一五”期间是我国汽车产业发展战略调整的重要时期，加快产品结构和组织结构调整，推进产业结构优化升级是“十一五”期间行业发展的重要任务。

上汽和南汽的合并重组拉开了中国汽车产业大型企业间重组的序幕，但要改变当前汽车行业过于分散的局面，还需要进行更多、更大的调整，重组背后的机制仍然不成熟。

如何遵循市场化原则，以企业利益最大化为目标，促使我国汽车企业之间由并购向竞购过渡，进而向更高层次发展，这是今后几年我国汽车产业结构调整的重要课题。

2. 自主创新活动虽然加速发展，但仍然面临诸多挑战

① 目前我国汽车产业自主创新出现了三个方面的变化：a. 工艺创新向产品创新转变；b. 整车创新向关键核心技术创新转变；c. 企业单独创新向产业联盟形式的创新转变。

② 我国汽车产业自主创新的不足：a. 我国自主品牌汽车的市场表现并没有和自主创新同步增长，近两年自主品牌汽车的市场占有率出现下降；b. 我国汽车产业自主创新的机制仍然存在缺陷；c. 我国汽车产业的创新文化氛围还不理想。

如何发掘产、学、研合作资源并很好地加以利用是我国当前汽车产业自主创新所面临的挑战之一。

3. 零部件创新能力弱，依然是汽车产业发展的薄弱环节

汽车产业的创新能力在很大程度上取决于核心零部件企业的创新能力，而汽车整车与零部件企业在研发环节上的专业化分工，零部件企业相对于整车企业的同步研发甚至是超前研发是国外汽车产业技术创新的重要特征。

由于我国产业政策更多关注整车企业加之零部件企业发展滞后，导致零部件发展滞后于整车成为我国汽车产业发展的薄弱环节。

随着国内汽车市场的开放，外资企业由合作型转变为控制型使得我国整车企业不得不把跨国零部件企业作为他们提高产品技术水平的主要依靠力量。

四、对我国汽车产业发展未来走势的判断

1. 产业规模将居世界首位

2006年，中国的汽车产量超过德国，成为世界第三大汽车生产国，仅次于美国和日本；汽车销量超越日本成为世界第二大汽车消费国和第一大潜力消费市场。

按照目前的增速预计在“十一五”末期将成为世界第一大汽车生产国，2012年将成为世界第一大汽车消费国。

未来5~10年将是我国汽车产业进入自主创新加快发展的重要机遇期。抓住这一机遇我国汽车产业的发展模式就能由市场拉动型向“创新推动型”转变；我国汽车产业的国际竞争力就能得到大幅提高，由汽车大国向汽车强国转变的战略目标就能实现。

2. 参与全球化的程度将不断加深

汽车工业是当今世界上全球化程度以及其他产业关联度最高的产业之一，汽车工业链的培育和发展对汽车工业的发展起着非常关键的作用。

最大限度地通过资源和生产要素配置全球化降低成本，贴近市场将是汽车企业保持活力和国际竞争力的关键。

未来几年，我国汽车产业“走出去”的态势将更加明显，参与全球化的程度也将不断加深，我国汽车产业将在开放中逐步加入全球分工体系，通过发挥比较优势而提高国际竞争力。

3. 大型企业兼并重组的进程将加快

企业间的兼并重组是一种必然。我国汽车企业间的并购重组是汽车产业结构调整的主要表现，也是其发展的必由之路。

相对于小企业大企业间的并购重组对整个产业结构的影响更为重要。

并购重组将会表现为三种形式：一是集团内部的整合兼并；二是集团之间的战略整合；三是民营企业通过购买国有企业股份而进入竞争者行列。

4. 新能源汽车将加速追赶世界先进水平

根据我国实际情况，新能源汽车技术路线基本明确分为主要路线和辅助路线。

① 主要路线。加速轿车柴油化、混合动力、纯电动（电池）燃油电池汽车。

② 辅助路线。天然气、液化石油气汽车、煤化工燃油汽车、生物燃油汽车。

未来5~10年，新能源汽车将是我国汽车产业进行自主创新相对集中的领域。在国家相关政策的支持下，我国新能源汽车将追赶世界先进水平。

复习思考题

1. 汽车发展史上经历里几次重大变革？具体体现有哪些？
2. 阐述我国汽车工业的发展历程。
3. 我国汽车工业发展的重心是什么？
4. 试分析目前我国汽车工业发展现状。

项目二

认识汽车结构

项目说明

这个项目主要使学生较熟练地掌握汽车整体结构，各大基本总成的作用、结构特点、工作原理等方面的知识，为后续专业课打下良好的基础，并及时了解国内外汽车发展的新结构、新技术。通过认识实习进一步巩固课堂教学的效果，并培养一定的实际动手能力。

工作任务 2.1　了解汽车发动机的工作原理及总体构造

发动机是汽车的动力源。迄今为止除为数不多的电动汽车外，汽车发动机都是热能动力装置，或简称热机。在热机中借助工质的状态变化将燃油燃烧产生的热能转变为机械能。

热机有内燃机和外燃机两种。直接以燃油燃烧所生成的燃烧产物为工质的热机为内燃机，反之则为外燃机。内燃机包括活塞式内燃机和燃气轮机；外燃机则包括蒸汽机、汽轮机和热气机等。内燃机与外燃机相比，具有结构紧凑、体积小、质量小和容易启动等许多优点。因此，内燃机尤其是活塞式内燃机被极其广泛地（简称汽油机）作为汽车的动力。

2.1.1　汽车发动机的类型

① 按活塞运动方式的不同，活塞式内燃机可分为往复活塞式和旋转活塞式两种（图 2.1.1、图 2.1.2）。

② 根据所用燃油种类，活塞式内燃机主要分为汽油发动机（简称汽油机）、柴油发动机（简称柴油机）和气体燃油发动机 3 类（图 2.1.3、图 2.1.4）。以汽油和柴油为燃油的活塞式内燃机分别称为汽油机和柴油机。使用天然气、液化石油气和其他气体燃油的活塞式内燃机称为气体燃油发动机。

③ 按冷却方式的不同，活塞式内燃机分为水冷式和风冷式两种。以水或冷却液为冷却介质的称为水冷式内燃机（图 2.1.5），而以空气为冷却介质的则称为风冷式内燃机（图 2.1.6）。

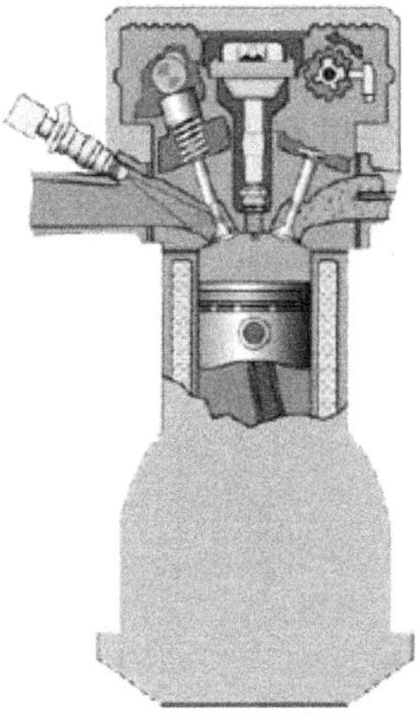

图 2.1.1　往复活塞式发动机

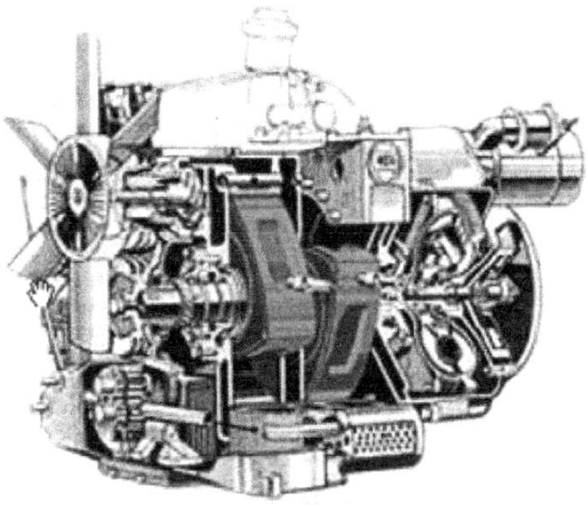

图 2.1.2　转子活塞式发动机

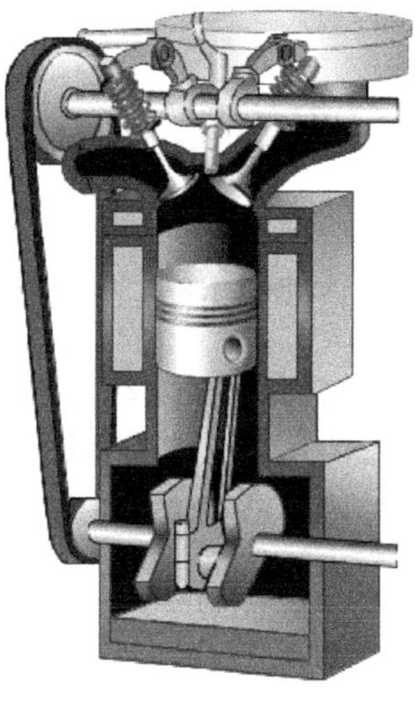

图 2.1.3　汽油机

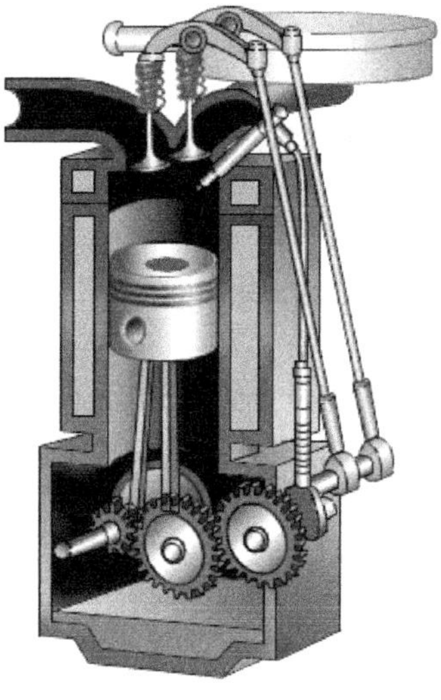

图 2.1.4　柴油机

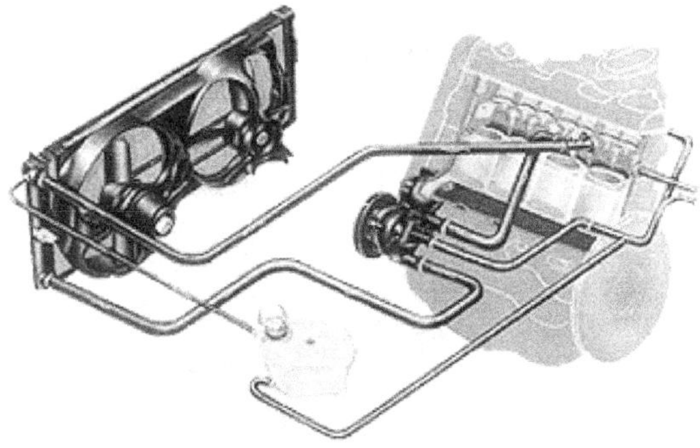

图 2.1.5　水冷发动机

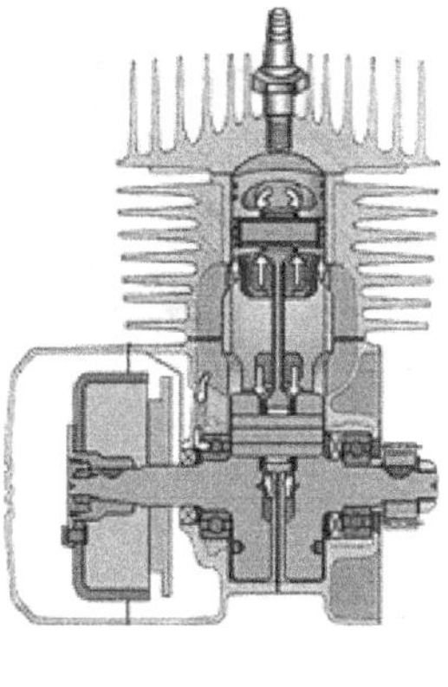

图 2.1.6　风冷发动机

④ 往复活塞式内燃机还可按其在一个工作循环期间活塞往复运动的行程数进行分类。活塞式内燃机每完成一个工作循环，便对外作功一次，不断地完成工作循环，才使热能连续地转变为机械能。在一个工作循环中活塞往复四个行程的内燃机称为四冲程往复活塞式内燃机（图 2.1.7），而活塞往复两个行程便完成一个工作循环的则称为二冲程往复活塞式内燃机（图 2.1.8）。

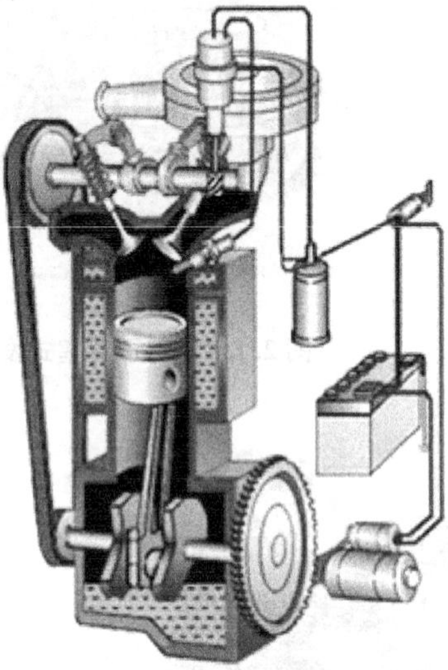

图 2.1.7 四冲程内燃机

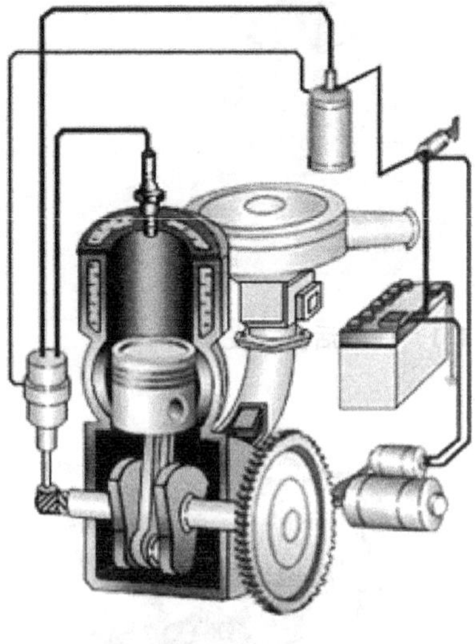

图 2.1.8 二冲程内燃机

⑤ 发动机按照汽缸数目分类可以分为单缸发动机和多缸发动机。仅有 1 个汽缸的发动机称为单缸发动机（图 2.1.9）；有 2 个以上汽缸的发动机称为多缸发动机（图 2.1.10）。如双缸、三缸、四缸、五缸、六缸、八缸、十二缸等都是多缸发动机。现代车用发动机多采用四缸、六缸、八缸发动机。

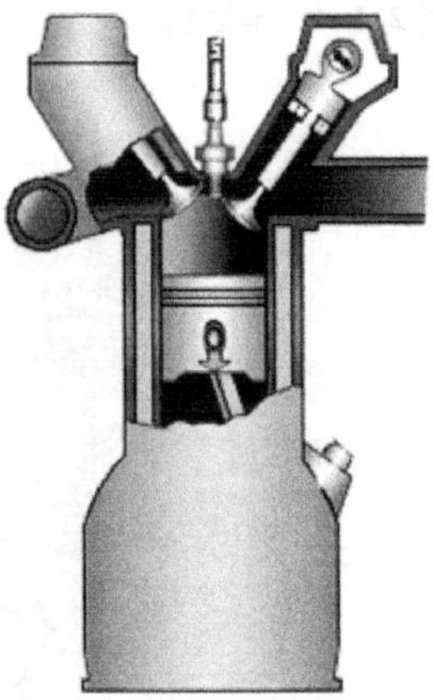

图 2.1.9 单缸发动机

图 2.1.10 多缸发动机

⑥ 按进气状态不同，活塞式内燃机还可分为增压式和非增压式两类。若进气是在接近大气状态下进行的，则为非增压式内燃机或自然吸气式内燃机（图 2.1.11）；若利用增压器将进气压力增高，进气密度增大，则为增压式内燃机，增压可以提高内燃机功率（图 2.1.12）。

图 2.1.11　自然吸气（非增压）式发动机

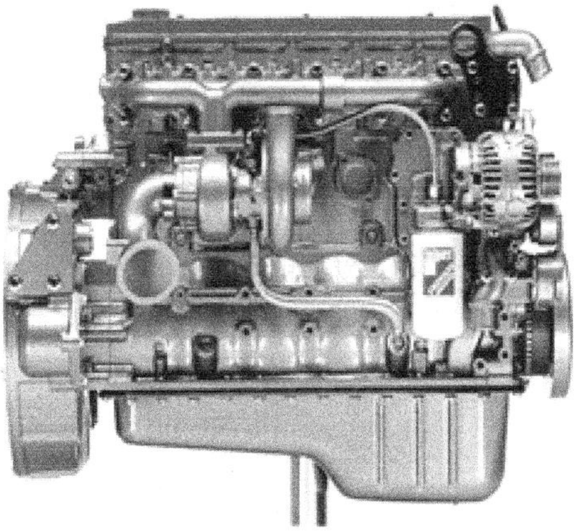

图 2.1.12　强制进气（增压式）发动机

目前，应用最广、数量最多的汽车发动机为水冷、四冲程往复活塞式内燃机，其中汽油机用于轿车和轻型客、货车上，而大客车和中、重型货车发动机多为柴油机。少数轿车和轻型客、货车发动机也有用柴油机的。以风冷或二冲程活塞式内燃机为动力的汽车为数不多。特别是 20 世纪 80 年代，在世界范围内，就不再有以二冲程活塞式内燃机为动力的轿车了。

2.1.2　往复活塞式内燃机的基本结构及基本术语

一、基本结构

往复活塞式内燃机的工作腔称为汽缸，汽缸内表面为圆柱形。在汽缸内做往复运动的活塞通过活塞销与连杆的一端铰接，连杆的另一端则与曲轴相连，构成曲柄连杆机构。因此，当活塞在汽缸内做往复运动时，连杆便推动曲轴旋转，或者相反。同时，工作腔的容积也在不断地由最小变到最大，再由最大变到最小，如此循环不已。汽缸的顶端用汽缸盖封闭。在汽缸盖上装有进气门和排气门，进、排气门是头朝下尾朝上倒挂在汽缸顶端的。通过进、排气门的开闭实现向汽缸内充气和向汽缸外排气。进、排气门的开闭由凸轮轴控制。凸轮轴由曲轴通过齿形带或齿轮或链条驱动。进、排气门和凸轮轴以及其他一些零件共同组成配气机构。通常称这种结构形式的配气机构为顶置气门配气机构。现代汽车内燃机无一例外地都采用顶置气门配气机构。构成汽缸的零件称为汽缸体，支撑曲轴的零件称为曲轴箱，汽缸体与曲轴箱的连铸体称为机体。发动机外形结构，如图

图 2.1.13　发动机外形结构

2.1.13 所示。

二、基本术语

1. 工作循环

活塞式内燃机的工作循环是由进气、压缩、作功和排气四个工作过程组成的封闭过程。周而复始地进行这些过程，内燃机才能持续地作功。

2. 上、下止点

活塞顶离曲轴回转中心最远处为上止点；活塞顶离曲轴回转中心最近处为下止点（图 2.1.14）。在上、下止点处，活塞的运动速度为 0。

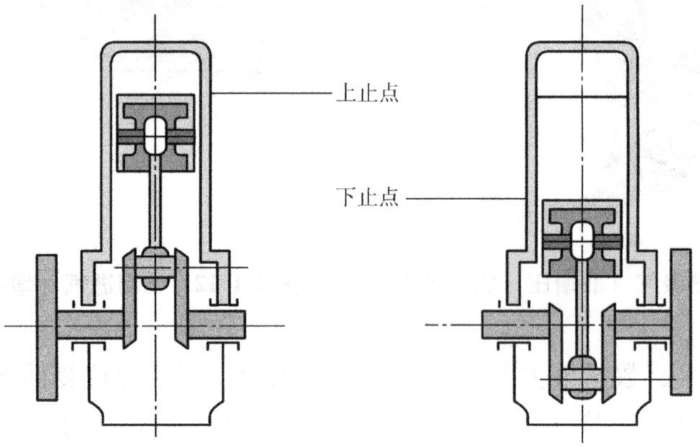

图 2.1.14　上、下止点示意图

3. 活塞行程

上、下止点间的距离 s 称为活塞行程（图 2.1.15）。曲轴的回转半径 R 称为曲柄半径。显然，曲轴每回转一周，活塞移动 2 个活塞行程。对于汽缸中心线通过曲轴回转中心的内燃机，其 $s=2R$。

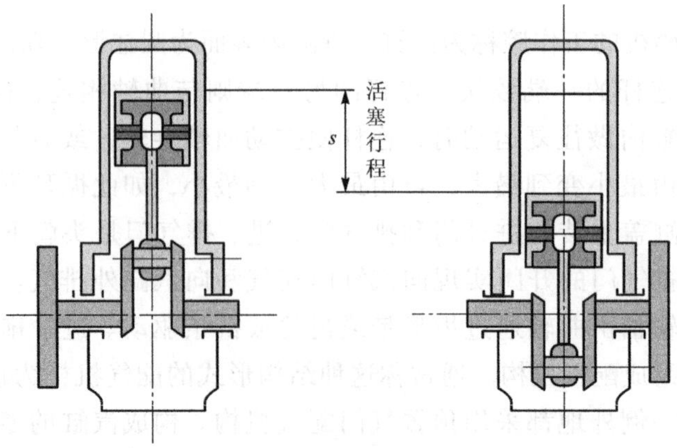

图 2.1.15　活塞行程示意图

4. 汽缸工作容积

上、下止点间所包容的汽缸容积称为汽缸工作容积（图 2.1.16）。

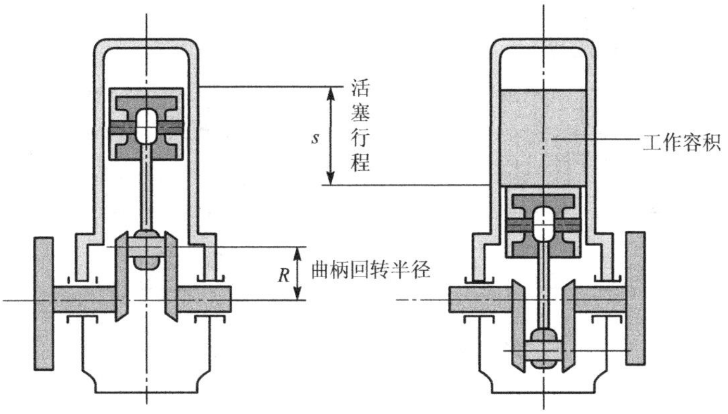

图 2.1.16 汽缸工作容积示意图

5. 内燃机排量

内燃机所有汽缸工作容积的总和称为内燃机排量（图 2.1.17）。

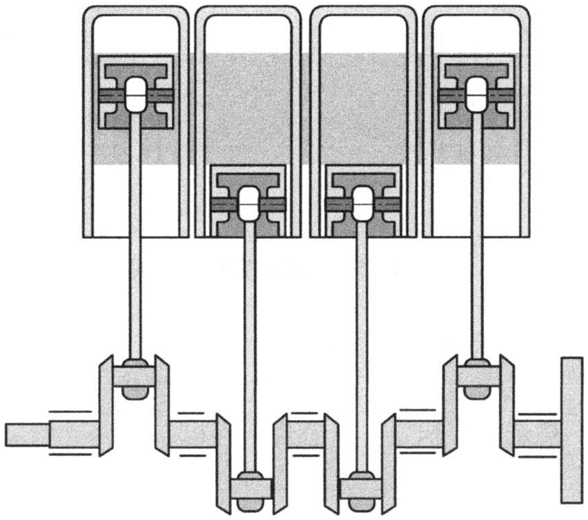

图 2.1.17 内燃机排量示意图

（排量=工作容积×汽缸数）

6. 燃烧室容积

活塞位于上止点时，活塞顶面以上汽缸盖底面以下所形成的空间称为燃烧室，其容积称为燃烧室容积，也称为压缩容积（图 2.1.18）。

7. 汽缸总容积

汽缸工作容积与燃烧室容积之和为汽缸总容积（图 2.1.19）。

8. 压缩比

汽缸总容积与燃烧室容积之比称为压缩比 ε（图 2.1.20）。压缩比的大小表示活塞由下止点运动到上止点时，汽缸内的气体被压缩的程度。压缩比越大，压缩终了时汽缸内的气体

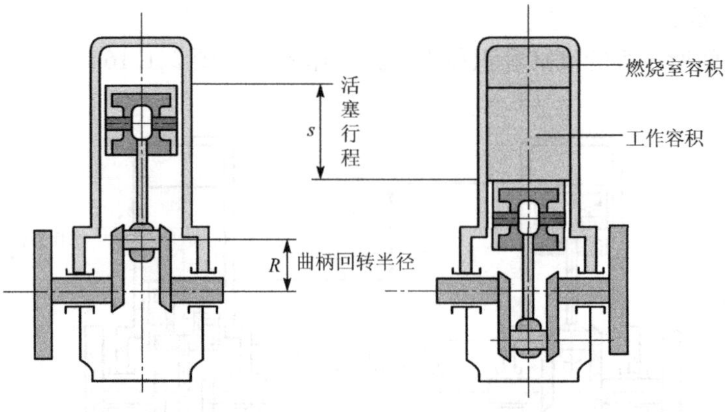

图 2.1.18　燃烧室容积示意图

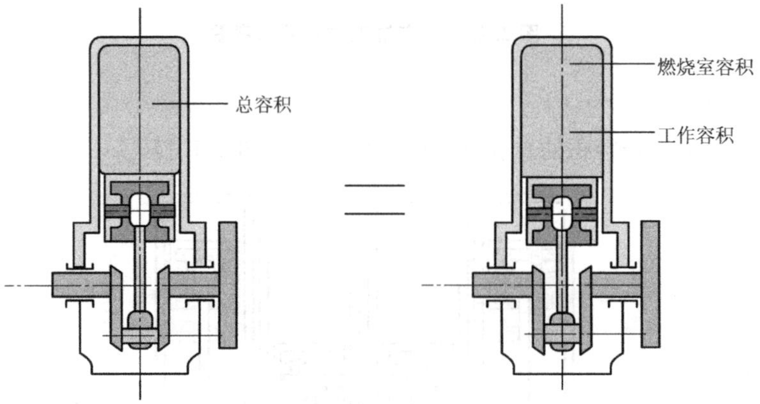

图 2.1.19　汽缸总容积示意图

压力和温度就越高。压缩比计算公式为

$$压缩比=\frac{总容积}{燃烧室容积}=\frac{燃烧室容积+工作容积}{燃烧室容积}=1+\frac{工作容积}{燃烧室容积}$$

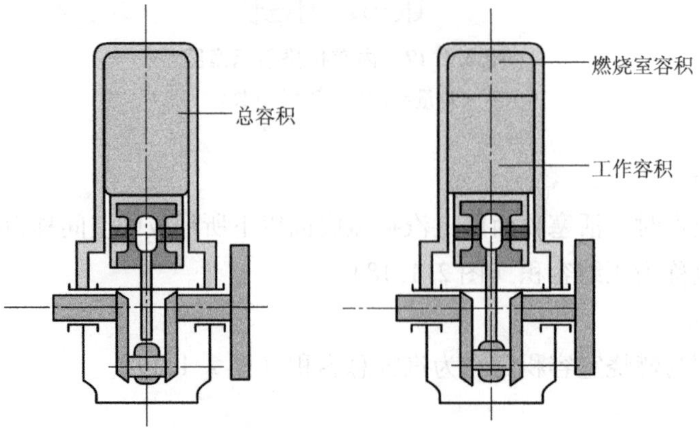

图 2.1.20　压缩比示意图

9. 工况

内燃机在某一时刻的运行状况简称工况，以该时刻内燃机输出的有效功率和曲轴转速表示。曲轴转速即为内燃机转速。

10. 负荷率

内燃机在某一转速下发出的有效功率与相同转速下所能发出的最大有效功率的比值称为负荷率，以百分数表示。负荷率通常简称负荷。

2.1.3　往复活塞式内燃机工作原理

一、四冲程汽油机工作原理

四冲程往复活塞式内燃机在 4 个活塞行程内完成进气、压缩、作功和排气 4 个行程，即在一个活塞行程内只进行一个过程。因此，活塞行程可分别用 4 个行程命名。

1. 进气行程

活塞在曲轴的带动下由上止点移至下止点。此时排气门关闭，进气门开启。在活塞移动过程中，汽缸容积逐渐增大，汽缸内形成一定的真空度。空气和汽油的混合物通过进气门被吸入汽缸，并在汽缸内进一步混合形成可燃混合气。

2. 压缩行程

进气行程结束后，曲轴继续带动活塞由下止点移至上止点。这时，进、排气门均关闭。随着活塞移动，汽缸容积不断减小，汽缸内的混合气被压缩，其压力和温度同时升高。

3. 作功行程

压缩行程结束时，安装在汽缸盖上的火花塞产生电火花，将汽缸内的可燃混合气点燃，火焰迅速传遍整个燃烧室，同时放出大量的热能。燃烧气体的体积急剧膨胀，压力和温度迅速升高。在气体压力的作用下，活塞由上止点移至下止点，并通过连杆推动曲轴旋转作功。这时，进、排气门仍旧关闭。

4. 排气行程

排气行程开始，排气门开启，进气门仍然关闭，曲轴通过连杆带动活塞由下止点移至上止点，此时膨胀过后的燃烧气体（或称废气）在其自身剩余压力和在活塞的推动下，经排气门排出汽缸之外。当活塞到达上止点时，排气行程结束，排气门关闭。

二、四冲程柴油机工作原理

四冲程柴油机的工作循环同样包括进气、压缩、作功和排气 4 个行程，在各个活塞行程中，进、排气门的开闭和曲柄连杆机构的运动与汽油机完全相同。只是由于柴油和汽油的使用性能不同，使柴油机和汽油机在混合气形成方法及着火方式上有着根本的差别。

1. 进气行程

在柴油机进气行程中，被吸入汽缸的只是纯净的空气。

2. 压缩行程

因为柴油机的压缩比大，所以压缩行程终了时气体压力高。

3. 作功行程

在压缩行程结束时，喷油泵将柴油泵入喷油器，并通过喷油器喷入燃烧室。因为喷油压力很高，喷孔直径很小，所以，喷出的柴油呈细雾状。细微的油滴在炽热的空气中迅速蒸发汽化，并借助于空气的运动，迅速与空气混合形成可燃混合气。由于汽缸内的温度远高于柴油的自燃点，因此柴油随即自行着火燃烧。燃烧气体的压力、温度迅速升高，体积急剧膨胀。在气体压力的作用下，活塞推动连杆，连杆推动曲轴旋转作功。

4. 排气行程

排气行程开始，排气门开启，进气门仍然关闭，燃烧后的废气排出汽缸。

2.1.4 发动机的总体构造

发动机是一种由许多机构和系统组成的复杂机器。无论是汽油机，还是柴油机；无论是四冲程发动机，还是二冲程发动机；无论是单缸发动机，还是多缸发动机，要完成能量转换，实现工作循环，保证长时间连续正常工作，都必须具备以下一些机构和系统（图 2.1.21）。

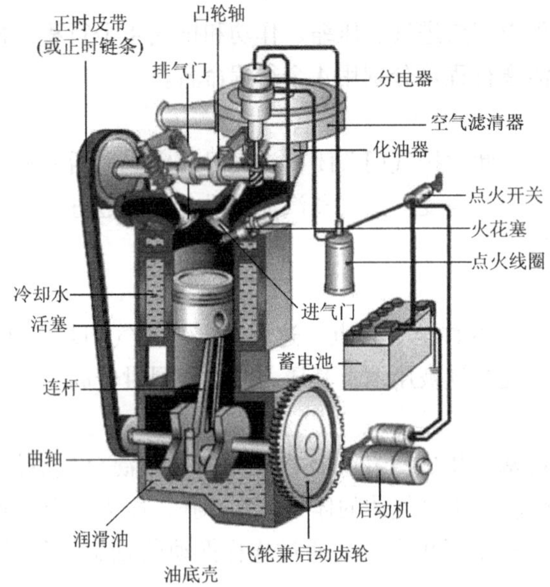

图 2.1.21 发动机的总体构造

汽油机由以下两大机构和五大系统组成，即由曲柄连杆机构，配气机构、燃油供给系统、润滑系统、冷却系统、点火系统和启动系统组成；柴油机由以上两大机构和四大系统组成，即由曲柄连杆机构、配气机构、燃油供给系统、润滑系统、冷却系统和启动系统组成，柴油机是压燃的，不需要点火系统。

1. 曲柄连杆机构

曲柄连杆机构是发动机实现工作循环，完成能量转换的主要运动零件。它由机体组、活塞连杆组和曲轴飞轮组等组成（图 2.1.22）。

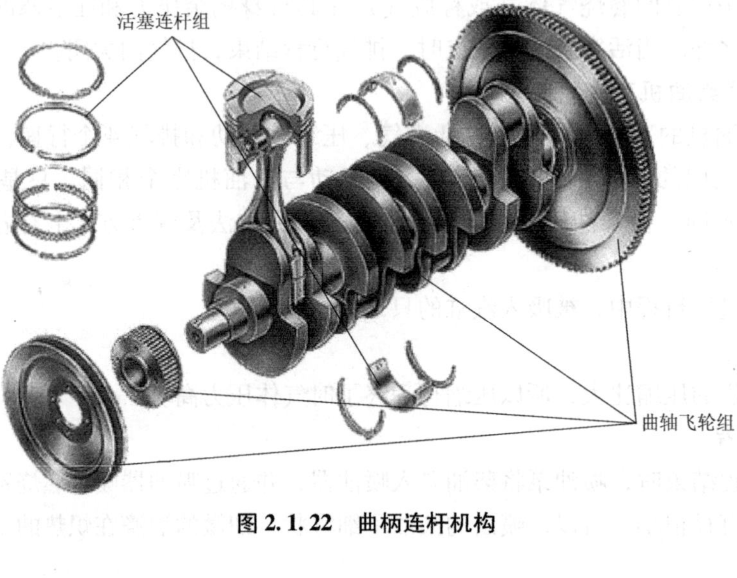

图 2.1.22 曲柄连杆机构

2. 配气机构

配气机构的功用是根据发动机的工作顺序和工作过程，定时开启和关闭进气门和排气门，使可燃混合气或空气进入汽缸，并使废气从汽缸内排出，实现换气过程（图 2.1.23）。

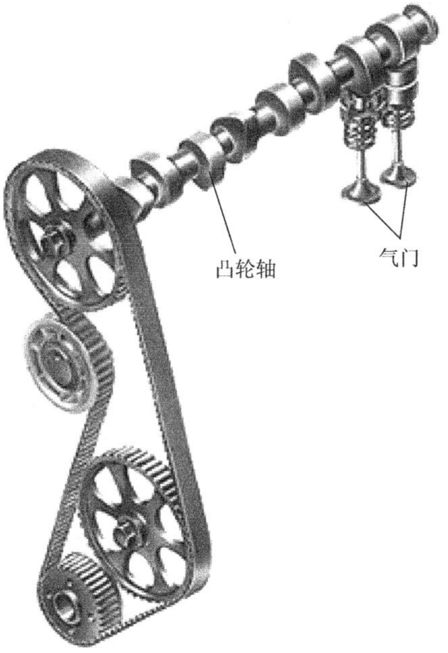

图 2.1.23　配气机构

3. 冷却系统

冷却系统的功用是将受热零件吸收的部分热量及时散发出去，保证发动机在最适宜的温度状态下工作。水冷发动机的冷却系统通常由冷却水套、水泵、风扇、水箱、节温器等组成（图 2.1.24）。

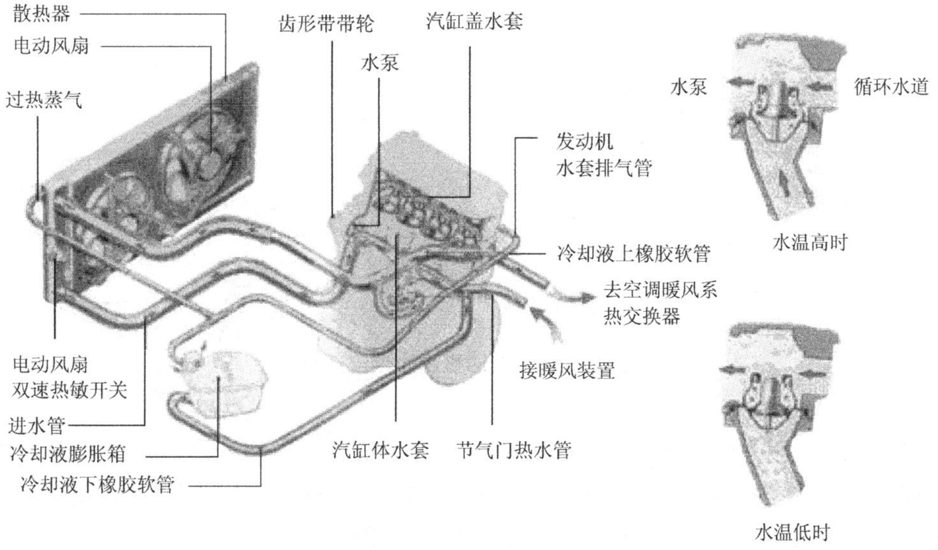

图 2.1.24　冷却系统

4. 燃油供给系统

汽油机燃油供给系统的功用是根据发动机的要求，配制出一定数量和浓度的混合气，输入汽缸，并将燃烧后的废气从汽缸内排出到大气中去（图 2. 1. 25）。柴油机燃油供给系统的功用是把柴油和空气分别供入汽缸，在燃烧室内形成混合气并燃烧，最后将燃烧后的废气排出（图 2. 1. 26）。

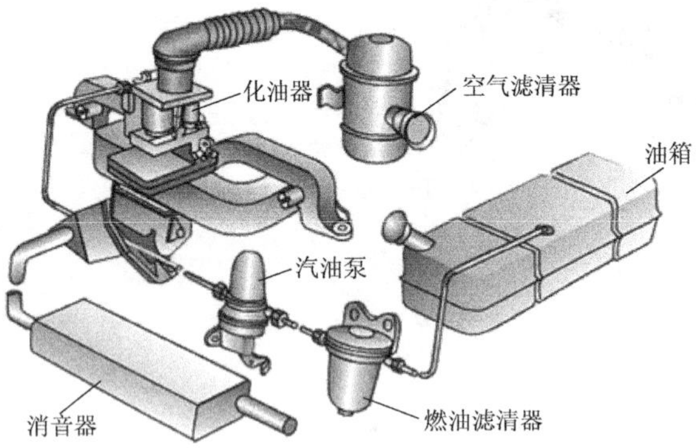

（a）

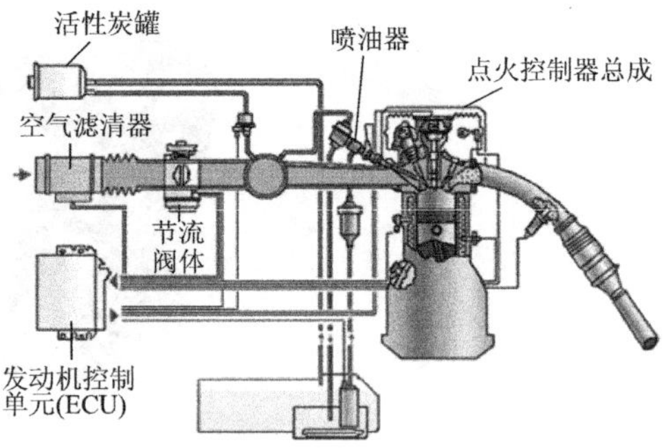

（b）

图 2. 1. 25　汽油机燃油供给系统

（a）化油器式汽油机燃油供给系统；（b）汽油喷射式汽油机燃油供给系统

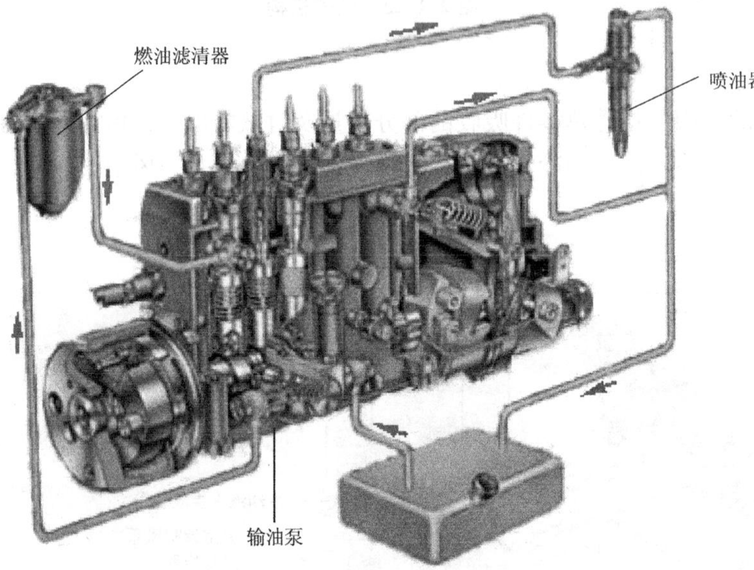

图 2. 1. 26　柴油机燃油供给系统

5. 润滑系统

润滑系统的功用是向做相对运动的零件表面输送定量的清洁润滑油，以实现液体摩擦，减小摩擦阻力，减轻机件的磨损，并对零件表面进行清洗和冷却。润滑系统通常由润滑油道、机油泵、机油滤清器和一些阀门等组成（图 2. 1. 27）。

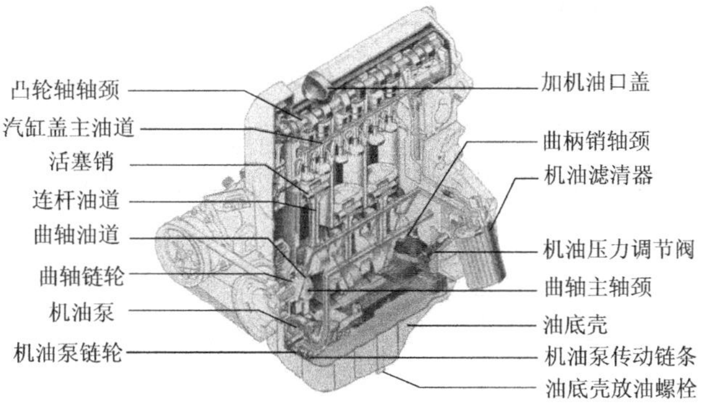

图 2.1.27　润滑系统

6. 点火系统

在汽油机中，汽缸内的可燃混合气是靠电火花点燃的，为此在汽油机的汽缸盖上装有火花塞，火花塞头部伸入燃烧室内。能够按时在火花塞电极间产生电火花的全部设备称为点火系统。点火系统通常由蓄电池、发电机、分电器、点火线圈和火花塞等组成（图 2.1.28）。

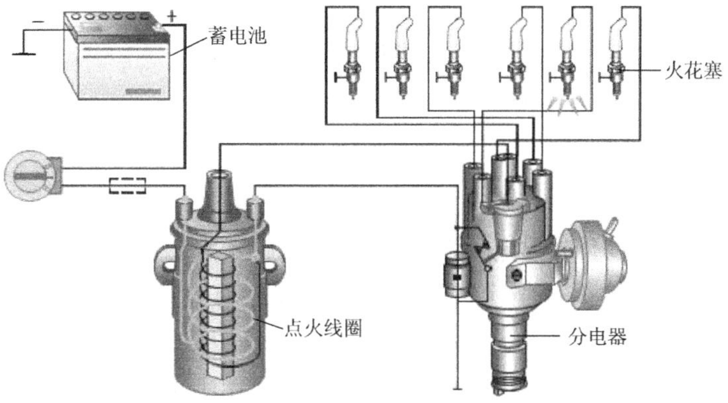

图 2.1.28　点火系统

7. 启动系统

要使发动机由静止状态过渡到工作状态，必须先用外力转动发动机的曲轴，使活塞做往复运动，汽缸内的可燃混合气燃烧膨胀作功，推动活塞向下运动使曲轴旋转，发动机才能自行运转，工作循环才能自动进行。因此，曲轴在外力作用下开始转动到发动机开始自动地怠速运转的全过程，称为发动机的启动。完成启动过程所需的装置，称为发动机的启动系统（图 2.1.29）。

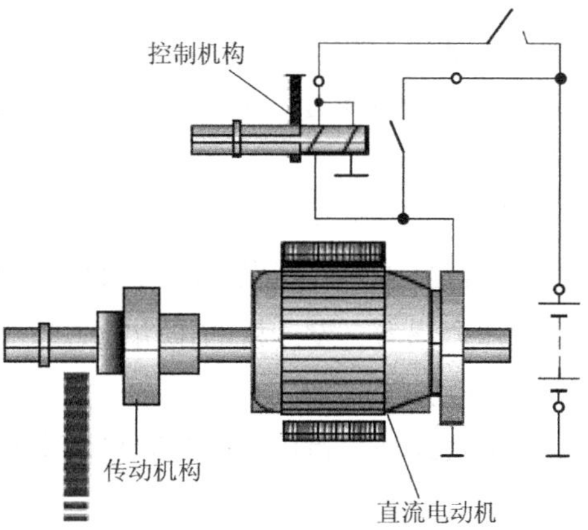

图 2.1.29　启动系统

2.1.5 发动机的性能指标

发动机的性能指标用来表征发动机的性能特点，并作为评价各类发动机性能优劣的依据。同时，发动机性能指标的建立还促进了发动机结构的不断改进和创新。因此，发动机构造的变革和多样性是与发动机性能指标的不断完善和提高密切相关的。

一、动力性指标

动力性指标是表征发动机作功能力大小的指标，一般用发动机的有效转矩、有效功率、转速和平均有效压力等作为评价发动机动力性好坏的指标。

1. 有效转矩

发动机对外输出的转矩称为有效转矩，记为 T_e，单位为 N · m。有效转矩与曲轴角位移的乘积即为发动机对外输出的有效功。

2. 有效功率

发动机在单位时间对外输出的有效功称为有效功率，记为 P_e，单位为 kW。它等于有效转矩与曲轴角速度的乘积。发动机的有效功率可以用台架试验方法测定，也可用测功器测定有效转矩和曲轴角速度，然后用公式计算出发动机的有效功率，即

$$P_e = T_e \frac{2\pi n}{60} \times 10^{-3} = \frac{T_e n}{9\,550} \ (\text{kW})$$

式中 T_e——有效转矩，N · m；

n——曲轴转速，r/min。

3. 发动机转速

发动机曲轴每分钟的回转数称为发动机转速，用 n 表示，单位为 r/min。发动机转速的高低，关系到单位时间内作功次数的多少或发动机有效功率的大小，即发动机的有效功率随转速的不同而改变。因此，在说明发动机有效功率的大小时，必须同时指明其相应的转速。在发动机产品标牌上规定的有效功率及其相应的转速分别称为标定功率和标定转速；发动机在标定功率和标定转速下的工作状况称为标定工况。标定功率不是发动机所能发出的最大功率，它是根据发动机用途而制定的有效功率最大使用限度。同一种型号的发动机，当其用途不同时，其标定功率值并不相同。有效转矩也随发动机工况而变化。因此，汽车发动机以其所能输出的最大转矩及其相应的转速作为评价发动机动力性的一个指标。

4. 平均有效压力

单位汽缸工作容积发出的有效功称为平均有效压力，记为 P_{me}，单位为 MPa。显然，平均有效压力越大，发动机的作功能力越强。

二、经济性指标

发动机经济性指标包括有效热效率和有效燃油消耗率等。

1. 有效热效率

燃油燃烧所产生的热量转化为有效功的百分数称为有效热效率，记为 η_e。显然，为获得一定数量的有效功所消耗的热量越少，有效热效率越高，发动机的经济性越好。

2. 有效燃油消耗率

发动机每输出 1kW 的有效功所消耗的燃油量称为有效燃油消耗率，记为 b_e，单位为 g/(kW·h)，则

$$b_e = \frac{B}{P_e} \times 10^3$$

式中　B——发动机在单位时间内的耗油量，kg/h；

P_e——发动机的有效功率，kW。

显然，有效燃油消耗率越低，经济性越好。

三、强化指标

强化指标是指发动机承受热负荷和机械负荷能力的评价指标，一般包括升功率和强化系数等。

1. 升功率

发动机在标定工况下，单位发动机排量输出的有效功率称为升功率。升功率大，表明每升汽缸工作容积发出的有效功率大，发动机的热负荷和机械负荷都高。

2. 强化系数

平均有效压力与活塞平均速度的乘积称为强化系数。活塞平均速度是指发动机在标定转速下工作时，活塞往复运动速度的平均值。

四、紧凑性指标

紧凑性指标是用来表征发动机总体结构紧凑程度的指标，通常用比容积和比质量衡量。

1. 比容积

发动机外廓体积与其标定功率的比值称为比容积。

2. 比质量

发动机的干质量与其标定功率的比值称为比质量。干质量是指未加注燃油、机油和冷却液的发动机质量。比容积和比质量越小，发动机结构越紧凑。

五、环境指标

环境指标用来评价发动机排气品质和噪声水平。由于它关系到人类的健康及其赖以生存的环境，因此各国政府都制定出严格的控制法规，以期削减发动机排气和噪声对环境的污染。

六、可靠性指标

可靠性指标是表征发动机在规定的使用条件下，正常持续工作能力的指标。可靠性有多种评价方法，如首发故障行驶里程、平均故障间隔里程、主要零件的损坏率等。

七、耐久性指标

耐久性指标是指发动机主要零件磨损到不能继续正常工作的极限时间。通常用发动机的大修里程，即发动机从出厂到第一次大修之间汽车行驶的里程数来衡量。

八、工艺性指标

工艺性指标是指评价发动机制造工艺性和维修工艺性好坏的指标。发动机结构工艺性好，则便于制造，便于维修，就可以降低生产成本和维修费用。

九、内燃机速度特性

汽车发动机的工况在很广泛的范围内变化。当发动机的工况（功率和转速）发生变化时，其性能（包括动力性、经济性、排放性和噪声等）也随之改变。因此，在评价和选用发动机时就必须考察它在各种工况下的性能，才能全面判断其好坏及能否满足汽车的要求。

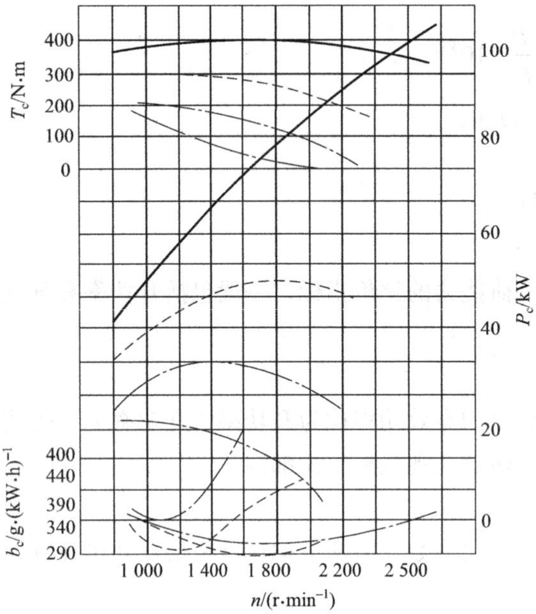

图 2.1.30 发动机的速度特性曲线

发动机性能指标随调整状况及运行工况而变化的关系称为发动机特性，利用特性曲线可以简单而又方便地评价发动机性能。

发动机的有效功率 P_e、有效转矩 T_e 和有效燃油消耗率 b_e 随发动机转速 n 的变化关系称为发动机速度特性（图 2.1.30）。

发动机负荷率（简称负荷）的定义如果利用发动机的速度特性来说明就更为清楚。图 2.1.31 中曲线 Ⅰ 为外特性，曲线 Ⅱ、Ⅲ 为部分速度特性。在 n = 3500 r/min 时，若节气门全开，可得到该转速下可能发出的最大功率 45 kW。但如果不全开而开到曲线 Ⅱ 和曲线 Ⅲ 的位置，则同样转速下只能发出 32 kW 和 20 kW 的功率。根据上述定义，可求出 a、b、c 和 d 四个工况下的负荷值：

工况 a 负荷为 0（称为发动机空转工况）；

工况 b 负荷 = 20/45×100% = 44.4%；

工况 c 负荷 = 32/45×100% = 71.1%；

工况 d 负荷 = 45/45×100% = 100%（发动机全负荷）。

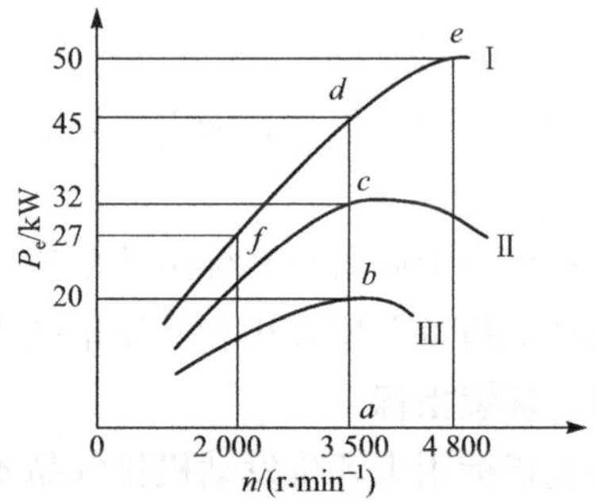

图 2.1.31 发动机的 P_e–n 特性曲线

工作任务 2.2 了解汽车传动系统

2.2.1 汽车传动系统的组成和功用

1. 传动系统的组成

机械式传动系统主要由离合器、变速器、万向传动装置和驱动桥组成（图 2.2.1）。其中万向传动装置由万向节和传动轴组成，驱动桥由主减速器和差速器组成。

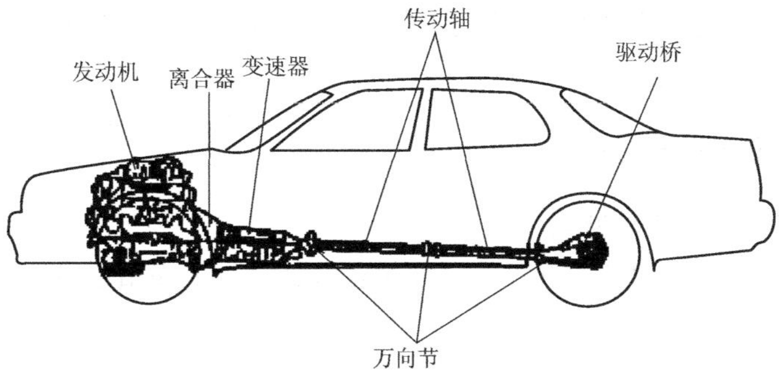

图 2.2.1 机械式传动系统的组成及布置示意图

液力机械式传动系统主要由液力变矩器、自动变速器、万向传动装置和驱动桥组成(图 2.2.2)。

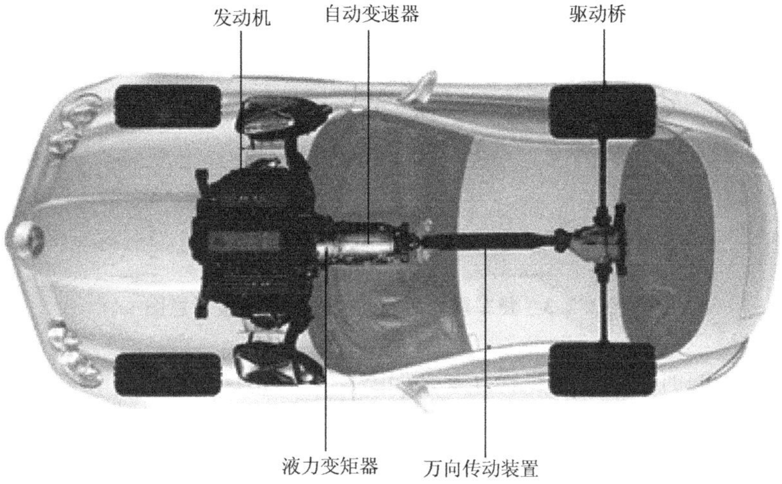

图 2.2.2 液力机械式传动系统的组成及布置示意图

2. 传动系统的功用

① 减速增矩。发动机输出的动力具有转速高、转矩小的特点，无法满足汽车行驶的基本需要，通过传动系统的主减速器，可以达到减速增矩的目的，即传给驱动轮的动力比发动机输出的动力转速低，转矩大。

② 变速变矩。发动机的最佳工作转速范围很小，但汽车行驶的速度和需要克服的阻力却在很大范围内变化，通过传动系统的变速器，可以在发动机工作范围变化不大的情况下，满足汽车行驶速度变化大和克服各种行驶阻力的需要。

③ 实现倒车。发动机不能反转，但汽车除了前进外，还要倒车，在变速器中设置倒挡，汽车就可以实现倒车。

④ 必要时中断传动系统的动力传递。启动发动机、换挡过程中、行驶途中短时间停车

(如等候交通信号灯)、汽车低速滑行等情况下，都需要中断传动系统的动力传递，利用变速器的空挡可以中断动力传递。

⑤ 差速功能。在汽车转向等情况下，需要两驱动轮能以不同转速转动，通过驱动桥中的差速器可以实现差速功能。

2.2.2 汽车传动系统的布置方案

一、发动机前置后轮驱动方案

发动机前置后轮驱动（FR）方案（简称前置后驱动）主要用于货车、部分客车和部分高级轿车（图 2.2.3）。

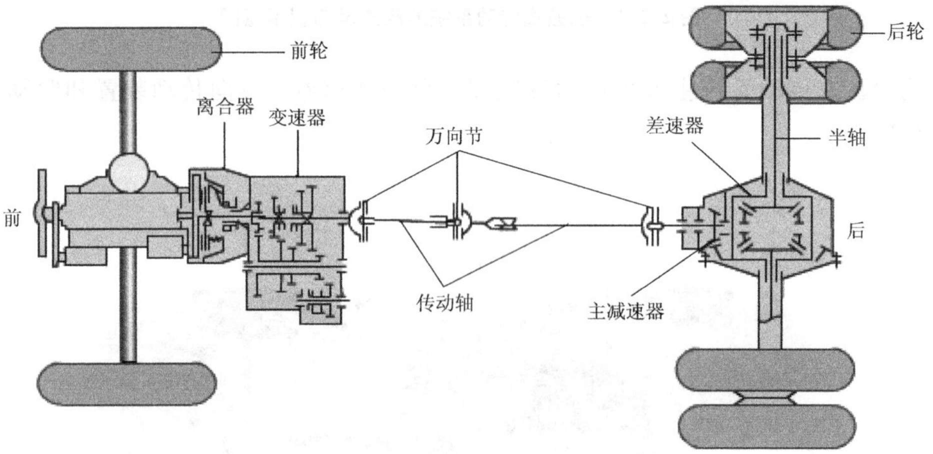

图 2.2.3 货车前置后驱动的组成及布置示意图

宝马轿车采用的前置后驱动布置方案，如图 2.2.4 所示。

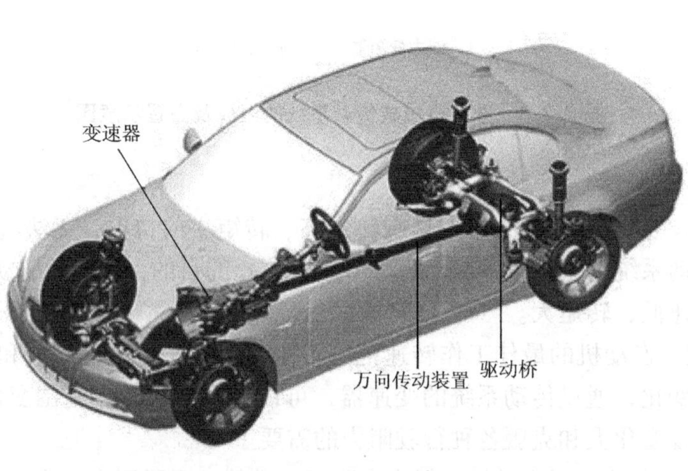

图 2.2.4 宝马轿车采用的前置后驱动组成及布置示意图

二、发动机前置前轮驱动方案

发动机前置前轮驱动（FF）方案（简称前置前驱动）主要用于轿车和微型、轻型客车等。

1. 发动机横置

特点是发动机曲轴轴线与车轮轴线平行，主减速器可以采用圆柱齿轮传动（图 2. 2. 5）。

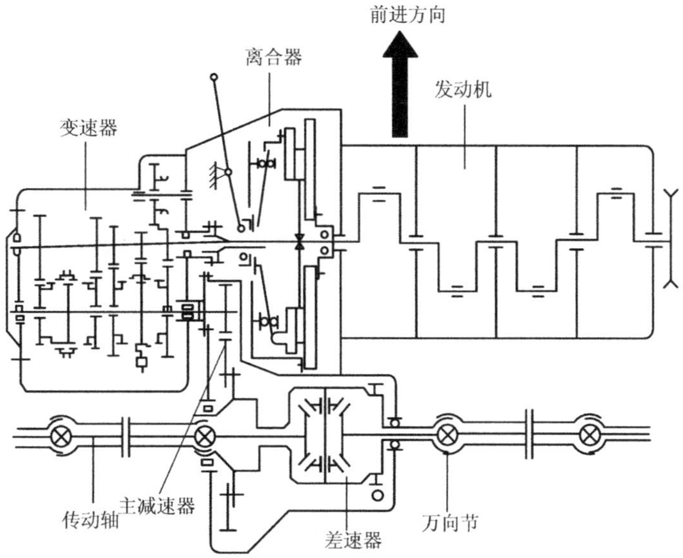

图 2. 2. 5　前置前驱动轿车传动系统组成及布置示意图（发动机横置）

2. 发动机纵置

特点是发动机曲轴轴线与车轮轴线垂直，主减速器必须采用圆锥齿轮传动（图 2. 2. 6）。

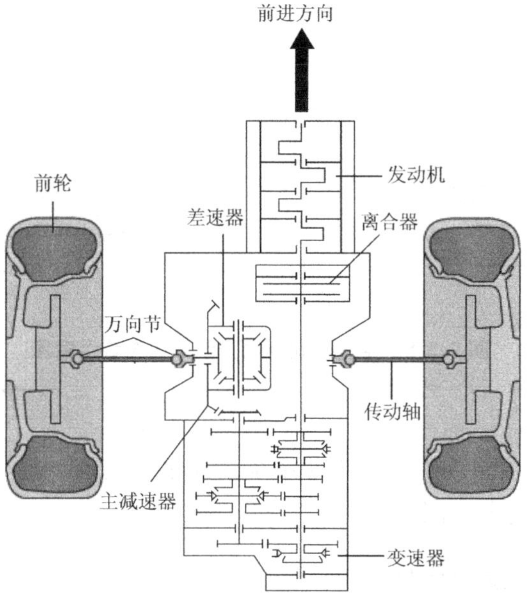

图 2. 2. 6　前置前驱动轿车传动系统组成及布置示意图（发动机纵置）

三、发动机后置后轮驱动方案

发动机后置后轮驱动（RR）方案（简称后置后驱动）的特点是发动机布置在后轴之后，用后轮驱动，主要用于大中型客车和少数跑车（图 2.2.7）。

桑塔纳轿车传动系统组成及布置示意图，如图 2.2.7 所示。

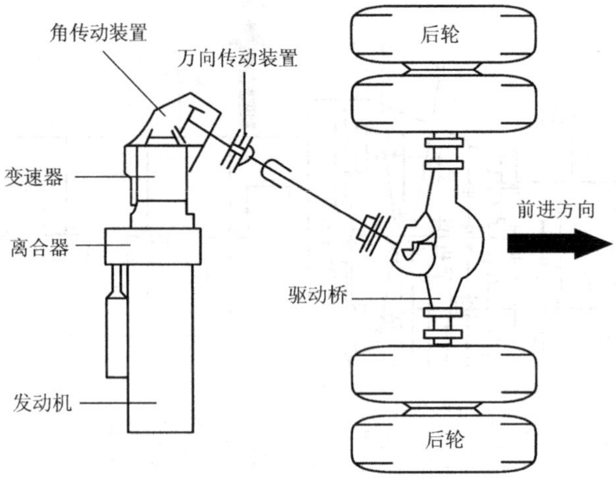

图 2.2.7　后置后驱动传动系统布置示意图

四、发动机中置后轮驱动方案

发动机中置后轮驱动（MR）方案（简称中置后驱动）的特点是发动机布置在前后轴之间，用后轮驱动，主要用于跑车和少数大中型客车（图 2.2.8）。

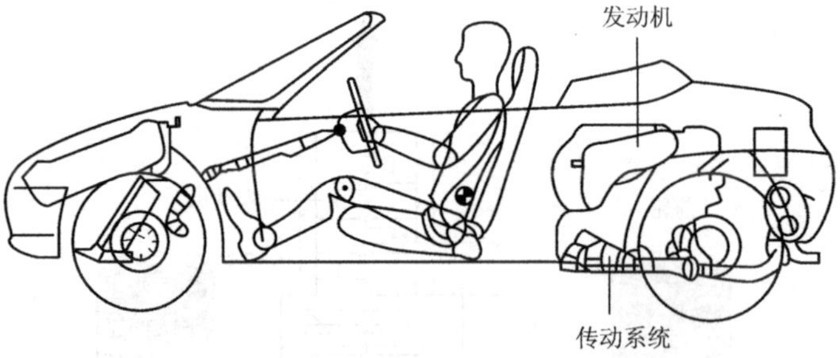

图 2.2.8　中置后轮驱动传动系统布置示意图

五、全轮驱动方案

全轮驱动（AWD）方案的特点是传动系统增加了分动器，动力可以同时传给前后轮，主要用于越野车及重型货车（图 2.2.9）。

2.2.3　汽车传动系统的类型

汽车传动系统有机械式、液力式和电力式等。

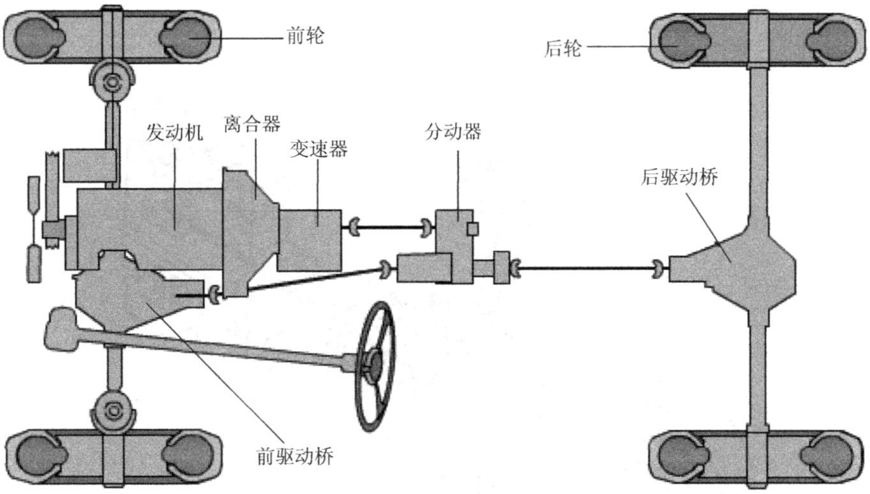

图 2.2.9　发动机前置全轮驱动汽车传动系统组成及布置示意图

一、液力式传动系统

1. 液力机械式传动系统

特点是组合运用液力传动和机械传动。液力传动是指利用液力变矩器传动，机械传动是指利用自动变速器、万向传动装置和驱动桥传动（图 2.2.10）。

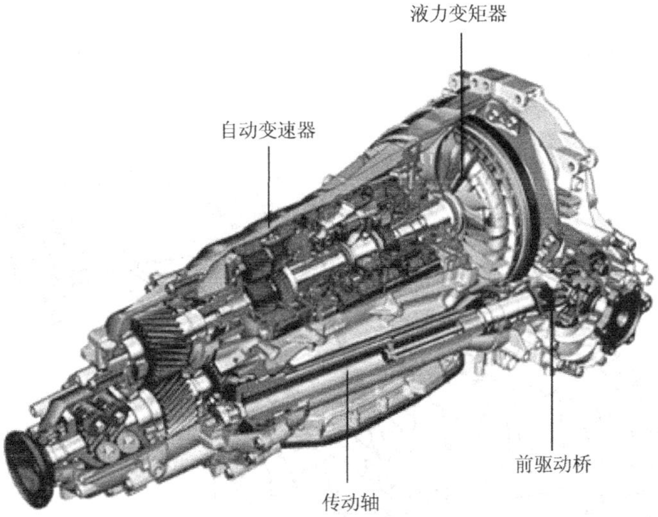

图 2.2.10　液力机械式传动系统的组成

2. 静液式传动系统

特点是通过液体传动介质静压力能的变化传递动力，利用发动机带动油泵产生静压力，通过控制装置控制液压马达转速，用一个液压马达带动驱动桥或用两个液压马达直接驱动两个驱动轮（图 2. 2. 11）。静液式传动系统的主要缺点：机械效率低、造价高、使用寿命短、可靠性差等，故还没有得到广泛应用。

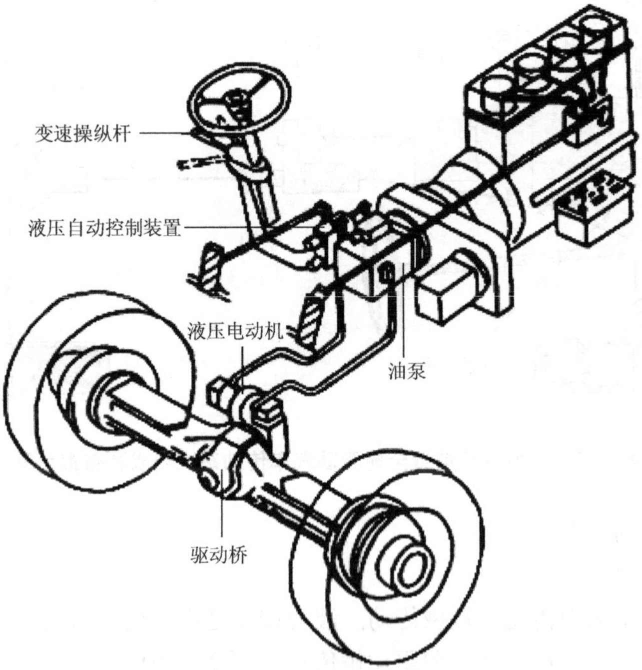

图 2. 2. 11　静液式传动系统示意图

二、电力式传动系统

电力式传动系统示意图，如图 2. 2. 12 所示。

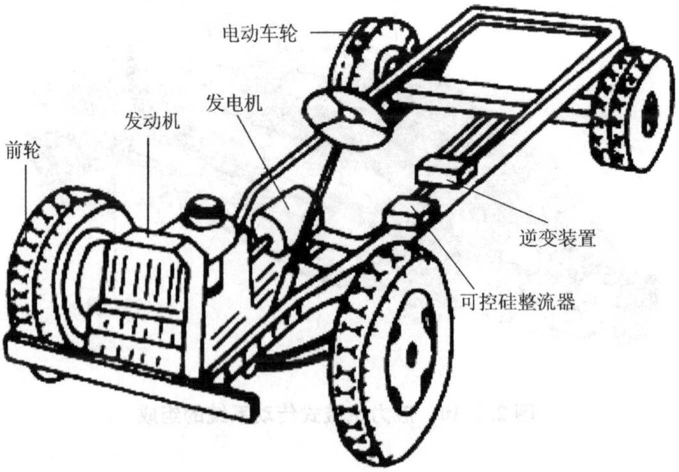

图 2. 2. 12　电力式传动系统示意图

工作任务 2.3 了解汽车行驶系统

2.3.1 汽车行驶系统的功用

① 接受传动系统传来的发动机转矩并产生驱动力。

② 承受汽车的总质量，传递并承受路面作用于车轮上的各个方向的反力及转矩。

③ 缓冲减震，保证汽车行驶的平顺性。

④ 与转向系统协调配合工作，控制汽车的行驶方向。

2.3.2 行驶系统的组成和类型

行驶系统的组成：车架、车桥、悬挂、车轮（或履带）。

行驶系统的类型：轮式、半履带式、全履带式、车轮-履带式。

一、轮式汽车行驶系统

轮式汽车行驶系统由车架、车桥、悬挂和车轮组成，绝大部分汽车都采用轮式行驶系统（图 2. 3. 1）。

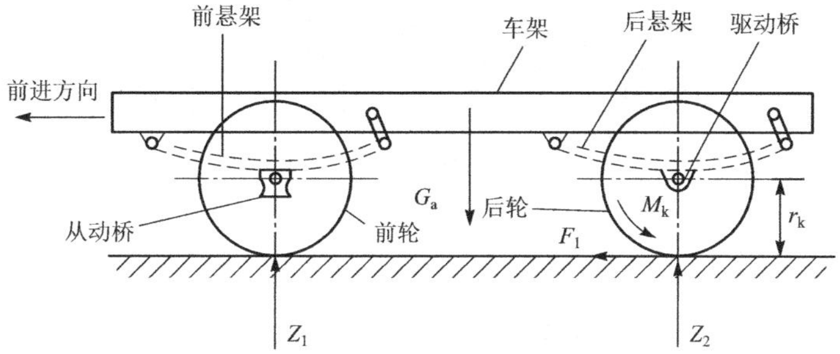

图 2. 3. 1 轮式汽车行驶系统的组成及部分受力分析

二、半履带式汽车行驶系统

半履带是指汽车的后桥采用履带式，前桥用车轮。

履带可以减少汽车对地面的比压，控制汽车下陷，履刺还能加强履带与土壤间的相互作用，增加汽车的附着力，提高通过性，主要用于在雪地或沼泽地带行驶的汽车（图 2. 3. 2）。

三、全履带式汽车

前后桥都用履带称为全履带式。悍马履带式汽车，如图 2. 3. 3 所示。

四、车轮-履带式

前后桥即可装车轮，也可装履带，称为车轮-履带式（图 2. 3. 4）。

图 2.3.2 半履带式装甲运兵车

图 2.3.3 悍马履带式汽车

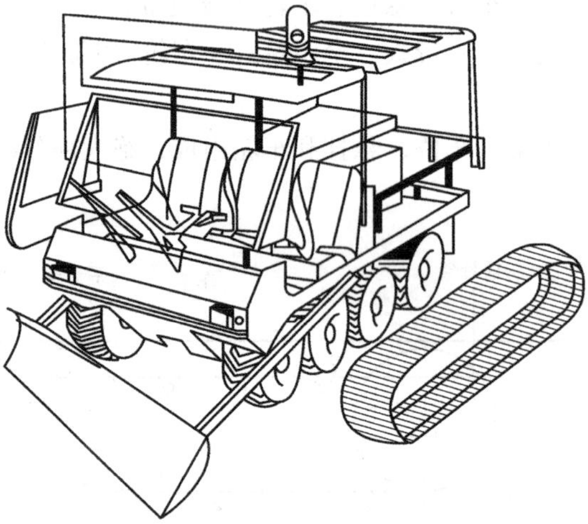

图 2.3.4 车轮–履带式汽车

工作任务 2.4 了解汽车转向系统

汽车转向系统是用来改变汽车行驶方向的专设机构的总称。汽车转向系统的功用是保证汽车能按驾驶员的意愿进行直线或转向行驶。

2.4.1 汽车转向系统的类型和组成

1. 机械转向系统

机械转向系统以驾驶员的体力作为转向能源，所有传递力的构件都是机械的，主要由转向操纵机构、转向器和转向传动机构三大部分组成。

当前轮为独立悬挂时，机械转向系统的组成及布置与CA7220型“红旗牌”轿车相似（图2.4.1）。

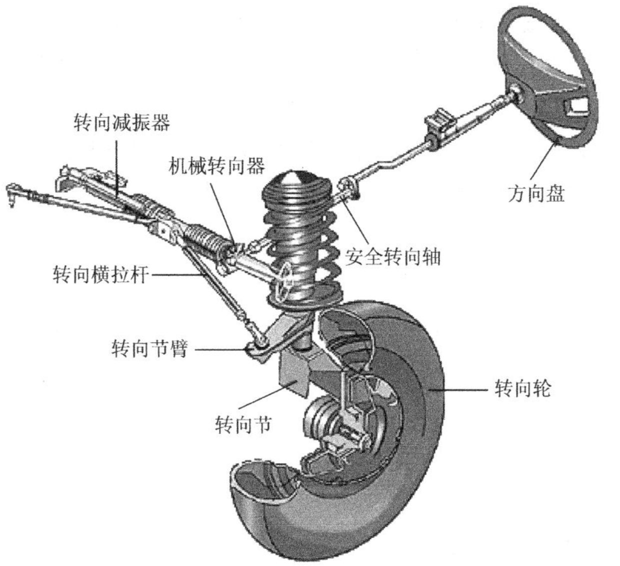

图2.4.1　CA7220型“红旗牌”轿车机械转向系统

当前轮为非独立悬挂时，机械转向系统的组成及布置如图2.4.2所示。由于方向盘距离转向器较远，两者之间用万向节和传动轴构成的万向传动装置相连。

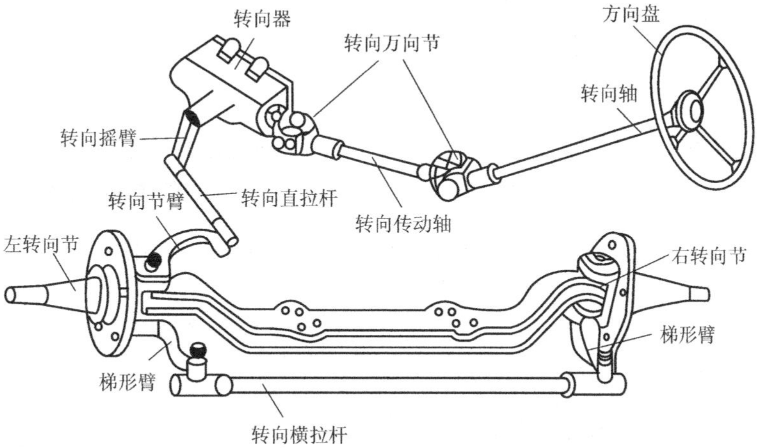

图2.4.2　机械转向系统示意图

2. 动力转向系统

动力转向系统是兼用驾驶员体力和发动机（或电动机）的动力作为转向能源的转向系统。动力转向系统是在机械转向系统的基础上加设一套转向加力装置而形成的。

轿车动力转向系统示意图，如图2.4.3所示。

2.4.2 两侧转向轮偏转角之间的理想关系式

汽车转向行驶时，为了避免车轮相对地面滑动而产生附加阻力，减轻轮胎磨损，要求转向系统能保证所有车轮均做纯滚动，即所有车轮轴线的延长线都要相交于一点，并有如下关系式（图 2.4.4）：

$$\cot\alpha=\cot\beta+B/L$$

式中：α、β 分别为内外侧转向轮的偏转角；B 为两侧主销轴线与地面相交点之间的距离；L 为汽车轴距。

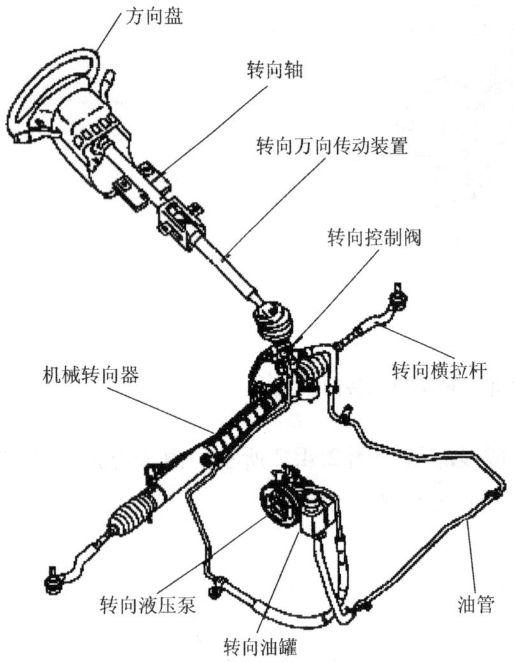

图 2.4.3 轿车动力转向系统示意图

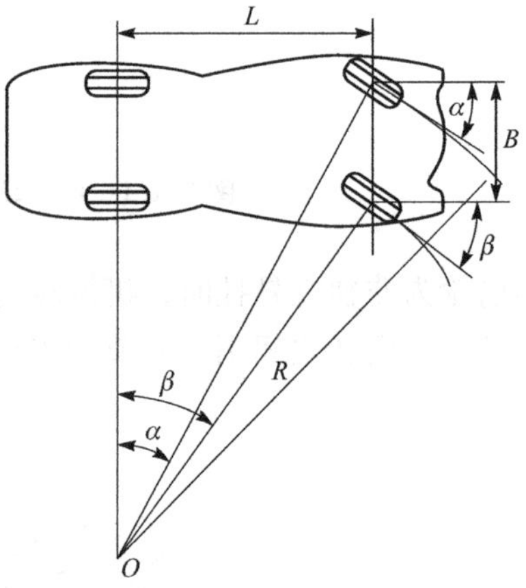

图 2.4.4 双轴汽车转向时两侧转向偏转角的理想关系

如果是多轴汽车转向，转向轮转角间的关系与双轴汽车基本相同（图 2.4.5）。

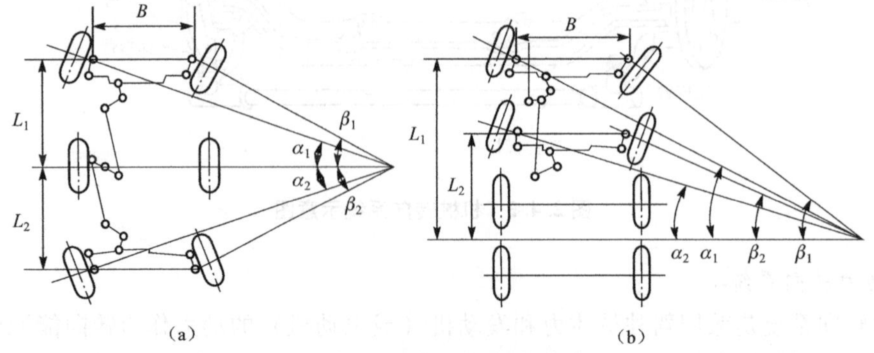

图 2.4.5 多轴汽车转向示意图

（a）三轴汽车一、三桥转向；（b）四轴汽车双前桥转向

2.4.3　转向系统传动比

1. 转向器角传动比

方向盘转角增量与相应的转向摇臂转角增量之比 $i_{\omega 1}$ 称为转向器角传动比。

2. 转向传动机构角传动比

转向摇臂转角增量与方向盘一侧转向节的相应转角增量之比 $i_{\omega 2}$ 称为转向传动机构角传动比。

3. 转向系统角传动比

方向盘转角增量与同侧转向节相应转角增量之比 i_{ω} 称为转向系统角传动比，并有如下关系式：

$$i_{\omega}=i_{\omega 1}i_{\omega 2}$$

4. 转向系统的力传动比

两个转向轮受到的转向阻力与驾驶员作用在方向盘上的手力之比 i_{p} 称为转向系统的力传动比，它与角传动比 i_{ω} 成正比。

2.4.4　方向盘的自由行程

方向盘在空转阶段的角行程称为方向盘的自由行程。方向盘的自由行程有利于缓和路面冲击，避免驾驶员过度紧张，但不宜过大，否则将使转向灵敏性能下降。

工作任务 2.5　了解汽车制动系统

驾驶员能根据道路和交通情况，利用装在汽车上的一系列专门装置，迫使路面在汽车车轮上施加一定的与汽车行驶方向相反的外力，对汽车进行一定程度的强制制动。这种可控制的对汽车进行制动的外力称为制动力，用于产生制动力的一系列专门装置称为制动系统。制动系统的功用是减速停车、驻车制动。

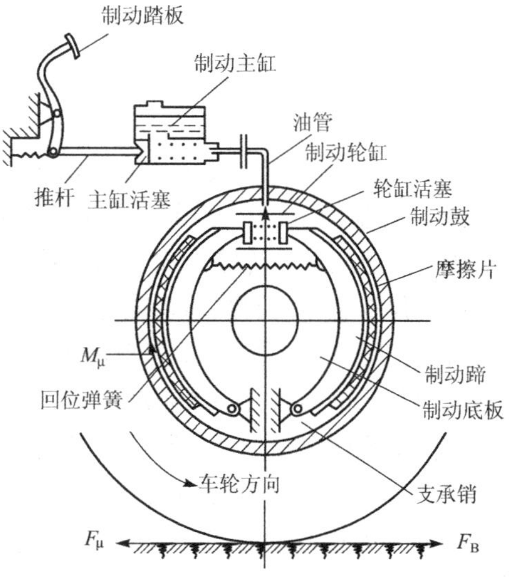

图 2.5.1　制动系统工作原理

2.5.1　制动系统的工作原理

在人力作用下，制动蹄对制动鼓作用一定的制动摩擦力矩即制动器制动力矩 M_{μ}，在 M_{μ} 的作用下，车轮将对地面作用一个向前的力 F_{μ}，地面对车轮作用一个向后的反作用力 F_{B}，F_{B} 即为地面对车轮的制动力（图 2.5.1）。

2.5.2　制动系统的组成

① 供能装置：包括供给、调节制动所需能

量以及改善传能介质状态的各种部件。其中产生制动能量的部分称为制动能源。人的肌体也可作为制动能源。

② 控制装置：包括产生制动动作和控制制动效果的各种部件，如制动踏板、制动阀等。

③ 传动装置：包括将制动能量传输到制动器的各个部件，如制动主缸和制动轮缸等。

④ 制动器：产生制动摩擦力矩的部件。

较为完善的制动系统还具有制动力调节装置、报警装置、压力保护装置等附加装置。汽车制动系统组成示意图，如图 2. 5. 2 所示。

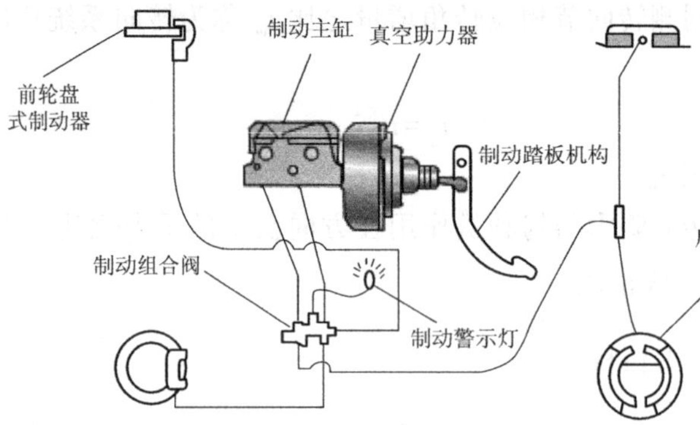

图 2. 5. 2 汽车制动系统的组成示意图

2. 5. 3 制动系统的类型

1. 按制动系统的功用分类

① 行车制动系统：使行驶中的汽车减低速度甚至停车的一套专门装置。

② 驻车制动系统：使已停驶的汽车驻留原地不动的一套装置。

③ 第二制动系统：在行车制动系统失效的情况下保证汽车仍能实现减速或停车的一套装置。

④ 辅助制动系统：在汽车下长坡时用以稳定车速的一套装置。

2. 按制动系统的制动能源分类

① 人力制动系统：以驾驶员的肌体作为唯一制动能源的制动系统。

② 动力制动系统：完全依靠发动机动力转化成的气压或液压进行制动的制动系统。

③ 伺服制动系统：兼用人力和发动机动力进行制动的制动系统。

按照制动能量的传输方式，制动系统又可分为机械式、液压式、气压式和电磁式等。同时采用两种传能方式的制动系统可称为组合式制动系统，如气顶液制动系统。

目前，所有汽车都采用双回路制动系统，如轿车的左前轮和右后轮共用一条制动回路、右前轮和左后轮共用另一条制动回路，当一个回路失效时，另一个回路仍能工作，这样有效提高了汽车的行车安全性。制动器是用以产生制动力矩的部件。

制动器按照结构可分为鼓式制动器和盘式制动器；按安装位置可分为车轮制动器和中央制动器。车轮制动器可用于行车制动和驻车制动，中央制动器只用于驻车制动和缓速制动。

工作任务 2.6　了解汽车车身

汽车车身的主要功用：① 为驾驶员提供良好的操纵条件和舒适的工作场所；② 由于车身可以隔离汽车行驶时的震动、噪声、废气以及恶劣气候的影响，所以车身可以为乘客提供舒适的乘坐条件；③ 保证完好无损地运载货物且装卸方便；④ 车身结构和设备可以保证行车安全和减轻事故后果；⑤ 车身合理的外部形状，可以在汽车行驶时有效引导周围的气流，提高汽车的动力性、燃油经济性和行驶稳定性，改善发动机的冷却条件和驾驶室内的通风。

车身结构包括：车身壳体、车前板制件、车门、车窗、车身外部装饰件和内部覆饰件、座椅以及通风、暖气、空调装置等。在货车和专用汽车上还包括货箱和其他装备。

2.6.1　车身壳体、车门、车窗

一、车身壳体

1. 车身壳体按受力分类

（1）非承载式车身

其特点是车身通过橡胶软垫或弹簧与车架做柔性连接。车架是支撑全车的基础，承受着在其上所安装的各个总成的各种载荷。车身只承受所装载的人员和货物的质量及惯性力，在车架设计时不考虑车身对车架承载所起的辅助作用。

（2）半承载式车身

其结构特点是车身通过焊接、铆接或螺钉与车架刚性连接，车架是承受各个总成载荷的主要构件，车身在一定程度上有助于加固车架，分担车架所承受的一部分载荷。

（3）承载式车身

其特点是汽车没有车架，车身就作为发动机和底盘各总成的安装基体，车身兼有车架的作用并承受全部载荷。

2. 车身壳体结构

（1）典型的轿车车身壳体结构

为了省去笨重的车架而使汽车轻量化，绝大多数轿车车身都采用承载式结构。其特点是车身没有明显的骨架，车身是由外部覆盖件和内部板件焊合而成的空间结构。

现代轿车承载式车身壳体前部都有副车架，在副车架上安装发动机、传动系统、前悬挂和前轮，组合成便于装配和维修的整体。副车架与承载式车身前部的下方用弹簧橡胶垫连接，以隔离震动和冲击，提高车身的舒适性。

轿车车身壳体结构如图 2.6.1 所示。

（2）典型的驾驶室壳体结构

绝大多数货车驾驶室都是非承载式的结构，驾驶室没有明显的骨架，由外部覆盖件和内部板件焊合成壳体，通过三点或四点弹性悬置与车架连接（图 2.6.2）。

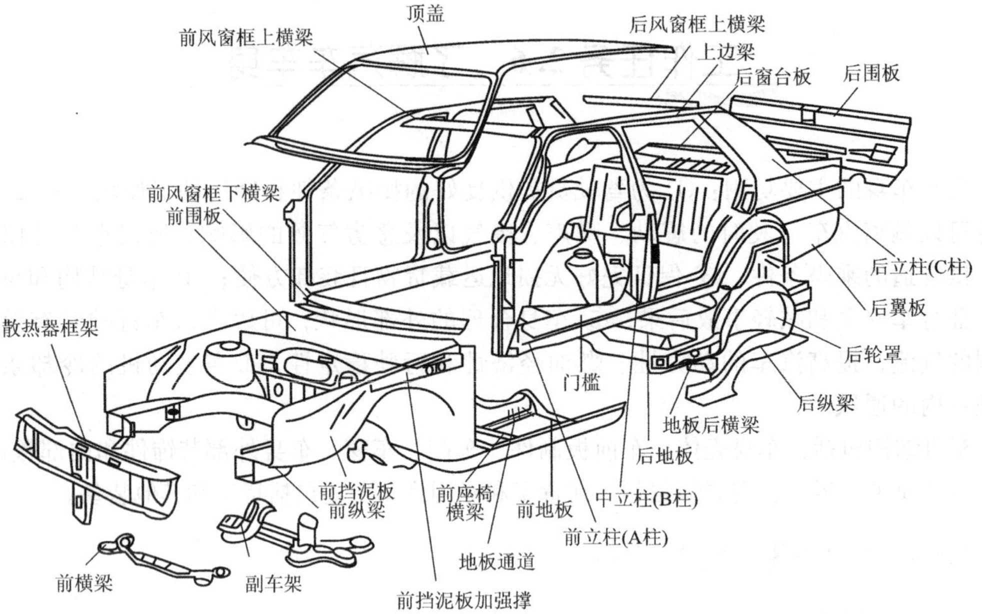

图 2.6.1 轿车的车身壳体

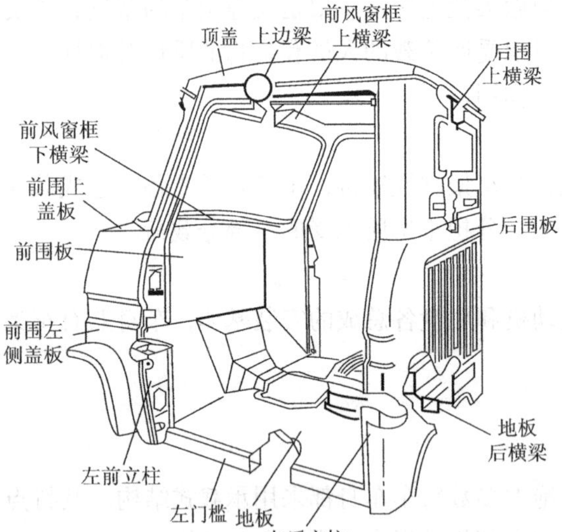

图 2.6.2 货车驾驶室壳体

（3）客车车身的壳体结构

1）半承载式车身的壳体结构

其特点是在客车专用底盘上将车架用若干悬臂梁加宽并与车身侧壁刚性连接，使车身骨架也分担车架的一部分载荷，其中车架由两根前后直通的纵梁与若干横梁等组成（图 2.6.3）。许多国产大、中型客车车身均采用这种结构形式。

2）承载式客车车身结构

底架是薄钢板冲压或用型钢焊制的纵、横格栅，以取代笨重的车架。所有车身壳体构件（包括蒙皮）都参与承载，互相牵连和协调，充分发挥材料的潜力，使车身质量最小而强度和刚度最大。

大型客车的承载式车身骨架，如图 2.6.4 所示。

二、车门、车窗及其附件和密封

1. 车门

车门是车身的重要组成部件之一。按其开启方式可分为顺开式、逆开式、水平滑移式、上掀式、折叠式和外摆式等（图 2.6.5~图 2.6.7）。

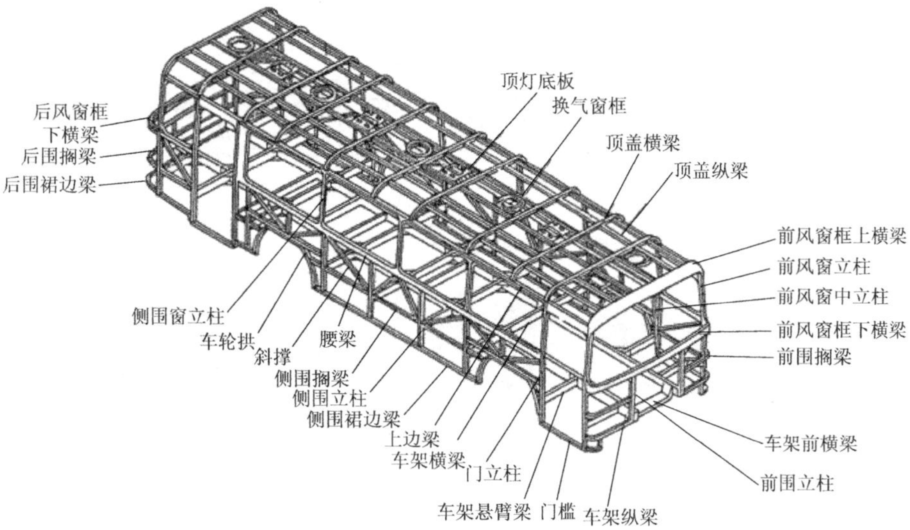

图 2.6.3　典型的半承载式客车车身

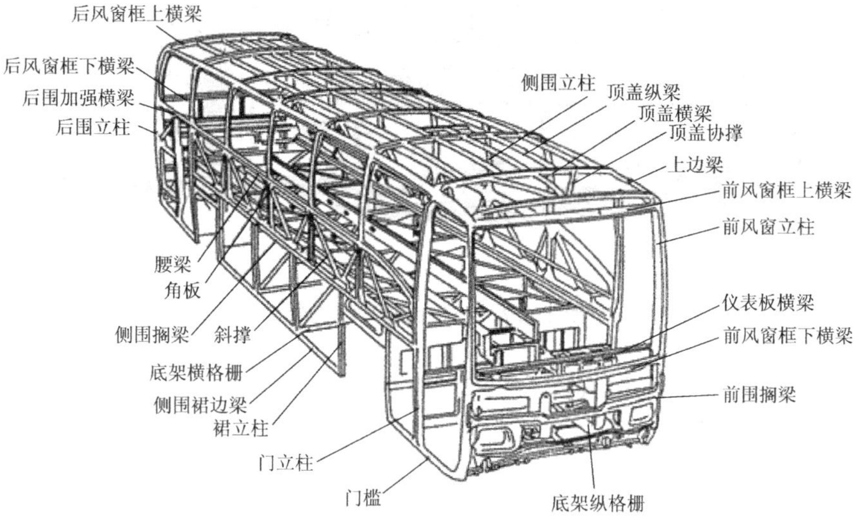

图 2.6.4　大型客车的承载式车身骨架

图 2.6.5　顺开式、逆开式和上掀式车门

图 2.6.6　水平滑移式车门

图 2.6.7　折叠式和外摆式车门

货车驾驶室车门及车窗的构造，如图 2.6.8 所示。

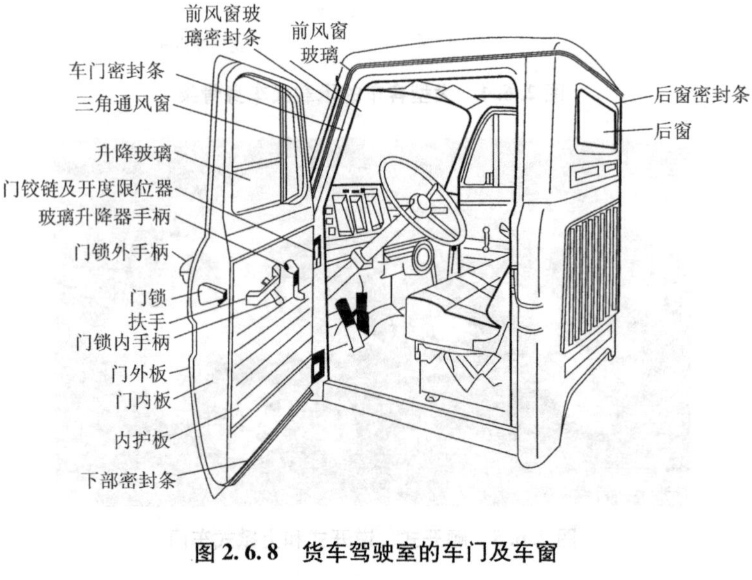

图 2.6.8　货车驾驶室的车门及车窗

2. 车窗

（1）风窗

汽车的前、后风窗通常采用有利于视野而又美观的曲面玻璃，轿车的前、后风窗又称前、后风挡玻璃。

（2）三角通风窗

为便于自然通风，某些汽车在车门上设有三角通风窗。三角通风窗可绕垂直轴旋转，窗的前部向车内转动而后部向车外转动，使空气在其附近形成涡流并绕车窗循环流动。

3. 车门玻璃升降器

现代轿车广泛采用圆柱面的车门升降玻璃，通常采用齿轮齿扇交叉臂式和钢丝绳式两种玻璃升降器（图 2.6.9~图 2.6.10）。

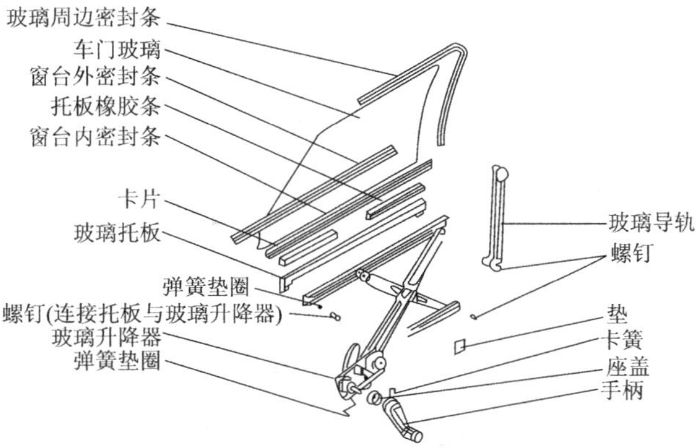

图 2.6.9　齿轮齿扇交叉臂式玻璃升降器

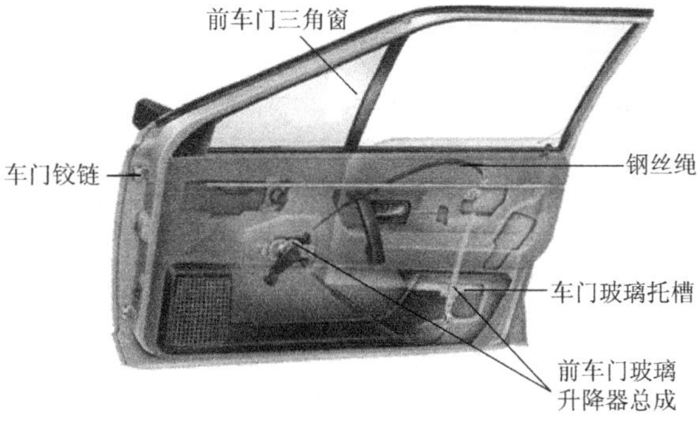

图 2.6.10　桑塔纳轿车前车门（钢丝绳式玻璃升降器）

4. 客车的侧窗

客车的侧窗可设计成上下开启式或水平移动式。侧窗玻璃采用茶色或带有隔热层，可使室内保温并有安闲宁静的舒适感。具有完善的冷气、暖气、通风及空调设备的高级客车常常将侧窗设计成不可开启式，以提高车身的密封性。

5. 轿车的遮阳顶窗

遮阳顶窗（也称天窗）及其他车窗开启时可使汽车室内与外界连通，接近敞篷车的性能，以便乘客在风和日丽的季节里充分享受明媚的阳光和新鲜的空气。遮阳顶窗不但可以增加室内的光照度，而且也是一种较有效的自然通风装置。根据不同的需要，可把遮阳顶窗部分或全部关闭，这样就形成了功能优异的全天候式车身结构（图 2.6.11）。

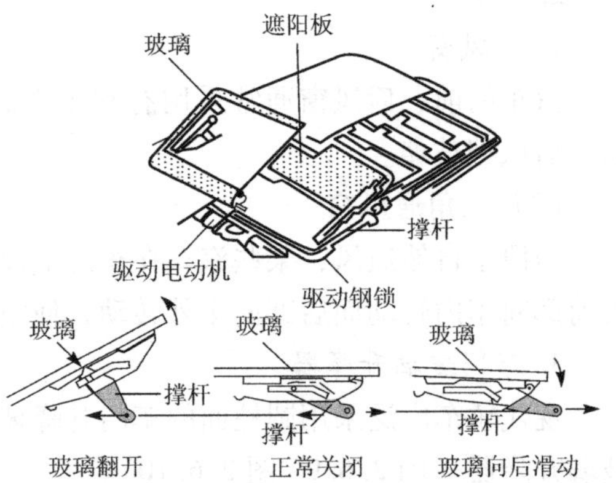

图 2.6.11 遮阳顶窗的结构

2.6.2 车身附属装置及安全防护装置

一、车身附属装置

1. 通风装置

不依靠风机而利用汽车行驶的迎面气流进行车内空气交换的办法称为自然通风。在汽车行驶过程中，既要保证通风，又要避免急速的穿堂风，以免乘客着凉。自然通风可依靠车身上的进、出风口以及打开的侧窗、顶窗、车门上的升降玻璃和三角通风窗实现。利用风机进行强制通风的方法比自然通风更有效，并可用过滤方法保证空气更加洁净（图 2.6.12）。

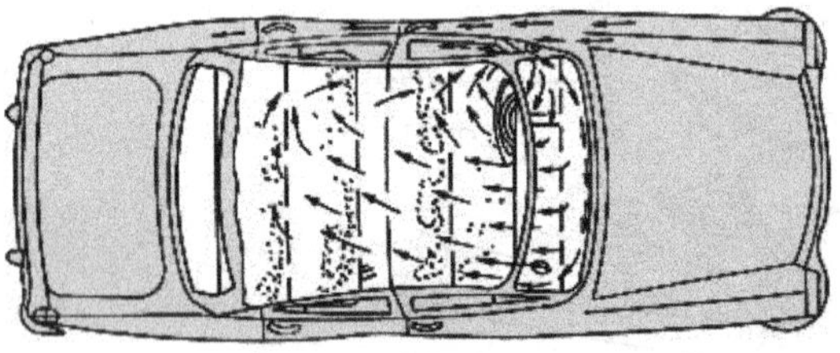

图 2.6.12 利用三角通风窗进行自然通风示意图

2. 大型客车的独立燃烧式通风与暖气联合装置

现代大型客车有的装有先进的独立燃烧式通风与暖气联合装置，使客车乘坐更加舒适（图 2.6.13）。

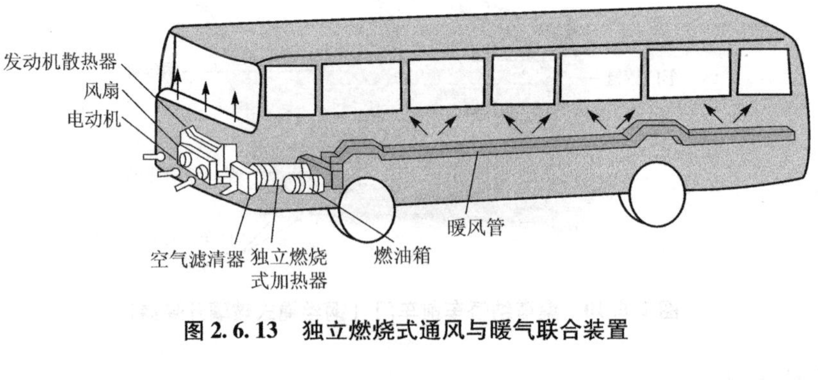

图 2.6.13 独立燃烧式通风与暖气联合装置

3. 通风、暖风、冷气联合装置

现代汽车上都装有通风、暖气、冷气联合装置，或称为四季空调系统（图 2.6.14）。

二、座椅

座椅的作用是支撑人体，使驾驶操纵方便和乘坐舒适。座椅由骨架、座垫、靠背、头枕

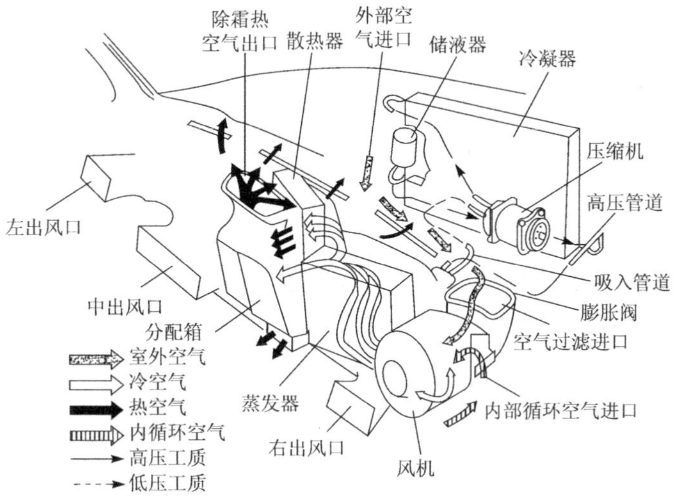

图 2.6.14　轿车的四季空调系统

和调节机构等部分组成（图 2.6.15）。

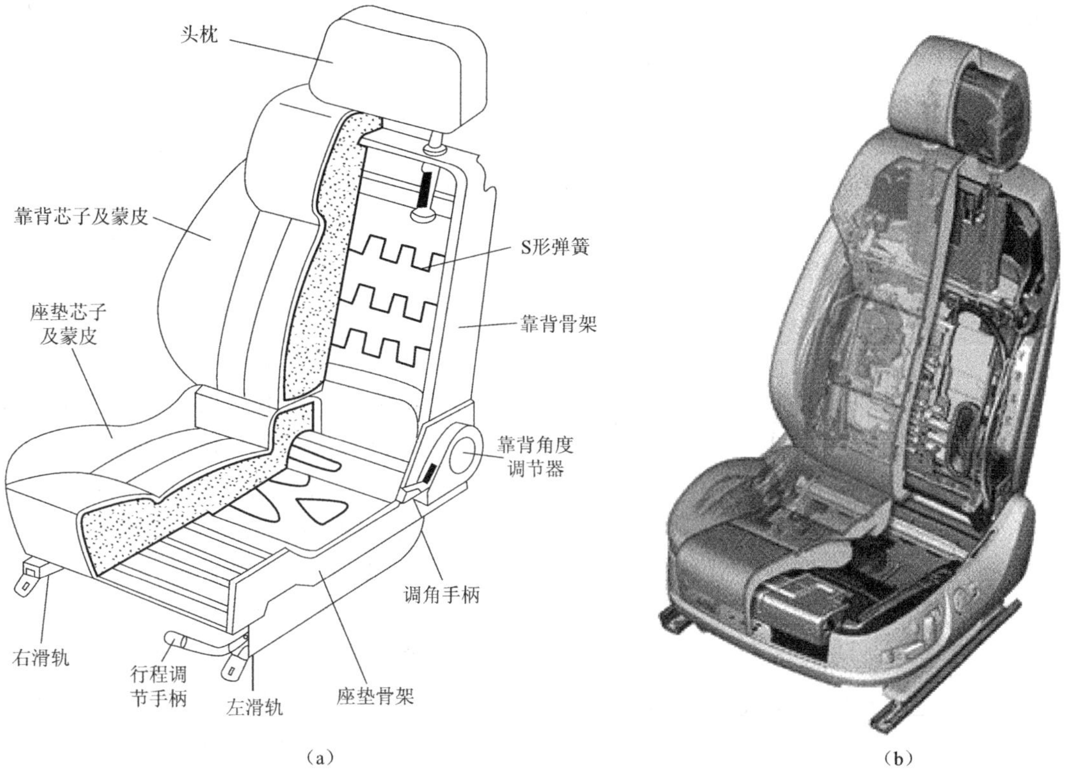

图 2.6.15　驾驶员座椅

（a）驾驶员手动调节座椅；（b）驾驶员电动调节座椅

先进的座椅调节机构用微型电动机驱动，有多种行程和角度调节方式。

三、安全防护装置

1. 车外防护装置

(1) 车身壳体结构的防护措施

车身壳体的正确结构：使乘客舱具有较大的刚度以便在碰撞时尽量减少变形，同时使车身的头部、尾部等其他离乘客较远部位的刚度相对较小，在碰撞时产生较大的变形而吸收撞击能量。

(2) 保险杠及护条

汽车最前端和最后端都有保险杠，许多轿车左右两侧还有纵贯前后的护条。保险杠和护条的安装高度应符合规定，以便汽车相撞时两车的保险杠或护条能首先接触。

保险杠的防护结构应包括两部分：首先是减少行人受伤的保险杠软表层，由弹性较大的泡沫塑料制成；其次是可吸收一部分撞击能量的装置，有金属构架、全塑料装置、半硬质橡胶缓冲结构、液压或气压装置等。

车身侧面的护条以防止汽车相互剐擦为主，与行人接触的概率较小，一般由半硬质塑料或橡胶制成。

(3) 汽车其他外部构件

根据事故统计资料，除了保险杠外，经常使行人受伤的主要构件有前翼板、前照灯、发动机罩、前轮 、风窗玻璃等。这些构件不应尖锐和坚硬，最好是平滑又富有弹性。有些轿车的整个正面都用大块聚氨酯泡沫塑料制成，并将发动机罩顶面用软材料包垫，以提高安全性。

2. 车内防护装置

汽车碰撞时，其速度迅速下降，而车内成员的身体由于惯性的作用仍以较大的速度向前冲，有可能撞到方向盘、仪表板、风窗玻璃上，引起伤亡。安全带和安全气囊是避免人体与上述构件相撞的两种常用的防护装置。

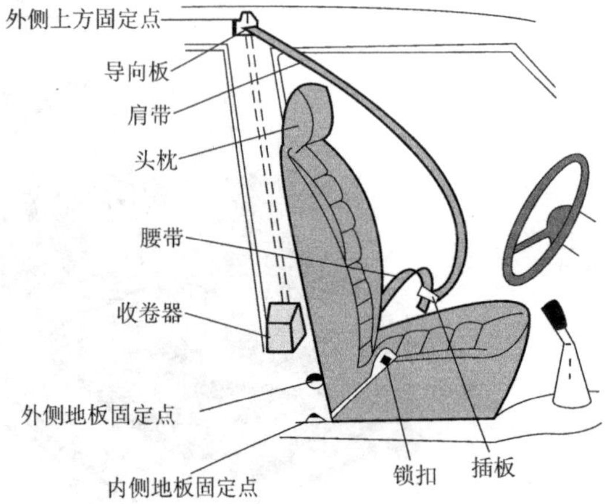

图 2.6.16 三点式安全带及头枕

(1) 安全带

汽车上最常用的是三点式安全带。带子由结实的合成纤维织成，包括斜跨前胸的肩带和绕过人体胯部的腰带两部分。在座椅外侧和内侧的地板上各有一个固定点，第三个固定点位于座椅外侧支柱上方（图 2.6.16）。

(2) 气囊系统

气囊系统通常称为辅助约束系统（SRS），可与安全带一起对前排乘客提供有效的保护（图 2.6.17）。对于未佩戴安全带的乘客，气囊系统的防护作用是有限的；而对于佩戴安全带的乘客，气囊系统可以有效地减轻头部的受伤。近年来，有些汽车为了提高其安全性，还设置了侧面气囊系统。

(3) 头枕

头枕也是座椅的一部分，是汽车后部受撞击时限制人的头部向后甩动的安全装置，头枕可降低颈椎受伤的可能性。

（4）安全玻璃

目前，在汽车上广泛应用的安全玻璃有钢化玻璃和夹层玻璃两种。钢化玻璃受冲击损坏时，整块玻璃出现网状裂纹，脱落后分成许多无锐边的碎片。夹层玻璃受冲击损坏时，内、外层玻璃碎片仍黏附在中间层上。中间层韧性较好，在承受撞击时拱起从而吸收一部分冲击能量，起缓冲作用。大量事故调查表明，夹层玻璃的安全性优于钢化玻璃。

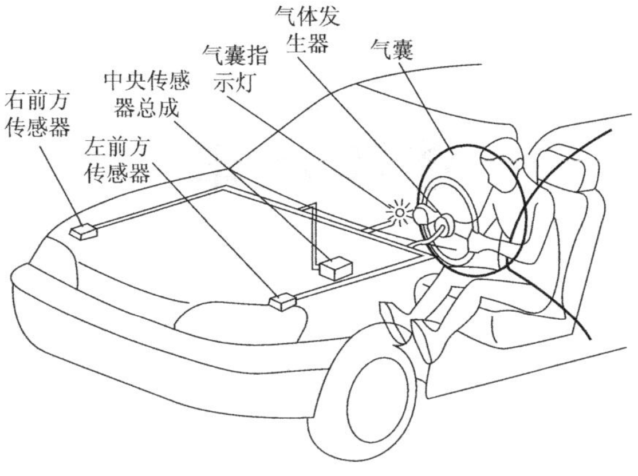

图 2.6.17　气囊系统

（5）门锁与门铰链

汽车的门锁与门铰链应有足够的强度，能同时承受纵、横两个方向的冲击载荷而不致使车门开启，避免乘客被甩出车外而受重伤或死亡的危险。此外，在事故后，门锁应不失效，使车门仍能被打开。转子卡板式门锁能同时承受纵、横向载荷，被广泛采用。

（6）室内其他构件

车身内部一切可能受人体撞击的构件都不应有尖角、突棱或小圆弧过渡的形状，而且车身室内广泛采用软材料包垫。室内软化不仅是为了满足舒适性的要求，更重要的还是为了满足安全性的要求。

复习思考题

1. 汽车发动机通常是由哪些机构与系统组成的？它们各有什么功用？
2. 四冲程汽油机和柴油机在总体构造上有何异同？
3. 汽车传动系统的基本功用是什么？
4. 汽车行驶系统的功用是什么？它主要由哪些部件和总成组成？各起什么作用？
5. 何谓汽车转向系统？机械转向系统由哪几部分组成？
6. 制动系统的组成有哪些？试说明制动力是如何产生的？
7. 汽车安全结构有哪些？其保障乘客安全的特点是什么？

3

项目三 选购汽车

项目说明

这个项目从购车者的角度出发，在学生了解汽车的基本结构、工作原理及性能参数等基础知识的前提下，在选购车辆之前，从专业角度分析不同车型的优缺点；分析车辆不同技术参数所表征的车辆经济、安全、舒适、操纵等方面的性能，并熟悉购车流程。

工作任务 3.1 确定购车方案

3.1.1 了解汽车销售市场行情

购车计划不是一成不变的，汽车销售市场行情随时会发生变化，只有适应这个变化，才能做到心中有数。

一、了解汽车厂家的营销策略

1. 全国统一销售价

一些厂家为保证利益，防止销售商恶性竞争，采用全国统一售价的策略，即无论在哪里购买，同一款汽车价格都一样。

2. 老旧车型削价

一款汽车在市场上销售相当时间后，性能和样式渐渐落后，厂家推出新的车型前会对老旧车型进行削价销售，为新车销售铺平道路。

3. 增减配置

增加或减少配置，常常是厂家为适应消费者不同需求而采取的策略。包括：增加配置，价格随之增长；增加配置，但价格不涨（变相降价）；减少配置，价格随之降低；减少配置，但价格不变（变相涨价）。

4. 加强售后服务

汽车厂家十分重视售后服务，因为售后服务的好坏往往会决定汽车生产和销售总体水平。因此厂家的策略：一是广布维修网点；二是增加汽车保修的时间和里程。当然，这意味着汽车厂家要掏更多钱，而这些钱可能包括在车辆的售价中，也可能是厂家的让利行为。

二、了解商家的不同做法

1. 优惠

目前，汽车销售市场上的国产车多数采取全国统一售价，但这个价格并不是一成不变的，销售商可能在全国统一销售价外增加优惠条件，如分期付款等。当然，此时的利润风险不在生产厂家，而在销售商家。

2. 打折

除采取全国统一销售价外，有些厂家允许销售商在不同地区或不同范围内进行价格浮动。这个折扣相对于整个车价的比例可能很小，但对工薪阶层来说，却是一个不小的数目。

3. 赠送

这是商家最常用的做法，包括赠送车辆装饰、赠送一年保险、赠送手机和计算机等。对商家所赠送的东西，一要看是否值那么多钱；二要看你是否需要。有些商家为了促销，购车赠送5000元礼品，一般有两种可能：一是礼品根本不值5000元，如有些商家送价值2800元的防晒膜，其实也就值200多元；二是所销售的部分机件被拆换过，车的成本降低，所以才敢送大礼。

三、了解汽车销售排行榜

考察汽车销售市场行情，十分重要的一点就是注意汽车品牌销售排行榜。排行榜反映了广大消费者对一个品牌的信任程度。一种车辆销售情况良好，在排行榜上领先，在某种程度上说明该车受到消费者追捧，因此可以锁定该品牌。另外还要注意，不能只看一时的排行榜，而应考察较长时期的排行数据，进行对比分析。

四、考察汽车厂家的售后服务

在汽车销售的所有环节中，售后服务是最重要的环节，它关系到日后几年甚至十几年车辆的保养和维修服务。

考察售后服务，一是要了解你所在的地区你所确定购买的汽车有多少专业维修点，维修点越多说明厂家越重视售后服务，也就可以有更多的选择余地；二是要了解这些专业维修点的维修水平、服务态度、价格标准，也可以亲自前往专业维修点感受一下他们的服务，看看厂商给予他们何种授权及评价。

3.1.2　做好相关准备工作

1. 购车预算

首先，要考虑自己的经济实力，即购车金额设定在可以接受的范围内；然后，将此范围内的所有汽车列出，再根据有关资料进行对比、评估，选出心目中理想的汽车。

2. 付款方式

根据自身的经济状况来决定是一次付款还是分期付款。如果想分期付款，还应多了解银行的贷款利率问题，所谓“货比三家”，不吃亏。

3. 用车方式及习惯

购车前应考虑所购车辆是用来跑长途（多）还是跑短途（多）。如果时常跑高速公路，应选择安全性高、速度快、较宽敞的车型；如常在市区跑，则应选省油、车身长度适中的车型。

4. 选择合适车型

确定好车价及用车目的后，应广泛地收集各种车型的信息，以便进行选车最重要的步骤——对比车辆性能、装配、外观等。选择车型时还要弄清楚所在城市或地区道路有无限制某种车辆通行的规定。

5. 注意车辆的排放标准

目前，各地大中城市都非常重视环境保护，并且制定了严格的汽车排放标准。选购轿车或轻型客车时，一定要注意车辆是否达到排放标准。最好选择电喷带有三元催化剂的汽车，虽然价格会贵10%左右，但以后可以省去很多麻烦。

6. 注意耗油量

目前，油价上升使得人们日益重视汽车的耗油量。汽车的耗油量与发动机的质量、排量及燃油供给方式有直接关系。在相同款式的汽车中，选购带电喷装置的名牌发动机，不但耐用而且省油。

7. 购车时机

选购新车还应考虑的因素有购车的时机、汇率的变化等。若准备购买进口车，则要随时注意汇率变化及相关税的税率，这两项因素都直接影响车价的涨跌幅度。

3.1.3 选择车型

1. 汽车越重越费油

从节油上来看，汽车自重与油耗呈正比关系，即质量越大的汽车越耗油，使用经济性相对越差。小型车自重每增加 40 kg 要多耗燃油 1%，但自重大的汽车在急转弯或急刹车时稳定性好，不易发生“飘车”现象。

2. 不同驱动方式的利弊

① 越野车。前后轮都有驱动力，不但牵引力大、通过性强，而且附着力大、稳定性好。由于车身和传动系统的钢板比轿车厚，安全系数高，适于越野但质量大，节油性差。

② 中高级轿车。前后桥承载的负荷基本一样，动力性强、牵引力大，在爬坡、泥泞道路和颠簸路上行驶时，动力性、防后轮侧滑和稳定性明显优越于“发动机前置前轮驱动”的汽车。使传动轴退至后桥，导致地板凸起，几个总成分开布置，占据的空间较大，很难使汽车小型化。

③ 中小型轿车。省去了传动轴，地板平坦，传动系统紧凑，质量减小；地板降低，中心下降、上坡时质量向后移，前桥负荷减小，不能产生足够的牵引力。不易在上下坡较多的山区使用。

④ 微型车。省去了传动轴，附着力和牵引力大，轴距较小，地板下没有排气管，发动机废气、噪声不会污染车厢内。后桥负荷大，转弯易侧滑，操纵系统太长，结构和冷却系统复杂，行李舱太小。

3. 自动挡汽车省事不省钱

自动挡装备有自动控制装置，行车中可根据车速自动调整挡位，不需要人工操纵，省去了换挡及踏踩离合的工作。其不足之处在于价格昂贵，维修费用高，使用起来比手动挡车费油。由于自动变速器的动力传递是通过液压来完成的，所以工作中会造成动力损失，尤其是低速行驶或堵车中走走停停时会增大油耗。

4. 选用装配子午线轮胎的汽车

与装有斜交轮胎的汽车相比，装有子午线轮胎的汽车耐磨性可以提高 50%～100%，滚动阻力降低 20%～30%，而且可以节油 6%～8%。

5. 选用铝合金轮圈的汽车

目前，铝制车轮的价格仍是钢轮的 2～3 倍左右，但其使用效益却远高于钢轮。与钢轮相比，铝制车轮特点突出：质量小，省油；散热性能好，可以增加轮胎寿命；真圆度高，可以提高车轮运动精度，适合高速行驶；弹性好，可以提高车辆行驶中的平顺性，更易于吸收运动中的振动和噪声；可 100%回收，属于环保产品。

6. 买零公里汽车

零公里汽车是指车辆出厂后未经任何运营直接销出或经专用运输车送到销售商手中，其行驶里程为 0。购车时，不要选择已经行驶了一定里程的新车（尽管这段里程是送车里程）。因为送车驾驶员常常会违反新车磨合期的行车规定，为赶时间而超速行驶，造成磨合不良，甚至发生初早期磨损，买这种车会“后患无穷”。

7. 购车渠道

应到实力雄厚、信誉可靠的销售商处选购汽车，认真验明其正规进货手续，不要图便宜购买走私车、私售车或不在国家汽车生产计划中的小厂车。在有一定规模的汽车销售市场里，通常都有工商管理部门、税务部门、保险公司等单位现场办公，这些单位一方面为消费者提供服务，另一方面也是履行管理市场的职责。此外，在这些市场内经营的汽车经销商，都经过市场管理部门的资格审查，如果个别不法经销商侵害消费者的利益，一般也都能在汽车销售市场内得到解决。

8. 买国产汽车还是进口汽车

进口车从质量上要明显优于国产车，但综合利弊来分析，进口车除了前面提到的性价比外，在以后的修理费用及配件供应方面并不占有任何优势。国产汽车修配网点较多，且收费相对便宜；而进口车一旦出现故障或事故，修理起来就相对麻烦。由于进口汽车的性能、构造变化较快，一些修理人员技术不全面，难以提供高质量的服务。进口配件不但价格昂贵而且还存在许多假冒产品，因此买车时要慎重，尽量选择名牌汽车。

3.1.4 选择汽车款式

不同品牌、不同车型的汽车，在用途方面有其独特的优点，以满足不同客户的需求。因此，在选购自己喜爱的品牌的同时，也应充分考虑汽车的实际用途，不能被它的外表所迷惑。

1. 三厢式家庭轿车

这种车是发动机位于车头，中间有几个座位，配四扇车门，车尾有个分隔的行李舱，即三厢式设计。车尾密封的行李舱，在空间上是与车厢分隔的，使空气调节及音响更有效地用于乘客身上，而乘客之间在交谈时也比较方便。缺点是扁平的尾箱放不下较大件的行李，而且在行车时乘客照顾不到放在尾箱的东西。在驾驶方面，由于车身中心是在前方偏中心位置，所以有中性转向的特点。

2. 两厢式家庭轿车

由于这款车车尾并没有伸出车轮很多的行李舱，所以摆放行李的位置是在后座靠背的后面。这样一来，车身的长度便短了很多，重心也前移了，从而造成转向不足。此外，在泊位是不用顾及尾箱凸出的长度，所以容易预算位置，驾驶起来十分方便。

3. 旅行车

与上述两款车相比，旅行车多了一个特大的行李舱。正因为如此，汽车尾部的质量就增加了，所以转弯时容易产生较大的惯性力，致使转向偏于过大。

4. 无门掀背式

这款车是以上三款车的混合体。它有一个可由乘客伸展的尾箱，但由于尾部是倾斜的，所以外形看起来也有些像三厢式，而驾驶员的视线可直达车厢的尾部，故又有两厢式车辆的优点。如果不是经常需要运载太大件的行李，这款车被用做家庭户外活动用车是再好不过了。

3.1.5 选择汽车颜色

一旦决定了车型和款式后，接下来就是如何选择汽车的颜色。也许您选择颜色时，考虑的仅仅是“我喜欢什么颜色”，但是汽车的颜色已经不仅仅是美观和个人偏好的问题，而是一个颇有说法、有学问的问题。

1. 汽车颜色可以显示车主的个性

颜色不仅是汽车包装和品牌识别的标志，它还能反映车主的情感和身份。如红色能激发欢乐情绪；黄色崇尚大自然本色；蓝色显示豪华气派；白色给人以纯洁、清新及平和感；黑色是一种矛盾的颜色，既代表保守和自尊，又代表新潮和性感；绿色给人带来沉静和谐之感。

2. 汽车颜色可产生造型功能

颜色的重要性还在于它能在人的心理上产生一种造型功能。颜色的造型效果取决于颜色面积、明度、纯度和匹配等因素。对于三维物体的轿车车身来说，形体、质量及色差所造成的这种影响就更为明显，因此要根据车型来选择轿车颜色。明度和纯度高的颜色能使车体显得大一些，因此适用于微型轿车。对于大型和中型轿车来说，采用明度和纯度适中的颜色较为适宜；买大型轿车最好选择低明度和低纯度颜色，因为这类颜色所产生的压缩性使车体看起来较为紧凑和坚实。另外，车体丰满的豪华车喷上一两种颜色饰条，可变得“俏丽苗条”起来。

3. 汽车颜色与行车安全有关系

颜色更重要的是在安全方面的作用。科学研究表明，轿车行车安全性不仅受操纵安全视线的影响，而且还受车身颜色能见度的影响。心理学家认为视认性较好的颜色能见度佳，所以把它们用于轿车外部能提高行车安全性。

① 颜色的进退性。例如，红色、黄色、蓝色、绿色的轿车与观察者保持等距度，在观察者看来似乎红色、黄色轿车要近一些，而蓝色、绿色轿车要远一些。因此，红色、黄色称为前进色，蓝色、绿色称为后退色。前进色的视认性较好。

② 颜色的胀缩性。将相同车身涂上不同的颜色，会产生体积大小不同的感觉。如黄色感觉大一些，有膨胀性，称为膨胀色；蓝色、绿色感觉小一些，有收缩性，称为收缩色。膨胀色与收缩色视认效果不同。据日本和美国车辆事故调查显示，在发生事故的轿车中，蓝色和绿色的最多，黄色的最少，由此可见膨胀色的视认性较好。

③ 颜色的明暗性。颜色在人们视觉中的亮度是不同的，可分为明色和暗色。红色、黄色为明色，颜色的视认性较好。暗色的车型看起来小一些、远一些、模糊一些。从安全角度考虑，轿车以视认性好的颜色为佳，有些视认性不太好的颜色，如果进行合理的搭配，也可以提高其视认性。如蓝色和白色相配，效果就会大大改善。荧光和夜光漆能增强能见度和娱乐气氛，因此广泛应用于各种赛车、摩托车等。但是对轿车来说，目前选用这类颜色的仅限于概念车。由于荧光颜色过于强烈，因此在未来应用中必须有适当的管理办法来加以控制。轿车颜色专家忠告，在轿车外形日趋同类化的今天，颜色已称为区别轿车造型最关键的因素之一。颜色最能影响轿车用户的购买行为，颜色是轿车厂商最重要的市场战略。

工作任务 3.2　掌握购车流程

3.2.1　购车注意事项

一、购买国产经济型轿车应注意的问题

国产经济型轿车是指 10 万元左右的轿车。各人都要根据自己的实际情况，选择符合自己心意的汽车，不要盲目跟从。

对经济型轿车而言，实用是第一位的。过去人们偏重于三厢车，认为三厢车才是真正的轿车，现在这种观点已经有所改变。所谓“经济实惠”，就是既便宜又实用。车价 10 万元，上牌交税 1 万多元，因此对家庭而言选择一辆具有多种用途，后排座椅可以折叠平放当货舱，又可以在旅行时当做休息之用的汽车，是十分实用的。

经济型轿车的发动机排量一般为 1.0~1.6 L，功率相对较低，因此车身的大小要适度，车身越大质量越大，动力性就会越差。动力性不是经济型轿车首先要考虑的因素，因为车价低，汽车上的各个总成必然是“精打细算”。因此，在保证性能的前提下，在发动机结构方面越简单越好。

选择经济型轿车时要注意以下三点：一是发动机的运转声音要均匀，噪声要低；二是发动机的结构要简单，不要复杂化，只要行驶速度不低，气门单顶置凸轮轴装置就足够；三是耗油量要低，费改税以后耗油量低就意味着平时费用少。

选择经济型轿车还应了解它的基本型价格和配置，在基本型的基础上再选比较高级的车型，选配一些比较好的装置，例如自动变速器、真皮座椅、自动空调、带 CD 的收放机等。家庭用车建议在经济许可的情况下首先考虑买带有自动变速器的车辆，这样全家人都可以轻松的学会开车，而用不着学习比较复杂的换挡操纵。

需要注意的是，经济型轿车是面向大众化的，价格比较低，为达到低成本、低价格的目的，肯定要牺牲某些方面或降低某些方面的性能指标。因此，选购时不要将经济型轿车与其他高档汽车相比，如铝合金车轮等，这些装备都会增加成本，而对经济型轿车的性能并没有多大影响。当然，铝合金车轮除美观外，在高速行驶时还有较好的散热作用，但对于车速一般在100 km/h左右的经济型轿车而言，钢制车轮就足够了。

二、购买进口小型汽车应注意的问题

随着国民经济和人民生活水平的提高，人们对汽车的需求量越来越大，对汽车质量的要求也越来越高。进口小型汽车种类比较齐全，有供乘坐的小轿车、有供乘坐和载货的客货两用车及工具车等。购买进口小型汽车时，应根据用途选择车型。

1. 汽车自重的选择

同类车型的进口小汽车都有一个自重，一般自重低的经济性会好些。据测定，小型车自重每增加40 kg，要多耗1%左右的燃油。按照我国的道路条件及润滑油、燃油的质量，若选择豪华程度高、储备功率及自重大的车辆，会造成浪费或缩短汽车的使用寿命。

2. 汽车发动机类型选择

进口小型汽车发动机有汽油和柴油发动机两种，在其他条件相同时，柴油发动机汽车的经济性好。同类车型中，发动机排量越小经济性越好。根据我国的道路条件，轿车选用排量为2000~2500 mL的发动机为宜。

3. 汽车维修方便性选择

应选择零配件有保障、维修方便的车辆，这样可以减少维修费用和停驶时间。目前，在日本进口汽车中，丰田汽车配件的种类和价格都优于其他车型。自动变速器在我国道路上使用经济性差，维修困难，应尽量不要选用。

4. 车身的式样选择

车身式样一般按其用途和爱好选择。按经济条件选择，车身越小经济性越好。

三、挑选私家车时应考虑旧车保值率

1. 判断二手车保值率全凭经验

新车市场的繁荣催生出二手车市场的快速发展，但许多人在卖车过程中往往因不了解车的贬值率而产生问题，多是卖便宜了。据有关人士介绍，由于新车价格的不稳定，所以造成了二手车市场收购价格的“没谱”。在汽车消费观念十分成熟的发达国家，保值率早已被视为选购汽车的重要因素之一，而且每年都有权威机构公布二手车保值率排名。保值率在国内是一个比较新的概念，虽然汽车保值率在二手车市场可以很明确地体现出来，但由于现在还没有一个权威机构对此进行统计，所以现在判断二手车的保值率只能凭经验。

2. 买车时应参考保值率与贬值率

二手车价格一般是参照新车购置价格来折算的，但是只限于裸车价格，其他包括上牌照的各项手续费不包含在其中很多车龄较短的车，车主卖车时往往心痛不已，一年贬值率在20%~30%，有的甚至高达40%。除去正常折旧，甚至1/2的比例是随着新车降价凭空蒸发的，所以在购买新车时汽车的保值率有着很高的参考价值。同样，在购买旧车时也要考虑它的保值率。

3. 保值率可以粗略估算

保值率是指汽车使用一段时间后转让价格与当时购买新车价格的比例。许多人都知道，保值率越高的车在转让时损失就会越小。保值率的高低可以预估出来，保值率主要由以下因素决定。

① 汽车的品值保有量。某一品牌新车销售的业绩以及市场占有率越高，它的二手车保值率相对越高。

② 稳定的性能。在大家心中有口碑较好的车型，较为耐用。

③ 维修配件的便利。保值率越高的车，配件和维修就越方便；反之零配件和维修费用越高，保值率就会越低。

④ 新车价格稳定。一些年份很短的二手车其保值率往往和新车频繁的降价有着密不可分的关系。经纪公司在收购这种车型时会很谨慎，通常会把价格压得很低，以此降低自己的经营风险。

四、选购汽车常见的误区

目前，我国私人购买汽车毫无疑问进入一个高增长期，但相对来说，人们对汽车知识却了解的较少。在一浪接一浪的降价潮中，购车者有可能迷失在价格的丛林中，而很少考虑其他方面的问题。购车毕竟是一项高消费，在选购买汽车过程中如果缺乏理性分析，可能会导致购买后的后悔和遗憾。

1. 只认品牌不讲车型

买东西认品牌是很正常的事，因为品牌代表着汽车质量和品位。但是，一个品牌的系列车，市场上可能同时存在着新旧款式和排量不同的车型，购车者要仔细区分。购买旧款车价格虽然比较便宜，但会失去了对汽车新技术的拥有。从实用的角度讲，用较低的价格买到自己中意的品牌，也是一种选择。在排量方面，大排量的车豪华、舒适，但随着国家征缴燃油消费税，这种车型在使用的经济性方面值得权衡，除非购车者有特别需要或具备了较强的经济实力。

2. 只认外形不讲性能

和认品牌一样，买东西时挑一件外形美观的产品也是正常的。但是，作为要在高速运动中使用的产品，汽车的性能显然更为重要，因为性能关系到驾驶员与乘客的生命安全。当然，市场上销售汽车的安全性能会受到国家有关部门的控制，但是各品牌车型提供的安全配置和安全系数还是有所不同的。例如，在近期推出的新车型中，大多把防抱死制动系统（ABS）和安全气囊作为标准配置，但是用户应该更注意车辆的操控性能，即俗话说的好不好的问题。另外，汽车的质量问题不容忽视。外形好看的车，如果没开多久就要去维修，那也是够麻烦的。

3.2.2　如何挑选新车

一、选车要从整体角度考虑

消费者应该购买什么样的车以及注重汽车的哪一个环节呢？从整体角度出发是首要的。

1. 汽车质量的稳定性

质量的稳定性是选车最重要的一个环节，应该放在首位。原装进口车当然更好，但某些车型一旦合资就不再进口了。目前，合资车的质量还是非常不错的，所以建议用户在选车时尽量购买中外合资品牌的汽车。目前，纯国产汽车在技术上、制造工艺上还不很成熟，难以达到期望的质量，而且使用时出现故障的频率非常高。合资车型一个最大的优势是主要技术来自国外，汽车在生产过程中会收到外国公司技术监督。很多在中国生产的汽车品牌在国外都有悠久的历史，生产经验丰富，在他们的监督下即使有国产化的零件，这类汽车仍然保持较高的质量。

2. 汽车动力性和操控性

汽车的动力系统是否先进非常关键。买车时首先要看发动机及变速箱的技术含量，过老的发动机最好不要选，老型发动机功率小，油耗相对较高。选车时要让汽车销售人员仔细讲解该车动力系统的技术含量，有什么作用，好在哪里，产地何处等。此外，汽车操控能力的高低也直接反映了汽车的好坏，这主要体现在汽车的底盘技术上。一般来说，底盘技术含量高的汽车操控能力好、安全性佳，汽车的售价也相对高一些。因为汽车毕竟是运动的载人机器，对它的控制能力高低直接关系到安全系数的高低。

3. 汽车内部空间

这个问题对于一般的家庭用户是比较关键的，但前提是必须受到前面两个条件的制约。例如，市场上有一款十分流行的汽车完全符合上述要求，不仅质量好，操控性也一流，但是它的后排空间很小，这样的车对于两口之家和单身人士很合适，但却不太适用于人多的家庭。因此，在选择家庭用车时一定要考虑汽车各个空间的大小，除了刚才提到的后排空间，还有经常使用的行李空间。

4. 汽车安全性

安全性指的是除了制动系统以外的东西，也称为被动安全性。被动安全性是指当车辆发生碰撞后对车内乘客的保护能力。在选车时要注意所选车型的车身结构的安全系数、技术含量、门内是否有防撞杆、车内有几个安全气囊以及其他的保护措施等。

5. 汽车外观

外观是很多人选车的首要条件。漂亮的车身固然重要，但汽车始终是一个高速运行的载人工具，选车时要在注意高质量、高安全、高性能的基础上再把目光放到外观上。当然，好的外形所带来的好处也有很多，如回头率、保值率等。但比起来上述几点，对于汽车而言外观还是其次。

二、精挑细选看新车

挑选新车时最好找两三个懂车的朋友同行，这样一方面能多几双锐利的眼睛帮助车主明察秋毫，另一方面也能在一定程度上避免当事人由于买车心切而导致一时冲动。除非你很懂行，否则最好不要一个人去挑选新车。另外，挑选新车时应该选择光线良好的露天场地，以便观察车身内外的质量与质感。不要在车库或者展厅里选车，因为那里的光线不足。同时露天场地面积应该足够大，以便试车。

准备正式开始验车时，一定要记住下面这几条，它不仅关系到新车的挑选，而且对新车今后的保养和维修也是必不可少的。

1. 核对汽车车型及参数

先核对汽车型号。由于不少汽车是用多个英文字母代表其结构特点及有关参数，型号代码比较长，核对时一定要细心。

核对发动机型号与说明书、发票上的是否相同，发动机是进口机还是国产机等。

核对发动机号码、车身（架）号码是否与说明书上的一致。若不一致，车管所将不给办理上牌手续。

查看汽车的出厂日期。如果是好几年前的产品，建议换一辆最近出厂的。

核对车身颜色是否是你预先选定的颜色，是金属漆还是普通漆。通常在汽车其他条件完全相同的情况下，颜色不同价格也不同。

2. 查看汽车外观

外观上小的瑕疵并不影响整体美观和使用，相对于发动机和底盘来说，外观并不是最重要的。

查看车漆是否薄厚均匀，外漆是否有划伤，是否有磕碰，要看得仔细一些，因为一些小的划伤比较隐蔽。观察车身不同部件制件是否有色差，车身表面零件之间的接缝是否均匀，各个车门开关的力度是否平均。

观察挡风玻璃是否在运输过程中被石子打伤的痕迹。

检查轮胎表面，不应有太多磨损和划伤，胎侧的毛刺应保留着，同时查看轮毂是否有划伤。

查看底盘是否因为库存时间太长而生锈。

查看汽车的配件，如刮水器，轮胎花纹磨损情况，蓄电池的接头处有无腐蚀、锈迹、松动等老化现象。

查看底盘、减振器、悬挂装置等工作情况，用手按压车身任何一角，看其弹动次数，一般应在两三次之间上下左右晃动。

查看发动机室、车底边缘是否有贴补痕迹，并把汽车开上地沟以便查看底盘部分，看焊接是否牢固光滑。

查看外观之前，一定要把车身清洗干净，否则表面的灰尘很可能掩盖某些划伤。通常汽车在展厅内由于灯光的照射不易察觉暗处的缺陷部位，而在室外阳光照射下就会发现不足之处。

3. 查看汽车内饰

各种设备能否正常工作的重要性要大于内饰做工的质量。

查看仪表盘上各种仪表是否齐全有效，指针、表盘颜色等是否清晰，如果有液晶显示器显示数字，应观察数值是否正确无误；查看仪表板与中控台的安装是否牢固，内饰板装配是否结实。

查看车内的设备，设备打开之后是否有异响。

查看方向盘，方向盘上下不应有间隙，左右行程不易过大，转动时要轻松灵活自如，不能有“格格”的响声。

查看车门玻璃升降是否顺滑，密封性是否良好。

查看座椅表面是否清洁完好，是否移动自由，并有多个位置可以固定；检查座椅的真皮或绒布面料是否有划伤，以及安全带是否伸缩自如。

查看一下里程数。尽管说越少越好，但只要不超过 100 km，都属于正常情况。

检查离合器、制动器、油门是否正常。坐进车内，左脚踏离合器，应感觉轻松自如，并有一小段自由行程；油门踏板不应有沉重、犯卡以及不回位现象。

若车内有安全气囊装置，应请专业人士检测气囊是否能及时打开，是否符合说明书的要求。

顺便检查一下随车工具和备胎，有些车的备胎安放在车外，要仔细查看它们的固定装置是否牢固。

检查发动机是非常重要的，它的状况直接决定了汽车日后的性能表现。

先看发动机表面是否干净，如果有油渍说明行驶了较长的里程；再看冷却水箱表面的颜色，新车应该是白色，如果表面有很多尘土或是淡黄色也说明行驶了较长的里程。

点火之后，发动机应该立刻启动，而且一次点火就应该起车。

起车后，体验一下平顺性，包括震动和噪声两方面。如果是四缸或四缸以上的发动机，运转应该相当平顺，而三缸机略微有抖动是比较正常的现象。在车外和车内仔细聆听发动机的声音，不应该有尖利的杂音或固定频率的噪声。

点火时各种仪表应该显示正常。点火之后，各种自检指示灯应该熄灭，水温升到正常范围，轻加油时发动机应该响应敏捷，无爆震现象。

运动一段时间之后，检查发动机表面和底部是否有漏油、漏液现象。如果是空调冷凝器中滴出的空调水则属于正常现象。

可核对一下车上的发动机号和车架号是否与保养手册上的相同。

4. 要试驾

启动发动机，聆听转速情况，检查发动机运转是否轻快、连续、平稳而且无杂音、异响，轻踩油门发动机转速应是连续、平稳地提升。

在挑车的场地里慢速驾驶，体验一下发动机、变速箱和转向等基本设备是否正常工作，确认无误后再驾驶汽车上路。

有时还要在 60 km/h 直线行驶时放开方向盘，观察车身是否有明显的跑偏现象。如果可能的话，加速到时速 60 km/h，看看车身稳定性是否令人满意。在行驶过程中，检查转向助力和方向盘的回弹力是否正常，换挡是否顺畅，若出现换挡困难，齿轮异响则为不正常现象。

检查制动是否足够有效（新车制动稍微有些软是正常现象，磨合大约 100 km 之后就会达到正常水平）。

检查滑行功能。在 20 km/h 的时速下挂空挡，应滑行 50~80 m。

经过颠簸路面时，检查减振系统是否正常，听听底盘是否有明显的异响，停车后可以在斜坡上检查手制动是否正常。

如果车主本人的驾驶技术不过关，最好带一名熟练的驾驶员，试驾时能提供比较可靠的感受。要了解该车的性能如何，不能只看汽车厂家提供的说明书，而应向供应商提出当场试乘或试驾的要求，从试车中体验该车的性能。

三、判断汽车安全性的优劣

每个人都希望有一辆安全可靠的车，但汽车的种类繁多，一辆车与安全部分有关的零件也很多，所以每辆车帮助驾驶者躲避事故的能力各有不同。由于各种车的承受能力不同，因此就车的整体安全性进行比较非常必要。但是，受各种条件和客观因素限制，选车时一般不可能对所有情况都了如指掌，所以了解专业人员如何对汽车安全进行检验，应该是购车者掌握“如何判断汽车安全性优劣”的最基本、最简捷的好办法。

1. 避免事故能力

尽管众多的事故原因统计或许不能反映客观事实，但导致行车事故的两个最重要的因素是肯定的：一个是紧急制动；一个是紧急躲避。车辆的紧急制动是指必须在尽可能短的距离内将车平稳笔直停止，不得失控歪斜。这种测试分干、湿两种路面进行，并且要评估制动系统的防抱死装置。

2. 紧急躲避能力

越安全的车越能在躲避事故中不失控。进行紧急躲避测试一般考察三项内容：一项是在双线道上快速换道，类似驾驶员操控方向盘躲避路上的障碍；另外两项是评估车辆急转弯和对各种弯道的应付能力。

3. 其他影响安全性的因素

加速性、驾驶姿势、视野甚至座椅的舒适度都能影响到汽车的安全性能。车辆加速性能好，可以使驾驶员很容易地逃脱潜在的事故区域；驾驶的姿势影响到视野和舒适；视野越好，越能提早发现事故迹象；座椅也有一定作用，因为座椅不舒服会造成疲乏，影响驾驶员的警觉性。

4. 汽车防撞性

汽车保护其乘客的能力好不好，要看它最初的设计和安全设备包括安全带及气囊。每辆汽车都有一个可压缩变形的空间用来吸收和化解碰撞能量，从而使车内的变形与撞击力降到最小。车辆化解这种能量越强，驾驶员和乘客遭受的伤害就会越小。如果发生碰撞事故，汽车的防护能力将成为关键。

在现实生活中，真正发生碰撞事故的往往是不同尺寸、不同质量大小的汽车。事实证明，较大和较重的汽车比较小、较轻的汽车安全，这是因为碰撞时大且重的汽车会把更多的能量发射到较小的汽车上。另外，大汽车的保险杠相对较高，碰撞事故发生时，大汽车的保险杠会撞击到小汽车保险杠上的脆弱部分，从而给小汽车上的人造成重大伤害。因此，相对来说小汽车的安全性能要差一些。

四、买二手车划算吗

根据我国的政策法规，轿车的寿命为50万km或15年。一辆15万元的新车，在这个限度内，随着使用时间的延长，其本身的价值也在不断的折旧。那么，粗略折算一下：该车每行驶一年或者1.5万km，价格折旧1/10，3年后它在理论上还值10.5万元；但是期间该品牌新车平均降价20%，同时新车的性能有所提高，那么这辆车就不可能以10.5万元售出，其售价应该要低一些。也就是说，排除该车出过重大事故等原因，如果在该车行驶3年后以低于10.5万元购买，理论上就是物超所值的。

买二手车的最大魅力也许就在于其价格便宜。对有驾驶执照，但没机会摸车，又暂时没能力购置新车的朋友来说，买二手车无疑是一个颇具吸引力的选择。因为它既经济又实惠，偶尔磕碰一下也不会像新车那样让人心疼。

买二手车还有一个优点，那就是汽车从交易到上路过程中需要办理的各种手续原车主都已经办好了，只需按照车辆成交价的2.5%缴纳过户手续费就可以高高兴兴把车开走上路了。这不仅节省了一笔数目可观的购置税、保险费和牌照费，而且也省去了东奔西走办理各种手续的许多麻烦。

3.2.3 购车流程

一、新车所需缴纳的费用

准备买车时不能仅仅看买车的费用，还要对养车的费用有一个具体的了解，以免在购买了爱车之后，陷入尴尬境地。付了买车款并不是万事大吉，还需要缴纳以下各种费用。

① 车辆购置税：收费标准为不含增值税车价的10%，现在增值税为17%，所以实际支付的车辆购置税为不含车价的10%。

② 检测费：入户时要对车辆的安全、排放等性能重新检测，免检车辆无须缴纳检测费。

③ 牌照税：车牌费还有行驶证件及其他零散费用。

④ 保险费：包括交通强制险及商业险。

⑤ 燃油费：燃油包括汽（柴）油、机油、齿轮油、刹车油等。

⑥ 配件维修费：配件维修费的增减没有固定的模式，完全取决于汽车的性能质量，这项费用在第一年里不会很多，但是随着使用年限的增长，配件维修费用也会跟着上涨。

⑦ 年检费：按国家规定，各种车辆要按年度进行检验。

⑧ 其他费用：驾车行驶还需交付高速路通行费、过桥费以及停车费等零散费用。

以上介绍的这些费用还只是基本费用，例如汽车装饰的费用都不在计算之内。选车、购车和养车应综合考虑，不能只图买车的欣喜，而忽略养车的艰辛。

二、选择购车时机

1. 选择购车季节

按照汽车销售市场规律，每年秋冬季节车辆销售最为火暴，被称为“黄金季节”，而春夏相对来说就清淡了许多。如没有特别需要或急需购车，应仔细斟酌。因为在汽车销售旺淡季交替以及年末、年初或汽车销售政策的调整公布阶段，汽车的定价及销售、付款方式等往往会发生一些变化。

2. 掌握汽车价格趋势

最好的购买时机应是市场较为平稳的阶段，当然，这一点较难掌握，需要具备一定的分析判断能力。第一，购车者首先需要确定大致的购车价格；第二，咨询和收集购买能力范围内的各款车型的资料，对比各车型的性价比；第三，尽可能地了解他人对自己所选定车型的意见及看法；第四，多方面了解厂家近期的有关举措及销售动向；第五，选择好销售商，由于汽车市场销售机构有几百家，进货渠道、手段、实力各不相同，因此同一种车型的市场价位会有一定差别。除此之外，售后服务的优劣也应作为购车前的考察项目。许多汽车销售商设有俱乐部，从维护、配件、修理、保险等方面实施全方位的保障。最后就是购买时与销售商商谈价格或争取更多的赠品。总之，只要多方积累材料加以分析，一些汽车销售市场变化还是能够事先预料的。

三、提车注意事项

1. 仔细检查车况

新车也要进行检查，主要是为了避免出厂时存在外观瑕疵及质量问题，防止汽车因库存、积压、运输而导致损伤，以及放置买到经过改造翻新的旧车。

2. 检查新车手续

现在买车多是享受一条龙服务，尽管如此，仍要尽可能亲自参与买车程序，做到心中有数。不要为图省事，把一切都交给经销商去办。

3. 检查汽车与其铭牌是否相符，发动机号、车架号。

四、新车入户程序

购买新车从验证到正式上路需经过办临时牌照、保险、验车、缴购置税、上车牌、领牌照等几道程序。现在一些交易市场都设立有现场办事机构，许多手续在市场内即可办理，甚至可以委托商家“一条龙”服务，省时省力，这种“流水作业”的购车形式已成为商家们服务竞争的重要手段。

1. 验证

购车后，由售车单位开具发票，然后再到市工商局所属的机动车市场管理所办理验证手续，并加盖验证章。进口汽车还需交验由经销商提供的海关货物进出口证明，商检证明书及相关的申领牌照手续。

2. 办临时牌照

没牌照车辆不能上路，因此验证后必须到检测场验车并办理临时牌照则准许上路。

3. 验车

新车须经车辆检测场“体检”合格才能领牌照。验车场由车辆管理所指定。

4. 缴纳购置税

由于汽车为高档消费品，因此购车者必须到交通部门指定的车辆购置税征稽管理处缴纳购置税。比例为车款（扣去增值税部分）的10%（进口汽车为进口环节各项税费组成的计税价格的10%）。

5. 办理车辆保险

汽车事故率较高容易给他人带来伤害，因此购买新车必须承保第三者责任险。购买者可在保险公司或保险代办处交纳保费。

6. 领取车牌照

以上程序完成后就可以到指定的车管所领牌照，领牌照需带以下证件：购车发票、车辆合格证、身份证及其复印件，保险单、购置税证、验车合格的机动车登记表。单位购车还必须带上“控办”证明、法人代码，并在机动车登记表上加盖单位公章。证件齐备方可领取车牌照、临时行车执行照和“检”字牌。私车牌证必须车主本人亲自领取，他人不能带领。

一切手续办完后就可以驾车正式上路行驶了。

工作任务 3.3　评价车辆性能

3.3.1　汽车主要技术参数

随着汽车工业的飞速发展，汽车品牌及车型日益丰富，每年新的车型都有好几十种。在这样繁多的车型当中，消费者做出购买的抉择难度加大，很多消费者在购买时都觉得彷徨，不知道选择什么样的车型。在这样的情况下，对于汽车的性能给予一个合理的综合性评价，并且对于相同级别的车型进行横向对比，进而对消费者的购买提供了重要的参考依据，是十分有意义的。再者，对于汽车综合性的评价，便于车友更加全面地了解车辆的性能，同时有利于车辆使用者更为合理、正确地使用爱车。

一、汽车技术性能主要评定参数

这些参数反映出汽车的技术性能以及适用范围，有下面几项。

1. 整车参照

① 外形尺寸：长×高×宽。

② 质量参数：整车自重（kg）、总质量（kg）、载质量（kg）、空载轴荷分配等。

③ 通过性及机动性参数：最小离地间隙（一般为驱动桥壳最低点与地面之间的距离）、前悬、后悬、接近角、离去角、轴距、轮距、最小转弯半径。

④ 容量参数：载质量、座位数、货箱容积、行李舱容积、燃油箱容积等。

⑤ 性能参数：最高车速、最大爬坡度、起步加速时间、各挡加速时间、百公里油耗量、制动距离等。

2. 发动机参数

① 发动机型号与生产厂家。

② 发动机形式：包括冲程数、汽缸数、汽缸排列方式（直列用“L”表示，V 形排列用“V”表示）、汽油机还是柴油机等。

③ 冷却方式：是风冷还是水冷。

④ 性能参数：包括最大功率、最大扭矩以及最低燃油消耗率等，还给出最大功率和最大扭矩时对应发动机转速。

⑤ 尺寸参数：包括发动机排量、压缩比、缸径×行程、外形尺寸与质量等。

⑥ 燃油供给方式：是化油器式还是燃油喷射方式。

⑦ 废气排放控制装置。

3. 底盘参数

① 传动系统参数：离合器的型号（是机械摩擦式还是液力变扭器等）、摩擦片数目、压紧装置类型（是膜片弹簧式还是螺旋弹簧式等）和摩擦片尺寸等；变速器的型号（是手动还是自动）、前进挡位数以及各挡传动比等；主减速器齿轮型号和主减速比。

② 转向系统：主要有转向器型号和转向器速比等。

③ 制动系统：主要有制动器结构型号（鼓式或者盘式）、制动蹄或制动盘直径、驻车制动器以及制动系统管路等。

④ 悬挂装置：主要有悬挂的种类（独立与非独立）、弹性元件的种类以及减振器的布置等。

⑤ 轮辋、轮胎规格与种类等。

4. 发动机布置与驱动形式

① 发动机布置分为发动机前置、后置和中置三种。

② 驱动类型有前轮驱动、后轮驱动和全轮驱动。

③ 驱动形式是指驱动轮数目，即

全部车轮数×驱动车轮数（车轮数按车轮毂数计算）

例如：4×2 汽车，表示双桥汽车，其中一桥为驱动桥；4×4 汽车，表示双桥都是驱动桥，即越野汽车。

二、车辆主要技术参数

1. 汽车的主要外部尺寸

① 车长：汽车前后最为凸出部位的两垂直面之间的距离。

② 车宽：汽车两侧固定凸出部分两垂直面之间的距离（不包括标志灯、转向指示灯、挠性挡泥板、折叠式踏板、防滑链）。

③ 车高：车辆没有装载且处于可运行状态时，车辆支撑面与车辆最高凸出部分相抵靠的水平面之间的距离。

④ 轴距：车辆同一侧相邻两车轮的中心点，并且垂直于车辆纵向对称平面的两垂直线之间的距离。

⑤ 轮距：同一车轴上两端车轮中心面之间的距离。

⑥ 前悬：两前轮中心垂面与抵靠车辆最前端垂面之间的最大距离。

⑦ 后悬：两后轮中心垂面与抵靠车辆最后端垂面之间的最大距离。

2. 汽车质量参数

① 整车净质量：装备有车身、全部电气设备和车辆行驶时所需要的辅助设备完整的质量（不含燃油、冷却液、润滑油等）与选择装置（含固定的或可拆除的铰接侧板栏、篷杆、防水篷布等）的质量之和。

② 整车整备质量：整车净质量、冷却液质量、燃油质量（不低于油箱容量的90%）、润滑油质量以及随车件（备胎、灭火器、标准备件等）的质量之和。

③ 最大装载质量：最大载货量与最大客运质量（含驾驶员）的质量之和。

④ 最大总质量：整车整备质量与最大装载质量之和。

⑤ 允许最大总质量：车辆管理部门根据使用条件规定的最大总质量。

⑥ 厂定最大装载量：厂定最大总质量与整车整备质量之差。

⑦ 允许最大轴质量：管理部门根据使用条件而规定的轴载质量。

3. 汽车机动性和通过参数

① 接近角：车辆静载时，水平面与切于前轮轮胎外缘的平面之间的最大夹角。

② 离去角：车辆静载时，水平面与切于后轮轮胎外缘的平面之间的最大夹角。

③ 纵向通过角：车辆静载时，分别切于前后轮轮胎外缘的两平面相交于车底下较低部位所夹的最小锐角，为车辆可以超载的最大角度。

④ 最小离地间隙：车辆支撑平面与车辆上中间区域内最低点之间的距离。

⑤ 转弯直径：方向盘转到极限位置时，内外转向轮的中心平面在车辆支撑平面上的轨迹圆直径。

4. 转向系统参数

① 车轮前束：前轴两端车轮轮胎内侧轮廓的水平直径端点作为等腰梯形的顶点，等腰梯形的前后底边的长度之差。车轮的水平直径与汽车的纵向对称平面的夹角称为前束角。

② 车轮外倾：车轮轴线与水平线之间的垂直于支撑面的夹角。

③ 主销内倾：转向主销与支撑面垂线在垂直于支撑面的轴平面上的夹角。

④ 主销后倾：转向主销与支撑面垂线在纵向对称面的轴平面上的夹角。

⑤ 最大转角：转向车轮由直线到方向盘极限位置时，车轮中心平面与车辆纵向对称平面所构成的夹角，分右转最大转角和左转最大转角。

3.3.2 汽车性能评价

汽车的使用性能是指汽车能适应各种使用条件而发挥最大工作效率的能力，主要有下面几项。

一、汽车的动力性

动力性是汽车的最基本、最重要的性能，它直接影响汽车最高车速、汽车的加速能力和汽车的最大爬坡能力。汽车出厂都标有发动机的功率、输出转矩。

这是汽车首要的使用性能。汽车必须有足够的平均速度才能正常行驶。汽车必须有足够的牵引力才能克服各种行驶阻力，正常行驶。这些都取决于动力性的好坏。汽车动力性可从下面三方面指标进行评价。

1. 汽车的最高车速

汽车的最高车速是指汽车满载在良好水平路面上能达到的最高行驶速度。此时发动机处在全负荷状态，变速器挂入最高挡。

2. 汽车的加速能力

汽车的加速能力指汽车在各种使用条件下速度迅速增加的能力。经常用加速度 a、加速时间 t、加速行程 s 来评定。其中 a 越大、t、s 越小，汽车的加速性越好。现在也有用把汽车由静止加速到 100 km/h 所用的时间来判断，时间越短，汽车的加速性能越好。

3. 汽车的爬坡能力

爬坡能力用汽车满载时以最低挡位在坚硬路面上等速行驶所能克服的最大坡度来表示，称为最大爬坡度。它表示汽车最大牵引力的大小。

不同类型的汽车对上述三项指标要求各有不同。轿车与客车偏重于最高车速和加速能力，载重汽车和越野汽车对最大爬坡度要求较严。但不论何种汽车，为在公路上能正常行驶，必须具备一定的平均速度和加速能力。

二、汽车的燃油经济性

汽车的经济性主要指燃油经济性、汽车维修经济性及汽车在使用过程中其他消耗品（如轮胎等）的经济性。此处只介绍燃油经济性，它是汽车的主要使用性能之一，也是汽车经济性的重要指标。它表示汽车以最少的燃油消耗完成单位运输工作量的能力。

汽车发动机在一定工况（一定转速和发出一定功率）下，每千瓦小时作功所消耗的燃油数为发动机的有效油耗率。如图 3.3.1 所示为汽油机的有效油耗率曲线，它表示出有效油耗率值与汽油机的负荷率之间的关系。有效油耗率值随汽油机的负荷率值增加而下降。并在汽油机的负荷率值增到某一数值时降到最小。因此，为了节油应尽可能使用发动机经常在较大负荷率的经济工况区运转。为了使发动机少在不经济的低负荷工况下工作，汽车变速器常增设经济行驶挡位。此外，改进车身形状以减少空气阻力，采用子午线轮胎以减少滚动阻力和减轻汽车自重，以及重视汽车保养，提高驾驶技术等，都有利于改善燃油经济性。

（一）燃油经济性的评价指标

1. 单位行程的燃油消耗量

① 平均燃油消耗量：汽车在一定的道路、一定的载荷、非稳定运行条件下的燃油平均消耗量。它是汽车在运行中实际燃油消耗量，单位为L/100 km。

② 标定燃油消耗量：汽车出厂时，标有百千米燃油消耗量。它是指汽车在一定的道路、一定的载荷条件下，以经济车速行驶时燃油的消耗量，单位为L/100 km。

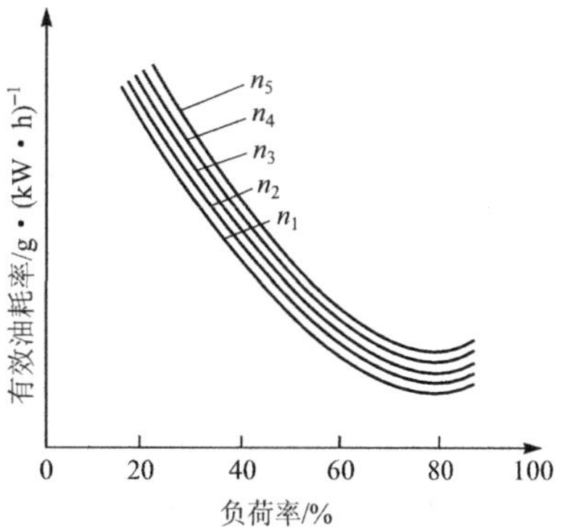

图 3.3.1　汽油机的有效油耗率曲线

（n_1、n_2、n_3、n_4、n_5 为汽油机转速）

2. 单位运输工作量的燃油消耗量

单位运输工作量的燃油消耗量是指汽车在一定的道路条件下，单位汽车质量的平均燃油消耗量，单位为L/100 t · km。

（二）影响燃油经济性的主要使用因素

① 有效载质量；

② 道路交通条件；

③ 气候地理条件；

④ 汽车技术状况；

⑤ 驾驶与使用水平；

⑥ 燃油、润滑油等的质量。

三、汽车的制动性

汽车的制动性也是汽车的重要使用性能之一，是指汽车在行驶时，强制地降低行驶速度以至停车，保证汽车在较短的制动距离内不跑偏，在汽车下长坡时维持一定速度的能力。

评价汽车制动性能好坏的指标有：制动效能、制动效能的恒定性及制动时方向的稳定性。

1. 制动效能

制动效能主要指制动距离与制动减速度，通常多用制动距离表示。制动距离是指驾驶员开始用力踩下制动踏板到汽车完全停车所行驶的距离。制动距离越短，越有利于避免交通事故的发生，它是汽车制动性能的最基本的评价指标。

2. 制动时汽车的方向稳定性

制动时汽车的方向稳定性，一般是指制动过程中维持汽车直线行驶和按预定弯道行驶的能力。如果制动时汽车发生侧滑、甩尾、严重时出现掉头，都会使汽车失去方向稳定性；如果汽车在弯道行驶时，不再按原来弯道行驶，出现冲入其他车道或冲出路面，或制动时前轮抱死，打方向盘也不能使汽车改变前进方向，则汽车失去转向控制能力。

3. 汽车制动效能的恒定性

汽车制动效能的恒定性，主要指抗热衰退性。抗热衰退性是指汽车在繁重的工作条件下制动（如下长坡时长时间连续制动）时，制动器温度升高后，其制动力的保持程度。

四、汽车的操纵性和稳定性

汽车的操纵性是指汽车对驾驶员转向指令的响应能力，直接影响到行车安全。轮胎的气压和弹性，悬挂装置的刚度以及汽车重心的位置都对该性能有重要影响。

汽车的稳定性是汽车在受到外界扰动后恢复原来运动状态的能力，以及抵御发生倾覆和侧滑的能力。对于汽车来说，侧向稳定性尤为重要。当汽车在横向坡道上行驶，转弯以及受其他侧向力时，容易发生侧滑或者侧翻。汽车重心的高度越低，稳定性越好。合适的前轮定位角度使汽车具有自动回正和保持直线行驶的能力，提高了汽车直线行驶的稳定性。如果装载超高、超载，转弯时车速过快，横向坡道角过大以及偏载等，容易造成汽车侧滑和侧翻。

五、汽车的行驶平顶性

汽车在行驶过程中由于路面不平的冲击，会造成汽车的震动，使乘客感到疲劳和不舒适，货物损坏。为防止上述现象的发生，不得不降低车速。同时震动还会影响汽车的使用寿命。汽车在行驶中对路面不平的降震程度，称为汽车的行驶平顺性。

汽车行驶平顺性的物理量评价指标，客车和轿车采用“舒适降低界限”车速特性。当汽车速度超过此界限时，就会降低乘坐舒适性，使人感到疲劳不舒服。该界限值越高，说明平顺性越好。货车采用“疲劳—降低工效界限”车速特性。汽车车身的固有频率也可作为平顺性的评价指标。从舒适性出发，车身的固有频率在600~850 Hz的范围内较好。

高速汽车尤其是轿车要求具有优良的行驶平顺性。轮胎的弹性、性能优越的悬挂装置、座椅的降震性能以及尽量小的非悬挂质量，都可以提高汽车的行驶平顺性。

六、汽车的通过性

汽车在一定的载质量下能以较高的平均速度通过各种坏路及无路地带和克服各种障碍物的能力，称之为汽车的通过性。各种汽车的通过能力是不一样的。轿车和客车由于经常在市内行驶，通过能力就差；越野汽车、军用车辆、自卸汽车和载货汽车，就必须有较强的通过能力。

采用宽断面胎、多胎可以减小滚动阻力；较深的轮胎花纹可以增加附着系数而不容易打滑，全轮驱动的方式可使汽车的动力性得以充分的发挥；结构参数的合理选择，可以使汽车具有优良的克服障碍的能力，如较大的最小离地间隙、接近角、离去角、车轮半径和较小的转弯半径、横向和纵向通过半径等，都可提高汽车的通过能力。

评价通过性的主要指标有：汽车最小离地间隙、接近角和离去角、纵向通过半径与横向通过半径、最小转弯半径等（图 3.3.2）。

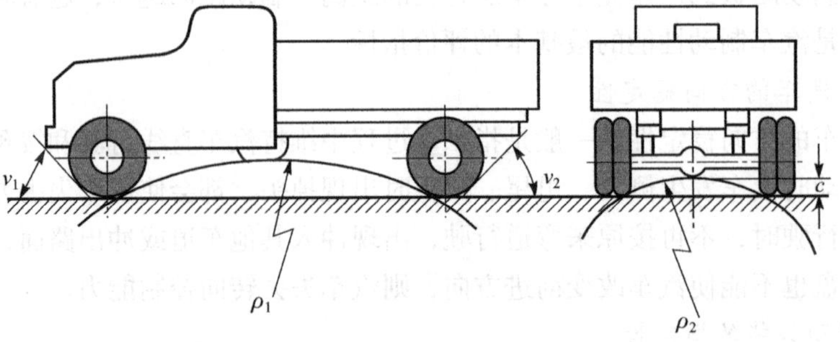

图 3.3.2 汽车通过性的几何参数

v_1—接近角；v_2—离去角；ρ_1—纵向通过半径；ρ_2—横向通过半径；c—最小离地间隙

1. 汽车最小离地间隙

汽车最小离地间隙指汽车满载、轮胎气压符合规定，汽车最低的凸出部位与路面间的距离。最小离地间隙越大，通过性就越好。

2. 接近角与离去角

接近角与离去角是指自车前、后凸出点，向前、后车轮引切线时，切线与路面之间的夹角。它表示汽车接近或离开障碍物时，不发生碰撞的能力。接近角和离去角越大，则汽车的通过性越好。

3. 汽车纵向通过角

当分别切于静载车轮前、后轮胎外缘，且垂直于汽车纵向对称平面的两平面，交于车体下部较低部位时，车轮外缘两切面之间所夹的最小锐角，为车辆可以超越的最大角度。纵向通过角越大，汽车的通过性越好。

4. 汽车最小转弯直径

汽车前轮处于最大转角状态行驶时，汽车前轴离转向中央最远车轮胎面中央，在地面上形成的轨迹圆直径，表示车辆在最小面积内的回转能力和通过狭窄弯曲地带或绕过障碍物的能力。

5. 汽车最大通道宽度

它是汽车最远点最小转弯直径，与最近点最小转弯直径之差的1/2。汽车所需的通道宽度越窄，通过性越好。

七、其他使用性能

1. 汽车操纵轻便性

使用驾驶汽车时需要根据操纵的次数、操纵时所需要的力、操纵时的方便情况以及视野、照明、信号等来评价。汽车具有良好的操纵轻便性，不但可以减轻驾驶员劳动强度和紧张程度，也是安全行驶的保证。采用动力转向、制动增压装置、自动变速器以及膜片离合器等，使操纵轻便性得以明显改善。

2. 汽车机动性

市区内行驶的汽车，经常行驶于狭窄多弯的道路，机动性显得尤为重要。机动性主要用最小转弯半径来评价。转弯半径越小，机动性越好。

3. 汽车装卸方便性

与车厢的高度、可翻倒的栏板数目以及车门的数目和尺寸有关。

八、汽车容量

汽车容量表示汽车能同时运输的货物数量或者乘客人数。货车用载质量和载货容积来表示，客车用载客数表示。

质量利用系数反映出汽车结构的合理程度，可用如下公式计算：

$$质量利用系数 = 额定载质量/空车质量$$

复习思考题

1. 如何选择车型（试从不同购车者角度出发进行分析）?
2. 购车及养车费用有哪些?
3. 怎样评价汽车安全性? 具体评价指标有哪些?
4. 评价汽车机动性和通过性的参数有哪些?
5. 如何评价汽车动力性? 其评价指标有哪些?

项目四 操纵使用汽车

项目说明

这个项目以奥迪轿车为例，系统地介绍了车辆各部分的功能、使用方法以及使用过程中的注意事项等内容。通过学习比较使学生能够尽可能多地对各种车型的操纵部分有所了解，并能熟练地操纵车内各种操控部件，掌握各部分的简单工作原理、使用环境、注意事项等内容。

工作任务 4.1 认识仪表指示灯

4.1.1 认识组合仪表

组合仪表是驾驶员使用的信息中心，一般汽车的组合仪表，如图 4.1.1 所示。

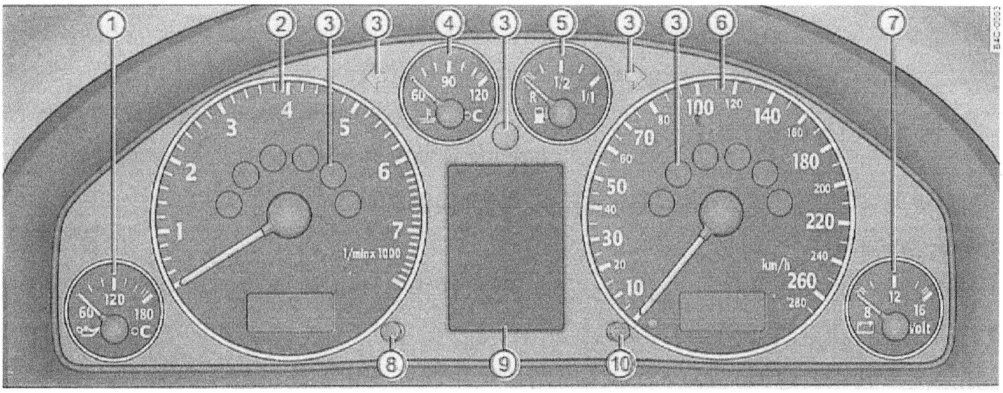

图 4.1.1 组合仪表

①—发动机机油温度；②—转速表；③—指示灯；④—冷却液温度；⑤—燃油表；⑥—带里程表的车速表；⑦—电压表；⑧—调整/检测按钮；⑨—综合显示屏；⑩—复位按钮

一、发动机机油温度

此仪表用于显示发动机机油温度。

只要发动机机油还处在低温状态，就不要让发动机以最大的功率运行。如果转速指针有时进入红色区域，则要降低发动机转速。

如果指针一直在红色区域内，那么必须立即停车并关闭发动机，检查发动机机油油位。如果机油油位正常且启动发动机后发动机机油压力警告灯不闪烁，则可以在避免发动机高转速情况下继续行驶到就近的服务站。

二、发动机转速表

发动机转速表用于显示发动机每分钟的转速。

发动机转速低于1500 r/min时，应切换到相邻的较低挡位。发动机转速表中红色区域的起始点表示所有挡位下允许的最高发动机转速（发动机已磨合且已达到工作温度）。在到达这个区域之前，应切换到相邻的较高挡位，或松开油门踏板。

注意：发动机转速表的指针只允许短时间进入刻度盘的红色区域，否则有损坏发动机的危险。刻度盘红色区域的起始点取决于各发动机的具体情况。指针到达刻度盘红色区域之前，及时切换到高挡位有助于节省燃油并降低运行噪声。

三、带日期显示的数字时钟

1. 调整小时

拉起按钮（小时显示闪烁）并将其向左或右转动。

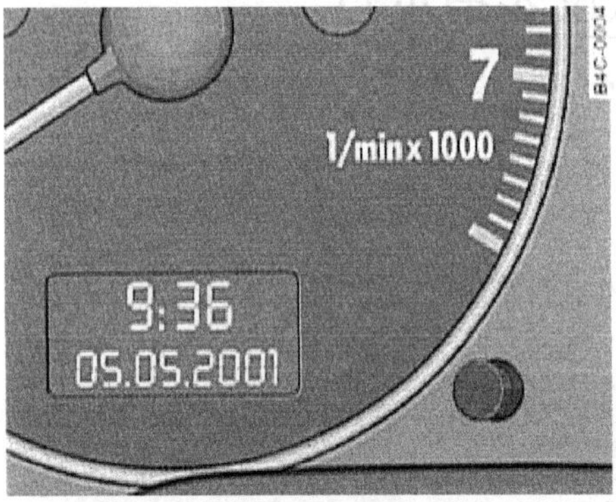

图 4.1.2　时间和日期显示区

2. 调整分钟

多次拉起按钮，直到分钟显示开始闪烁。向左或向右转动按钮。

3. 调整日期

多次拉起按钮，直至日数、月份或年份显示开始闪烁。向左或向右转动按钮（图 4. 1. 2）。

4. 隐去或调出日期显示

多次拉起按钮，直至日期显示开始闪烁。向左或向右转动按。

如果显示停止闪烁，则表示设置过程结束，时间及日期被存储起来。

在点火开关已关闭时，可以按压或拉起调整/检测按钮。

5. 无线电时钟

在“无线电控制石英钟”工作模式下，显示区内会出现无线电时钟接收符号，此时分钟和日期无法手动更改（图 4. 1. 3）。

如果汽车驶入或返回到另一个时区，则必须用调整按钮手动调整小时显示，使之与当地时间一致。

如果时钟收不到有效的无线电信号，则 3 天之后自动切换为“石英钟”模式，无线电时钟接收符号消失。假设要重新调整时间和日期，则按“带日期显示的数字时钟”所述那样操作即可。

四、冷却液温度表

冷却液温度表仅在点火开关打开后才开始工作，为避免损坏发动机，必须留意下面关于温度范围的说明。

图 4.1.3　无线电时钟工作模式

1. 低温区

如果指针位于刻度盘的左边，则表示发动机尚未达到运行温度，此时要避免发动机高转速，油门全开，不要让发动机高负荷运行。

2. 正常区

汽车在正常行驶方式下，如果指针在刻度盘的中间范围内摆动，则表示发动机已达到运行温度，在发动机负荷较大且车外温度较高的情况下，指针也可能会向右偏转，只要显示屏内的警告灯不闪烁，则不必介意。

3. 警告灯

如果显示屏中的符号 闪烁，则表示不是冷却液温度过高，就是冷却液液位过低。

如果指针在右侧显示区域内且较靠右，则说明冷却液温度过高，立即停车，关闭发动机并让发动机冷却下来，如果行驶一段时间后警告灯再次亮起，须尽快维修。

警告：打开发动机舱盖及检查冷却液液位之前，必须查阅警告说明。

如果看到或听到蒸汽或冷却液从发动机舱排出，则绝不可打开发动机舱盖，否则会有烫伤危险！要一直等到看不到或听不到冷却液排出，才可打开发动机舱盖。

注意：冷风入口前面的附加大灯和其他加装件会降低冷却液的冷却效果，这样在发动机负荷较大且车外温度较高的情况下，发动机有过热的危险。

前扰流板还起着行驶中正确分配冷风的作用，如果扰流板损坏了，则会降低冷却液冷却效果且发动机有过热的危险。

五、燃油存量

此显示仅在点火开关已打开时才工作。

当指针到达备用油标记处时，组合仪表显示屏中的 符号会亮起，此时油箱中还剩约9 L燃油，这个信息提示应当去加油站加油。

注意：及时加油，切勿行车到油箱燃油耗尽。接近没油时供油不规律会导致发动机缺火，这样未燃烧的燃油将进入排气装置中，其结果是导致尾气催化净化器过热并损坏。

六、带里程表的车速表

此表用于显示车速和已行驶过的里程。已行驶过的里程以千米（km）为单位，在有些车型中里程以英里（mile）为单位。

1. 下面的里程表

下面的里程表用于显示汽车总行驶里程（以千米或英里为单位）。

2. 上面的里程表（日行驶里程表）

上面的里程表用于显示里程表最后一次复位后走过的里程，借此可以测量段距离里程。最后一位数表示 100 m 或 1/10 英里，可按复位按钮把上面的里程表复位为 0（图 4.1.4）。

在点火开关已关闭时，可以按压调整/检测按钮，将里程表照明接通数秒钟。

3. 故障指示器

如果组合仪表中有故障，则在日行驶里程表的显示区内会持续显示 dEF，此时需要尽快到服务站排除故障。

图 4.1.4　带复位按钮的里程表

七、电压表

电压表用于显示车载电网的电压。额定值为 12~14 V。如果发动机运转时显示电压降到 12 V 以下则应检查供电系统（蓄电池和发电动机）。

发动机启动期间电压显示可能降到 8 V 以下。

八、调整/检测按钮

通过检测按钮可以执行以下功能（图 4.1.5）。

图 4.1.5　调整/检测按钮

1. 打开数字时钟和里程表

在点火开关已关闭时，可以按压按钮把带日期显示的数字时钟和里程表打开数秒钟。

2. 调用至下一保养项目到期时的剩余里程数

打开点火开关后，短促按压此按钮即可显示至下一保养项目到期时的剩余里程数，此显示可在发动机关闭或运转但车速不超过 5 km/h 的情况下进行。

3. 检查显示内容

在点火开关已打开时按压检测按钮 2 次，即可依次调用汽车自检系统内的符号，此显示可在发动机关闭或运转但车速不超过 5 km/h 的情况下进行。

如果存在优先等级为 1（红色符号）的故障，则无法进行显示内部的检查。

4. 调出驾驶指南

如果显示屏中优先等级为 1 的符号闪烁，则可以短促按压检测按钮再次提出附属的驾驶指南，例如：

SWITCH OFF ENGINE，CHECK OIL LEVEL（关闭发动机，检查机油油位）

显示屏中显示约 5 s 后消失。

5. 设置限速警告

按压按钮即可在行驶中设置限速警告限值。限速警告的警告限位只能在点火开关已关闭时设置。

九、保养周期指示器

保养周期指示器用于提醒下一次保养即将到期（图 4.1.6）。

1. 显示剩余里程数

打开点火开关后，短促按压按钮①即可显示至下一保养项目的剩余里程数，此查询可在发动机关闭或运转但车速不超过5km/h 的情况下进行。剩余里程数在每次打开点火开关后都会更新（保养后行驶500km 时开始更新）。

图 4.1.6　保养周期指示器

如果对新汽车或做过保养之后的汽车查询剩余里程数，则在前500km 内，显示屏中总是显示 SERVICE IN 15000km（离保养还有15000 km）来表示到期日。

此显示也适用于“长寿保养”的汽车。

2. 保养提醒

从某一保养项目到期前的2000 km 开始，打开点火开关后显示屏中将出现以下信息：

SERVICE IN 2000 km（离保养还有2000 km）

大约5 s 后，显示屏切换为常规显示，剩余里程数在每次接触点火开关后都会更新（一直更新到某一保养到期日）。

3. 保养项目

如果某一保养已到期，则打开点火开关后显示屏中立即出现信息 SERVICE（保养到期）。大约5 s 后，显示屏切换为常规显示。

4. 显示复位

完成汽车保养后，把该显示复位。复位方法如下：

① 关闭点火开关。

② 在按住图4.1.6 按钮②的同时打开点火开关，显示屏中出现显示 SERVICE（保养到期）。

③ 按住图4.1.6 中按钮①，直至显示 SERVICE（保养到期）熄灭。

④ 如果5 s 内未按压复位按钮，便会退出显示复位模式。

说明：

① 不要在保养周期之间把显示复位，否则会导致错误显示。

② 在汽车蓄电池接线已断开时，保养周期指示器的值仍继续保留。

③ 如果出现优先等级为1 的故障符号（红色符号），则不能调用剩余里程数。

4.1.2　认识指示灯

该指示灯用于指示某些功能及故障。

说明：

① 整个一个系列的功能都通过汽车自检系统监控，功能故障在组合仪表的显示屏中以红色符号（优先等级1—危险）或黄色符号（优先等级2—警告）显示。

② 红色符号（优先等级1）。存在这类故障时，相应的符号指示灯闪烁且会依次发出3声警告信号。这些符号表示有危险，停住汽车并关闭发动机，检查有故障的功能并将故障排

除，这可能需要专业人员提供帮助。

③ 黄色符号（优先等级 2）。存在这类故障时，相应的符号指示灯亮起且会发出一声警告信号，这些符号表示警告，须尽快检查相应的功能。

一、发动机电子功率控制（EPC）（用于汽油发动机汽车）

该指示灯用于监控汽油发动机的发动机功率电子控制系统。EPC（Electronic Power Control）指示灯在打开点火开关进行功能检查时亮起。如果在行驶时此指示灯亮起，则表示发动机电子功率控制系统出现故障。

二、电子车身稳定系统（VSC）

该指示灯用来显示电子车身稳定系统的工作状态。

VSC（Vehicle Stability Control）指示灯多出现在日本生产的汽车上。当该指示灯亮起时，说明该系统已经关闭。

三、牵引力控制系统指示灯

该指示灯用来显示牵引力控制系统的工作状态。该指示灯亮起时，说明牵引力控制系统已经关闭。

四、预热装置指示灯（用于柴油发动机汽车）

发动机预热期间此指示灯一直亮着。当指示灯亮起时，表示发动机正在预热；指示灯熄灭后，应立即启动发动机。在发动机处于运行温度或车外温度高于 8 ℃时，此指示灯仅亮约 1 s。

说明：如果在行驶时预热指示灯闪烁或打开点火开关时此指示灯根本不亮，则表示发动机电子控制系统或预热装置可能有故障。

五、拖车转向信号装置指示灯

带拖车行驶时，如接通转向信号装置，则此指示灯也一起闪烁。

如果已按规定将拖车连接到汽车，则在接通转向信号灯时指示灯闪烁。如果拖车或牵引车上有一个转向信号灯不能工作，则该指示灯不会闪烁。

六、示宽灯

当示宽灯打开时，该指示灯随即点亮。该指示灯是用来显示车辆示宽灯的工作状态。示宽灯无法照亮前方道路，不能代替近光灯在黑暗中行车。

七、远光灯

在远光灯接通和使用远光灯瞬间点亮功能时亮起。如果对面没有车辆行驶的情况下或者在有隔离带的道路上行驶，可以使用远光灯。

说明：

① 在没有隔离带的道路上会车时，应该在相距 150 m 左右时减速，并将远光灯变为近光灯。

② 如果离前面同方向的车距离较近，或者在过铁路交叉道口和回到交通繁忙的街道上的时候，也应该将远光灯切换成近光灯，否则会严重干扰对方视线，甚至造成交通事故。

八、雾灯

雾灯用来显示前后雾灯工作状态。前后雾灯接通时，两灯点亮。左侧是前雾灯显示，右侧是后雾灯显示。

说明：

① 雾灯位置一般很低，往下散射穿透性强，遇到雾、雨、雪天气，视线不清的时候，就必须打开前雾灯，白天也不能例外。

② 因为远光灯的设计是大面积照射。大雾天气只使用远光灯，容易在雾里造成散射，在驾驶员眼前造成散射光团、一片雪白，看不清前方。

③ 如果不是在有雾或者风沙天气，是不应该开雾灯的，而只有当可视距离小于 50 m 时才能使用后雾灯。因为无论是对于对面车辆还是后车的驾驶员，雾灯看着都很刺眼。

九、转向信号装置指示灯 ⇦ ⇨

在转向信号装置已接通时，此指示灯一起闪烁。

根据转向信号灯的接通方向，左侧 ⇦ 或右侧 ⇨ 指示灯一起闪烁，在接通了闪烁报警装置时，两个指示灯同时闪烁。

如果有一个转向信号灯不能工作，则指示灯闪烁频率大约快 1 倍。但是在带拖车行驶时不是这样，如果拖车或牵引车上有一个转向信号灯不能工作，则指示灯不会闪烁。

十、手制动器指示灯 (Ⓟ)

该指示灯在手制动器已拉紧时会亮起。在手制动器拉起且点火开关已打开时指示灯 (Ⓟ) 会亮起。汽车行驶时必须放下手制动器，此时指示灯熄灭。

十一、制动系统故障指示灯 (!)

如果该指示灯闪烁，则说明制动系统有故障。必须停车检查制动液液位。

警告：

① 如果储液罐中的制动液液位过低，有发生交通事故的危险！不要继续行驶。

② 如果制动系统指示灯与 ABS 指示灯一同亮起，则可能是 ABS 调节功能失效，这样在制动时后车轮可能很快抱死，这可能导致汽车甩尾，有侧滑危险！

十二、蓄电池电压或发电机指示灯

该指示灯用于显示蓄电池电压不正确、发电机故障或汽车电器设备故障。打开点火开关该指示灯亮起，正常情况下发动机启动时亮起，几秒钟后熄灭。如果不亮或常亮不熄灭应该立即检查蓄电池状态、三角皮带、调节器、发电机及电路。

十三、安全带警告灯

该指示灯为安全带状态的指示灯。按照车型不同，警告灯会亮起数秒进行提示，或者直到系好安全带才熄灭，有的车还会有声音提示。

十四、刹车盘指示灯 (○)

该指示灯为刹车盘磨损情况的指示灯。正常情况下熄灭，指示灯点亮时提示应及时更换故障或磨损过度的刹车片，修复后熄灭。

十五、机油压力指示灯

该指示灯为发动机机油压力的指示灯。

发动机机油压力故障必须立即排除！该指示灯亮起时表示润滑系统失去压力，可能有渗漏，此时需立即停车关闭发动机进行检查。

说明：机油压力指示灯并不是机油油位显示，所以必须定期检查机油油位，最好每次加油时检查一次。

十六、水温指示灯

该指示灯为发动机冷却液温度过高或冷却液液位过低的指示灯。

该指示灯点亮报警时，应立即停车并关闭发动机，检查冷却液液位，必要时补充冷却液。如果冷却液液位正常，则该故障可能是散热器风扇失灵造成的。在该指示灯显示冷却系统故障时，不能继续行驶，否则有损坏发动机的危险。

警告：如果看到或听到蒸汽或冷却液从发动机舱排出，则绝不可打开发动机舱盖，否则会有烫伤危险，要一直等到看不到或听不到蒸汽或冷却液排出，才可打开发动机舱盖。

十七、燃油指示灯

该指示灯为提示燃油不足的指示灯。

该指示灯亮起时，表示燃油即将耗尽，一般从该灯亮起到燃油耗尽之前，车辆还能行驶约 50 km 左右。

十八、车门状态指示灯

该指示灯为车门及行李舱是否完全关闭的指示灯。

车门打开或未能关闭时，相应的指示灯亮起，车门关闭后熄灭。

十九、清洗液指示灯

该指示灯为风挡清洗液存量的指示灯。

如果清洗液即将耗尽，该灯亮起，提示添加清洗液。

二十、发动机电控系统指示灯

指示灯亮起表示发动机电控系统出现故障。

二十一、安全气囊系统指示灯

该指示灯用于监控安全气囊系统和安全带拉紧系统。

指示灯在打开点火开关时亮起几秒钟。如果指示灯一直不熄灭，或者在行驶时亮起、闪烁，则表示存在一个系统故障，如果打开点火开关时此指示灯不亮起，则也表示有系统故障。

警告：如果出现故障，则应立即检查该系统，否则在遇到交通事故时，安全气囊系统或安全带拉紧器可能不起作用。

二十二、制动防抱死系统（ABS）指示灯

该指示灯用于监控 ABS 和电子差速锁（EDS）。

在打开点火开关时或启动发动机期间，指示灯会亮起几秒，自动检测过程完毕后，此指示灯熄灭。

（1）以下情况表示 ABS 有故障

打开点火开关时指示灯不亮起；指示灯在数秒后仍不熄灭；指示灯在行驶时亮起。此时，汽车仍可用常规制动系统（无 ABS）制动。

在 ABS 内有故障时，ESP 指示灯也会亮起。

（2）整个制动系统有故障

如果 ABS 指示灯与制动系统指示灯一起亮起，则说明不仅 ABS 有故障，还要考虑到制动系统内也可能有故障。在制动系统存在功能故障时，组合仪表的显示屏中会出现

符号 (!) 。

（3）电子差速锁（EDS）故障

EDS 与 ABS 一起工作。EDS 失灵通过 ABS 指示灯 (ABS) 亮起表示，在此情况下，需尽快维修。

二十三、超速挡指示灯

该指示灯用来显示自动挡超速挡工作状态。

当该指示灯亮起，说明超速挡已经锁止。

二十四、轮胎压力过低指示灯

轮胎压力过低时必须尽快校正。

如果该指示灯亮起，则说明至少有一个轮胎的压力过低，必须停车检查轮胎，必要时更换车胎。

说明：

① 该指示灯总是与一条附加文本一起出现，例如，T. PRESSURE REAR RIGHT（右后轮胎压力）。

② 如果出现附加文本 CHECK T. PRESSURE（检查轮胎压力），则可能多个轮胎的压力都过低。

二十五、制动灯损坏指示灯

如出现该指示灯或字样 BRAKE LIGHT（制动灯）亮起，必须检查：制动灯灯泡、导线连接、制动灯开关。

二十六、近光灯或尾灯损坏指示灯

如果该指示灯亮起，必须检查：近光灯灯泡、尾灯灯泡、导线连接。

警告：

① 灯泡内有压力，更换时可能会爆炸，有受伤危险。

② 汽车装备了气体放电灯泡（氙气灯）时，必须正确处置与高电压部件相关的工作，否则会有生命危险！

二十七、大灯照明距离调节故障指示灯

该指示灯亮起表示动态大灯照明距离调节有故障，须修理动态大灯照明距离调节机构。

工作任务 4.2　正确使用中央门锁

中央门锁能以中控方式将所有车门、尾门和油箱盖上锁或开锁。

在上锁或开锁时，中央门锁将所有车门、尾门和油箱盖一起开锁或锁上。可用无线遥控器或用钥匙从驾驶员车门和尾门处上锁或开锁。

中央门锁配有防盗安全功能：汽车从外面上锁时，用车内的开门把手无法打开车门。这样就加大了破窗而入偷盗汽车的难度。

警告：带防盗安全功能的汽车从外面上锁时，车内不得有人（特别是儿童），因为车门和车窗都无法从车内打开。上锁的车门增加了救援人员在紧急情况下进入车内的难度，由此可能会使待救人员有生命危险。

4.2.1 中央门锁开关

可在车内用驾驶员车门上的开关操纵中央门锁。

按压下部区域 ，把所有车门和油箱盖上锁；按压上部区域 ，把所有车门、油箱盖开锁。

如果汽车用中央门锁开关上锁，则会出现以下情况（图 4.2.1）：

图 4.2.1 中央门锁开关

① 无法从车外打开车门（如在遇交通信号灯停车时可保证安全）。

② 驾驶员可以在车内将所有车门分别开锁和上锁。开锁时必须一直拉着开门把手，直至安全锁钮向上弹起。再次拉起开门把手可从车内打开此车门。上锁时将安全锁钮向下按入即可。

③ 如果驾驶员车门已打开，则此车门（在操纵中央门锁开关中的上锁功能后）不会上锁，以免无意中把自己锁在车外。驾驶员必须关好车门后单独上锁。

④ 在发生交通事故而使安全气囊触发时，从车内上锁的车门会自动开锁，以使救援人员能进入汽车。

说明：

① 在激活了防盗安全功能时，中央门锁开关即失效。

② 有些车型具有自动上锁功能。当车速达到约 15 km/h 后，所有车门和尾门自动上锁。

③ 拔出点火钥匙时，汽车自动开锁。操纵中央门锁开关中的开锁功能或开门把手，则汽车可由驾驶员开锁。

4.2.2 儿童安全锁

有些车型后门装有儿童安全锁，可防止从车内打开后门。

后车门配备了儿童安全锁，可用汽车钥匙操纵儿童安全锁。

将儿童安全锁的插口向左转（图 4.2.2Ⓑ），即可打开儿童安全锁。将儿童安全锁的插口向右转（图 4.2.2Ⓐ），即可关闭儿童安全锁。

在儿童安全锁已上锁时，车内的开门把手失效，只能从车外打开这个车门。

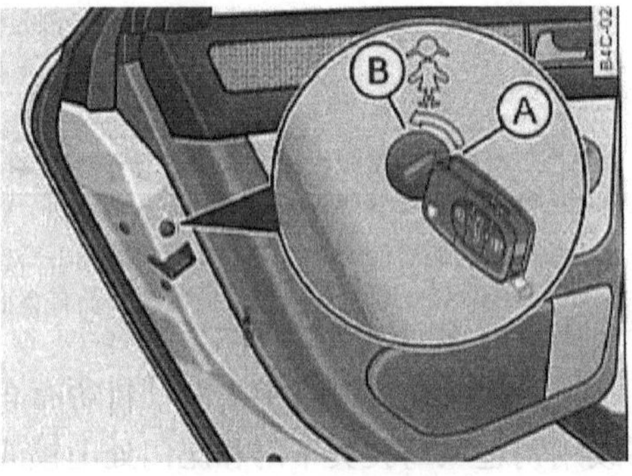

图 4.2.2 儿童安全锁

4.2.3　无线遥控器

无线遥控器能远距离将汽车开锁和上锁。

汽车上锁和开锁通过所有转向信号灯闪烁来确认，此外某些高档车型车门接触开关位置的车内照明也会自动接通或关闭。

带电池的发射器安放在无线钥匙的手柄内。接收器在汽车内部，最大作用距离取决于各种不同实际情况。在电池电量较低时作用距离会缩短。

说明：点火开关已打开时，无线遥控器自动关闭。

在汽车附近如有相同频率工作的发射器（如移动电话，电视机遥控器），则可能会暂时影响该无线遥控器的功能。

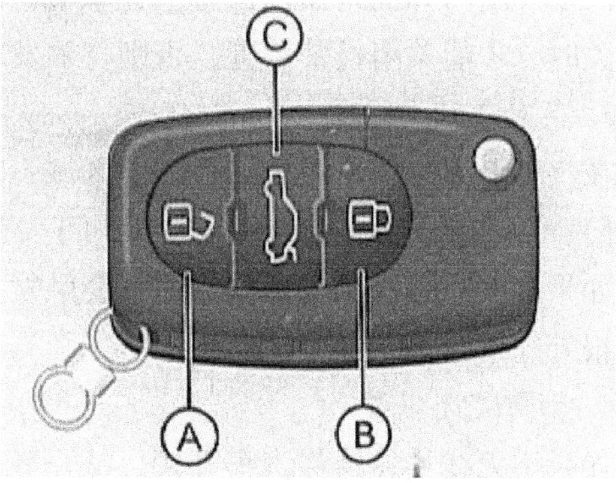

图 4.2.3　无线遥控器

将汽车开锁 🔓，将按钮（图 4.2.3 Ⓐ）按住约 1 s。

将汽车锁上 🔒，将按钮（图 4.2.3 Ⓑ）按住约 1 s。

将尾门开锁 （有些遥控器无此功能），按压按钮（图 4.2.3 Ⓒ）至少 1 s。

说明：

① 汽车开锁一般通过转向信号灯闪烁 2 次来确认。如果用按钮Ⓐ将汽车开锁，但在 60 s 内没有打开任何车门或尾门，则汽车会重新自动上锁，这一功能可防止汽车无意间开锁及长期开锁。

② 有些汽车带有安全型中央门锁，按一下按钮Ⓐ只将驾驶员车门和油箱盖开锁，按 2 下按钮可将整个汽车开锁。

③ 车门和尾门成功上锁一般通过转向信号灯短促亮起一下来确认。

④ 进入汽车后把钥匙插入点火开关之前，不要按压上锁按钮 🔒，这样就不会在无意中将汽车上锁。假设发生这种情况，则需要按压开锁按钮 🔓。

如果无法将汽车开锁，则必须对无线遥控钥匙进行同步处理，具体操作方法如下：

① 按压无线遥控钥匙某一按钮。

② 用无线遥控钥匙的钥匙头在车门锁处将汽车上锁或开锁一次。

③ 同步处理过程不得超过 1 min。

4.2.4　防盗报警装置

如果有破坏汽车的情况，防盗报警装置就会触发报警。

借助防盗报警装置可防止非法侵入及偷盗本车。该装置在识别非法进入汽车的情况时，会触发声音和视觉警告信号。

1. 如何接通此装置

用钥匙在关好的驾驶员车门上或在尾门上以及用无线遥控器将汽车上锁时，都会自动激活防盗报警装置。上锁约 30 s 后，该装置进入戒备状态。某些车型如果 1 s 内将钥匙向上锁方向转动 2 次，那么防盗报警装置不被激活。

2. 如何关闭此装置

在将汽车开锁时，只可使用无线遥控器关闭防盗报警装置。如果发出无线电信号后 60 s 之内没有打开汽车，则汽车将重新上锁。如果将汽车用钥匙在驾驶员门上开锁，那么所有其他车门以及尾门和油箱盖仍保持上锁状态。只有在 15 s 内将钥匙插入点火开关内并打开点火开关时，才能关闭报警装置，否则将触发报警。

3. 何时会触发报警

在汽车上锁时，系统会监视以下区域：① 发动机舱（发动机舱盖）；② 行李舱；③ 所有车门；④ 点火开关；⑤ 汽车内部空间。

如果有人非法侵犯上述区域，就会触发报警。在用钥匙将行李舱盖开锁并打开时同样会触发报警。

4. 如何关闭报警

如果用无线遥控器将汽车开锁，或用钥匙打开了点火开关并由此“解锁”防盗报警装置，则报警便会关闭。如果报警过程结束，则报警也会停止。

说明：

① 为了确保发挥防盗报警装置全部功能，离开汽车前须检查所有安全锁钮是否已降下，所有车窗、车门和天窗是否已锁好。

② 如果该装置已进入戒备状态时断开蓄电池两个电极接线中的一个，则会触发报警。

4.2.5 车内监控

车内监控功能用于记录车内的活动并据此触发报警。有些车型装备车内监控系统。如果车内有可触发报警的动物或移动物件等，则应关闭车内监控。

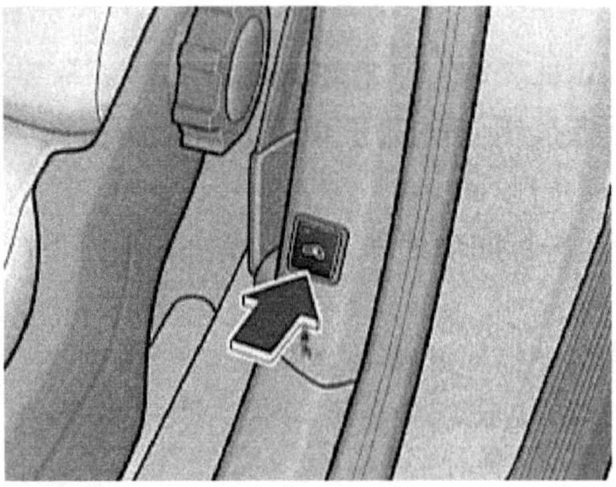

图 4.2.4 车内监控按钮

关闭车内监控：按压车门柱上的按钮（图 4.2.4）；将汽车上锁。

如果已关闭车内监控，则按钮内的发光二极管会亮起。此外，车门上锁按钮旁的二极管也将亮起约 3 s。将汽车上锁后车门上锁按钮旁的发光二极管快速闪烁约 3 s。然后，发光二极管开始缓慢闪烁约 30 s。

在下一次汽车上锁时，车内监控会重新自动接通。

工作任务 4.3　正确使用车窗升降器及滑动/外翻式天窗

4.3.1　车窗升降器开关

车窗升降器开关如图 4.3.1 所示，其中：

Ⓐ为驾驶员车门的车窗开关；Ⓑ为副驾驶员车门的车窗开关；Ⓒ为左后车门的车窗开关；Ⓓ为右后车门的车窗开关。Ⓢ为安全按钮。

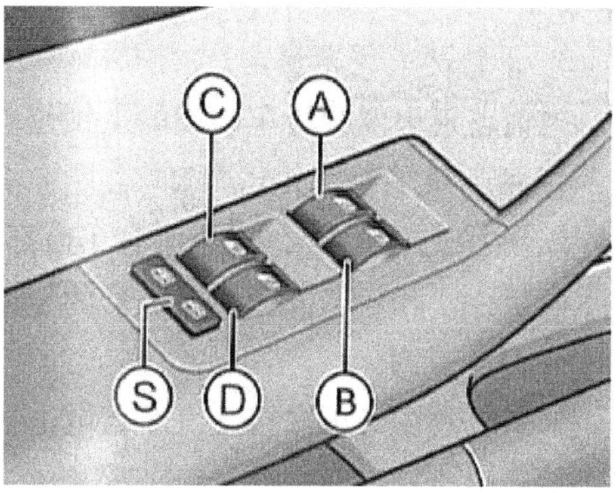

图 4.3.1　车窗升降器开关

除驾驶员车门上的开关外，在每个车门上还有一个单独的开关。

1. 驾驶员车门上的开关

驾驶员可以操纵汽车内所有电动车窗升降器。

2. 车窗升降器的开关有两挡功能

（1）打开车窗

① 按住开关不放，直至车窗移动到要求的位置。

② 短促按压开关，以便自动打开车窗。再次短促按压开关即可使下降的车窗停在任一位置处。

（2）关闭车窗

① 按住开关不放，直至车窗移动到要求的位置。

② 短促拉起开关，以便自动关闭车窗。再次短促拉起开关即可使上升的车窗停在任一位置处。

（3）安全按钮

① 用安全按钮（图 4.3.1 Ⓢ）可以将后车门车窗开关设定为不起作用。只有此开关处于按下状态时，才能从后座椅处打开或关闭车窗。

② 如果后车门的车窗升级器功能已关闭（按钮未按下去），则安全按钮上的指示灯会亮起。

说明：在关闭点火开关后约 10 s 内，车窗还能打开或关闭。只有打开了驾驶员车门或副驾驶员车门，车窗升降器才被关闭。

3. 副驾驶员和后车门上的开关

这些车门上各有一个车窗开关（如图 4.3.2）。打开、关闭车窗方法与驾驶员车门上的开关操纵方法一致。

4.3.2 以中控方式打开和关闭车窗

有些车型在汽车上锁或开锁的同时也可以打开或关闭车窗。

1. 用钥匙打开车窗

把钥匙置于驾驶员车门锁的开锁位置保持不动，直至所有车窗都打开为止。

2. 用无线遥控器打开车窗

按压开锁按钮 🔓，直至车窗移动到要求的位置。

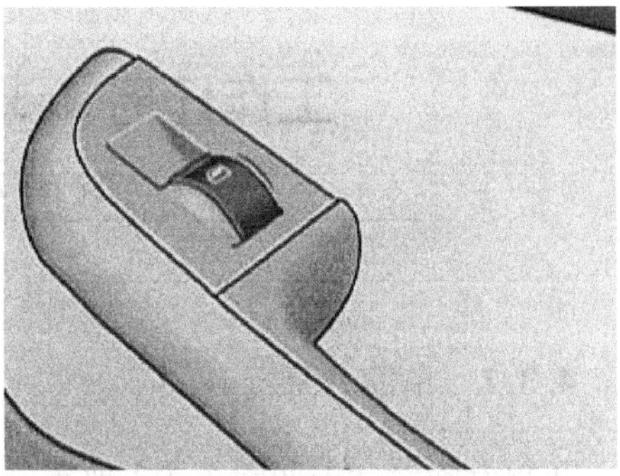

图 4.3.2 后车门车窗升降器开关

3. 用钥匙关闭车窗

把钥匙置于驾驶员车门锁的上锁位置保持不动，直至所有车窗都关闭为止。

4. 用无线遥控器关闭车窗

按住上锁按钮 🔒，直至所有车窗都关闭为止。

说明：松开钥匙或无线遥控器的上锁按钮，车窗的打开或关闭过程即刻停止。

5. 功能故障

如果断开后又再次接上汽车蓄电池接线，则车窗自动升降功能会失灵，可以采取以下步骤恢复此功能：

① 持续抬起车窗升降器开关，使车窗向上移动至限位位置。

② 松开开关并再次抬起 1 s，此时自动升降功能又重新恢复了。

现在很多车型都配备了滑动/外翻式天窗。汽车天窗具有柔和换气、降低风噪、经济实用以及使驾乘人员亲近自然等功用。

汽车天窗换气是利用负压原理，依靠汽车在行驶过程中气流在车窗顶部的快速流动形成车内的负压，将车内的污染空气抽出。这种方式进行通风换气，整个气流极其柔和，没有寒风扑面的感觉，进入车内的灰尘亦大大减少。

行驶中开侧窗通风时会产生较大风噪，且驾驶者直接受强风吹，增加疲惫感觉。汽车天窗利用空气力学设计降低风噪，开启时几乎没有通风噪声。在普通情况下，车速达到 100 km/h 时，打开侧窗通风而引起的噪声可高达 110 dB，而打开汽车天窗却仅 69 dB。

冬季，天窗能将车内憋闷的空气转换成轻松、舒适的自然空气；炎热的夏季，天窗作为空调的辅助装置能让人感受多倍的清爽。在盛夏，车厢内温度过高时，打开天窗比开空调降温速度快 2~3 倍。同时，自然空气的循环可预防因使用空调引起的头痛；停车时利用天窗打开功能能排出热气，防止车内温度上升。

下面以奥迪轿车为例，介绍一下天窗开关的使用。

4.3.3 滑开/外翻

1. 舒适位置

将开关转到图 4.3.3①位置，直至感觉到有一个压力点且开关卡止为止。

2. 安全滑开

将开关转到图 4. 3. 3②位置。

3. 外翻

开关在初始位置（图 4. 3. 3⓪位置）时按压开关，即可将外翻式天窗完全打开。按住开关，可手动调节外翻式天窗。

4. 关闭

（1）滑动关闭

将开关转到图 4. 3. 3⓪位置即可把天窗关闭。

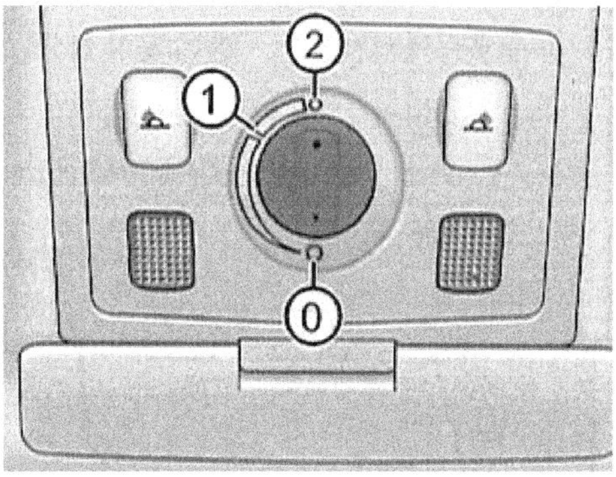

图 4. 3. 3　天窗开关

关闭已外翻的天窗：

① 拉住开关不放，直至外翻式天窗移动到要求的位置。

② 短促拉动开关，以便自动关闭外翻式天窗。再次短促操纵这个开关即可使外翻式天窗停在任一位置。

（2）安全关闭

滑动天窗具有过载保护功能。倘若天窗用常规操纵不能关闭，则能通过持续拉住选择开关来关闭。但是，为此选择开关必须处在图 4. 3. 3⓪位置。

（3）便捷关闭

打开的滑动/外翻式天窗也可以从车外关闭。把钥匙置于驾驶员车门锁的上锁位置保持不动或按住无线遥控器的上锁按钮，直至滑动/外翻式天窗关闭为止。

5. 太阳能滑动/外翻式天窗

有些高档车型配备了太阳能滑动/外翻式天窗。天窗的太阳能电池可以为空调器通风运行供电。其操纵与普通滑动/外翻式天窗相同。

说明：

① 天窗在舒适位置时的风滞噪声要比完全打开时低。

② 在使天窗滑开时，滑动遮阳板会随之自动打开。在天窗已关闭时可用手将其推回。

③ 关闭点火开关后约 10 min 内，滑动/外翻式天窗还能打开或关闭。但是，一旦打开了驾驶员车门或副驾驶员车门，滑动/外翻式天窗的开关就会不起作用。

4. 3. 4　应急操纵

紧急情况下可手动关闭滑动天窗。

为了接近滑动天窗的伺服电动机，必须按如下方法拆下车内照明灯（灯罩和外壳）：

① 把螺丝刀的平头小心插到照明灯灯罩的后部（图 4. 3. 4）。

② 用螺丝刀小心地将灯罩向下撬下。

③ 将螺丝刀插入灯外壳与框架后部之间的缝隙内。

④ 小心地拉出外壳。

⑤ 从熔断器盖板内侧的固定支架上取出曲柄。

⑥ 将曲柄（图 4. 3. 5②）插入六角孔（图 4. 3. 5①）内并插到底。

⑦ 按住并转动曲柄，以便将车窗关闭。

⑧ 首先安装灯外壳，然后安装灯罩。

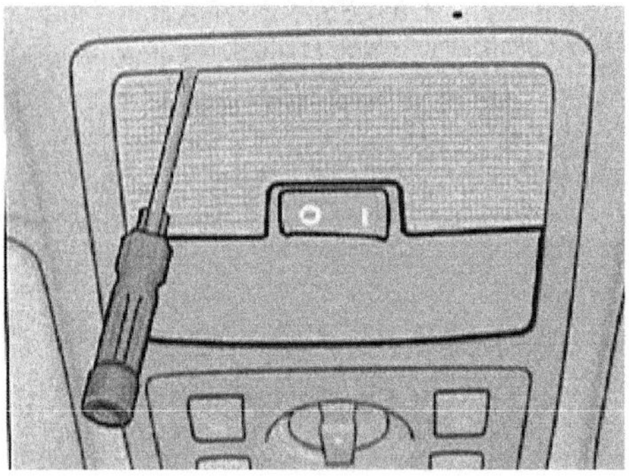

图 4.3.4　螺丝刀的插入点

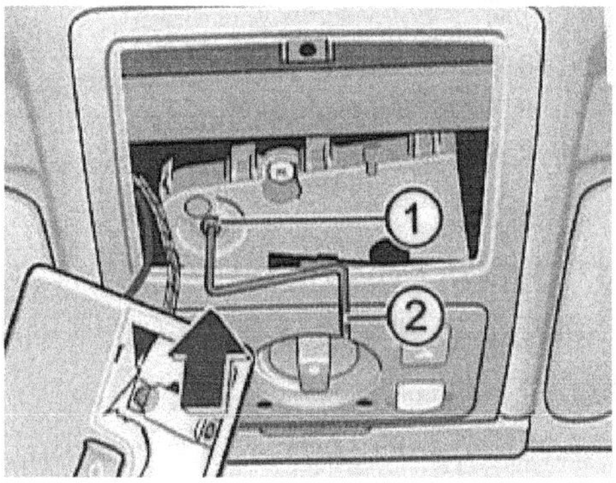

图 4.3.5　用于应急操纵的曲柄

警告：

① 下雨时应注意关闭天窗，雨停后将车顶上的水珠擦拭干净再开启。

② 下雪天应注意首先要给天窗解冻，防止结冰卡住机械组件。

③ 天窗使用频率尽量不要过多。

④ 路途颠簸地带，尽量不开天窗，以免震动损坏天窗零件。

⑤ 风沙地带尽量不开天窗，以免沙粒进入轨道内，造成零件磨损失效。

工作任务 4.4　正确使用车辆灯光

4.4.1　接通和关闭车灯

（1）接通示宽灯

图 4.4.1　车灯开关

将车灯开关（如图 4.4.1）转到 ⊃O⊂ 位置。

（2）接通近光灯或远光灯

将车灯开关转到 ≣D 位置；将远光灯拨杆向前推。

（3）关闭车灯

将车灯开关转到 **O** 位置。

说明：

① 近光灯只能在点火开关已打开时才会亮起。

② 经如果汽车照明已接通时拔出点火钥匙，将会很快将蓄电池电量耗尽。有些车型只要驾驶员车门打开，便会发出蜂鸣声。

③ 在使用照明装置时，必须遵守有关法律法规。

4.4.2　前雾灯

此种车型车灯开关也可以接通前雾灯。
接通前雾灯：
① 转动车灯开关（图 4.4.1），但不要转到指示灯处。
② 首先将车灯开关转到或位置。
③ 拉出车灯开关直至第一个槽口（图 4.4.1①）。
在前雾灯已接通时，车灯开关旁的指示灯会亮起。

4.4.3　后雾灯

此种车型车灯开关也可以接通后雾灯。
接通后雾灯：
① 转动车灯开关（图 4.4.1），但不要转到指示灯处。
② 首先将车灯开关转到或位置。
③ 拉出车灯开关直至第二个槽口（图 4.4.1②）。
在后雾灯接通时，此开关旁的指示灯和都会亮起。
为了不使后面的道路使用者炫目，只能在可视距离很短时才允许接通后雾灯。

4.4.4　仪表照明灯

有些车型仪表、显示屏和中控台照明的亮度可以调节。仪表的背景亮度可以用左侧的调节轮（图 4.4.2）进行调节。

集成在组合仪表中的一个光电晶体管用于控制组合仪表内指针的照明亮度。在车灯已接通时，可以通过转动调节轮调节仪表盘背景亮度。

图 4.4.2　仪表照明

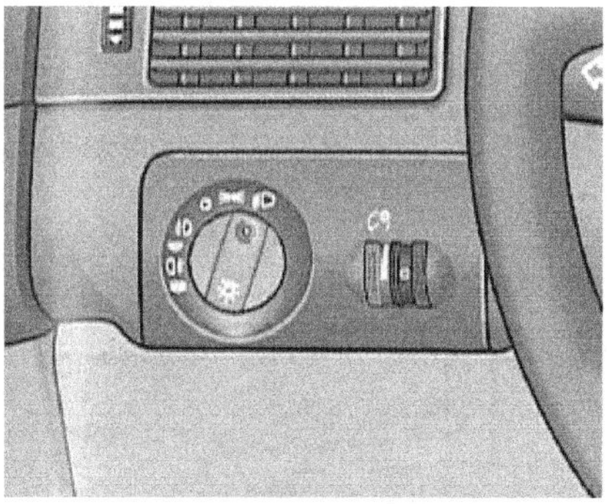

图 4.4.3　大灯照明距离调节

4.4.5　大灯照明距离调节

有些车型可以调节大灯照明距离。在近光灯已接通时，可以使大灯的照射距离与汽车的负荷状态相匹配。

将右侧调节轮 ≨D（图 4. 4. 3）转到相应的位置。

这些位置大致相当于以下负荷状态：

⓪ 汽车前排有人，行李舱空载。

Ⅰ 汽车满员，行李舱空载。

Ⅱ 汽车满员，行李舱满载。

Ⅲ 汽车只有驾驶员，行李舱满载。

说明：

① 必要时要进行大灯照明距离调节，以使对面的道路使用者不炫目。因此，汽车负荷较大时必须把大灯调低。

② 装备了氙气灯的大灯能自动适应汽车的负荷状态和行驶状态（如加速、制动）。

4. 4. 6　闪烁报警装置

闪烁报警装置用于在危险情况下使其他道路使用者对该车加以注意。按压开关 ⚠ 即可打开或关闭闪烁报警装置。

闪烁报警装置已打开时，汽车所有转向信号灯都会同时闪烁。转向信号灯的指示灯 ⇦ ⇨ 和开关内的指示灯 ⚠ 也一起闪烁。即使关闭了点火开关，闪烁报警装置仍然能工作。在发生了触发安全气囊的交通事故时，闪烁报警装置自动打开。

说明：在诸如下列情况时，请打开闪烁报警装置：

① 堵车时本车是最后一部车。

② 汽车有故障或有紧急情况。

③ 被其他车牵引或牵引其他汽车。

4. 4. 7　转向信号灯和远光灯拨杆

用转向信号灯和远光灯拨杆也可以操纵驻车和远光灯瞬时接通功能。

转向信号灯和远光灯拨杆具有以下功能。

1. 转向信号灯

向上按压拨杆直至限位位置（图 4. 4. 4）可使右转向信号灯闪烁，或者向下压使左转向信号灯闪烁。

只将拨杆推移至压力点（向上或向下）处并保持不动，即可使转向信号灯短时闪烁，如变换行车道时。

2. 远光灯

向前按压拨杆即可接通远光灯。把拨杆拉回到起始位置，可重新关闭远光灯。

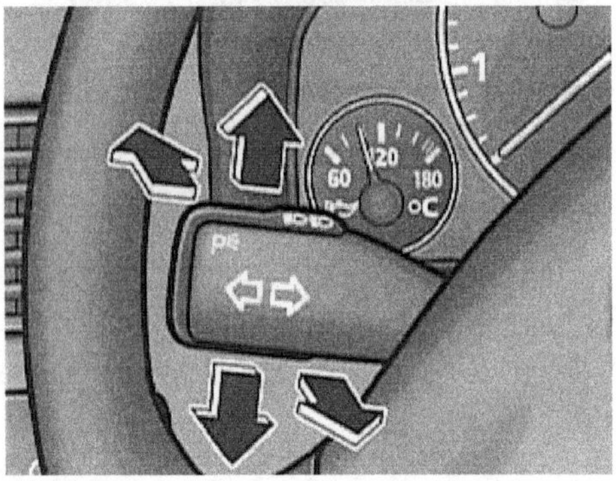

图 4. 4. 4　转向信号灯和远光灯拨杆

3. 远光灯瞬时接通功能

把拨杆拉向方向盘，即可操纵远光灯瞬时接通功能。

4. 驻车灯

先关闭点火开关。向上或向下按压拨杆，接通右面或左面驻车灯。

说明：

① 转向信号装置仅在点火开关已打开时才能工作。组合仪表内对应的指示灯 ⇦ 或 ⇨ 也一起闪烁。

② 驶过弯路段后转向信号灯自动关闭。

③ 远光灯仅在已接通近光灯时才能接通。此时组合仪表远光灯指示灯 ≣D 会亮起。

④ 只有拉着拨杆，远光灯瞬时接通功能便一直起作用，即使没有接通车灯时也是如此。此时组合仪表内远光灯 ≣D 会亮起。

⑤ 在已接通驻车灯时，汽车对应一侧的大灯和尾灯将以较小的功率亮起。驻车灯仅在点火开关已关闭时才会亮起。

⑥ 远光灯瞬时接通功能要在不使其他道路使用者炫目时才可以使用。

4.4.8　车内照明灯

有些车内照明灯还包括驾驶员和副驾驶员阅读灯。用来操纵车内照明灯的开关具有以下功能：

（1）车门接触开关

将开关Ⓐ（图 4.4.5）置于中间位置。

（2）接通车内照明灯

将开关Ⓐ（图 4.4.5）置于 I 位置。

（3）关闭车内照明灯

将开关Ⓐ（图 4.4.5）置于 O 位置。

（4）阅读灯

按压某一开关Ⓑ可接通或关闭右边的或左边的阅读灯。

（5）手套箱照明灯

打开副驾驶员侧的手套箱，手套箱照明灯会自动亮起（在停车灯或行车灯已接通时），关上手套箱则该灯自动关闭。

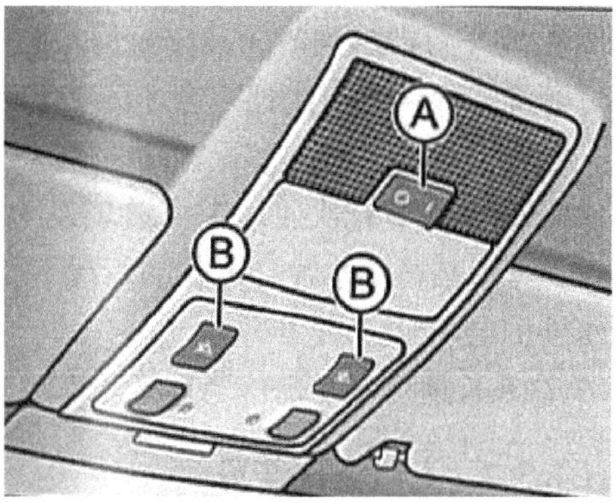

图 4.4.5　前部车内照明

说明： 车门开着时车内照明约 10 min 后便会关闭，以免汽车蓄电池过度放电。

工作任务 4.5　正确使用玻璃刮水器

4.5.1　车窗玻璃刮水器

用车窗玻璃刮水拨杆可操纵车窗玻璃刮水器和刮水/清洗自动装置。

下面以奥迪轿车车窗玻璃刮水器为例，介绍一下玻璃刮水器具体操纵方法，其他车型可能开关方向不同。

车窗玻璃刮水拨杆（图 4.5.1）有以下工作位置：

① 点动刮水。向下移动拨杆到位置①，即可在车窗玻璃上短促刮水。

② 经间歇刮水。向上移动拨杆到槽口②。推动开关Ⓐ可设定刮水间歇时间。

③ 慢速刮水。向上移动拨杆到槽口③。

④ 快速刮水。向上移动拨杆到槽口④。

⑤ 刮水/清洗自动装置。拉动拨杆到位置⑤。重新松开拨杆。清洗设备停止工作，而刮水器还会工作约 4 s。

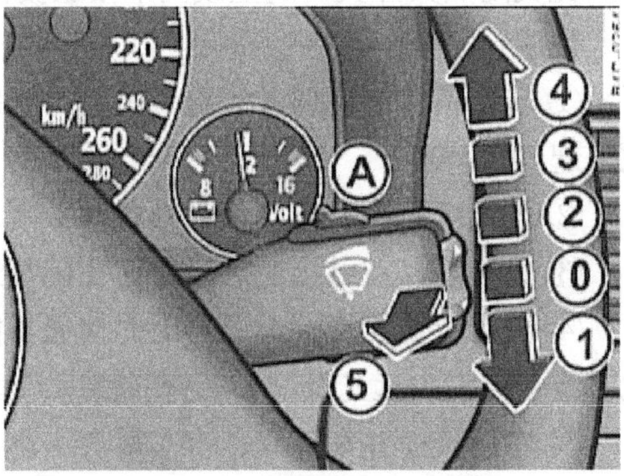

图 4.5.1　车窗玻璃刮水拨杆

⑥ 关闭车窗玻璃刮水器。移动拨杆到基本位置⓪。

说明：

① 车窗玻璃刮水器和车窗玻璃清洗装置只能在点火开关已打开时才工作。

② 间歇刮水时的间歇时间除了取决于所设定的刮水挡之外，还受汽车行驶速度控制。

③ 点火开关已打开时即可加热车窗玻璃清洗喷嘴。

④ 在车灯已接通时，只应短促地拉动车窗玻璃刮水拨杆来进行清洗，否则会同时打开大灯清洗装置（只有高档车型才配备）。这样会导致不必要地过多消耗清洗液。

警告：

① 寒冬季节首次使用车窗玻璃刮水器之前，请务必检查车窗玻璃刮水片是否冻住了。假设在车窗玻璃刮水片已冻住的情况下打开刮水器，则既会损坏刮水片，又会损坏车窗玻璃刮水器的电动机。

② 在长途行车之前应当留意给车窗玻璃清洗液储液罐加液。

4.5.2　大灯清洗装置

某些高档车型配备了大灯清洗装置。该装置能保持灯罩清洁，可改善照明状况和夜间视线，对走夜路，尤其是高速公路的夜路有很大帮助。

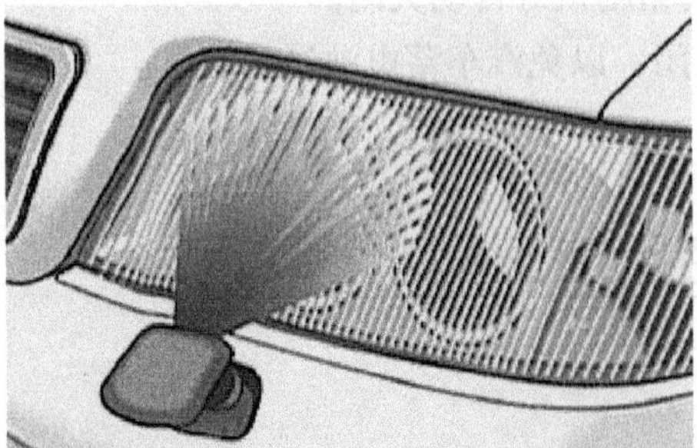
图 4.5.2　带有可伸出式清洗喷嘴的大灯

大灯清洗装置须在车灯已接通时操纵刮水/清洗自动装置（图 4.5.1⑤），此时要拉住拨杆约 1 s 以上。

大灯清洗喷嘴利用水压从保险杠伸出来，以便进行清洁（图 4.5.2）。要定期清除大灯灯罩表面附着的顽固污渍（如昆虫残余物）。

为了确保大灯清洗功能在冬季也能正常工作，应当用除水剂将清洗喷嘴固定支架上的冰雪清除。

4.5.3　更换车窗玻璃刮水片

完好的车窗玻璃刮水片可维持良好的视野。目前，车窗玻璃刮水片可以分为以下两种类型，下面分别介绍每种类型车窗玻璃刮水片的更换方法。

1. Ⅰ型车窗玻璃刮水片的更换方法

（1）取下刮水片

① 把车窗玻璃刮水器摆臂从车窗玻璃上翻起。

② 将刮水片上的锁块推向箭头方向（图4.5.3Ⓐ）。

③ 将刮水片从车窗玻璃刮水器摆臂的固定支架（图4.5.3Ⓑ）中拉出。

（2）安装刮水片

① 将刮水片上面的锁块推回。现在能看到刮水片上的固定支架。

② 将新刮水片压入车窗玻璃刮水器摆臂的固定支架（图4.5.4Ⓒ）。

③ 将刮水片上的锁块推向箭头方向（图4.5.4Ⓓ），直至感觉到其卡止在刮水器摆臂上。

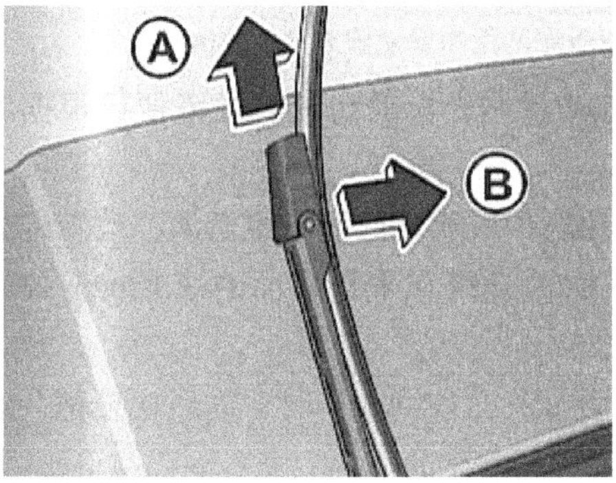

图4.5.3　取下车窗玻璃刮水片（Ⅰ型）

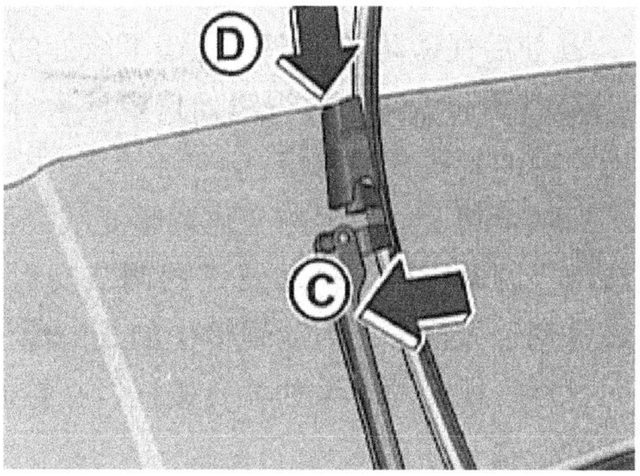

图4.5.4　安装车窗玻璃刮水片（Ⅰ型）

2. Ⅱ型车窗玻璃刮水片的更换方法

（1）取下刮水片

① 把车窗玻璃刮水器摆臂从车窗玻璃上翻起。

② 将刮水片转到与刮水器摆臂成直角状态。

③ 将保险弹簧向一起压（图4.5.5Ⓐ）。

④ 将刮水片向箭头方向（图4.5.5Ⓑ）从卡槽中拆下。

⑤ 逆着箭头方向（图4.5.5Ⓑ）从刮水器摆臂上取下刮水器。

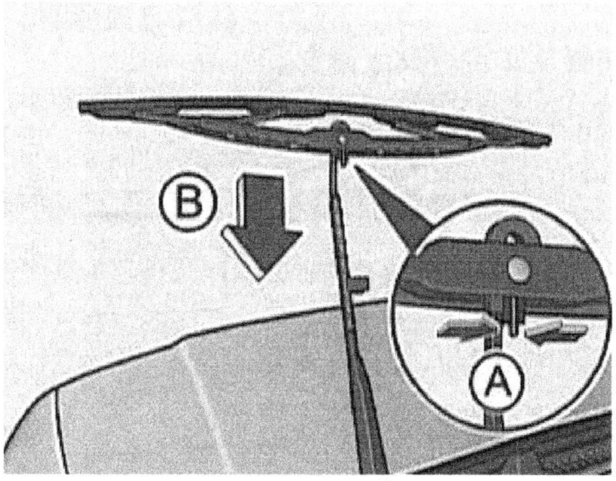

图4.5.5　车窗玻璃刮水片固定支架（Ⅱ型）

（2）安装刮水片

① 向箭头方向（图 4. 5. 5Ⓑ）将刮水片穿过刮水器摆臂。

② 逆着箭头方向（图 4. 5. 5Ⓑ）将刮水片向上推，直至听到保险弹簧卡在刮水器摆臂上。

警告：

① 为了防止形成粘连，应当定期用车窗玻璃清洁剂清洗刮水片。在污渍较重（如昆虫残余物）的情况下，也可以用海绵或抹布来清洁刮水片，否则会有发生事故的危险！

② 为安全起见，每年应更换车窗玻璃刮水片 1~2 次。

工作任务 4. 6　正确使用车辆后视镜及调整电动座椅

4. 6. 1　车内后视镜

多数汽车都设有防炫车内后视镜，以防止夜间行驶时后方车辆的强光造成目炫。

① 手动防炫车内后视镜。正常位置，把后视镜下缘处的拨杆向前推。

② 使后视镜防炫。把后视镜下缘处的拨杆向后拉。

③ 自动防炫车内后视镜。只要点火开关处于打开状态，自动防炫后视镜便可根据后面射入车内的光线自动防炫。

后视镜随反射角度的变化调暗光线，而反射镜和防护玻璃之间灌有电解液。改变施加在电解液上的电压即可自动及任意调节反射角度。正面的光线和来自后面的炫光构成控制参数，这两种光线分别由后视镜中的光电池记录下来。

这种后视镜的下缘处没有拨杆，在接通车内照明时及挂入倒车挡时，此后视镜都会返回到正常位置（非防炫）。

4. 6. 2　车外后视镜

下面介绍一下电动方式调节的车外后视镜。

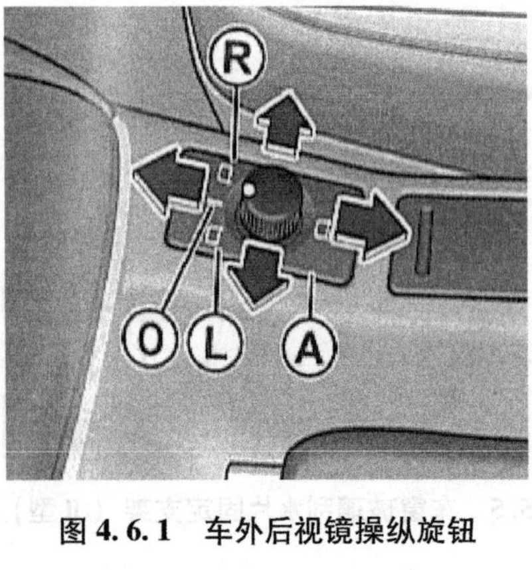

图 4. 6. 1　车外后视镜操纵旋钮

1. 调节车外后视镜

转动按钮到（图 4. 6. 1Ⓛ）位置（驾驶员侧车外后视镜）或到（图 4. 6. 1Ⓡ）位置（副驾驶员侧车外后视镜）。转动旋钮以使驾驶员从车外后视镜中向后观察时视野良好。折叠两个车外后视镜转动旋钮到（图 4. 6. 1Ⓐ）位置（某些车型不具有此功能）。

为在驻车时或在狭小空间内行车时保护后视镜，建议把车外后视镜折叠起来。

2. 副驾驶员侧车外后视镜的偏转功能

如果将旋钮转到副驾驶员侧车外后视镜位置（图

4. 6. 1 Ⓡ)，则挂入倒挡时镜面将向下偏转。这样在驶入停车位时可以看到路沿。

在从倒车挡换到其他挡位，或者将旋钮转到驾驶员侧车外后视镜位置（图 4. 6. 1 Ⓛ）或中间位置（图 4. 6. 1 ⓪）时，后视镜将重新返回到初始位置（某些车型不具有此功能）。

3. 车外后视镜位置记忆设置

对带有驾驶员座椅位置记忆设置的汽车，在存储座椅位置设置时车外后视镜位置设置也一起自动存储。

注意：

① 拱形镜面（凸面或球面）可扩大视野，但是目标在后视镜中会显得更小一些，所以这种后视镜只在一定程度上适于估计与尾随汽车的距离。

② 电动车外后视镜如果后视镜壳体受外力（如在调节时碰到）而移动了位置，则必须以电动方式把后视镜完全折叠起来。在任何情况下都不得用手将后视镜壳体扳回原位，否则会影响后视镜机械机构的功能。

说明：倘若后视镜电动调节功能失灵，则可用手按动其镜面边沿对两个车外后视镜进行调节。

4. 车外后视镜的自动防炫装置

车外后视镜与自动防炫车内后视镜一起进行防炫。点火开关已打开时，后视镜可根据从后面射入车内的光线（如后面车辆的大灯灯光）情况自动变暗。在接通车内照明及挂入倒车挡时，此后视镜都会返回到初始高度（未防炫）。

说明：只有后窗玻璃遮阳窗帘已卷回，或车内后视镜上的入射光线没有被其他物体遮挡时，自动防炫后视镜才能正常工作。

5. 后视镜调整方法

后视镜是汽车必备的物件，是驾驶员“背后的眼睛”，在安全驾驶中起着十分重要的作用，因此将其调整好，对于安全驾驶就显得尤为重要。首先，坐姿调整好，才能调整后视镜；其次，就是调整后视镜。

（1）中央后视镜的调整

左、右位置调整至镜面的左侧边缘，切至自己在镜中影像的右耳际，一般情况下，从中央后视镜里看不到自己，而上、下位置则是把远处的地平线置于镜面中央，调整要领：水平摆中间、耳际放左边，即远方的水平线横置于中央后视镜的中线位置，然后再移动左右，把自己右耳的影像放在镜面的左缘。

（2）左侧后视镜的调整

上、下位置是把远处的地平线置于中央，左、右位置则调整至车身占据镜面范围的 1/4。

（3）右侧后视镜的调整

由于驾驶员座位在左侧，驾驶员对车身右侧的情况较难掌握，因此右侧后视镜在调整上、下位置时地面面积应大些，约占镜面面积的 2/3，而左、右位置则同样调整至车身占据镜面范围的 1/4。

另外，许多人认为要消除视线死角，应尽量把左、右后视镜往外调或往下调，其实这是一个误区。正常情况下，驾驶员在仅转动眼球而不回头时，可以看到前方 200°左右的范围，而另外约 160°的范围是看不到的。事实上，使用左、右后视镜和中央后视镜后，只能再提供额外60°左右的可视范围，而剩下的100°只能让驾驶员采取回头看的方式解决。虽然现在很多新车都配备了双曲率后视镜，但这仅仅是把左、右后视镜的视角范围扩大了一些，仍无法完全涵盖所有的区域。

4.6.3 正确调节前座椅

1. 基本原则

乘客的身材决定了前座椅的调节情况。前座椅能以许多方式来调节，并由此使之与驾驶员和副驾驶员的身材相适应。将座椅调节到正确位置对满足以下要求特别重要：

① 可靠、快捷地操纵各操纵元件。

② 使身体放松、不易疲劳。

③ 使安全带和安全气囊发挥最大的保护作用。

调整汽车座椅，可能有些人觉得没有必要，只要觉得大体舒服就结束了，其实掌握一些窍门能够更方便驾驶汽车。

（1）调整座椅与踏板的距离

如果座椅与踏板的距离较大，驾驶员伸腿就会比较舒服，但用脚踩踏板时的准确度与力度都会比较差。反之，如果座椅与踏板的距离较小，腿脚就很容易疲劳。调整的方法是将座椅后推，让左腿踩踏离合器踏板能够自然轻松。

（2）围绕着方向盘作调整

根据不同人的身高臂长不同，要考虑到双手自然伸开、转动方便，同时肘部与肩部放松，手握方向盘的高度大约低于肩部10 cm左右。

（3）调整靠背

靠背越往后倾斜，人的感觉越舒服，但过于倾斜会影响操纵汽车，所以要保持恰当的倾斜度。

（4）调整驾驶员座椅的高低

主要原则是当驾驶员的目光平视时，视线能够落在前挡风玻璃的中线上，这样就能够保持最佳的视野。

警告：

① 行车期间应始终把脚放在脚部空间中，绝不可把脚放在仪表板上或坐垫上。这对同车人来说也非常重要，否则在制动绕行或发生交通事故时受伤的危险增大。

② 对驾驶员和副驾驶员来说，与方向盘或仪表板保持至少25 cm的距离非常重要。如果未与之保持上述最小距离，则安全气囊系统无法对驾乘人员进行保护，这样便会有生命危险。此外，还必须始终将前座椅和头枕调节至与身材相适合的位置。

2. 正确调节驾驶员座椅

正确调节座椅对安全和轻松驾驶汽车具有重要意义。

建议对驾驶员座椅做以下调节：

① 调节驾驶员座椅的前后位置，使腿部略微弯曲即可将踏板完全踩到底。

② 调节靠背的倾斜度，使靠背完全贴紧驾驶员的背部、驾驶员略微弯曲手臂即可接触到方向盘的最高点。

③ 向上或向下推移头枕，直至其上边沿与眼睛等高或略高些。

警告：不得将物件放在脚部空间中，因为在行使或制动绕行的情况下物件有可能移到踏板机构下。此时驾驶员无法操纵离合器踏板、制动踏板或油门踏板。

正确调节副驾驶员座椅

应尽可能将副驾驶员座椅推到最后面。建议对副驾驶员的座椅做以下调节：

① 尽可能将副驾驶员座椅调节到最后面。

② 调节座椅靠背的倾斜度，使靠背处于直立位置且完全贴紧副驾驶员的背部。

③ 向上或向下推移头枕，直至其上边沿与眼睛等高或略高些。

④ 调节座椅，使脚能舒服地放在脚部空间内。

4.6.4　手动调节前座椅

手动前座椅调节操纵元件，如图 4.6.2 所示，其中：

Ⓐ为调节座椅的前后位置；Ⓑ为调节靠背倾斜度；Ⓒ为调节座椅高度；Ⓓ为调节腰部支撑。

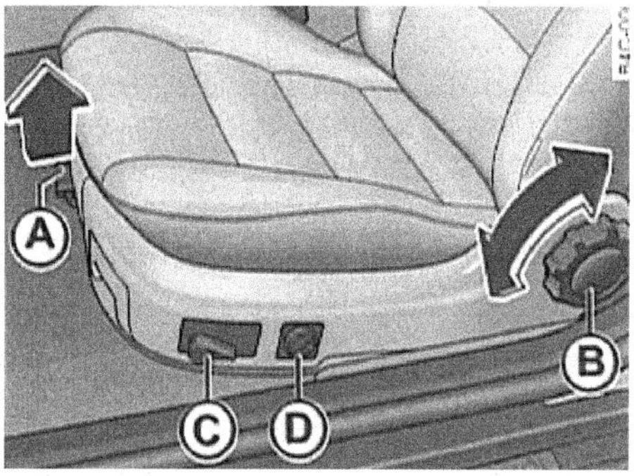

图 4.6.2　手动前座椅调节操纵元件

1. 前后位置

座椅可向前和向后推移。

① 向上拉动拨杆（图 4.6.2Ⓐ），同时把座椅推移到所需要的位置。

② 松开拨杆（图 4.6.2Ⓐ），然后继续推移座椅，直至座椅锁止机构啮合为止。

这里所列出的一些操纵元件仅适用于某些车型或都是选装装备。

警告：仅在汽车停住时才能调节驾驶员座椅的前后位置，否则有发生事故的危险。

2. 靠背倾斜度

① 使座椅靠背处于放松状态（请勿靠在靠背上）。

② 转动手轮（图 4.6.2Ⓑ），使靠背的倾斜角度调整到合适的状态。

警告：行使期间前座椅靠背不允许过分向后倾斜，否则会严重影响安全带和安全气囊系统的保护作用，有受伤危险。

3. 座椅高度

座椅高度可以单独调节。

① 向上拉动拨杆（图 4.6.2Ⓒ）可以提高座椅高度。

② 向下按压拨杆（图 4.6.2Ⓒ）可以降低座椅高度。

警告：仅在汽车停住时才能调节驾驶员座椅的高速，否则会有发生事故的危险。调节座椅高度时要多加小心，如不注意或失控可能会造成挤伤。

4.6.5　电动调节前座椅

电动前座椅调节操纵元件，如图 4.6.3 所示，其中：

Ⓐ为座椅调节；Ⓑ为靠背调节；Ⓒ为腰部支撑。

1. 调节座椅

开关的操纵逻辑与座椅的结构和功能一一对应。座椅面和靠背调节开关的布置、设计和功能与座椅结构一一对应。按照这一逻辑即可按压开关来调节座椅。

① 向前或向后按压开关（图 4.6.3Ⓐ、图 4.6.4①）可将座椅向前和向后移动。

② 将开关（如图 4.6.3Ⓐ）整体向上或向下平推（图 4.6.4②和③）可将座椅升高和降低。

③ 将开关（图 4.6.3Ⓐ）的前端向上或向下推（图 4.6.4②）可将座椅面前端向上和向下移动。

④ 将开关（图 4.6.3Ⓐ）的后端向上或向下推（图 4.6.4③）可将座椅面后端向上和向下移动。

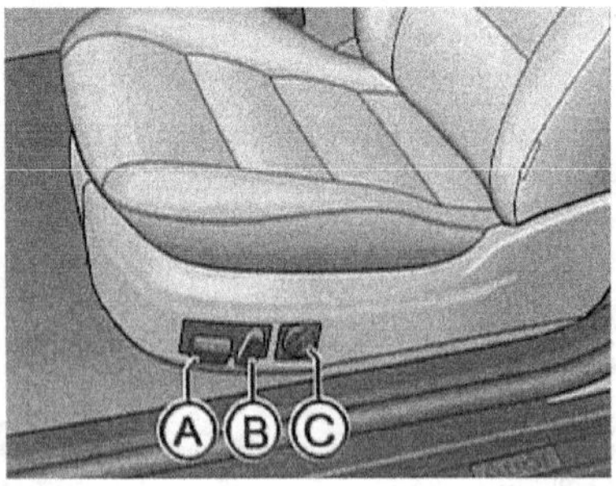

图 4.6.3　电动前座椅调节操纵元件

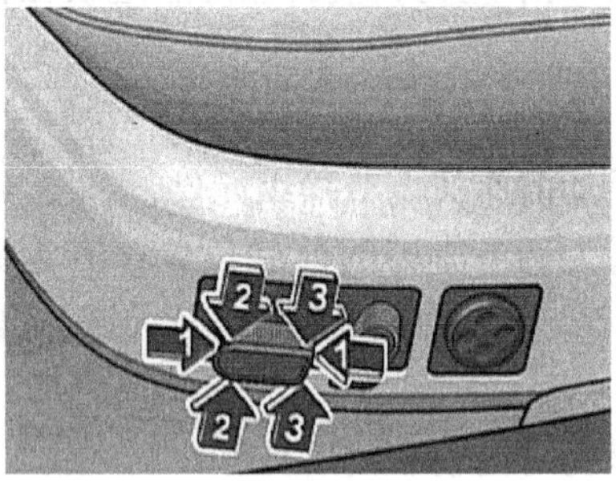

图 4.6.4　电动前座椅调节操纵开关

警告：即使关闭了点火开关或拔出点火钥匙，仍可以电动调节前座椅。因此，绝不可让儿童无人照顾逗留在汽车内，否则有受伤的危险。

为安全起见，只允许汽车停住时调节驾驶员座椅，否则有发生事故的危险。调节座椅高度时要多加小心，如不注意或失控可能会造成挤伤。

2. 靠背倾斜度

沿箭头方向向上或向下按压开关（图 4.6.5），即可使靠背向前或向后转动。

警告：行驶期间前座椅靠背不允许过分向后倾斜，否则会严重影响安全带和安全气囊系统的保护作用，有受伤危险。

3. 腰部支撑

腰部支撑可以适应腰部的自然弯曲。

4. 调节拱形度

① 按压调节盘（图 4.6.6）前部，使拱形加大。

图 4.6.5　靠背倾斜度调节开关

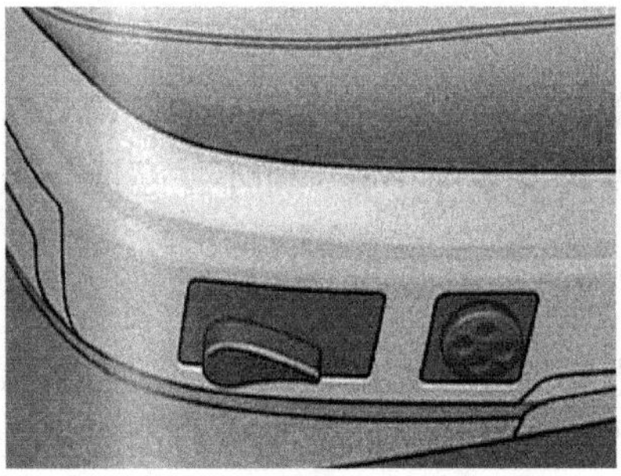

图 4.6.6　腰部支撑调节盘

② 按压调节盘后部，使拱形减小。

5. 调节高度

① 按压调节盘上部，使拱形部位高起一些。

② 按压调节盘下部，使拱形部位降低一些。

腰部支撑能非常有效地支撑自然弯曲的脊柱，使得坐姿固定，在长途行车时可极大地减轻疲劳。

4.6.6　前座椅位置记忆设置

1. 驾驶员座椅位置记忆

用存储按钮可存储和调用3个驾驶员座椅位置设置、转向柱位置设置和车外后视镜位置设置。

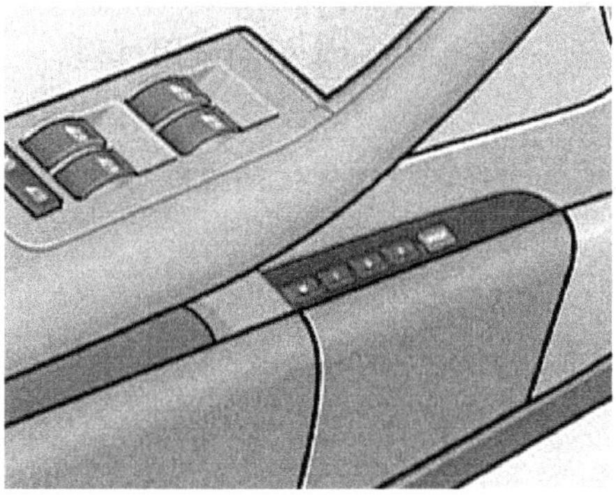

图4.6.7　记忆系统

2. 存储按钮

可用存储按钮1、2、3（图4.6.7）存储和调用最多3个驾驶员座椅位置设置、转向柱位置设置和车外后视镜位置设置。

3. 停止（STOP）按钮

如果按压STOP按钮使之弹起，则座椅位置不起作用。STOP按钮旁的OFF字样亮起（仅在接通了车灯时才会亮起），已存储的位置设置仍全部保留。现在座椅、转向柱和车外后视镜只能以普通方式进行电动调节。如果汽车只是偶尔由一位不必存储其位置设置的驾驶员使用，则可按压STOP按钮将记忆系统关闭。

也可通过无线遥控器调用已存储的位置设置。

4. 存储位置设置

必须先按下STOP按钮（使之处于凹下状态），然后才能存储位置设置。

① 调节驾驶员座椅。

② 调节转向柱。

③ 调节两个车外后视镜。

④ 按压“记忆（Memory）”按钮并按住。另外按压一个存储按钮至少1 s。

⑤ 松开这些按钮。现在，这些位置设置便用此选定的存储按钮存储起来了。

同一存储按钮上的新存储内容会覆盖原有的位置设置。建议从编号为1的存储按钮开始，为每一位驾驶员依次指定其各自的存储按钮。

在用无线遥控器（无线遥控器钥匙）将汽车上锁时，系统存储最后状态的座椅和后视镜位置并将其分配给无线遥控器。在将汽车开锁时，车外后视镜以及打开驾驶员车门后驾驶员座椅都会自动调节到上次设置的位置。存储按钮所存储的位置设置不会因此而删除，可随时重新调用。

5. 调用位置设置

已存储的位置设置即可以用存储按钮，也可以用无线遥控器（无线遥控钥匙）调用。

6. 通过存储按钮调用

① 如果驾驶员车门已打开，则短促按压所需要的存储按钮即可调用。

② 如果驾驶员车门已关闭好，则按住所需要的存储按钮，直至座椅、转向柱和车外后视镜移动到已存储的位置为止。

7. 通过无线遥控器调用

① 用无线遥控器将汽车开锁，然后在 10 min 之内打开驾驶员车门。

② 如果用无线遥控器将汽车开锁后 10 min 之内没有打开驾驶员车门，则必须通过存储按钮才能调用座椅位置设置。

警告：

① 为安全起见，只允许在汽车停住时调用座椅位置设置，否则有发生事故的危险！

② 在紧急情况下，可按压 STOP 按钮或短促按压任一个存储按钮来中断调用过程。

8. 分配给无线遥控钥匙

要用无线遥控钥匙调用已存储的位置设置，必须把某一存储按钮分配给无线遥控钥匙。

9. 将某一存储按钮分配给无线遥控钥匙

① 通过相应的存储按钮调用要分配给钥匙的位置设置。

② 按住这个存储按钮，然后在 10 s 之内按压无线遥控钥匙的开锁按钮。

③ 约 2 s 之后松开存储按钮。

10. 取消无线遥控钥匙与存储按钮之间的分配关系

① 按住记忆（Memory）按钮，然后在 10 s 之内按压无线遥控钥匙的开锁按钮。

② 约 2 s 之后松开记忆（Memory）按钮。

每一次新的分配都会删除原有的分配内容。

工作任务 4.7 正确使用自动空调系统

自动空调器可使车内一年四季按设定温度自动保持恒温。

建议做以下设置：把温度调节到 22 ℃；按压按钮 AUTO。

按上述建议设置时能很快获得舒适的车内气候，所以此设定只应在出于个人的舒适感或特定的情况需要时，才加以改变。

自动空调器包括一个自动工作的暖风和通风设备和一个用于车内空气除湿和制冷的制冷设备。自动空调器可全自动保持设定的温度恒定。出风温度、鼓风机调速挡和气流分配都会按此自动改变。此设备还考虑了强光直射的影响，所以无须再去手动调节。因此，自动运行模式在几乎所有情况下都能常年为乘客提供最舒适的车内环境。

注意：

① 在制冷运行时车内的空气湿度会降低，这样便可防止车窗玻璃起水雾。

② 在车外空气湿度较大且温度较高时，制冷设备蒸发器中的冷凝水会滴出并流到汽车下，这属于正常情况，并不表示有泄漏。

③ 在车外空气温度较低时，只有冷却液达到了足够的温度后，鼓风机才能调到较高的转速（除霜位置除外）。

④ 在汽车以油门全开状态起步时，空调压缩机会短暂关闭，以使发动机能将全部功率用于起步。

⑤ 为确保发动机的负荷最大时能有效冷却，压缩机在冷却液温度过高时会关闭。

4.7.1　有害物质滤清器

有害物质滤清器（粉尘和活性炭滤清器）可明显减少或阻挡车外空气中的污物（如灰尘、花粉、异味气体）进入车内。

有害物质滤清器滤芯必须按保养手册规定的时间间隔更换，以使空调器的功效不受影响。如果因汽车外部环境中有害物质非常多而使滤清器的功效过早减弱，则即使在规定的保养周期之间，也要更换滤清器滤芯。

说明：

① 为了不影响制热或制冷功率并防止车窗玻璃上出现水雾，必须保证风挡玻璃前的进风口没有冰雪或树叶遮挡。

② 从出风口吹出的空气以及流过整个车内空间的空气，都要经后窗玻璃下面的排风口排出。因此必须留意，不要让衣服等物件挡住这个排风口。

③ 在车窗和天窗都关闭起来时，空调器的工作效率最高。但是，在汽车停住，车内受到强光直射后较热时，短时间打开车窗可加快制冷过程。

4.7.2　操纵元件

图 4.7.1 为奥迪汽车自动空调器操纵元件。

左侧显示屏用于显示驾驶员侧的所选温度，右侧显示屏用于显示副驾驶员侧的所选温度。

短促按压按钮可打开或关闭有关功能。功能打开时按钮上的二极管会亮起。

操纵元件各按钮与功能见表 4.7.1。

图 4.7.1　自动空调器操纵元件

表 4.7.1　按钮与功能说明

按钮	说明	按钮	说明
AUTO	自动运行模式	- + （在中部）	鼓风机转速调节
- + （左侧和右侧）	选择驾驶员侧和副驾驶员侧的温度		空气吹向车窗玻璃
	除霜		出风口送风
	后窗玻璃加热		空气吹向脚步空间
	自动循环空气运行模式		手动循环空气运行模式
ECON	关闭制冷设备		驾驶员座椅加热

1. 自动运行模式

任何季节均适用的标准运行模式。

自动运行模式可使车内保持恒温且可使车内空气除湿。自动控制气流温度、风量和气流分配，使车内尽快达到并保持所需要的温度。车外温度的波动以及阳光对温度的影响都会自动得到补偿。

此运行模式仅在可调温度+18～+29 ℃内才能工作。如果选择温度低于 +18 ℃，则在显示屏中会出现 LO（过低）。如果选择温度高于+29 ℃时，则会显示 HI（过高）。在这两种设定情况下，自动空调器都会一直以最大功率制冷或制热。此时不会进行温度调节。

2. 除霜

使用此功能可快速除去风挡玻璃和侧窗玻璃上的冰霜和水雾。

① 按压按钮 ，将其打开。

② 再次按压按钮  或按钮 AUTO 即可关闭。此时温度以及出风口风量、方向会自动进行调节。

3. 手动循环空气运行模式

在循环空气运行模式下可进一步阻止已污染的车外空气进入车内。

① 按压按钮  可打开循环空气运行模式。

② 再次按压按钮  或按钮 AUTO 可关闭循环空气运行模式。

在循环空气运行模式下，来自车内的空气不断循环吸入并吹出。在驶过隧道或遇到塞车时，以免周边环境中的异味进入车内。

警告：不可长时间打开循环空气运行模式，因为此时没有新鲜空气进入车内，而且制冷设备已关闭时车窗玻璃有可能会起水雾，有发生事故的危险。

4. ECON 运行模式

在 ECON 运行模式下可节省燃油。

① 按压按钮 ECON ，可将其打开。

② 再次按压按钮 ECON 或按钮 AUTO 即可关闭。

在 ECON 运行模式下，制冷设备被关闭，暖风和通风设备自动调节。“ECON”是英文“Economy（经济）”的缩写。关闭制冷设备（压缩机）可节省燃油；在 ECON 运行模式下车内温度不可能低于车外温度；不对空气除湿和制冷（车窗玻璃上可能产生水雾）。对柴油发动机汽车来说，选择 ECON 运行模式即关闭了辅助加热装置，由此可节约燃油。

5. 自动循环空气运行模式

空气质量传感器识别到车外空气中有害物质浓度增加时自动切换到自动循环空气运行模式。

① 按压按钮 ，可激活自动循环空气运行模式。

② 再次按压按钮 ，即关闭自动循环空气运行模式。

自动循环空气运行模式在打开点火开关后或启动发动机后 30 s 时准备就绪。在此初始化期间，仅能给车内输送新鲜空气。

在有害物质浓度很高时，空调器会自动切换为循环空气运行模式且从车外输送的空气被切断。一旦车外空气中的有害物质含量减少，就会重新为车内输送新鲜空气。

规定自动循环空气运行模式最多运行 12 min。如果在循环空气运行模式下车窗玻璃出现水雾，则须立即按压除霜按钮。

4.7.3　打开和关闭空调器

1. 关闭空调器

多次按压降低鼓风机转速的按钮，直至显示屏中不再有分段显示。空调器关闭，从车外输送的空气被切断。

2. 打开空调器

① 按压升高鼓风机转速的按钮。

② 按压自动运行模式按钮。

③ 按压某个气流分配按钮。

④ 按压某个温度选择按钮。

以上任何一个操作方法均可打开空调器。

3. 气流分配

由自动装置设定的气流分配可以更改。

可以分别或一起按压按钮 、 和 。为了能够重新自动控制气流分配，须分别关闭按钮功能，或者按压自动运行模式按钮。

这三个按钮的含义如下，数字表示出风口（图 4.7.2）。

① 空气吹向车窗玻璃 。全部风量都从出风口 1 和出风口 2 吹出。如果出风口 3 处于打开状态，小部分风也会从此处吹出。与除霜按钮不同的是风量不变。

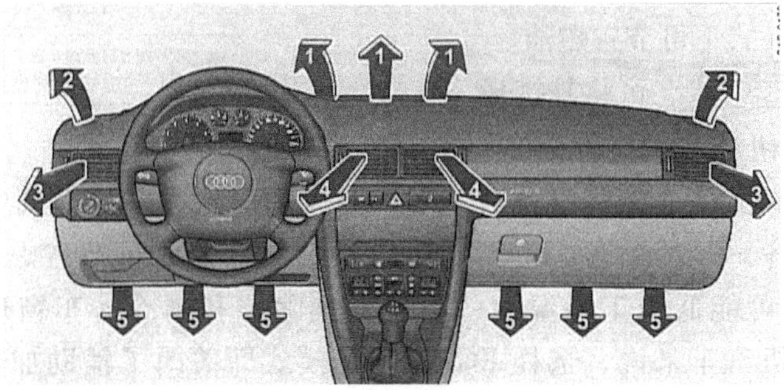

图 4.7.2　出风口排列位置

② 空气吹向驾驶员/副驾驶员。全部风量从仪表板的出风口 3 和 4 以及中控台后部吹出。

③ 空气吹向脚部空间。全部风量从出风口 5 和前座椅下的出风口吹出。

说明：如果空调器以制冷方式工作，则风主要从出风口 3 和 4 吹出。为了达到足够的制冷，任何时候都不应把出风口 3 和 4 完全关闭。

④ 经济使用空调器。经济使用空调器有助于节省燃油。

以制冷方式工作的空调器会降低发动机功率并影响到耗油量。为了尽可能缩短打开空调制冷的持续时间，可以按以下方法操纵：

① 如要节省燃油，可以选择 ECON 运行模式。

② 如果在行车期间打开车窗或滑动天窗，可以选择 ECON 运行模式。

③ 如果阳光把汽车晒得很热，须把车门和车窗打开一小段时间。

工作任务 4.8　新车磨合，环保驾驶及汽车养护和清洁

4.8.1　新车磨合

在新车磨合期内，发动机内相互配合零件表面的不平部分会被磨去，逐渐形成比较光滑的工作面，改善了零件的表面质量和配合精度，以承受正常的工作负荷。因此，磨合期内发动机的工作情况直接关系到发动机的使用寿命。

磨合过程汽车的磨合里程为 1 000~2 500 km，进口车的磨合期则更长一些，多数为 1500~3 000 km。

行驶速度磨合期内应尽量低速行驶。一般情况下，载重汽车最高车速不宜超过 45 km/h，小车的最高车速应在 50~80 km/h 以内。同时，在起步前不要让发动机怠速运转太长时间，30 s 左右即可起步。初驶期 300 km 以内应避免紧急制动；1 000 km 以上避免油门全开。

一、磨合期内的驾驶规定

① 保持起步平稳，避免猛踩油门，且不要使发动机转速过高。

② 起步前，水温应达到 50 ℃以上。以低挡起步，1 km 以后换入高挡，行车中水温应控制在 80~90 ℃。

③ 行进中及时换挡，不要长时间使用一个挡位，也不能使用高速挡低速行驶或使用低速挡高速行驶。

④ 选择良好路面，避免过大震动、冲撞或紧急制动。制动前，应先分离离合器。

⑤ 选用优质的燃油及机油，不宜使用发动机耐磨添加剂。

二、车辆在磨合期内必须注意以下事项

① 严禁高速行驶。汽车在各挡行驶速度不得超过发动机最高转速的 70%，不允许长时间高速行驶。

② 严禁超负荷运行，不允许超载。一旦发动机工作不平稳，立即换入低挡。

③ 发动机刚启动后，不允许猛踩加速踏板，待水温达到正常工作湿度后，再平稳起步；起步必须用一挡。

④ 不要在恶劣道路上行驶，以减少震动和冲击。在行驶中应减少突然加速所引起的超负荷现象，例如紧急制动、长时间制动或使用发动机制动等。尽量选择良好路面匀速行驶，磨合效果最佳。

⑤ 注意发动机冷却液温度、润滑油液面高度等，发现故障要及时排除。

⑥ 磨合期结束后，对汽车进行一次磨合保养。

三、汽车磨合期保养

汽车磨合的目的是使机体各部件机能适应环境的能力得以调整和提升。新车、大修车及装用大修发动机的汽车在初期使用阶段都要经过磨合，以便相互配合机件的摩擦表面进行吻合加工，从而顺利过渡到正常使用状态。汽车提高磨合质量应注意以下几方面问题。

① 别跑太快：需严格执行驾驶操纵规程，一是要避免节气门全开，二是要保持发动机的正常工作温度。切不可在此时演练车技，狂奔猛跑。车速应控制在规定车速以内，新车及大修后的汽车化油器都装有限速装置，不得随意拆卸。

② 轻装上阵：新车承载率应低于 90%，并选择平坦道路行驶。慢起动、缓停车。变速挡常变速，使其在各挡位都能磨合。

③ 合理使用油料：一般来讲，轿车的油料是越高级越好，这里讲的高级是指使用性能，而不仅仅是包装和价格。汽油机应选用 SE 级，柴油机应以 CL-4 级为佳。

四、磨合期主要部件的使用

1. 新发动机

新发动机必须在前 1500 km 的行驶中进行磨合。

（1）在 1000 km 之内

① 行车速度不得超过最高车速的 3/4。

② 不要把油门踩到底。

③ 避免发动机高速运转。

④ 不要拖车行驶。

（2）从1000~1500 km

① 把汽车的动力逐步提高到最高车速或允许的最高发动机转速。

② 在汽车使用的最初一段时间内，发动机的内部摩擦要比后来高，因为这是一个所有运动部件相互配合直至顺畅的过程。前1500 km的驾驶方式决定了这个磨合过程的质量。

③ 磨合期过后，仍应避免以不必要的高速发动机转速行驶。转速表刻度盘上红色警告区域开始的地方即为允许的发动机最高转速。对带有手动变速器的汽车，最迟应在转速表指针到达红色警告区时切换到下一个较高的挡位，超高的发动机转速即会自动调低。

④ 另外，对带有手动变速器的汽车还应做到：不可用过低的转速行车。如果发动机不再“平稳”运转，则应及时换入低挡位。

警告：所有的车速和转速数据仅适用于已达到工作温度的发动机。无论发动机有无载荷，都切勿使其冷态高速运转。

2. 新轮胎

使用新轮胎行车的前500 km应特别小心。新轮胎在开始使用时尚无最佳附着能力，所以必须进行磨合。

3. 新制动摩擦片

请注意，新制动摩擦片在前400 km还没有完全的制动效果。新制动摩擦片也必须首先“磨一磨”，才能达到最佳的摩擦力。但是，可以通过更用力踩制动踏板来提高已降低的制动力。

在磨合期间，应避免对制动器加以特别的载荷，其中包括紧急制动，特别是在车速很高时以及坡路行驶时的紧急制动。

4. 尾气催化净化器（适用于带汽油发动机的汽车）

废气净化装置（尾气催化净化器）工作完好对于汽车的无损环保运行具有关键意义。

① 添加无铅汽油。

② 及时加油，切勿行车到油箱燃油耗尽。

③ 发动机中不要加入过多的机油。

④ 牵引启动汽车的距离不要超过50 m。

油箱燃油不允许用尽，因为这样便会由于供油不均匀而造成缺火。在这种缺火的情况下，未燃烧的汽油会进入排气装置，其结果可能致使尾气催化净化器过热损坏。

警告：

① 由于在尾气催化净化器中可能产生高温，在停车时汽车下面不得有易燃材料与尾气催化净化器接触，否则会有失火危险。

② 在排气管、尾气催化净化器或隔热板上不得使用附加的底部保护层或防腐材料，否则行车期间这些物质可能会被引燃，从而有失火危险。

③ 加注含铅汽油会破坏催化净化器的作用。

④ 假如在行车中发现缺火、功率下降和发动机平稳运转性不良，则应立即降低车速并到奥迪服务站去检查汽车，所出现的症状可能起因于点火系统的故障。未燃烧的燃油会因此而进入排气装置，从而进入大气中。此外，尾气催化净化器也会因过热而损坏。

4.8.2　经济节约地行驶

个人的驾驶风格是一个重要的因素。

耗油量、环境污染程度和制动器、发动机以及轮胎的磨损情况主要取决于三个因素：① 个人的驾驶风格；② 使用条件；③ 技术前提。

有预见性的和经济节约的驾驶方式可轻易使耗油量降低 10%～15%。

一、有预见性地行车

汽车在加速时通常都要耗费更多的燃油。因此，请避免不必要的加速和制动。

汽车在加速时通常都要耗费更多的燃油。如果有预见性地行车，则一定会制动较少，从而重新加速也会较少。尽可能地让汽车滑行，例如，已看出下一个交通信号灯即将变为红灯时即可如此。

二、节能换挡

及早换高挡可节省燃油。

1. 手动变速器

用第一挡仅行驶一小段距离，在发动机转速达到 2 000 r/min 时换入下一个较高的挡位。

2. 自动变速器

① 操纵油门踏板要缓慢，不要把油门踩到强制降挡位置。

② 节约燃油的有效方式是及早换高挡，低挡高转速会增加燃油消耗。

③ 如果对自动变速器只是缓慢地踩下油门踏板，则会自动选择经济节约程序。及早换高挡和滞后换低挡便会保持较低的燃油消耗。在挡位挂到手动模式（手动电控换挡程序）时，这一点特别重要（图 4.8.1）。

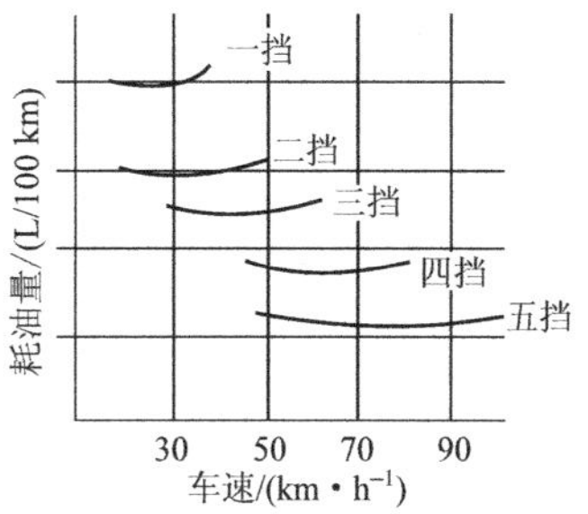

图 4.8.1　不同挡位耗油量–车速关系曲线

三、避免油门全开

慢速行车可节约燃油，因此可让车速明显低于最高车速。

避免以最高车速行驶。车速较高时，耗油量、有害物质排放值和行驶噪声都会超出比例地增长。

如果只利用汽车可能的最高车速的 3/4，则耗油量会下降 1/2（图 4.8.2）。

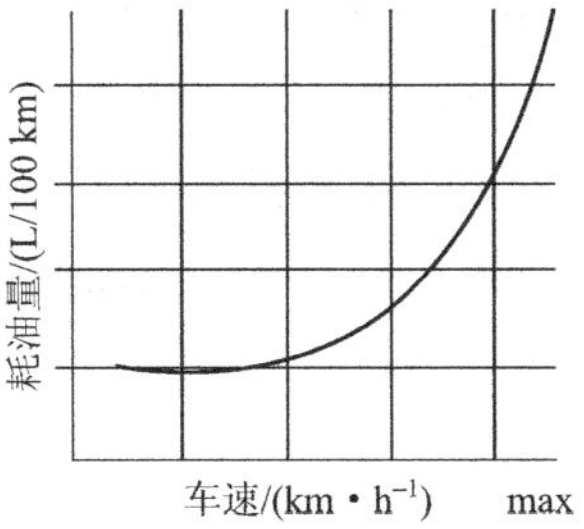

图 4.8.2　慢速行车耗油量–车速关系曲线

四、减少怠速运转

怠速运转也要消耗燃油，因此应做到以下两点：

① 在行车暂停时请关闭发动机。

② 请勿停车预热发动机。

在塞车时、铁路道口栅栏前和较长的红灯等待时间内，都可以关闭发动机。暂时关闭发动机 30～40 s 省下的燃油要比重新启动发动机用去的油多。

怠速状态下预热发动机使之达到工作温度要等很长时间，而在此预热阶段发动机的磨损和有害物质的排放却特别高。因此，应在启动汽车后立即开动汽车。此时应避免发动机高速运转。

五、定期保养

发动机调整得不好会额外消耗燃油。通过在服务站定期保养，使车在行驶开始之前就具备了省油行驶的前提。汽车的保养送交不仅有助于交通安全和汽车保值，而且能帮助节省耗油量。

一部调节不好的发动机可能会导致燃油消耗比正常情况高 10%。

加注燃油时同时检查机油油位。机油消耗主要取决于发动机的载荷和转速。通常，新发动机只有在经过一定时间的运转之后，才能达到其最低机油消耗值。因此，机油消耗只有在行驶大约 500 km 之后才能正确加以判断。根据驾驶方式的不同，机油消耗量最多可达 0. 5 L/1 000 km。

4. 8. 3 环境保护说明

一、减少短途行驶

短途行驶会使燃油消耗增加，因此应避免在发动机冷态时行驶距离短于 4 km。

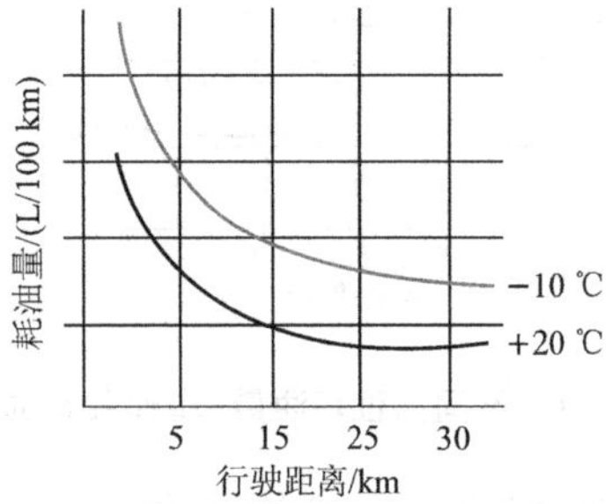

图 4. 8. 3 两个不同环境温度下的耗油量

发动机和尾气催化器都必须达到其最佳运行温度以便卓有成效地降低油耗和有害物质排放值。

一部中档汽车的冷态发动机刚刚启动后消耗的燃油为 30 ~ 40 L/100 km。行驶约 1 km 后便降到 20 L/100 km。只有在经过约 4 km 之后，发动机才可达到工作温度，同时油耗变得正常。因此，应尽可能避免短途行驶。

另外，环境温度也非常重要。在环境温度分别为 +20 ℃和 -10 ℃时不同的耗油量如图 4. 8. 3 所示。汽车的油耗在冬季要比在夏季高许多。

二、注意轮胎充气压力

正确的轮胎压力可节省燃油：① 请注意正确的轮胎压力。② 请勿全年使用冬季胎。

请时刻注意正确的轮胎压力，比正确的轮胎压力低 50 kPa 会使油耗提高 5%左右。此外，轮胎压力过低还会由于滚动阻力提高而导致轮胎严重磨损，并使行驶状态恶化。

检查轮胎压力只能在轮胎冷态时进行。请勿全年用冬季轮胎行驶，因为这样燃油消耗量会提高，最多可达 10%。此外，轮胎的噪声也较大。

三、移去不必要的载荷

装载载荷行车要消耗燃油，因此尽量避免不必要的载荷。

因为即使多 1 kg 的物体都会提高耗油量，所以应察看一下行李舱，避免不必要的载荷。但是，经常还会有车顶行李架，尽管不再需要使用，却因疏于拆卸安装而留在那里。这样便会加大空气阻力，使得您的汽车在车速达到 100 ~ 120 km/h 时，便会因为这个没有派用场的车顶行李架而比正常情况下多消耗 12%左右的燃油。

四、节省电力

1. 发电要消耗燃油

关闭那些不需要的电器。在发动机运转时借助发动机发电并存储备用。使用电器会加大发动机的载荷，而载荷越重其运转所消耗的燃油也越多。

2. 养护可使汽车保值

定期的专业养护可使汽车保值。此外，对于车身锈蚀损坏方面来说，专业性定期养护也是获得保修权的前提条件之一。

警告：

① 滥用养护用品可能对健康有害。

② 养护用品必须安全存放，尤其不能让儿童接触，否则会有中毒危险。

4.8.4　汽车外部养护

一、洗车

1. 洗车频率

经常清洗和上蜡是保护汽车免受有害环境影响的最好方法。清洗汽车的时间间隔取决于诸多因素：① 使用频率；② 驻车存放场所（车库、树下等）；③ 季节；④ 气候条件；⑤ 环境影响。

昆虫体、鸟粪、树脂、路面灰尘和工业灰尘、沥青、煤烟粒、化雪盐和其他侵蚀性沉积物在汽车油漆上附着越久，其损害作用就越大。温度过高，例如强烈的阳光照射，也会加剧侵蚀作用。因此，可能需要每星期清洗一次汽车。但在某些情况下，汽车每月清洗一次，连同相应地打蜡也就够了。冬季撒盐期结束后，一定要把汽车底部彻底清洗一次。

警告：在冬季清洗汽车时，制动系统内潮湿或结冰会降低制动效果，这样便会有发生事故的危险。

2. 洗车注意事项

① 不要在阳光直射的地方清洗汽车，否则会有损伤油漆的危险。

② 在冬季清洗汽车时如果用软管冲洗汽车，注意喷出的水束不要对车锁、车门接缝及天窗接缝处，否则会有冻住的危险。

③ 勿用除虫海绵、粗糙的厨用海绵或类似的物件擦车，否则会有损坏表面的危险。

④ 清洁大灯切勿用干抹布或海绵，只宜湿洗，最好使用肥皂水。

二、上蜡

上蜡可保护汽车油漆。有时需要使用硬蜡养护剂对汽车油漆进行处理。

优质的蜡层可很好保护汽车油漆免受有害的环境影响，甚至还能对轻微的硬擦碰起防护作用。新车交货一周后即可对汽车油漆进行液态硬蜡处理。

如果发现水滴在洁净的油漆上不再能顺利滚落，就应给汽车重新涂一层优质硬蜡养护剂。即使用自动清洗设备洗车时定期使用蜡养护剂，每年也要至少涂两次硬蜡，以保护汽车油漆。漆面上如果新打过蜡，则在温暖季节附着在发动机舱盖和前保险杠上的昆虫尸体通常很容易除掉。

三、抛光

抛光可使油漆重新恢复光泽，只有当汽车油漆已失去光泽，而且上蜡也无法再恢复光亮的外观时，才需要抛光。如果所用抛光剂中不含蜡质成分，则抛光后还必须给油漆上蜡。

注意：涂有哑光漆的部件或塑料部件不得用抛光剂或硬蜡处理。

四、具体部件的清洗和养护

1. 装饰件和装饰条

装饰件和装饰条需进行特殊养护。出于环境保护考虑，银色的装饰件和装饰条都由纯铝（非铬）制造。

为除掉装饰条上的污斑和附着物，应使用pH值为中性的养护剂而不是铬养护剂。油漆抛光剂同样也不宜用来处理装饰件和装饰条。另外，汽车进入通道式自动清洗设备前经常使用的碱性强力清洁剂，在干燥后也可能在汽车上形成暗色或奶白色污斑。

2. 塑料部件

塑料部件可用常规清洗方法进行清洁，污渍不易清除时，也可以使用专用的无溶剂塑料清洁和养护剂处理。油漆养护剂不宜用于处理塑料部件。

3. 车窗玻璃

良好的视野可提高道路交通的安全性，因此要经常清洗车窗玻璃。

① 用塑料刮板清除车窗玻璃上的冰和雪。

② 用玻璃清洁剂清除其他的残余物。

③ 用另一块抹布将车窗玻璃擦干。

用塑料刮板清除车窗玻璃和车外后视镜上的冰和雪。为避免污物划伤玻璃，刮板不得前后运动，仅应单方向推动。原则上不允许用除虫剂或蜡清洗风挡玻璃，否则可能会影响车窗玻璃刮水片的功能。

残余的橡胶、机油、油脂或硅胶可用玻璃清洁剂或硅胶去除剂清除。残余的石蜡只能用专用清洁剂清除。

车窗玻璃内侧也要定期清洁。将另一块抹布或鹿皮用于擦干车窗玻璃。已擦过油漆表面的鹿皮上有残余车蜡，会导致玻璃再度脏污。

后窗玻璃加热装置的加热丝位于玻璃内侧。为避免造成损坏，不得在里面将贴签贴在加热丝上。

4. 密封条

橡胶密封条也要进行养护，不定期地用橡胶养护剂处理橡胶密封条。

车门、前后盖罩、滑动天窗和车窗的橡胶密封条要不定期喷涂橡胶养护剂（如硅胶喷剂），以保持其柔韧性并延长使用寿命。此外，还能避免密封条提前磨坏及防止密封不严，车门更便于开启。养护良好的橡胶密封条即使在冬季也不会冻住。

5. 车锁

车锁在冬季可能会冻住。为除去车锁上的冰，建议使用具有润滑和防腐作用的除冰喷剂。清洗汽车时注意尽量避免车锁进水。

6. 车轮

（1）钢质车轮

清洗汽车时要连同轮辋和车轮装饰罩一起清洗。

通过清洁车轮可防止制动磨屑、污物和化雪盐附着在车轮上。不易清除的制动磨屑可以用非酸性轮辋清洁剂清除。酸性轮辋清洁剂会侵蚀车轮螺栓表面。

如定期液态硬蜡处理轮辋，则轮辋更容易保持清洁。应在发生锈蚀前就将油漆损伤处修复。

警告：清洁车轮时必须注意，潮湿、结冰和化雪盐会使制动效果降低，从而有发生事故的危险。

（2）轻合金车轮（适用于带轻合金车轮的汽车）

轻合金车轮需进行特殊养护：

① 每两周至少清洗一次轻合金车轮上的化雪盐和制动磨屑。

② 随后用非酸性的轻合金车轮清洁剂清洁车轮。

③ 每 3 个月在车轮上涂一次硬蜡。

为了长期保持轻合金车轮外表美观，需对其定期养护。如果未定期洗掉化雪盐和制动磨屑，则轻合金可能受到侵蚀。清洁时需使用非酸性专用清洁剂进行清洁。酸性轮辋清洁剂会侵蚀车轮螺栓表面。养护车轮时不得使用油漆光剂或其他含磨料的用品。如果油漆保护层已损伤（如石击损伤），则必须立即修复损伤的部位。

复习思考题

1. 车辆故障指示灯分几种？不同指示灯亮起将会对车辆的使用产生何种影响？
2. 阐述空调系统加热、制冷、除霜的具体操纵方法。
3. 节约环保驾驶方法及注意事项有哪些？
4. 车辆日常使用中有哪些养护注意事项？

5

项目五

驾驶汽车

项目说明

这个项目使学生熟悉汽车驾驶的基本方法及不同环境、路况、紧急情况驾驶操纵技巧、交通安全法规常识等知识，并培养学生对汽车的兴趣；通过车辆在使用过程中出现的异常现象，来判断导致异常的原因及是否影响车辆继续行驶，无法继续行驶的情况下如何应急处理。

工作任务 5.1　汽车常规驾驶

5.1.1　油门、离合器、脚制动的使用

左脚掌踩离合器；不用时放在离合器左下方；踩时用脚掌，脚跟不可故意着地；右脚踩油门或脚制动，踩脚制动时脚跟不可故意着地；踩油门分为轰油门和加油门：轰油门为往下踩，加油门要稳、用力方向趋向前偏下方。

一、油门使用要点

① 踏放油门踏板时，用力要柔和，做到轻踏缓抬。

② 油门离合器密切配合，动作敏捷。

③ 汽车上坡或冲车时不得将油门踩到底。

④ 汽车停驶、熄火前，应先松油门踏板，不得猛轰空油门。

二、离合器工作状态

① 正常状态。离合器正常状态为常合状态；在接触点完全接合后，应快速将上自由行程放完；空挡时离合器可从底部直接抬到顶部（图 5.1.1）。

② 全分离状态。踩离合器应迅速并踩到底；放离合器分为半放和全放；全放一般是在空挡或高速挡时；半放指放掉下自由行程，要迅速稳快。

三、离合器使用要点

① 无事不要踩离合器或把脚放在离合器踏板上。

② 行车换挡时，操纵离合器要迅速。

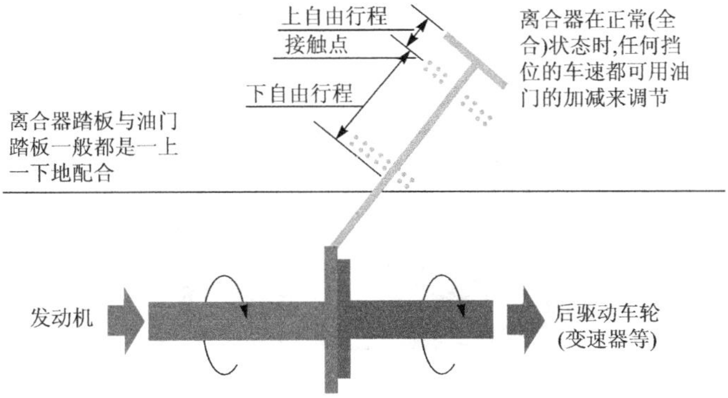

图 5.1.1　离合器工作状态

③ 一般情况刹车时不要踩下离合器。

5.1.2　直线、普通转弯的转向

一、方向盘的操纵方法

① 左手为主、右手为辅，顺方向盘外缘推拉。

② 顺手原则：主手原则。

③ 左、右手转向极限如图 5.1.2 所示。

④ 达到下极限时手放松，由另一手主打方向。

二、左连续转弯操纵方法

当右手将方向盘推到上极限时，左手从胸前上抬接住方向盘向下打，而右手顺转顺手抓住右手下极限向上打方向，此时左手即完成转向动作，此操纵可反复进行（图 5.1.3）。

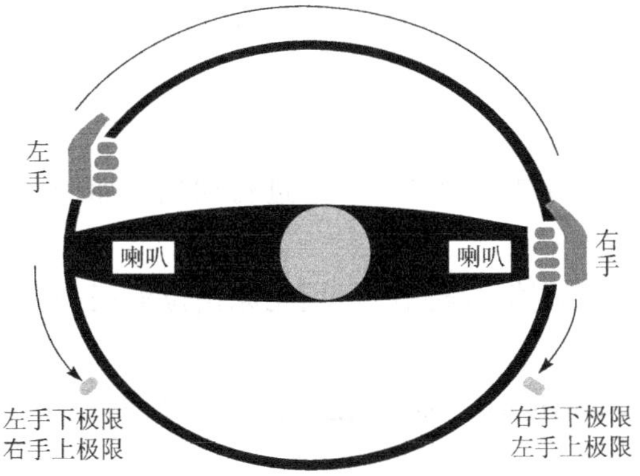

图 5.1.2　方向盘操纵方法

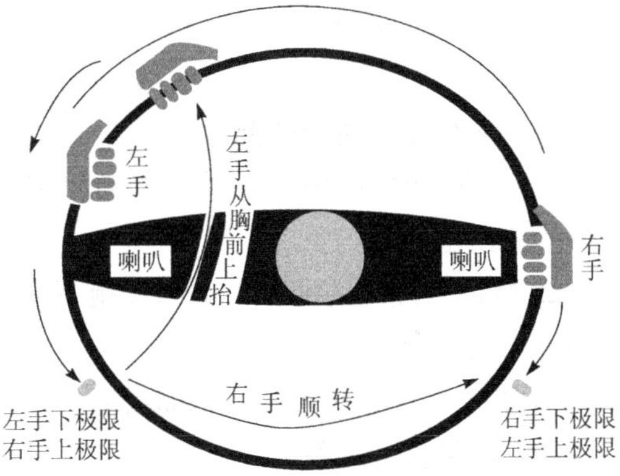

图 5.1.3　左连续转弯方向盘操纵示意图

三、右连续转弯操纵方法

当左手将方向盘推到上极限时，右手从胸前上抬接住方向盘向下打，而左手顺转顺手抓住左手下极限向上打方向，此时右手即完成转向动作，此操纵可反复进行（图 5. 1. 4）。

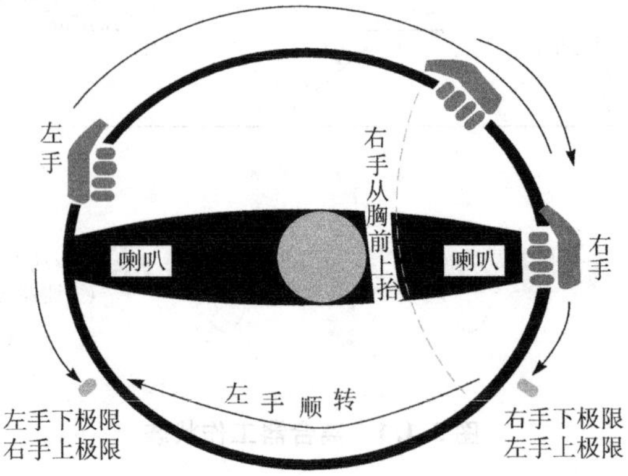

图 5. 1. 4　右连续转弯方向盘操纵示意图

5. 1. 3　驾驶操作要领

一、起步

第一步：将离合器踩到底；将挡挂入一挡；放下手制动。

第二步：轻踩油门并保持不变；同时将离合器抬到接触点时，压住离合器不动。

第三步：感觉车不再被拖（拉）动时，即可迅速完全放掉离合器。

二、换挡

第一步：踩下离合器（踩到底）同时松开油门，将变速杆轻轻从挡位拉出，拉入相临挡位。

（注意离合器与手的配合：脚重手轻）。

第二步：轻踩稍许油门、同时将离合器抬到接触点稳住，感觉车行驶无拖（拉）现象时，迅速放开离合器。

三、加减挡后油门的配合

① 加挡后油门的配合。本挡位提速到高一挡可行驶的速度后，可进行加挡，加挡后油门可降一挡位为宜。

② 减挡后油门的配合。本挡位跑不动时可实施减挡，减挡后可用比原挡位油门高一挡位的油门来配合。

③ 加、减挡后车速达不到加或减入挡位的基本速度时，油门须加大一挡位来配合。

四、转弯行驶的特点

在转弯过程中，应对弯道的半径、车轮的行驶轨迹、车体的空间和运动趋势，以及车速有充分的估计。在不同的弯道，要控制好转向的时机和车速，使转向平稳。

① 转弯半径。方向盘向左或向右转到极限位置，使汽车做圆周行驶，其外侧前轮轮迹至转向中心的距离称为最小转弯半径。

② 内轮差。汽车在转弯时，内前轮与内后轮所留下的行驶轨迹不在一条弧线上，它们

之间的差称为内轮差。

③ 稳定性能。汽车行驶过程中，由于路面倾斜或转弯时离心力的影响，会产生一种从侧面作用于汽车上的“横向力”，汽车在行驶中抵抗这个力的能力称为汽车的稳定性能。

五、转弯行驶注意事项

① 行驶中视线不良，应做到“减速、鸣号、靠右行”。

② 转弯时，车速要慢，以免离心力过大造成汽车侧滑或侧翻。

③ 转弯时，转动方向盘不能过快、过急，做到平稳转向。

④ 汽车转弯时，应尽量避免制动，特别是紧急制动。

⑤ 注意不要使外侧前轮越出路外或翼子板剐碰障碍物。

⑥ 超越障碍物要留有提前量，缓慢转动方向盘。

5.1.4　适应场地条件的驻车方法

一、停车场驻车（倒车进行）

汽车停车场驻车示意图，如图 5.1.5 所示。

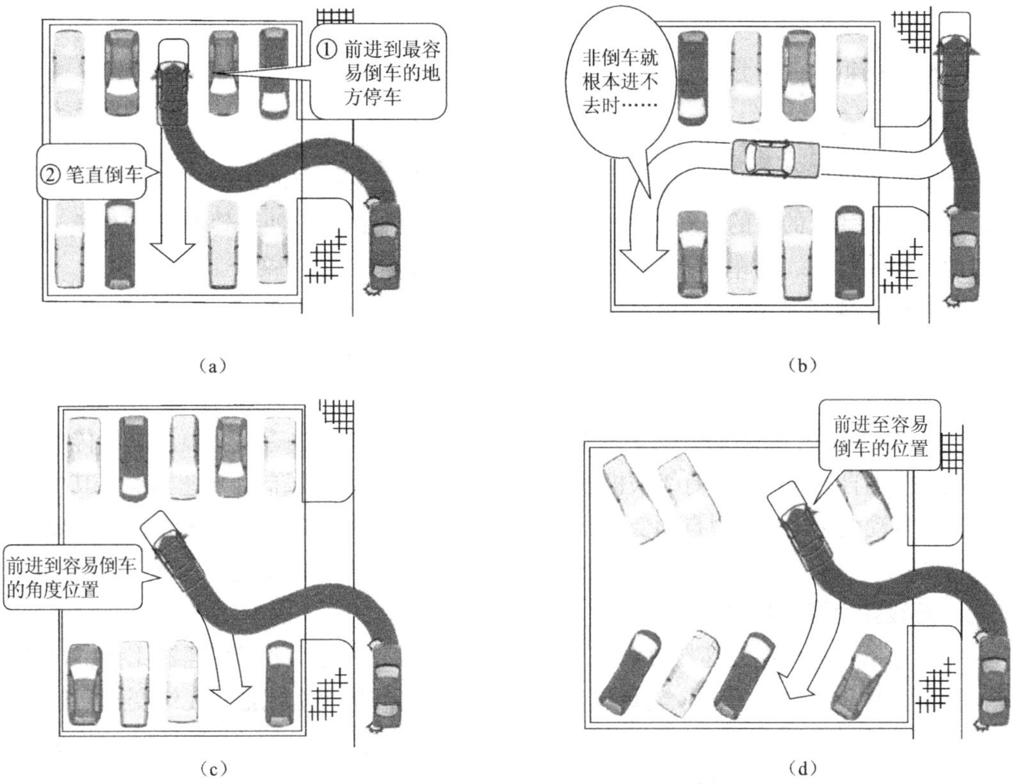

图 5.1.5　汽车停车场驻车示意图

(a) 在想停车的位置前有空闲地方时；(b) 能停车的地方在最里面时；
(c) 只能停下一辆车位置时；(d) 斜线式停车场时

二、纵列驻车时

汽车纵列驻车示意图，如图 5. 1. 6 所示。

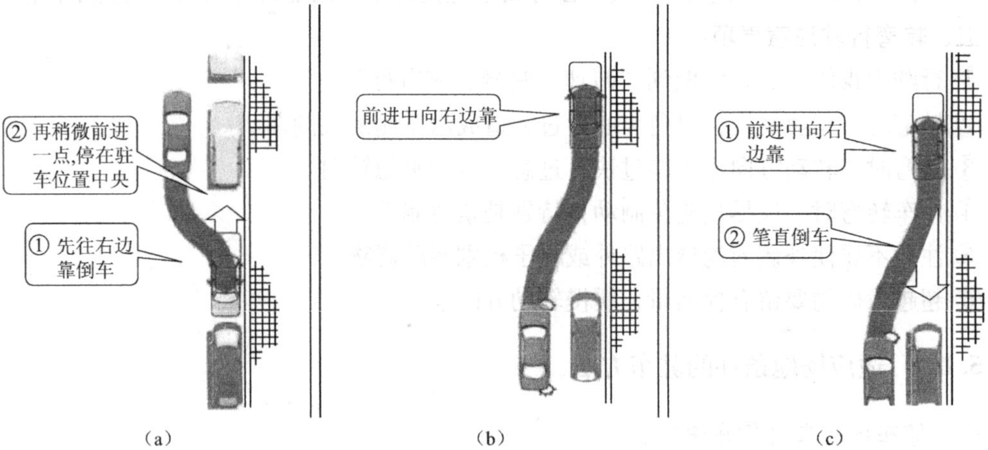

图 5. 1. 6 汽车纵列驻车示意图

(a) 只能停下一辆车时；(b) 有能停下两辆车的位置时；(c) 在最前面有停车位置时

5. 1. 5 变速器的分类

一、手动变速器（MT）

手动变速器也称手动挡，即用手拨动变速杆才能改变变速器内的齿轮啮合位置，改变传动比，从而达到变速的目的。踩下离合时，方可拨得动变速杆。如果驾驶员技术好，装手动变速器的汽车在加速、超车时比自动变速车快，也省油。

二、自动变速器（AT）

自动变速器利用行星齿轮机构进行变速，它能根据油门踏板程度和车速变化，自动地进行变速，而驾驶员只需操纵加速踏板控制车速即可。

一般来讲，汽车上常用的自动变速器有以下几种类型：液力自动变速器、液压传动自动变速器、电力传动自动变速器、有级式机械自动变速器和无级式机械自动变速器等。其中，最常见的是液力自动变速器。液力自动变速器主要是由液压控制的齿轮变速系统构成，主要包含自动离合器和自动变速器两大部分。它能够根据油门的开度和车速的变化，自动地进行换挡。

三、无级变速器（CVT）

无级变速器是由两组变速轮盘和一条传动带组成的。因此，无级变速器比传统自动变速器结构简单，体积更小。另外，它可以自由改变传动比，从而实现全程无级变速，使汽车的车速变化平稳，没有传统变速器换挡时那种“顿”的感觉。无级变速器属于自动变速器的一种，但它能克服普通自动变速器“突然换挡”、油门反应慢、油耗高等缺点。

四、手动/自动变速器

手动/自动变速器由德国保时捷车厂在 911 车型上首先推出，称为 Tiptronic，它可使高性能跑车不必受限于传统的自动挡束缚，让驾驶员也能享受手动换挡的乐趣。此型车在其挡位上设有“+”、“-”选择挡位。在 D 挡（前进挡）时，可自由变换降挡“-”或加挡“+”，如同手动挡一样。驾驶员可以在入弯前像手动挡般地强迫降挡减速，出弯时可以低中挡加油出弯。现在的自动挡车的方向盘上又增加了“+”、“-”换挡按钮，驾驶员就能手不离开方向盘加减挡。

5.1.6　自动挡汽车驾驶要领

自动变速器的选挡杆相当于手动变速器的变速杆，一般有以下几个挡位：P（停车挡）、R（倒挡）、N（空挡）、D（前进挡）、S（或2，即为二速挡）、L（或1，即为一速挡）。这几个挡位的正确使用对于驾驶自动变速器汽车的人来说尤其重要，下面介绍自动变速器各挡位的使用要领。

一、各挡位的使用

1. P（停车挡）的使用

发动机运转时只要选挡杆在行驶位置上，自动变速器汽车就很容易地行走。而停放时，选挡杆必须扳入P挡，从而通过变速器内部的停车制动装置将输出轴锁住，并拉紧手制动，防止汽车移动。

2. R（倒挡）的使用

R挡为倒挡，使用中要切记，自动变速器汽车不像手动变速器汽车那样能够使用半联动，故在倒车时要特别注意加速踏板的控制。

3. N（空挡）的使用

自动变速器车辆的空挡位在车辆行驶的过程中是禁止使用的。只有当车辆停稳时，才可以将换挡杆推入空挡。在车辆未启动时，只有挡位在空挡时，才可以借助外力移动车辆，但带有自动变速器车辆不可在未启动状态下远距离拖车。

二、自动挡汽车驾驶方法

汽车改用自动变速器后，驾驶员的操纵更加简便、驾驶更加平顺，因此装备自动变速器的新型轿车尤其受到了人们的青睐。不过，很多驾驶员初开自动挡车时，由于对自动变速器的结构和原理不是很了解，行车时经常是一个D挡走完全程，其间只会在停车时用N挡和R、P挡，至于其余的挡位则形同虚设，这对汽车的动力性和安全性都是不利的。因此，在驾驶自动挡汽车之前，若能了解它的正确使用方法对改善驾驶技术会大有帮助。

一般的自动变速器有6~7个挡位，它们从前到后依次排列。分别为P（停车挡）、R（倒挡）、N（空挡）、D（前进挡），而有的前进挡中包括D、3、2、1挡。有的车型前进挡只有三个挡位（D、2、1），若装备四挡变速器，则另有一个超速选择开关（O/D）接通超速挡（图5.1.7）。

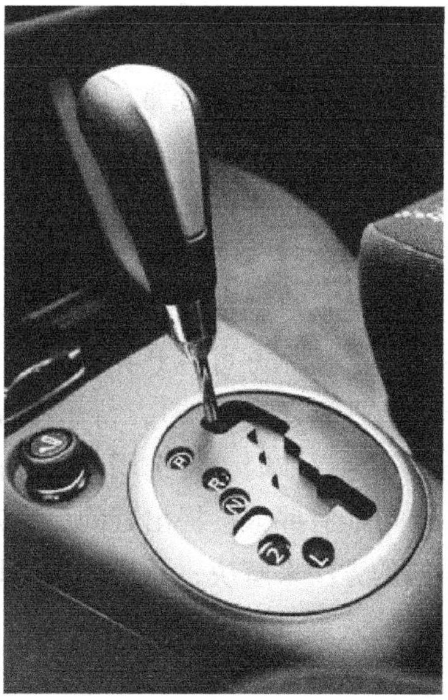

图5.1.7　汽车自动挡变速杆

P挡和N挡的作用都是使发动机和车轮传动系统脱离运转。所不同的是在发动机停止运转的时候，挂N挡可以随意推动车辆。挂 P 挡时，利用机械锁销把传动轴锁固在变速器壳上。因此，若在 P 挡状态下强行拖动车辆，必然造成自动变速器外壳的损坏，导致重大损失；同时，在上下坡停车时，也不要仅仅使用 P 挡制动车辆，而应该牢牢拉紧手制动，以免使 P 挡机械锁受力过大而损坏。

车辆只有在 P 挡时才能拔出点火开关钥匙；只有在 P 挡或 N 挡时，才能启动发动机发动汽车。P 挡启动是经常使用的模式，N 挡启动用于行驶中灭车。若行驶中发动机突然停转，可在保证行驶安全的情况下小心将变速杆移至 N 挡，然后重新启动发动机，恢复正常运转。

一般情况下，自动变速器应在车辆停止时选择挡位，选择方法：踏下制动踏板，选择所需要的挡位（要用眼睛确定，不要仅凭感觉），然后缓慢松开制动踏板，车辆就依选择方向慢慢起动。倒挡与前进挡的转换一定要在车辆停止状态下进行。需特别注意：绝对不能在车轮转动时挂入 P 挡。

前进挡的作用情况比较复杂：一般的自动变速器有三挡式和四挡式两种，四挡又称为超速挡（Over Drive，O/D），再往下是三挡、二挡或一挡（又称为 L 挡）。它们的挡位设置规律：高挡位向下兼容，低挡位不能自动向上换挡。即若选择四挡，变速器可在一挡与四挡之间根据车辆的速度与使用条件自动选择合理挡位，自动升挡、降挡。若选择二挡，就只能在一挡与二挡间自动变换而不能升到二挡以上。这时，在车速升高后会使发动机超速运转。

一挡、二挡有发动机制动功能，因此当车辆行驶在下坡路上时，可以预先选择二挡或一挡，以便合理利用发动机制动，同时用油门踏板控制车辆下坡速度。但是在一般行驶与上坡时，建议使用 D 挡，这时车辆能自动选择理想挡位，无须驾驶者操心。

车辆行驶中可以手动从低挡向高挡换挡，但从高挡往低挡换则要在一定速度范围内进行，即车辆在几挡运行就可手工换至该挡。例如，不能在 90 km/h 时换入二挡，因为此时变速器至少在三挡运行，要待车速降到 50 km/h 时才能手动换入二挡。同理，换一挡要在车速降至 20 km/h 以下进行。

有些高档轿车增加了可供选择换挡模式的功能，如运动模式（SPORT）、冰雪路模式（ICE）等。相对于通常的舒适模式，选择运动模式会使车辆的加速响应性加强，但舒适性、经济性下降。冰雪路模式减小了车辆牵引力，防止车轮在冰雪路上启动时打滑。

注意：若车辆在行驶中发生故障，需要由车辆拖带行驶时，必须把挡位放在空挡。拖带速度不要超过 30 km/h，总行驶距离不能超过 50 km，以免因缺油运转造成变速器损坏。

因此，自动挡汽车正确的驾驶方法是将变速杆放在 P 挡后启动发动机，而且一定要踩下制动踏板，方可由 P 挡转入其他挡位，起步时要将变速杆推到较低挡位（即是二挡或一挡，有些则还有三挡），待车速提高到一定程度后，再转入 D 挡进入正常行驶，若在高速公路上高速巡航时，可选用 O/D 挡，可节省燃油。

可能有些人会提出疑问，在用 D 挡或 O/D 挡行驶时，偶尔有发飘的感觉，其实可以用换挡的方法来解决，通过换挡来取得较佳的路面附着力，提高牵引力，可实现与手动挡汽车一样的效果。下面以手动挡和自动挡汽车转弯对比来说明应如何正确应用自动挡。在转弯时，应留意在适当的时候做适当的动作，其原理是利用最适合的挡位取得最高的驾驶控制力，以及用精确的油门来配合取得最高稳定性能进行转弯，而往往自动挡汽车进入弯路时，感到动力输出缺乏而安全性降低，尤其是以高速挡行驶，这种现象更为明显。因此，便可以考虑利用换挡来重新取得较佳的牵引力及转弯稳定性，用加速力来抵。至于面对一段连续的弯路，自动挡汽车仍然可以利用换挡的方法来寻求更佳的稳定性。

下雨天或湿滑的路面情况下运用，需要注意的是必须先熟悉汽车换入每一个挡位的反应，同时要有心理准备，即使使用这种方法驾驶，出弯加速时，仍然会比手动挡汽车慢，而且要靠经验去不断修正。

总之，自动挡汽车的驾驶并非人们所想的那样自动，开自动挡车的车主，需要花点时间弄清楚，方能应付自如。

工作任务 5.2　汽车驾驶技巧

5.2.1　四季驾驶

一、冬日驾驶注意事项

1. 蓄电池电能充足

天气寒冷，汽车不易启动，要求蓄电池有充足的电能输出才能顺利点火。因蓄电池在低温时性能降低，故要定期检测、维护蓄电池，保持其正常的电压和液面。启动点火不着时，要等候 30 s 左右再次启动，切忌心烦气躁，连续点火，以防耗尽电能。出车时最好先点火使发动机工作后再开车灯、收音机等电器，停车时则要先关各种电器，后关发动机。停车后尽量不用电，特别忌用电窗、喇叭等耗电量大的设备。防盗器喇叭亦是“用电大户”，冬季可将其导线临时断开。

2. 及时检查和更换防冻液

换液前应全面检查冷却系统，不留隐患。夏天用水做冷却液的车辆最好先用“水箱清洗剂”清洗水垢等杂质，否则加注防冻液后再出现冷却系统故障，则要放掉防冻液才能维修，造成更大损失。防冻液有直接使用和兑水使用两种，私车车主最好选用前者，以免因比例不当或水质不良而影响使用。

3. 选用低温机油

机油的黏度是随温度变化的，单级机油使用温度范围较窄，一个黏度级别只适用于一年中的部分季节，不能全年使用。多级机油可以在较宽的温度范围内工作，一般可选黏度等级 SAE15W-40 的多级机油，冬、夏季均适用。

4. 保持视窗清洁

秋冬季节车窗经常结冰结霜，妨碍视线，影响安全。因此，在入冬之前要重点检查有关加热装置，如风挡、侧窗出风口、后窗电热器等，使其处于良好状态。

5. 温水洗车

冬季保养、清洗车辆要用温水，不能用冷水直接冲洗。尤其是发动机升温后，车前部温度较高，冷水导致急骤降温，对表面油漆很不利，更不能直接冲洗发动机。冲洗后及时打开车门擦干水迹，防止门缝处残水结冰，冻住车门。车窗被冻住时不要强行开关，电窗尤其要注意，待其自然融化后再使用。

6. 平稳驾驶

冬日雪后路滑，驾车时注意车速平稳，操纵均匀，例如猛加速、急刹车、突然转向等均是雪地行车大忌。发动时要缓抬离合轻加油，均匀起步。行进中平稳加速，中低速行驶。减速以发动机阻滞为主，脚制动应以点刹方式，即轻踩轻抬，不要一脚踩死。没有 ABS 的车尤其要注意防止侧滑。停车要尽量选没有冰雪的空地，拉紧手制动挂挡，必要时可垫住车轮。

7. 巧妙上下坡

雪地坡道行车难度较大，上下坡都要低挡位平稳通过，中途不宜换挡。上坡防熄火，下坡绝对禁止空挡滑行。特别是在坡度较大的立交桥上行驶，新手雪天开车可改走辅路，避免多次上下桥的危险。

8. 谦让行车

驾驶员雪天除自己开车外，更要充分顾及他人。看到别人开车较慢，应予谅解，一般不要闪灯鸣笛催促。自行车、行人可能因路滑而不慎摔倒，在小区、胡同和混合路段上要注意观察，与行人、非机动车保持距离，宁可停车让行人也不要抢道，否则不幸事故可能随时发生。

二、冰雪路面驾驶十大要素

1. 防车况不良

出车前，应加强对汽车的检查，保证车况良好，特别是转向系统、制动系统应有效、可靠；刹车时不得有跑偏和偏刹现象；轮胎气压应取规定值的下限，且左右轮胎气压相同；轮胎花纹被磨损了的轮胎应及时更换；为防止甩尾，还要将车前、后轮制动器调整为同步制动；结冰路面很光滑，行车时应装防滑链，防滑链松紧要一致，且左右对称；若有货物装载应匀称，且两侧车胎载荷相等。此外，在冰雪路面上行车，还应携带必要的防滑、取暖用品。

2. 防起步过猛

起步时若发现轮胎已被冻结于地面，应先用十字镐挖开轮胎周围的冰雪、泥土，以防损坏轮胎和传动机件。起步时轻踏油门，使发动机在不致熄火的情况下输出较小动力，以适应冰雪路面，避免驱动轮滑转。若驱动轮打滑，应铲除车轮下的冰雪，并在驱动轮下撒些干沙、煤渣、柴草等物，或用铁镐将路面刨成“X”形或“Y”形槽，以提高附着性。

3. 防观察不周

大地被积雪覆盖后白茫茫一片，行车时驾驶员往往搞不清道路、沟坎及路面状况。这时应根据行道树、路标等仔细观察，判明行车路线，沿着道路中心或积雪较浅处通过。若路面倾斜或呈拱形，应选择平坦、安全一侧或道路中间通过；若有辙，应循车辙行驶，当车辙已结冰且较浅时，应跨骑车辙行驶；若积雪过厚应予铲除后再通过；若需通过弯道、坡道、河谷、山路等危险、可疑之处，应停车，判明情况后再通过，不可冒险。

4. 防车速过快

在冰雪路上行车一定要控制车速，特别是转弯或下坡时必须将车速控制在能随时停车为好；需要加速或减速时，油门应缓缓踏下或松开，以防驱动轮因突然加速或减速而打滑。

5. 防跟车过近

由于冰雪路面的阻力很小，因而制动的非安全区大大增加。若跟车过近，当前车制动时，后车很难在短距离内制动住而造成追尾。因此，驾驶员应根据地形、车速等情况，与前车拉开距离，一般应拉开正常行驶距离的两倍以上。

6. 防超会车不当

在冰雪道路上尽可能避免超车，若非超不可，一定要选择宽敞、平坦、冰雪较少的路段。会车时，应选择平坦宽阔的路段，并保持两车旁边有足够的侧向安全距离。若路面狭窄，有条件的一方应主动停车或后退礼让。若积雪较深，对路边无把握时，应下车试探积雪下面的路况后，再进行会车。

7. 防转向过快

需转向时，一定要提前最大限度地降低车速，把稳方向盘，慢转慢回。在不影响对面来车的情况下，尽量加大转弯半径，以减小转弯时的离心力，切不可快速急转猛回，以防侧滑横甩。

8. 防制动过急

行车中应集中精力，尽量采用预见性制动和利用发动机的牵制作用减速，多用手制动、排气制动，少用脚制动，避免紧急制动。若情况紧急，可强行减挡，以大油门低车速阻碍汽车前进，同时间歇使用手、脚制动。

9. 防停车不当

需要在冰雪路面上停车时，应选择朝阳、避风、平坦干燥处停放，不得紧靠建筑物、电线杆或其他车辆，以防侧滑时碰撞。若停车时间过长，还应适时启动发动机预热。在潮湿、冰雪路面上停车，为防轮胎冻结于地面，可以在车轮下铺垫沙石、柴草、木板等物。若必须在坡道上停车，应挂挡、拉紧手制动，并在车轮下填塞三角木、石块等，防止汽车溜坡。

10. 防炫目雪盲

行车中雪花纷飞时，应降低车速，使用雨刷器改善视线。雪后行车过久，由于雪对阳光的反射，易使驾驶员双目畏光、流泪，视力下降（雪盲症），因此行车中应佩戴有色防护眼镜，并注意休息。

三、雪天安全驾驶全攻略

冬季来临，雪天路滑一定要小心驾驶，这里提供一些在冬雪等恶劣天气情况下行车的注意事项。

入冬前，首先要对全车做一次专门的安全检查。检查主要项目包括汽车蓄电池、保险带、喇叭、散热器、发动机机油、灯光、制动、排气系统、暖风、除霜加热器、雨刷和点火系统。

大雪过后，由于鞋底湿，上车后脚感和平时很不同，粘雪水时发涩；粘泥时很滑，需要留神适应。在发动汽车之前必须清除汽车挡风玻璃、大灯、反光镜上的积雪。由于驾驶室内外温差较大，挡风玻璃内侧面上常常会蒙上一层薄薄的雾，阻挡视线。对面来车射出的灯光也会如礼花般灿烂。可以考虑使用雨刷，刷去凝结在前风挡上的水汽。使用空调的除雾挡，可以快速除雾；将车窗打开一条缝，使车内外空气流通，温度保持一致，可避免风挡玻璃内凝结雾气；如果想用手擦去风挡上的雾气，请停车后擦拭，切忌边走边擦。

雪天行车需要把后窗除霜器打开，后窗结雾阻碍中后视镜视线，不好判断后车情况。雪天行车变线时先观察欲变线车道前方车辆距离，确认后打转向信号灯并多看相应方向后视镜，确认后方车辆无危险再变线。雪天行车，在手边预备一块棉布，可在停车时擦拭车窗内侧雾气和反光镜，保持良好的视线。

雪天行车前检查雨刷和玻璃水是否正常。车顶的雪在融化后会从风挡流下来，可以用雨刷刷干净。在泥泞路上行驶，前车甩起来的泥点会溅到前风挡，喷玻璃水用雨刷刷干净以保持良好视线。

大雪覆盖的公路使启动汽车变得困难，为了能够顺利进入车道，上路前最好稍微前后移动车体，或者用雪铲清除车前的积雪。轻踩油门，不要使车轮空转，否则车轮会越陷越深。由于被积雪覆盖，道路的真实情况不易辨别，此时应根据地形和路旁的标志物等进行判断，同时，适当地控制车速，握紧方向盘，沿路中心或积雪较浅的地方缓慢行进。

驾驶中如果积雪深至车轮轴时，应将积雪铲除后再前进。积雪路上若已有车辙，应循车辙行驶。

路面结冰是驾驶员可能遇到的最危险情况。在这种情况下，尽量行驶在前车留下的车辙中，不要靠路边驾驶。如果你感到驱动轮开始打滑，马上松开油门。加大与前车的距离，至少保持 10 s。不要猛踩制动踏板，那样将很可能造成侧滑。如果产生侧滑马上松开制动踏板，使方向盘能够重新控制汽车。进入转弯前采取制动措施，千万不要在弯道中踩制动踏板，惯性将使你的汽车失去控制。

雪天行车除要加大与前车的距离，还要提前制动。当发现和前车的距离在缩短，不管什么原因马上收油减速并将脚放在制动踏板上准备制动，千万不能有侥幸心理，麻痹大意。交通安全专家表示，正常干燥沥青路面的摩擦系数为 0.6，雨天路面摩擦系数降为 0.4，雪天则为 0.28，结冰路面就更低，只有 0.18。摩擦系数降低，制动距离加大。如果雨雪天气里驾驶员还像正常路面那样开车，就容易追尾，所以驾驶员要加大车距，延长制动距离。

尽量避免在雪地上泊车，因为你很难使它重新启动。如果必须在有雪的下坡泊车，要保证有足够的空间驶离泊车位，因为前后移动车位变得非常困难。

雪天行车多加小心是对的，但也不要盲目紧张。精神紧张在遇到紧急情况时会因为慌乱或呆滞失去反应，无法迅速处理情况。放松心情，减速行驶，行驶中注意前方和三个后视镜，并注意左右两侧的车辆，做到心里有数。

雪天行车万一出事故，要保持良好心态。一般雪天行车车速都不快，撞一下也不会有太大问题，即便问题严重，事已经出了急也没用，赶紧叫警察和找保险公司更好。雪天行车注意油表，长时间低速行车和起步停车耗油量大，低于 3/4 就赶紧找地方加油。

总结下来有以下“四字诀”。

① 缓加油。在起步和加速时，加油要轻、缓，以防止轮胎打滑和侧滑现象的发生。

② 巧减速。减速时，要充分利用发动机的“牵阻”制动进行减速。

③ 慢转向。在转向时，也要先减速，适当加大转弯半径并慢打方向盘，方向盘的操纵要匀顺和缓，不然也会发生侧滑，使车尾向外侧甩出。

④ 多预见。由于冰雪路面滑的特点，使车辆不能按您的意志去操纵，会给驾驶造成很

大困难，所以驾驶时要特别小心。

四、雨季驾驶

夏季到了，雨水也多了。经常会遇到忽然而至的雷阵雨。在这种天气状况下，驾车出行一定要倍加小心。因为车外环境改变，路面打滑及视野不良是所有驾驶者都必须面对的，所以万万不可掉以轻心。

首先，在出门之前，准备工作一定要做好。应检查发动机罩的封闭情况及刮水器、制动器的技术状况，发现故障要及时排除。雨天行车对轮胎的要求也要提高。虽然一般情况下胎纹的报废深度是1.6 mm，但雨季用胎绝不能少于2~3 mm，最好在4 mm以上。有人认为把胎压降低一些，能使轮胎和地面间的摩擦面积增大，进而增大附着力。其实这样做往往适得其反，胎压过低是会加剧打滑程度的。反而增加胎压，制动会好一点，故在雨天保持较高的胎压才比较安全。

在行驶中，驾驶员必须精神高度集中，随时准备对突发事件做应急处理。雨天行车切忌车速过高，最快不要超过70~80 km/h。如果车速过快，惯性力增加，且道路较滑，轮胎的附着力下降，从而导致制动效果明显下降，发生事故的机会大大增多。因此，在雨天制动要将制动距离延长3倍，同时要注意保持适当的车距，尽量避免急转弯和急制动。在较窄路面上应避免超车，以防汽车打滑驶出路面。当雨下得过大，视线会极为模糊，这时最好停车等待，待雨小了再走，不过别忘了把双闪灯打开。

在雨中行车，除了雨水本身，还要特别防止旁边的车溅起的水花，尤其在超越大卡车时，它溅起的水花会让你在几秒钟内茫然一片，根本辨不清方向，所以这样超车是极其冒险的。除了车外雨水让视线变得模糊外，随着上下车带进的雨水更会使车内充满湿气从而导致车窗起雾。除雾的最快方法是打开车窗或空调使空气循环；天冷则可开暖气，将风口吹向玻璃，使玻璃变热来蒸发车窗上的水滴，以达到除雾的效果。

汽车在积水路面或暴雨中行驶后，要小心因制动摩擦片湿透而导致制动失效的情形发生。制动鼓进水后，其水膜会使摩擦片和鼓之间的摩擦力明显降低而无法发挥制动效果。这与慢慢磨耗摩擦片的情形不同，本来很有效的制动会因水的进入而突然失灵。如果你忽略了这种情况，而在涉水后还大踩油门加快速度，万一遇到紧急情况，后果真是不堪设想。当发现制动失灵时，不要紧张。慢慢行驶，并用脚轻踩油门及制动，如此反复几次之后，由于摩擦片和制动鼓的摩擦生热便可将水膜蒸发。

由于夏季高温、多尘、多雨，这些气候特点对行车安全都是不利的。针对这些特殊的气候条件，驾车时需要注意以下几点：

① 夏季行车，要根据运行任务的特点和需要，携带必要的水桶、雨帆布、防滑链条、三角木等，以备使用。

② 配备随车灭火器，预防因搭铁不良引起的火花及燃油渗漏引起火灾。要放静电，不在打雷闪电的情况下加注易燃油料。

③ 夏季行车，驾驶员容易疲劳打瞌睡，因此行车前要休息好，不可勉强行车，要保持睡眠充足。

④ 行车途中遇到雷阵雨往往会引起视线不清，这时最好能控制车速。雨中行车，千万不要急踩制动以防侧滑。

⑤ 夏季驾驶车辆时要特别注意车辆的涉水问题，许多人认为只要雨水不淹没排气管和分电器就可以放心涉水，特别是开高级轿车的驾驶员认为，高级轿车密封性能好，涉水不成问题，其实由于高级轿车的电器设备多，且线路复杂，一旦进水会造成多处短路，甚至起火。另外，轿车为了扩大其使用空间，常把一些部件安装在隐蔽处，甚至车底，一旦进水，后果不堪设想。特别是发动机进水，雨水一旦进入汽缸会损坏活塞和汽缸体等重要部件。如果发动机在水中熄火，不能用推车和打发动机的方法强行启动，应迅速把车从水中拽出，卸下火花塞，转动发动机将发动机中的水排除在重新启动前，必须确认发动机内没有积水。

5.2.2 省油驾驶

一、先进的汽车技术性能对油耗至关重要

汽车技术的进步可以说是日新月异，如果对比一下现在的汽车与过去车型的油耗，立刻就能看出汽车技术进步对降低油耗的巨大作用。

与油耗相关的几项关键技术包括三项主要内容。

① 努力降低车辆自重。车重与油耗的关系成正比，据说车重每下降 10%，油耗也会相应下降若干个百分点。

② 改进汽车造型。车身风阻系数较小时，油耗会显著下降，这两者的关系也成正比。

③ 尽量提高发动机的热效率。目前，一般汽油发动机的热效率（也就是燃油转化成有用功的比例）达到 30%多，而柴油机已超过了 40%，这就是为什么柴油机比汽油机油耗低的主要原因。专家们指出，评价一台发动机技术水平高低，还有两项重要的指标，一个是汽车的功率自重比，一个是发动机的升功率。发动机功率与排量之比称为升功率，表示发动机每升容积能发出多少功率。这个比值越高，说明发动机技术越先进。

二、良好的车况是节油的根本，科学的保养能使汽车达到节油的目的

例如，车轮轴承应按时上油，可有的车主却不懂，直到轴承磨坏了，才知道。车轮轴承缺油，摩擦力会增大，油耗也会增加，有的车制动不回位，摩擦片与制动鼓处于摩擦状态行车，油耗自然也要增加；车轮定位不正常，造成轮胎非正常磨损，也是油耗增加的一个原因。发动机点火系统不正常对油耗的影响也很大，如点火时间不准确、高压线漏电、火花塞积炭造成点火弱等都会使发动机燃烧效率降低、油耗增加。

三、不正确的驾驶习惯会导致油耗成倍增加

不正确的驾驶习惯导致车辆油耗增加，对大排量车的影响更大。影响油耗的几种不良驾驶习惯如下：

① 见空挡就抢的驾驶习惯。在日常行车中，在行车中尤其是交通不畅、等红灯、变换车道时经常见到：相邻车道刚有了点空挡，这边一辆车就突然加速挤过去了，过去了就不得不踩制动。过了一会儿，这边车道有空挡，便一踩油门又挤回来了。等一出信号，便急加速、急停车四五次。这似乎显得很潇洒、很威风、很有生气，不过代价是油耗大大增加了。增加多少？专家们曾做过加速行驶油耗试验，让车辆匀速行驶进入测试路段后，试车员将油门踩到底行驶，完成规定距离的行驶后，发现油耗比匀速行驶增加了 2~3 倍。

② 低挡高速长距离行车的习惯。这多发生在初学者身上，也常发生在驾车易走神儿的人身上。三挡长距离高速行车，比四挡正常行车油耗增加 10%，而如果用二挡代替三挡行

车，油耗还会增加。现代汽车对换挡都有规定，发动机转速必须达到规定转数后才许加挡，这是从保护发动机的角度出发的。但有些人走向极端，直到发动机转数超过规定很多后才加挡，这也会造成燃油浪费。专家们认为：低挡高速肯定费油，高挡低速肯定省油。

③ 驾驶时目光短浅、措施不当。许多人驾驶只盯着前面一辆车的动作，而不注意前几辆车的情况，不注意路两侧的情况。有时前边车队减速，红灯亮成了一串，这位还在踩油门加速，等发现前边车的制动灯亮了，他的车速刚提起来，又急忙制动。有时路旁钻出车或人来，由于发现晚，又得急制动。还有些人一边开车，一边走神儿，有了情况，靠急制动救急。制动就是通过车轮与地面的摩擦，将汽油产生的动能转化为摩擦力消耗掉。不必要的制动次数多了，油耗必然会增加。

④ 不必要的高速行驶。世界上各个国家对普通路面的最高车速几乎都有限制，美国是55 mile/h（88.5 km/h），路况好的路段放宽到65 mile/h（105 km/h）。因此，美国车以及以进入美国市场为目标的车型在设计上都追求在90 km/h时的油耗最低，这就是我们所说的经济车速。任何一款车都有经济车速，在这个速度行驶时最省油，低于这个速度或高于这个速度油耗就会上升，再超过一定的速度后，油耗会大幅度上升。有一点需要说明的是，不良驾驶习惯对大排量车油耗的影响更大，因为大排量车功率储备大，加速、超速能力强，驾驶员开起来才敢于“做动作”，有空就想钻、有车就想超，而小排量车功率储备小，加速、超速能力低，驾车就没有挤空挡、超高速行驶的兴趣了。

四、行驶路况是影响油耗的重要因素

汽车都有自己的“经济车速”，一般设计在70~100 km/h。如果在这个速度内，能够畅通无阻地在城市中行驶，那么油耗大小与标准试验场中的试验中的试验数值应比较接近。

5.2.3　高速公路安全驾驶

在高速公路上开车，保持正常车速是安全驾驶的保证。超速行驶会使汽车的操纵性和稳定性变差。车速加快，汽车转向时的离心力增大，而且离心力是与车速的平方成正比的，车速过快，就使汽车所受的横向力急剧增大，高速公路的设计车速一般都在110 km/h左右，如超过这个设计车速行驶，就已潜伏下祸患，事故一触即发。

在高速公路上超速行驶的危害是显而易见的，它会使行驶条件变差。驾驶员的视野与行车速度是密切相关的，车速越高视野越窄，且观察每一情况的时间相对缩短，使得驾驶员不能正确感知周围环境及前方物体的方位及运动速度容易做出错误的判断而导致事故。

不仅如此，超速行驶还容易造成爆胎。汽车长距离高速行驶会使轮胎过热，胎内气压增高，轮胎的抗爆强度降低，达到一定程度，轮胎就会突然爆破，车轮直径变小，车辆就失去平衡，做圆弧运动，而偏离行驶方向，如急制动还会加大汽车偏离的程度，极易造成交通事故。

一、高速公路驾驶技巧

在高速公路上，每辆车都以非常快的速度在行驶，因为按照规定，车辆在高速公路上正常行驶时最低车速不得低于50 km/h，凡设计最高车速低于70 km/h的车辆均不得驶入高速公路，但需注意更多小细节。

从匝道上路进入主线车道时，当入口遇加速车道时，应通过加速车道，将车速提高到

50 km/h 以上的速度，并开启左转向灯，合流时，应不妨碍在主线车道行驶的车辆；行车时不能碾压右侧车道分道线；不准在主线车道上倒车、掉头、横穿，不准超过中央分隔带。需要制动时，分几次制动为好，不要一脚踩死；高速行驶要始终握稳方向盘，改变车道或超车时，转向角度不要太大。进出隧道光线发生变化，要适当降低车速。

在高速公路上，如果要超越前车时应鸣号。首先，驾驶员应通过左右后视镜及车内的反光镜，仔细观察超车道上有无车辆正在或即将超越本车，否则应让其先行。其次，驾驶员应观察自己的前车有无超车的动向。最后，如果前车突然紧急制动很可能会发生追尾事故，应保持足够距离。

下大雨时，能见度低，视线模糊，这是容易察觉的危险状况。① 驾驶员要自动降低行车速度。② 要打开前后雾灯，雨大时即使在白天也要开灯，最好打开前、后雾灯，要将雨刷调到最快。③ 不要加速超车，保持车距与控制车速这是雨天行车的基本要求。④ 一旦失控先要镇定，下坡时特别容易失控。一旦感觉失控，要先保持镇定。先别踩制动，也别乱打方向而应及时收油，踩下离合器踏板保持原状跑一小段，待轮子重新抓地，马上控制方向。

机动车在高速公路上正常行驶时，最低车速不得低于 50 km/h。因此，行人、非机动车、拖拉机、农用运输车、电瓶车、轮式专用机械车、全挂牵引车，以及设计最高车速低于 70 km/h 的机动车辆，不得进入高速公路，并且实习驾驶员不准驾驶车辆进入高速公路。

进入高速公路的车辆应当配备故障车警告标志牌。机动车进入高速公路起点后，应当尽快将车速提高到 50 km/h 以上。

从匝道入口进入高速公路的车辆，必须在加速车道上提高车速，并开启左转向灯。驶入行车道时，不准妨碍其他车辆的正常行驶。

1. 驶离规定

机动车驶离高速公路时，应当按出口预告标志进入与出口相接的车道，减速行驶。从匝道驶离高速公路时，必须提早开启右转向灯，驶入减速车道，然后经匝道驶离。

2. 切忌超速行驶

高速公路上对最高车速做出了相应规定：小型客车最高车速不得高于 110 km/h；大型客车、货运汽车和摩托车最高车速不得高于 90 km/h。但遇有限速交通标志或者限速路面标记所示车速与上述规定不一致时，应当遵守标志或者标记的规定。遇到雨天、雾天、刮大风等恶劣天气应当减速行驶。

在高速公路上驾车忌超速行车。因为车速越高，制动距离越大，汽车转向时的离心力就增大，汽车的操纵稳定性则变差，易出现爆胎失控等现象。另外，车速越快，驾驶员视线距离越短，视野变得越窄，由此而产生的判断失误也就增加。因此，控制行驶速度是保证高速公路行车安全的首要条件。同时，也忌低速行车。低速行驶，容易造成同车道尾随车辆受阻，使其车速提不上来，不能发挥高速公路应有的快速、高效优势。

3. 保持车距

机动车在高速公路上正常行驶时，必须保持足够的行车间距。行车间距应根据行驶速度、天气和路面情况的变化而变化。

行车间距包括两个方面：一个是车辆间的纵向距离；另一个是车辆超车时两车平行行驶

瞬间的横向距离。正常情况下，当行驶车速 100 km/h 时，行车纵向间距为 100 m 以上，横向距离为 1.5 m 以上；车速 70km/h 时，行车纵向间距为 70 m 以上，横向距离为 1.2 m 以上。遇大风、雪、雾等天气以及路面结冰或夜间行驶时，行车间距应增加 1 倍以上。尤其恶劣天气下行车，更要注意减速慢行，保持车距，注意观察。雾天还要开启防雾灯，路面较滑时遇到情况要轻踩制动，适当加大行车间距，切不可紧急制动。

在高速公路上，专门设有驾驶员确认行车间距的行驶路段，在此路段上行驶，应检验并调整本车与前车的规定间距。

二、发生故障停车注意事项

机动车行驶中，因故障需要临时停车检修时，必须提前开启右转向灯驶离行车道，停在紧急停车带内或者右侧路肩上。禁止在行车道上修车，机动车修复后需返回行车道时，应当先在紧急停车带或者路肩上提高车速，并开启左转向灯。进入行车道时，不准妨碍其他车辆的正常行驶。

机动车因故障、事故等原因不能离开行车道或者在路肩上停车时，驾驶员必须立即开启危险报警闪光灯，并在行驶方向的后方 100 m 处设置故障车警告标志，夜间还须同时开启示宽灯和尾灯。

三、绝对禁止的行为

在高速公路上不准倒车、逆行，不准穿越中央分隔带掉头或者转弯。即使在没有设置分隔带或分隔带因故缺失地段也不能随意穿超，以防发生车辆相撞事故。

不准在高速公路上进行试车和学习驾驶机动车。高速公路上车流量大、速度快，在其上进行试车和学习驾驶机动车十分危险，一旦发生撞车事故，后果不堪设想。

四、在高速公路上爆胎处理方法

车辆在高速公路一旦突然爆胎，应立即松开油门，采取点刹方式，逐步将车速降下来，同时双手紧握方向盘，随时调整车辆由于爆胎而引起的不规则滑行，切忌在车辆爆胎时一脚踩死制动。

五、怎样防止爆胎事故

上高速公路之前应做好两方面的准备：首先是思想准备，即对行驶路线、途中所经过的地点、天气状况等都要心中有数；其次是技术准备，即对车辆的制动系统和行驶系统（转向、轮胎气压、轮辋等）做一次仔细检查，随时注意掌握车载对轮胎所产生的影响，切忌超载。

为了减少高速行驶对轮胎的损伤，车速最好为 80~100 km/h，驾驶员应学会掌握变换车速节奏，一般应为快慢快慢，如此循环跑完全程。

另外，要充分利用高速公路生活服务区如饭店、卫生间、加油站进行短时间休息，防止驾驶疲劳，也便于车辆降温。

工作任务 5.3 应急处理汽车常见故障

5.3.1 应急处理要领

一、途中救急所遵循的原则

① 保障安全。

② 尽量不要损坏汽车原有装置，不影响汽车使用寿命。

③ 急救方法应因地制宜，尽可能地、就车取材，简单易行。

④ 采取措施应科学合理，副作用要小。

⑤ 途中采取了急救措施，将车开到附近有修理条件的地方后，必须及时更换代用的配件、材料，用正规的修理方法，恢复汽车原来的技术状况。

二、应急处理常用工具

① 胶黏剂。可用来应急黏补铸件壳体的砂眼、裂纹；修补油箱、水箱、水管；胶接非金属的玻璃、橡胶、塑料件等，也可胶接电器接头，固定和密封螺栓等紧固件。

② 吸纳胶。可用于汽车的缸垫、油底壳、水箱的水槽等结合面的黏结，可使机件连接更加牢实，有效地防止油、水、气的泄漏。

③ 特氟隆密封胶带。可以用来缠在气管、水管、油管接头螺纹端，嵌入接头内。具有耐高压、耐高温，密封效果好的特点。

④ 水箱止漏剂。一旦出现漏水故障时，可将止漏税剂注入冷却系统中，随漏随补，速效堵塞裂缝和锈蚀小孔，并不会堵塞水箱。

⑤ 轮胎堵漏剂。可事先注入轮胎中，途中遇刺后会随时填补，避免长途行车出现轮胎漏气事故。

三、急救基本方法

汽车行驶途中，故障急救的基本方式为修、代、堵、补、绑、断、短、减。在具体应用时，可采用其中的一种方法或几种方法并用，以达到急救的目的。当一个故障可采用几种方法时，应以最快、最省、最保险的方法择优选用。其具体的方法分述如下：

① 修。对于故障零件，在条件允许的情况下，且保证修复后能可靠应急行驶的前提下，应采用“修”的方法。

② 代。某一部件损坏而导致不能正常行驶时，可用车上不影响行驶的部件代替，或就地取材自制零件来代替。

③ 堵。即对漏油、漏水、漏气采用堵塞法。

④ 补。在机件损坏失去一部分时，或配合间隙过大时，可考虑增加补充一部分其他件，进行抢修急救。

⑤ 绑。当出现需要紧固和复原处理的故障时，可考虑用绳索、铁丝、木棒等贴敷绑扎。

⑥ 断。即将损坏的电路或是气路断开。

⑦ 短。一般是对电路零件而言，如电路中某个元件损坏，在允许的前提下，将其短路相接，即为短路法。

⑧ 减。对其损坏的机件，在不影响行驶的前提下拆除。

5.3.2　汽车常见故障及排除方法

一、汽油消耗量过大的原因

1. 机械因素

汽车故障导致效率下降，需回厂检修确定无故障。汽车发动机磨损老旧，大修发动机。

2. 胎压不足

请时常注意轮胎状况，保持胎压，不但省油且增长使用寿命。

3. 刹车咬住

可自行进行慢速空挡滑行测试，确定刹车无此状况。

4. 人为操纵因素

① 温车过久。在发动后至多 30 s，确认所有警示灯熄灭即可上路。

② 狂暴驾驶。急踩油门加速又紧急制动或飙至极速，除了耗油外，机械亦加速磨损，应尽量避免。

③ 开冷气睡觉或长时间等人而不熄火，除了耗油，且发动机容易积炭。

④ 长时间使用不必要的电器，如除雾线、雾灯等，因为电力的消耗也会转嫁于汽油消耗。

5. 交通因素

① 短程使用。发动机可能尚未加热至正常工作温度，即抵达目的地，由于冷机效率低，燃油大半消耗于将发动机及冷却水加温，耗油是不可避免的，此种用车状况亦会导致发动机积炭。

② 市区行车。市区行车因堵车及红绿灯，停停行行耗油量甚至数倍于高速公路行车。

6. 其他因素

车上如放置过多的杂物长期下来也会导致耗油量增加。

二、排气管冒黑烟、白烟和蓝烟的原因

1. 排气管冒黑烟

说明发动机混合气过浓导致燃烧不充分。当空气滤清器过脏、火花塞不良、点火线圈故障等，均会造成发动机冒黑烟。

2. 排气管冒白烟

说明喷油器雾化不良或滴油使部分汽油不燃烧，汽油中有水，汽缸盖和汽缸套有肉眼看不见的裂纹，汽缸垫损坏使汽缸内进水，机温太低。

可以通过以下方法解决：清洗或更换喷油器，调整喷油压力，清除油箱和油路中水分，不买低价劣质油，更换汽缸垫、汽缸套、汽缸盖。

3. 排气管冒蓝烟

说明机油进入燃烧室参加燃烧，活塞环与汽缸套未完全磨合，机油从缝隙进入；活塞环黏合在槽内，活塞环的锥面装反，失去刮油的作用，活塞环磨损过度，机油从开口间隙跑进燃烧室，油底壳油面过高，气门与导管磨损，间隙过大。

可以通过以下方法解决：新车或大修后的机动车都必须按规定磨合发动机，使各部零件能正常啮合；看清楚装配记号，正确安装活塞环，调换合格或加大尺寸的活塞环；查清油底壳油面升高的原因，放出油底壳多余的机油；减少滤清器油盘内机油，更换气门导管。

三、动力转向变沉重的原因

① 轮胎气压不足，尤其前轮气压不足，转向会比较吃力。

② 助力转向液不足，需添加助力转向液。

③ 前轮定位不准，需进行四轮定位检测。

④ 转向机或转向球节磨损严重，需要维修或更换。

四、车辆油耗增加的判断和修理

如果感觉车辆油耗增加了，首先应到维修中心进行发动机电子数据的检查和车辆尾气的检测，并且从以下方面进行诊断：

① 轮胎充气压力。如果轮胎亏气将导致行驶阻力增加，造成油耗上升；相反，如果在轮胎气压规定值内适当增加轮胎气压，将有利于降低油耗。

② 轮胎花纹。不同类型花纹的轮胎的燃油消耗率不同，选择折线花纹轮胎有助于节省燃油。

③ 四轮定位。始终保持车轮定位值正确，可以保证较低的燃油消耗率。

④ 行驶环境。车辆行驶中怠速和低挡位对于整个行驶周期的时间占用率越低，越有利于降低油耗，所以在市区拥堵路面油耗居高不下。

⑤ 道路情况。路面阻力越大，上下坡路况越多，燃油消耗率越高，所以尽量选择铺装的、平坦的大路行驶。

⑥ 车辆载重。尽量减少车内和行李舱内不必要的物品，有助于降低油耗。

⑦ 平稳加速。急加速时的瞬时燃油消耗率比平稳加速时高 1/2，所以应尽量避免急加速、避免紧急制动。

⑧ 车速适中。明确经济车速，车速过高于过低都将使车辆燃油经济性变差。

⑨ 发动机技术状况。如果发动机的技术状况不良，将导致发动机功率下降，造成大量燃油的浪费。

⑩ 自动变速器。确保自动变速器换挡正常。

⑪ 传动系统。定期检查传动轴、差速器、半轴、轮箍轴承等部件旋转阻力是否正常。

⑫ 制动系统。检查确保制动系统无拖滞现象。

⑬ 齿轮油的黏度。在气温比较低的环境，将手动变速器和差速器中的齿轮油更换为黏度较低的标号，有助于节油。

⑭ 风阻系数。如果车辆外观受损，打开车窗或由于不正当改装等使得风阻系数变大。

五、判断和维修刮水器和玻璃喷洗器故障

1. 刮水器的常见故障

① 完全不工作。

② 无间歇挡或间歇时间不对。

③ 无低速挡。

④ 无高速挡。

⑤ 关闭开关后雨刷不能自动回位。

维修技巧：对于此类常规电气系统故障，应首先检查系统电源电路，此类故障大部分由于熔断器烧断或接地点不良导致。

2. 玻璃清洗器的常见故障

① 完全不工作。没有清洗液或电动机损坏。

② 喷出的清洗液量不足。管路有堵塞，喷头出水口被灰尘、泥土堵塞，可用大头针等物品疏通。

③ 清洗液的喷射方向不对。调整正确喷射角度。

六、制动软绵绵的原因

制动作为汽车安全行驶的关键部分，每位驾驶者都应特别重视。每次驾驶前，可以试验一下制动踏板的工作状态。在未启动发动机之前制动踏板会很硬，发动机正常启动后，制动踏板轻微下沉一点，这是正常的。

有时踩下踏板会感觉制动软绵绵的，制动距离明显加长，制动无力。这种情况必须加以重视，一般情况下，原因有以下几种：① 不同品牌制动液混合使用，造成制动效能下降；② 超过厂家规定更换期限继续使用制动液造成制动液变质，沸点下降；③ 制动液内含有气体；④ 制动软管外表橡胶破损或起包造成泄压；⑤ 制动总泵和分泵渗油，密封不良等。除此之外，还要检查一下，制动片是否为原装产品。

七、驾驶中水温过高的处理

行驶过程中冷却液沸腾（“开锅了”）时的处理方法：

① 应立即将车停到安全的地方。

② 关闭空调系统，打开发动机机舱盖，使发动机怠速运转（在这个过程中注意，千万不要试图打开冷却液的加注口盖。在冷却液沸腾时加注口盖一旦打开，冷却系统中的液体会喷出，造成人身伤害）

③ 检查散热器风扇的运转是否正常，如不动，应同经销店联系。

④ 水温表指针下降后，将发动机熄火。

⑤ 待发动机冷却后，将水箱盖打开，检查冷却液的液位。

⑥ 如缺液应进行补充。

⑦ 如水温表指针一直没有下降的趋势，则立即将发动机熄火，同经销店联系。

建议：当出现冷却液沸腾的故障时，建议应同经销店联系，获取指导，最好不要擅自处理。

八、蓄电池没电了采取的应急措施

蓄电池电力不足表现为下列几种情况：

① 启动机不转或转动微弱，不能启动发动机。

② 前大灯比平时暗。

③ 喇叭音量小或不响。

如遇上述问题可通过下列方法解决：

① 连接跨接电缆。跨接电缆按照以下顺序连接：a. 将没电的蓄电池的正极端子与救援

车电池的正极端子连接；b. 将救援车电池的负极端子与没电汽车的蓄电池负极端子或发动机室内的金属部分连接（接地线）。

② 应急充电并启动发动机。启动救援车的发动机，稍微提高发动机的转速，约 5 min 后，可向没电的蓄电池应急充电。

③ 取下跨接电缆与连接跨接电缆的顺序相反。

5.3.3 应急维修实例

机动车在使用中出现故障时，或有故障而暂时无零配件供应又需急用的情况下，我们不得不采取一些应急的修理方法。现将一些简便而易行的应急的修理方法介绍如下。

① 油箱损伤。机动车在使用时，发现油箱漏油，可将漏油处擦干净，用肥皂或泡泡糖涂在漏油处，暂时堵塞。用环氧树脂胶黏剂修补，效果更好。

② 油管破裂。油管破裂时可将破裂处擦干净，涂上肥皂，用布条或胶布缠绕在油管破裂处，并用铁丝捆紧，然后再涂上一层肥皂。

③ 油管折断。油管折断时可找一根与油管直径适应的胶皮或塑料管套接。如套接不够紧密，两端再用铁丝捆紧，防止漏油。

④ 机动车缸盖等部位出现砂眼而漏油、漏水。可根据砂眼大小，选用相应规格的电工用保险丝，用手锤轻轻将其砸入砂眼内，即可消除漏油、漏水。

⑤ 油管接头漏油。机动车使用时，如果发动机油管接头漏油，一般是油管喇叭口与油管螺母不密封所致。可用棉纱缠绕于喇叭下缘，再将油管螺母与油管接头拧紧；还可将泡泡糖或麦芽糖嚼成糊状，涂在油管螺母座口，待其干凝后起密封作用；也可将人造革或皮裤带剪成型或放入孔中砸成型，安上即可，还可用一截塑料管剪开成型安上。

⑥ 沉淀杯破裂。用胶布管或塑料管把沉淀杯进、出油管套上，使油不经过沉淀杯直通。

⑦ 进、出水软管破裂。破裂不大时，可用涂有一层肥皂的布将漏水处包扎好，如破裂较大时，可将软管破裂处切断，在中间套上一个竹管或铁管，并用铁丝捆紧。

⑧ 风扇皮带断裂。可把断了的皮带用铁丝串联扎好或采用开开停停的办法把车开走。

⑨ 螺孔滑扣。螺孔滑扣导致漏油或连杆松动，使其无法工作。这时可将原螺杆用锤子锤扁，使其两边膨胀增大（注意最上面几扣不要锤，以使进入螺孔）再紧固好，但不可多次拆卸，待下次保养时修理。

⑩ 膜片或输油泵膜片破裂或折断。可拆开油泵取出膜片，用胶木板、电工绝缘胶木或塑料布按原型状尺寸锯锉成型，并磨光装上；或者将油管直接通到喷油泵上。

⑪ 气门弹簧折断。气门弹簧折断后，可将断弹簧取下，把断了的两段反过来装上，即可使用。也可找一片 1 mm 厚的铁皮，剪成比弹簧直径大 8 mm 的圆片，内部剪一圆孔，直径小于弹簧直径 4 mm，外部边缘每隔 6 mm 剪成 4 mm 长的裂口，剪好后每间隔一片折叠一片，形成双面弹簧座槽，再将弹簧调头装入铁皮槽内即可使用。如弹簧断成数节时，可将该缸的进、排气门调整螺钉拆下，使气门保持关闭状态，让该缸停止工作。

⑫ 离合器片粘油打滑。可卸下飞轮壳或检查窗盖，清除内部脏物，将底部小孔堵好，待离合器散热后，倒入适量汽油（将离合器淹没 1/3），再将盖装好。然后启动发动机低速运转，反复分离、结合离合器，让汽油浸洗内部油污，3~5 min 后放出洗涤油。用这种方法

可以有效地排除离合器片粘油打滑。

⑬ 气门间隙调整螺杆滑扣导致气门间隙不准。可在调整螺母上加装一个尺寸相同、厚度适当的垫片或螺母，充分利用未滑扣部分调好气门间隙，机动车就可以暂时行驶了。

⑭ 曲轴箱破洞。如行车时曲轴箱被弹起的石子击破，破洞较小时可用锡焊补，破洞较大时可用木塞堵住并加固，但要注意木塞不宜塞进过长，以免碰撞运动机件。

⑮ 曲轴箱缺少机油。可暂时加花生油、棉子油、豆油、菜籽油等植物油代替使用，待返回后，应彻底清洗和检查发动机内部，并换用新机油。

⑯ 散热器漏水。漏水较大时，可将散热芯铜管用尖嘴钳夹扁，使其不漏水；漏水不厉害时，可用肥皂把漏水处糊住，或将散热器内的水放干净，并把漏水处擦干净，然后熔化松香至漏水处堵塞。

⑰ 变速杆球节和球形上盖磨损导致乱挡。该部位磨损后，变速杆下端插入拔叉槽的深度不够，挂挡时易滑脱乱挡，可拆下变速杆座，用废内胎剪 1~2 个垫片，垫在变速杆球节及球形上盖之间，故障就可排除了。

⑱ 电源开关钥匙遗失。可拆下开关上的两个线头直接连通即可。

⑲ 启动开关失灵。可将启动开关拆下，启动发动机时，用金属线短接即可启动，或者用螺丝刀短接电磁开关上的小接线柱和电池接线柱，即可启动发动机。

⑳ 电磁开关启动机失灵。在吸拉线圈断路时，可用力将拉杆与铁芯往里推，以接通定触点，使起动机旋转而启动发动机。

㉑ 汽油泵油阀漏油。汽油泵进、出油阀漏油，会削弱供油功能，出现供油不足现象。漏油的原因：油阀用久磨损不平所致，可磨平复用。研磨时，将胶木制的油阀平整地放在油石上平磨，要求平整光洁。

㉒ 钢板弹簧折断。应根据折断的情况在钢板弹簧、车轴与车架间垫上木块并需用铁丝或绳索捆牢，即可维持行驶，但应注意，必须用低速挡缓慢行驶，特别是在通过路面不平的地段时，更应随时控制好车速。

㉓ 制动皮碗发胀。可将发胀的皮碗放在 70~100 ℃的热水中浸泡 10~15 min，使皮碗含油成分蒸发掉，恢复到一定尺寸后，即可使用。

㉔ 化油器浮子破损。化油器浮子破损时三角针阀失去控制，汽油就会大量进入浮子室，使油面升高汽油渗溢，发动机无法运转，如发现这种情况，应立即停车检查。拆下浮子放在耳边摇晃，如察觉浮子内发生响声，即破损而有汽油出入。浮子破损一般不会十分严重，可稍稍钻大漏孔，以利排其中的汽油，然后用牙刷柄之类塑料加温熔化后粘补，即可装用。

㉕ 汽油泵软木衬垫不密封。软木衬垫久经使用后，由于长时间的压紧而僵硬，如果再继续使用，就会影响密封性能，容易渗漏。在没有新件可调换的情况下，可将旧垫用热水（可从散热器放出）浸烫，几分钟后就能软化，再装上使用，密封性能就能改善。

工作任务 5.4 安全驾驶

5.4.1 安全驾驶常识

一、行车注意事项

1. 正确控制车速

正确控制车速，是安全行驶的一个必要条件，“中速行驶，安全礼让”就是这个道理。一般来说，许多驾驶员根据自己所驾驶车辆的车型和性能，经过实践和测试，大都能摸索出自己最喜爱、感觉最自如的一种车速。如果这种行车速度能够符合交通法规中的有关规定和交通环境，即可把这种车速定为自己的安全车速。

当然，城市与乡村不同，山区与平原不同，正确控制车速，还必须注意下列车辆的行驶环境：

① 密切观察沿途交通标志，遇有限速标志时，须严格按标志规定行驶。

② 根据行驶道路状况和运行条件，灵活掌握和控制车速，该快就快，该慢就慢。

③ 在交通拥挤、车辆较多、车流已有自然速度节奏的道路上行驶，要使自己的车速随车流速度行进，不要性急超车。

④ 尽量保持经济车速的稳定，避免高速超车和低速慢行。汽车载质量小、道路条件好时，经济车速可适当高一些，而汽车载质量大、道路条件差时，经济车速就必须降低一些。

⑤ 行驶中，车速与同向行驶车辆间距相适应。在不同天气、道路、车速条件下，与前车间距也不相同，间距大小以确保安全为适度。

2. 递减会车

车辆在没有设置中心分隔护栏的道路行驶，与前方来车交会时，应适当降低车速，并选择比较空阔、坚实的路段，靠路右侧缓行交会通过（在视线不良的情况下会车时，要降低车速，开近光灯，即使是在路面较宽的双车道，也应该慢车交会）。

如果在行驶前方的道路右侧有障碍物时，要根据已车距障碍的距离、速度以及道路状况，决定是加速越过障碍后会车还是减速慢行甚至停车让对方车先行，以错开两车越过障碍物的时间，避免在障碍物处会车。如果对越过障碍的判断没有把握，则应降低车速，缓行至障碍物近处，不要忙于超过，让对面来车通过障碍后再继续行驶。如果估计两车要在障碍物处会车时，应主动减速、停车、调整车体位置或倒车让路，不要抢行堵住来车行驶路线。如果可能在路面较窄或道路两侧均有障碍的情况下会车时，则应根据对方来车速度和道路条件预选交会路段，正确控制车速，以保证两车在选定的路段交会。

会车时，必须注意保持足够的安全侧向间距，做到“礼让三先”——先慢、先让、先停，绝对不可抢行争路，互不相让，以致形成僵持局面。一般情况下的会车，必须遵守下列规则：空车让重车，单车让拖挂货车，大车让小车，货车让客车，教练车让其他车辆，普通车让执行任务的特种车，下坡车让上坡车（当下坡车行至中途而上坡车尚未上坡时，上坡车应该让下坡车）。

夜间会车时，要按规定把远光灯改为近光灯，交会时要减速，防止碰撞前方右侧的行人和骑车人。

会车时，还要特别注意道路上的行人和非机动车情况，看清预计会车地点的行人动态，当行人被来车挡住时，要防止这些行人忽略本车，因此要鸣号示意。总之，在有行人处会车时，必须防止发生各种突发情况，做好随时停车的准备。

3. 不可强行超车

超车是汽车行驶中的正常现象。但是，超车又是比较复杂和危险的操纵过程，因此必须具备一定的条件才能进行。

根据交通法规的规定和从实践中总结出的经验，超车应选择道路宽直，视线良好、道路两侧均无障碍，被超车前方 150 m 以内没有来车，并在交通法规许可的路段和情况下进行。超车时，必须先开左转向灯，向前车左侧靠近，并鸣喇叭（禁止鸣喇叭地区和夜间须用变换远近光灯示意）通知前车，确认安全及前车让超车后，加速并与被超越车辆保持一定的横向间距，从左侧超越。超越前车后，不可向右急转动方向盘，应保持超车时的速度，在超出被超越车 20 m 以外再开右转向灯，驶回原车道。

在下列地点或情况下，不得超车：

① 被超车示意左转弯、掉头时。

② 在超车过程中，与对面来车有会车可能时。

③ 被超车正在超车时。

④ 行经交叉路口、人行横道、漫水桥、漫水路时。

⑤ 通过胡同（街巷）、铁路道口、急弯路、窄路、窄桥、下陡坡时。

⑥ 掉头、转弯时。

⑦ 遇风、雨、雪、雾天能见度在 30 m 以内时。

⑧ 在冰雪、泥泞的道路上行驶时。

⑨ 喇叭、刮水器发生故障时。

⑩ 牵引发生故障的机动车时。

⑪ 进、出非机动车道时。

在超车过程中，如果发现道路左侧的障碍或横向间距过小而有挤擦可能时，尽量不用紧急制动，以防因路拱发生侧滑碰撞，应稳住方向盘，不要左右转动，在最短的时间内，适当拉开距离，然后再伺机超越，千万不可冒险强行超车。在超越停驶的车辆时，应减速鸣喇叭（在非禁止鸣喇叭地区），注意观察，保持警惕，并留有较大横向间距，随时做好紧急制动的准备，以防止该车突然起步驶入行车道而发生碰撞，或驾驶员突然开启车门下车。尤其是超越停在车站的客车时，更应注意被停车遮蔽处骤然出现横穿公路的行人。

4. 谨慎通过小城镇

在我国各大中城市的周围，都有一些卫星城或小城镇，这些卫星城或小城镇的交通情况各有不同，驾驶员在驾车通过这些小城镇时，精神一定要高度集中，谨慎行驶，随时做好处理各种情况的准备，特别要注意以下几个问题：

① 小城镇街道一般都不设分道线，机动车、非机动车和行人常常混行，行驶中要主动减速礼让，不要开快车，并尽量避免超车。

② 小城镇一般不设人行横道线，路面也较窄，横穿街道的人很多，加之小摊贩占用街面或城镇居民占用路面摊晒物品等，必须注意观察、避让，以防止发生压碰事故。

③ 街道两旁的房屋较低，屋檐伸出长，车辆不可过于靠边行驶。

5. 安全通过平交路口

交叉路口是道路网中道路与道路的交叉点。交叉路口分为平面交叉路口和立体交叉路口。

① 通过有交通标志或信号的平面交叉路口时，驾驶员应注意以下几点：

a. 控制行车速度，在行近平交路口时，必须在距路口 30~100 m 的位置减速。

b. 注意平交路口的交通标志和信号，服从指挥，绝对不能在停车中抢信号起步，更不能突然加速强行通过。

c. 为了保证在平交路口停车后能及时起步，停车时不要关闭发动机。当估计快放行时（一般看横向路口指挥灯黄灯闪亮），应做好启动准备，允许通行的绿灯一亮，即应起步。

d. 如果要在平交路口转弯，应提前发出转向信号，进入导向车道，夜间须将远光灯改用近光灯，减速慢行，认真观察，小心通过。

② 当通过没有交通标志或信号的平交路口时，驾驶员应注意以下几点：

a. 支路车让干路车先行。

b. 支、干路不分的，非机动车让机动车先行，非公共汽车、电车让公共汽车、电车先行，同类车让右边没有来车的先行。

c. 相对方向同类车相遇，左转弯的车让直行或右转弯的车先行。

d. 进入环形路口的车让已在路口内的车先行；让行车辆须停车或减速瞭望，确认安全后，方准通过。

6. 安全通过桥梁

在行车中接近永久性桥梁时，要特别注意桥头附近的交通标志，并遵守有关规定。如果前方有同方向前进的车辆时，要与前车保持一定的安全距离，减速通过桥梁。通过桥梁时，尽量不要在桥上停车，以避免阻塞交通。如果遇窄桥，且前方来车距桥头较近时，要主动靠边停车让行，待来车通过后再启动前进。如果来车速度较快，虽距桥头较远时，也应警惕来车抢先上桥，需提前做好及时停让的准备，避免发生桥上碰撞事故。通过拱形桥时，往往看不清对方来车和道路情况，要减速鸣号，靠左行驶，随时注意对方情况，做好制动准备，切勿冒险高速冲坡。通过吊桥、浮桥、便桥时，如果无管理人员指挥，应下车查看，确认没有问题时，再行通过。必要时，可让乘车人员下车步行过桥。不可在桥上变速、制动和停车，以减少桥梁的晃动。

通过设有限制质量标志的桥梁，货运汽车的总质量超过桥梁的负荷量时，必须经市政管理部门和公路管理部门的同意，并按交警部门指定的时间通过。

在我国的道路上，还有一些桥梁比引道要窄，有的桥梁与道路不成一条直线，驾驶员稍有疏忽，就有可能使车辆撞上桥栏，甚至翻入桥下。为确保行车安全，通过没有行走过的桥梁时，特别是夜间通过较窄道路上的桥梁时，要谨慎小心，注意观察桥梁情况，车时速不得超过 20 km/h。

7. 安全通过铁路道口

通过铁路道口时，车速不得超过 20 km/h，并应服从铁路管理人员的指挥。

遇有道口拦杆（拦门）关闭、音响器发出报警、红灯闪亮或看守人员示意停止行进时，须靠道路右侧依次停在停止线以外；没有停止线的，停在距最外侧铁轨的 5 m 以外处。

通过无人看守的铁路道口时，必须遵循“一停、二慢、三通过”的原则，确认安全。如果路口两边有物体挡住视线，看不清两边有无火车驶近时，则应下车察看，不得贸然通过，更不准与火车抢行。

车辆在铁路道口停车等待时，要拉紧制动，以防车辆发生溜滑，与后面的车辆碰撞。火车通过时，应立即做好发动汽车和起步的准备，一旦放行，应立即起步，以免阻塞交通。穿越铁路时，必须一气通过，不得在火车通过区变速、制动、停车。应注意凸出路面的道岔、枕木，以防损伤轮胎。握紧方向盘，防止轮胎越过轨道时方向盘发生转动而击伤手臂。如果汽车一旦在铁路上熄火，必须立即设法把车移离铁路。在火车即将来临的紧急情况下，可将变速挡挂入一挡或倒挡，抬起离合器，启动点火开关，用启动机直接将车驶离铁路。如实在没法移动车辆，要迎着火车驶来的方向晃动红色衣物等，以告知火车驾驶员紧急制动，避免发生重大事故。

8. 注意夜间行车安全

① 夜间行车中如遇对向车，不要一会儿踩制动踏板，一会儿向右打轮，要切实注意右侧行人和自行车。与对向车相距 150 m 时，应将远光灯变为近光灯，若遇对方不改用近光，应立即减速并连续使用变换远、近光的办法来示意对方；如果仍不改变，则应减速靠右停车避让，切勿斗气以强光对射，以免损害双方视觉而酿成车祸。

② 夜间行车要注意从左侧横过马路的行人。在城市道路的交通繁忙地段，有时对向车道上排满了等红灯的车，在这种情况下，常常有行人从车队的间隙中跑出来从左向右横过马路。

③ 严格控制车速，这是保证夜间行车安全的根本性措施。由于夜间道路上的交通量小，行人和自行车的干扰也比较少，加上驾驶员的心理状态（如急于快赶等），一般比较容易高速行车，因而很可能发生交通事故。驾驶员应该充分认识到在夜间高速行车的危险性。夜间行车由亮处到暗处时，眼睛有一个适应过程，因此必须降低车速，在驶经弯道、坡路、桥梁、窄路和不易看清的地方更应降低车速并随时做好制动或停车的准备。驶经繁华街道时，由于霓虹灯以及其他灯光的照射对驾驶员的视线有影响，这时也需要低速行驶；如果遇下雨、下雪和下雾等恶劣的天气时更需要低速小心行驶。

④ 增加跟车距离。驾驶员在夜间行车时，一是视线不良；二是常遇危险、紧急情况。因此，驾驶员必须准备随时停车。在这种情况下，为避免危险，要注意适当增加跟车距离，以防止前后车相碰撞事故。

⑤ 尽量避免夜间超车，必须超车时，应事先连续变换远、近灯光告知前车，在确实判定前车让路允许超越后，再进行超车。

⑥ 注意克服疲劳驾驶。夜间行车特别是午夜以后行车最容易疲劳瞌睡。另外，夜间行

车由于不能见到道路两旁的景观，对驾驶员兴奋性刺激物小，因此最易产主驾驶疲劳，如稍有感觉就应振作精神或停车休息片刻。

⑦ 夏季夜间行车时，尤其要提高警惕，夏季天气炎热，在街道或公路两旁常有人乘凉或露宿，特别是在居民小区的附近，驾驶员必须谨慎驾驶。

二、进入城区安全驾驶

① 谨慎驾驶，严密注意观察行人和车辆动态，对交通情况的变化，及时做出正确的判断。

② 注意观察交通指挥信号和交通标志，严格按交通指挥信号和交通标志行驶，服从交通警察指挥。

③ 尽量降低车速，并尽可能地少超车。

④ 在与电车、汽车会车时，除注意对方来车外，还要做好随时停车的准备，以防来车后面视线盲区内有行人或自行车突然横穿道路。在超越停靠进站的公共汽车、电车时，更要注意从公共汽车、电车的前面或后面视线盲区内突然跑出行人。

⑤ 串车行驶时，车间距离应根据交通情况适当灵活掌握，随时观察前车发出的停车或转弯信号。

⑥ 需要倒车或掉头时，应特别小心，必要时要有人指挥。在繁华街道或狭窄街道上无掉头标志的地方禁止掉头。

⑦ 在交通高峰期和交通拥挤时，要耐心，不要急躁。

⑧ 行驶中，如遇道路生疏下车问路时，应将车辆停靠在道路右侧（在允许停车的路段），下车开左侧车门时，不得影响后方行驶的车辆。

总之，在城市行车中，必须“谨慎细心、文明礼让、自觉守法”，这是城市行车安全的总要求。

三、在划有车辆分道线的路上安全行驶

车辆必须按照下列规定分道行驶。

① 在划分机动车道和非机动车道的道路上，机动车在机动车道行驶，轻便摩托车在机动车道内靠右边行驶，非机动车、残疾人专用车在非机动车道行驶。

② 在没有划分中心线和机动车道与非机动车道的道路上，机动车在中间行驶，非机动车靠右行驶。

③ 在划分小型机动车道和大型机动车道的道路上，小型客车在小型机动车道行驶，其他机动车在大型机动车道行驶。

④ 大型机动车道的车辆，在不妨碍小型机动车道的车辆正常行驶时，可以借道超车；小型机动车道的车辆低速行驶或遇后车超越时，必须改在大型机动车道行驶。

⑤ 在道路上划有超车道的，机动车超车时可以驶入超车道，超车后须驶回原车道。

四、遇到自行车时安全驾驶

自行车是我国城乡居民的重要交通工具之一，自行车的特点是灵活、轻便、体积小、速度快，行驶随意，但稳定性差，容易摇晃或跌倒。在现阶段，我国道路交通基本上是混合交通，人们的交通安全法规意识还较差，骑车人不按法规、不顾安全随意驾车的情况屡见不鲜，每年由此引发的交通伤亡事故比较突出。也有的骑车者经验不足，遇到汽车驶近，往往会惊慌失措，容易发生事故。此外，由于性别、年龄的不同，骑车者的风格亦是不尽相同的。一般来说，老年人比较稳重，车速较慢；年轻人则比较冒失，车速亦快；女性则比较谨慎，处理情况比较犹豫；儿童是骑自行车的人中最危险的一类，他们常常做出不经思考的动作。那么，驾驶员在路上遇到骑自行车的人时应该怎么办呢？必须掌握自行车交通的以上特点，注意其动向，随时准备采取有效措施，防范事故发生。

在超越自行车的时候，必须做好应付各种突然情况的准备，尤其是防止突然拐弯。为了预防同突然转弯的自行车相撞，应在距自行车 20 m 以外鸣号示意，如自行车没有反应，应提前收小油门减速，做好随时停车的准备；汽车在交叉路口右转弯前，如果在距路口 20 m 内有同方向自行车前行时，最好减速等自行车驶过后再行右转弯，这样可避免自行车撞在转弯汽车的右侧发生事故；在交通灯号为红灯允许右转弯的路口，要让绿灯放行方向的自行车先行。在没有灯光照明的公路上遇到骑自行车的人时，要格外小心。城市中遇到自行车流时，要重点观察右侧超速骑驰的自行车，防止超越他人的自行车突然骑入机动车道。

五、遇到畜力车时安全驾驶

畜力车辆是指以牲畜为动力的车辆。我国畜力车中最多的是马车，也有驴车和牛车等。由于牲畜驾车行动缓慢，容易受惊，所以驾驶员要注意在临近畜力车时，观察好牲畜的动态变化，减速接近，千万不能急躁，要尽量避免按喇叭。若发现牲畜两耳直立、行走犹豫，则应做好停车准备，切勿再按喇叭，也不能加大油门，以免牲畜更加惊慌而发生意外。在超越畜力车或转弯时，都要给畜力车腾出足够的路面，以防距离过近，畜力车颠行、摇晃或控制不住而发生事故。遇路边停有畜力车时，还要注意牲畜乱动，使畜力车左侧的行人受到惊吓，往路中间躲闪或摔倒，从而发生被撞轧事故。

六、安全停车

停车是指车辆处于静止状态，正确停车必须注意以下几点。

① 机动车停放时，须关闭电路，拉紧手制动器，锁好车门。

② 车辆没有停稳以前，不准开车门和上下人，开车门时不准妨碍其他车辆和行人通行。

③ 停在道路右侧或指定地方。停车前应减速或利用脱挡滑行，并以方向标灯或手势，示意后方来车及附近行人注意，缓慢地向道路右侧或停车地点停靠，轻踏制动踏板，使车停止。

④ 在停车场内停放车辆时，要听从管理人员指挥，停放要整齐，保持车辆间能够驶出的间隔距离。

⑤ 在允许临时停放街道上停车时，要靠右侧停正，车轮距人行便道边缘不得超过 30 cm。顺序停车距离应保持 2 m 以上，不能并排停放。

⑥ 必须在坡道上停车时，要选择安全位置，停好后要在拉紧手制动器的同时挂上一挡或倒挡，并用三角垫木或石块塞住车轮，以防滑溜。

⑦ 夜间在道路旁停车，要打开示宽灯和尾灯，防止碰撞。

⑧ 汽车因故障停在道路中央时，应设法迅速推移至道路右侧不阻碍交通的地方。因爆胎、切轴不能迅速推移的，应打开危险信号灯，在车前，车后设置明显标志，夜间应打开示

宽灯、尾灯。

⑨ 冬季中途停车，应注意对发动机采取保温防冻措施；夏季停车，应注意勿使油箱遭受曝晒。

⑩ 在冰雪路上中途停车，要将车辆开到朝阳避风处停放。如果停车时间较长，又不宜放冷却水时，应适时启动发动机，以保持一定的温度，防止冷却水结冰，造成机件损坏。在结冰或积雪地面长时间停车，应在轮胎下面垫上沙土、灰草等垫物，防止轮胎冻在地面上。停车后应关闭百叶窗，放下水箱帘。停驶时，应把水放净后再驶入停车位置。

⑪ 装载易燃和其他危险品的车辆，不得停在市内或人烟稠密的地方，亦不得靠近其他车辆。

⑫ 为减轻车辆载重，重车停放一夜以上的时间，应用支车木在车后拖车钩处将车支起。

⑬ 在交通法规规定不准停车的地点，严禁停车。在交通流量大、道路狭窄、视距短、坡度大等一些不安全路段，应避免停车。

七、安全驾驶摩托车

摩托车巧轻灵活，是方便的交通工具，深为人们所喜爱。但由于其稳定性较差，速度较快，因此在驾驶摩托时要特别注意安全，并养成良好的习惯。

1. 出车前应检查一下车辆状况

① 大灯、转向灯、制动灯、尾灯是否都有效。

② 机油、冷却液、车轮气压是否充足。

③ 喇叭是否有效，后视镜角度是否正确。

④ 车把是否灵活，有无被其他物体或管线牵挂。

⑤ 前后制动效果如何。

⑥ 推动时有无不应有的摩擦声响，车轮有无左右摆动情形。

⑦ 修车工具有无配齐。

2. 驾车时的装备

① 头盔是法定必须使用的护具，应选择舒适、不闷气、视野开阔及硬度可靠头盔作为保护用品。

② 眼镜能有效地防止风沙弥眼及由此而带来的事故，选择眼镜，在阳光下以深色镜为好，夜间则以平光镜为好。

③ 衣服是驾车人重要的防护物，厚实的长袖衣能有效地减少跌倒时受到创伤；颜色醒目的衣服能引起汽车驾驶员的注意。

④ 手套不但能减少手汗对驾车的影响，更是防止跌倒时手掌擦破的有效保护物。

⑤ 鞋子是规定必须的保护物品，在发生碰撞冲击，摩擦时能有效地保护脚部，选择鞋子应以鞋底厚软，舒适并能保护踝骨的为好（不得穿拖鞋驾驶摩擦拖车）。

3. 车辆的选择

驾驶摩托车要量力而行，车辆越大越难控制，一般应以两脚着地并能支撑车辆为适度。

4. 行车注意

① 二轮摩托车只能携带一名 12 岁以上的乘客。载物时，高度从地面起不能超过 1.5 m，

宽度左右不超过车把 30 cm，长度不能超出车身 20 cm。如果缺乏带人的经验，更应注意安全，因乘客的一举一动都会影响车的稳定性，这在低速时尤为明显，增加对车辆控制的难度。携带乘人时，搭乘者应正向骑坐，扶住驾驶员或抓紧扶手，踩稳踏板，戴好安全帽，行驶时避免急转弯和高速越过小坡，否则有可能使人或货物被抛出车外。要切记：严禁超额载人和不按规定载物，因为这样会增大驾驶操纵难度，极大影响车辆行驶的稳定性和制动效果。

两侧车把均严禁悬挂物品，以免影响方向的稳定。

② 应在机动车道右侧行驶，不准在人行道、非机动车道及 3.5 m 以下宽度的内街小巷骑行。

③ 在没有限速标志的道路行驶时，市区道路车速不得超过 50 km/h，郊外公路不超过 60 km/h。

④ 跟车不可太近，应跟在前车的右后角并保持适当的距离，以避免刹车不及撞到前车，同时也可避免前车撒落物品或扬起尘土、泥水的影响。

⑤ 切忌与汽车竞驶。

⑥ 不要随意和过度摆动方向，以免被尾随的车辆撞上。

⑦ 超车时应从前车的左侧超越，右侧超车或在两并行汽车之间超车，随时有被碰夹的危险。

⑧ 要正确使用制动，不要忽视前闸，前闸的制动效果比后闸更好，前后同时制动，可有效地减少制动距离，但必须记住，除非紧急情况，否则不论是使用前闸还是后闸，都不要一下抱死。因为前闸抱死会造成方向失控和前翻，后闸抱死可能使车发生侧滑，前后闸同时使用时，前闸动作应比后闸动作稍晚。

⑨ 行进中遇到无法绕开的凸起条状障碍物如铁轨、石条、板块时，应尽可能垂直通过。

⑩ 遇到路面积水，应尽量绕过或谨慎通过，防止被坑或硬物绊倒。

⑪ 转弯前应减速，注意礼让前后方向的直行车辆，转弯时保持同速，人体与车辆同样的角度倾斜，切勿在转弯时将脚拖踏路面或随意使用制动，这样容易失去平衡。

⑫ 雨天行车应特别注意非机动车动态，在没有护栏分隔的道路，摩托车行驶路线紧贴非机动车道，骑自行车者由于雨帽的影响，难以顾及左右，因此在超越非机动车时一定要谨慎，必要时鸣喇叭警示（在非禁鸣喇叭的地段）。

⑬ 有的路段或部位如分道线、横道线、指示箭头等，在雨后比正常路面要滑，光滑的水泥、沥青路面，雨后有的还会出现反光现象，行车时要格外小心。

⑭ 通过泥泞道路起步时要控制好油门，不可盲目加大油门，行驶时速度要适中。在光滑的路上转弯时应用低速，身体不要倾斜。

5.4.2　道路交通标志和标线

1. 道路交通警告标志

道路交通警告标志见表 5.4.1。

表 5.4.1　道路交通警告标志及含义

十字交叉	T 形交叉	T 形交叉	T 形交叉
除了基本形十字路口外，还有部分变异的十字路口，如五路交叉路口、变形十字路口、变形五路交叉路口等。五路以上的路口均按十字路口对待	丁字形标志原则上设在与交叉口形状相符的道路上。右侧丁字路口，此标志设在进入 T 字路口以前的适当位置	丁字形标志原则上设在与交叉口形状相符的道路上。左侧丁字路口，此标志设在进入 T 字路口以前的适当位置	丁字形标志原则上设在与交叉口形状相符的道路上。此标志设在进入 T 字路口以前的适当位置

Y 形交叉	环形交叉	向左急弯路	向右急弯路
此标志设在 Y 形路口以前的适当位置	有的环形交叉路口，由于受线形限制或障碍物阻挡，此标志设在面对来车的路口的正面	表示向左急弯路，此标志设在左急转弯的道路前方适当位置	表示向右急弯路，此标志设在右急转弯的道路前方适当位置

反向弯路	连续弯路	上陡坡	下陡坡
此标志设在两个相邻的方向相反的弯路前的适当位置	此标志设在有连续三个以上弯路的道路以前的适当位置	此标志设在纵坡度在 7% 和市区纵坡度在大于 4% 的陡坡道路前适当位置	此标志设在纵坡度在 7% 和市区纵坡度在大于 4% 的陡坡道路前适当位置

两侧变窄	右侧变窄	左侧变窄	窄桥
车行道两侧变窄主要指沿道路中心线对称缩窄的道路；此标志设在窄路以前的适当位置	表示车行道右侧缩窄。此标志设在窄路以前的适当位置	表示车行道左侧缩窄。此标志设在窄路以前的适当位置	此标志设在桥面宽度小于路面宽度的窄桥以前的适当位置

续表

双向交通	注意行人	注意儿童	注意牲畜
表示双向行驶的道路上，采用天然的或人工的隔离措施，把上下行交通完全分离，由于某种原因（施工、桥、隧道）形成无隔离的双向车道时，须设置此标志	一般设在郊外道路上划有人行横道的前方。城市道路上因人行横道线较多，可根据实际需要设置	此标志设在小学、幼儿园、少年宫、儿童游乐场等儿童频繁出入的场所或通道处	此标志设在经常有牲畜活动的路段特别是视线不良的路段以前适当位置

注意信号灯	注意落石	注意落石	注意横风
此标志设在不易发现前方位信号灯控制的路口前的适当位置	表示前方左侧有落石的危险，此标志设在左侧有落石危险的傍山路段之前的适当位置	表示前方右侧有落石的危险，此标志设在右侧有落石危险的傍山路段之前适当位置	此标志设在经常有很强的侧风并有必要引起注意的路段前的适当位置

易滑	傍山险路	傍山险路	堤坝路
行驶至此路段必须减速慢行。此标志设在路面的摩擦系数不能满足相应行驶速度下要求紧急制动距离的路段前适当位置	此标志设在山区地势险要路段（道路外侧位陡壁、悬崖危险的路段）以前的适当位置	此标志设在山区地势险要路段（道路外侧位陡壁、悬崖危险的路段）以前的适当位置	此标志设在沿水库、湖泊、河流等堤坝路以前的适当位置

续表

堤坝路	村庄	隧道	渡口
此标志设在沿水库、湖泊、河流等堤坝路以前的适当位置	此标志设在不易发现前方有村庄或小城镇的路段以前的适当位置	表示前方要进入隧道，此标志设在进入隧道前的适当位置	此标志设在汽车渡口的以前适当位置。特别是有的渡口地形较为复杂、道路条件较差，使用此标志能引起驾驶员的谨慎驾驶、注意安全

驼峰桥	路面不平	过水路面	有人看守铁路道口
此标志设在注意前方是拱度较大，不易发现对方来车，应靠右侧行驶并应减速慢行	表示前方道路路面不平，此标志设在路面不平的路段以前的适当位置	此标志设在过水路面或漫水桥路段以前的适当位置	表示前方有铁路道口，此标志设在不易发现的道口以前的适当位置

无人看守铁路道口	注意非机动车	事故易发路段	慢行
此标志设在道口以前适当位置	此标志设在混合行驶的道路并经常有非机动车横穿、出入的地点以前的适当位置	表示前方为事故多发路段，此标志设在交通事故易发路段以前的适当位置	表示前方道路需减速慢行，此标志设在前方需要减速慢行的路段以前的适当位置

左右绕行	左侧绕行	右侧绕行	施工
表示有障碍物左右侧绕行，此标志放置在路段前的适当位置	表示有障碍物左侧绕行，此标志放置在路段前的适当位置	表示有障碍物右侧绕行，此标志放置在路段前的适当位置	表示前方路段正在施工，此标志可作为临时标志设在施工路段以前适当位置

续表

注意危险	斜杠符号	斜杠符号	斜杠符号
此标志设在以上标志不能包括的其他危险路段以前的适当位置	表示距无人看守铁路道口的距离为 50 m	表示距无人看守铁路道口的距离 100 m	表示距无人看守铁路道口的距离为 150 m

叉形符号			
表示多股铁道与道路交叉，此标志设在无人看守铁路道口标志上端			

2. 道路交通禁令标志

道路交通禁令标志及含义见表 5.4.2。

表 5.4.2　道路交通禁令标志及含义

禁止通行	禁止驶入	除公共汽车外	禁止机动车通行
表示禁止一切车辆和行人通行。此标志设在禁止通行的道路入口处	表示禁止车辆驶入。此标志设在禁止驶入的路段入口处	表示禁止某种机动车通行。此标志设在禁止机动车通行的路段入口处	表示禁止载货机动车通行。此标志设在载货机动车通行的路段入口处

续表

禁止三轮机动车通行	禁止大型客车通行	禁止小型客车通行	禁止汽车拖、挂车通行
表示禁止三轮机动车通行。此标志设在禁止三轮机动车通行的路段入口处	表示禁止大型客车通行。此标志设在禁止大型客车通行的路段入口处	表示禁止小型客车通行。此标志设在禁止小型客车通行的路段入口处	表示禁止汽车拖、挂车通行。此标志设在禁止汽车拖、挂车通行的路段入口处

禁止拖拉机通行	禁止农用车通行	禁止两轮摩托车通行	禁止某两种车通行
表示禁止拖拉机通行。此标志设在禁止拖拉机通行的路段入口处	表示禁止农用运输车通行。此标志设在禁止农用运输车通行的路段入口处	表示禁止两轮摩托车通行。此标志设在禁止两轮摩托车通行的路段入口处	表示禁止某两种车通行。此标志设在禁止某两种车通行的路段入口处

禁止非机动车通行	禁止畜力车通行	禁止人力货运三轮车通行	禁止人力客运三轮车通行
表示禁止非机动车通行。此标志设在禁止非机动车通行的路段入口处	表示禁止畜力车通行。此标志设在禁止畜力车通行的路段入口处	表示禁止人力货运三轮车通行。此标志设在禁止人力货运三轮车通行的路段入口处	表示禁止人力客运三轮车通行。此标志设在禁止人力客运三轮车通行的路段入口处

禁止人力车通行	禁止骑自行车下坡	禁止骑自行车上坡	禁止行人通行
表示禁止人力车通行。此标志设在禁止人力车通行的路段入口处	表示禁止骑自行车下坡通行。此标志设在禁止骑自行车下坡通行的路段入口处	表示禁止骑自行车上坡通行。此标志设在禁止骑自行车上坡通行的路段入口处	表示禁止行人通行。此标志设在禁止行人通行的路段入口处

续表

禁止向左转弯	禁止向右转弯	禁止直行	禁止向左向右转弯
表示前方路口禁止一切车辆向左转弯。此标志设在禁止向左转弯的路口前适当位置	表示前方路口禁止一切车辆向右转弯。此标志设在禁止向右转弯的路口前适当位置	表示前方路口禁止一切车辆直行。此标志设在禁止直行的路口前适当位置	表示前方路口禁止一切车辆向左向右转弯。此标志设在禁止向左向右转弯的路口前适当位置

3. 道路交通指示标志

道路交通指示标志及含义见表 5.4.3。

表 5.4.3　道路交通指示标志及含义

直行	向左转弯	向右转弯	直行和向左转弯
表示只准一切车辆直行。此标志设在直行的路口以前适当位置	表示只准一切车辆向左转弯。此标志设在车辆必须向左转弯的路口以前适当位置	表示只准一切车辆向右转弯。此标志设在车辆必须向右转弯的路口以前适当位置	表示只准一切车辆直行和向左转弯。此标志设在车辆必须直行和向左转弯的路口以前适当位置

直行和向右转弯	向左和向右转弯	靠右侧道路行驶	靠左侧道路行驶
表示只准一切车辆直行和向右转弯。此标志设在车辆必须直行和向右转弯的路口以前适当位置	表示只准一切车辆向左和向右转弯。此标志设在车辆必须向左和向右转弯的路口以前适当位置	表示只准一切车辆靠右侧道路行驶。此标志设在车辆必须靠右侧行驶的路口以前适当位置	表示只准一切车辆靠左侧道路行驶。此标志设在车辆必须靠左侧行驶的路口以前适当位置

续表

立交直行和左转弯行驶	立交直行和右转弯行驶	环岛行驶	步行
表示车辆在立交处可以直行和按图示路线左转弯行驶。此标志设在立交左转弯出口处适当位置	表示车辆在立交处可以直行和按图示路线右转弯行驶。此标志设在立交右转弯出口处适当位置	表示只准车辆靠右环行。此标志设在环岛面向路口来车方向适当位置	表示该街道只供步行。此标志设在步行街的两端

鸣喇叭	最低限速	单行路向左或向右	单行路直行
表示机动车行至该标志处必须鸣喇叭。此标志设在公路的急转弯处、陡坡等视线不良路段的起点	表示机动车驶入前方道路之最低车速限制。此标志设在高速公路或其他道路限速路段的起点	表示一切车辆向左或向右单向行驶。此标志设在单行路的路口和入口处的适当位置	表示一切车辆单向行驶。此标志设在单行路的路口和入口处的适当位置

干路先行	会车先行	人行横道	右转车道
表示干路先行，此标志设在车道以前适当位置	表示会车先行，此标志设在车道以前适当位置	表示该处为专供行人横穿马路的通道。此标志设在人行横道的两侧	表示车道的行驶方向。此标志设在导向车道以前适当位置

续表

直行车道	直行和右转合用车道	分向行驶车道	公交线路专用车道
表示车道的行驶方向。此标志设在导向车道以前适当位置	表示车道的行驶方向。此标志设在导向车道以前适当位置	表示车道的行驶方向。此标志设在导向车道以前适当位置	表示该车道专供本线路行驶的公交车辆行驶。此标志设在进入该车道的起点及各交叉口入口处以前适当位置

机动车行驶	机动车车道	非机动车行驶	非机动车车道
表示车道机动车行驶。此标志设在道路或车道的起点及交叉路口入口处前适当位置	表示该道路或车道专供机动车行驶。此标志设在道路或车道的起点及交叉路口入口处前适当位置	表示非机动车行驶。此标志设在道路或车道的起点及交叉路口入口处前适当位置	表示该道路或车道专供非机动车行驶。此标志设在道路或车道的起点及交叉路口入口处前适当位置

允许掉头			
表示允许掉头。此标志设在允许机动车掉头路段的起点和路口以前适当位置			

4. 旅游区道路交通标志

旅游区道路交通标志及含义见表 5.4.4。

表 5.4.4　旅游区道路交通标志及含义

旅游区方向	旅游区距离	问询处	徒步

索道	野营地	营火	游戏场

骑马	钓鱼	高尔夫球	潜水

游泳	划船	冬季浏览区	滑雪

滑冰			

5. 道路施工交通安全标志

道路施工交通安全标志及含义见表 5.4.5。

表 5.4.5　道路施工交通安全标志及含义

<table>
<tr><td colspan="3">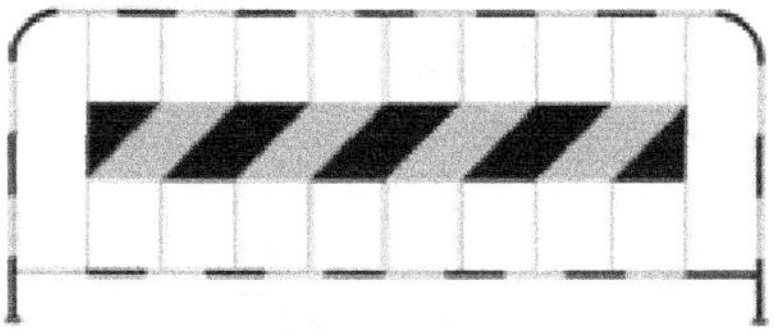</td><td colspan="3">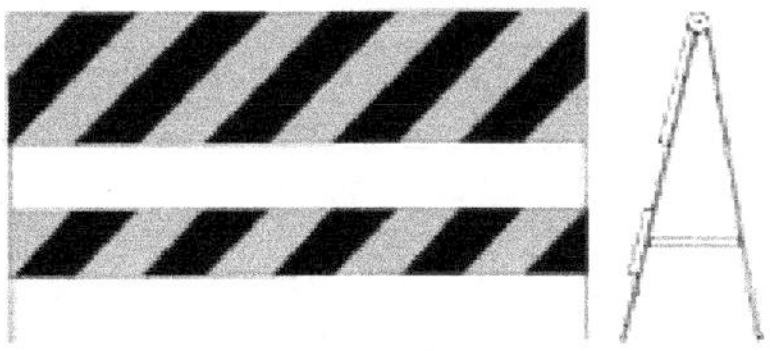</td></tr>
<tr><td colspan="3">施工路栏</td><td colspan="3">施工路栏</td></tr>
<tr><td colspan="2">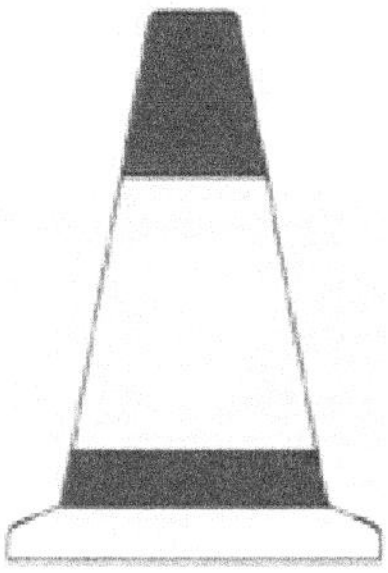</td><td colspan="2"></td><td colspan="2">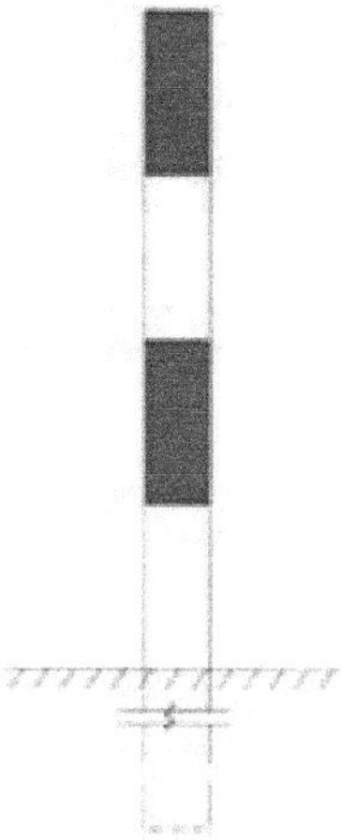</td></tr>
<tr><td colspan="2">锥形交通标</td><td colspan="2">锥形交通标</td><td colspan="2">道口标</td></tr>
<tr><td colspan="2"></td><td colspan="2"></td><td colspan="2"></td></tr>
<tr><td colspan="2">前方施工</td><td colspan="2">前方施工</td><td colspan="2">道路施工</td></tr>
<tr><td colspan="2"></td><td colspan="2"></td><td colspan="2"></td></tr>
<tr><td colspan="2">道路封闭</td><td colspan="2">道路封闭</td><td colspan="2">道路封闭</td></tr>
<tr><td colspan="2"></td><td colspan="2"></td><td colspan="2"></td></tr>
<tr><td colspan="2">右道封闭</td><td colspan="2">右道封闭</td><td colspan="2">右道封闭</td></tr>
<tr><td colspan="2"></td><td colspan="2"></td><td colspan="2"></td></tr>
<tr><td colspan="2">左道封闭</td><td colspan="2">左道封闭</td><td colspan="2">左道封闭</td></tr>
</table>

续表

中间封闭	中间封闭	中间封闭

车辆慢行	向左行驶	向右行驶

向左改道	向右改道	

复习思考题

1. 车辆起步、换挡、转弯、停车操纵要领有哪些？
2. 车辆变速器有几种？各自的特点是什么？
3. 如何驾驶才能使车辆油耗更低？
4. 车辆出现紧急情况应急处理原则及处理办法有哪些？
5. 道路交通标志和标线有几种？其具体作用是什么？

汽车保养篇

项目六

汽车售前检查（PDI）

企业工作过程描述

服务顾问使用 ELSA 系统，制作 PDI 检查表，并交付给维修技师，与维修技师商讨 40 min 完成任务，维修技师根据 PDI 检查表项目内容及要求，对第二天即被售出的奥迪（Audi）A6L 2.0T 轿车进行售前检查。完成后，将 PDI 检查表送回服务顾问，最终，由服务顾问通知客户第二天提车。

项目教学目标

① 能对即将交付客户的新车正确验证其状态、恢复车辆的正常状态、检验车辆的功能，确保车辆处于最佳状态。

② 能通过车辆《使用手册》、《驾驶员保养手册》等资料及 ELSA 系统获取车辆主要基本信息，能帮助客户正确识别 VIN 和发动机编号，帮助客户了解车辆主要尺寸参数和性能参数。

③ 能正确填写 PDI 检查单。

④ 能使用故障诊断仪 V. A. S 5052 对车辆各系统匹配、设定、复位。

⑤ 能向客户简单介绍并为车辆选择合适的油品、液品。

⑥ 能区分蓄电池类型，并简单叙述蓄电池构造。

⑦ 能说出轮胎标识含义。

⑧ 会叙述发动机及底盘的各个系统的组成。

⑨ 能说出风窗清洗装置的组成。

⑩ 能与客户主动交流沟通，不怯场。

工作任务 6.1 蓄电池检查

任务目标

① 了解蓄电池的功用、组成、类型，蓄电池的工作过程、蓄电池安全使用的注意事项以及免维护蓄电池特点。

② 了解什么是负极搭铁。

③ 了解蓄电池电压。

④ 能说出蓄电池安全使用的注意事项。

⑤ 能正确测量蓄电池电压。

⑥ 能正确使用力矩扳手拧紧蓄电池极柱螺栓及紧固螺栓。

6.1.1 蓄电池

一、蓄电池的功用

① 发动机启动时，向启动机和点火系统供电。

② 发动机低速运转时，向用电设备和发电机磁场绕组供电。

③ 发动机运转时，将发电机剩余电能转化为化学能储存起来。

④ 发电机过载时，协助发电机向用电设备供电。

⑤ 蓄电池相当于一个大电容器，能吸收电路中出现的瞬时过电压，保护电子元件，保持汽车电器系统电压稳定。

二、蓄电池结构

铅酸蓄电池结构如图 6.1.1 所示。

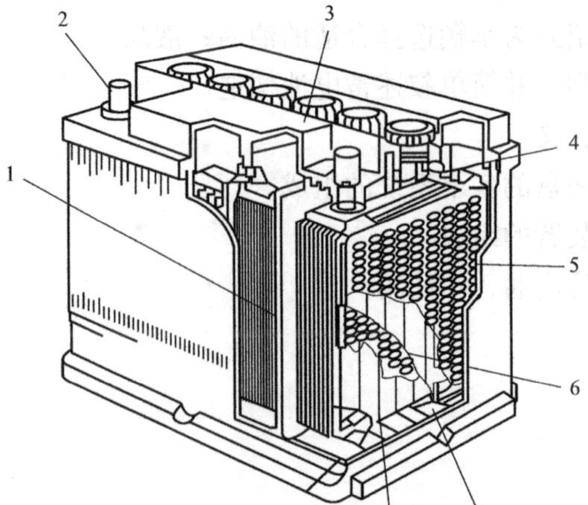

图 6.1.1 铅酸蓄电池结构

1—电池隔板；2—端子；3—通气孔塞；4—电解液面标记；5—负极板；6—正极板；7—沉淀室；8—隔板

三、蓄电池工作原理

蓄电池的工作过程就是化学能与电能的相互转化过程。其中包括两个过程：当蓄电池将化学能转化为电能而向外供电时，称为放电过程；当蓄电池与外界直流电源相连而将电能转化为化学能储存起来时，称为充电过程。

蓄电池工作原理，如图 6. 1. 2 所示。

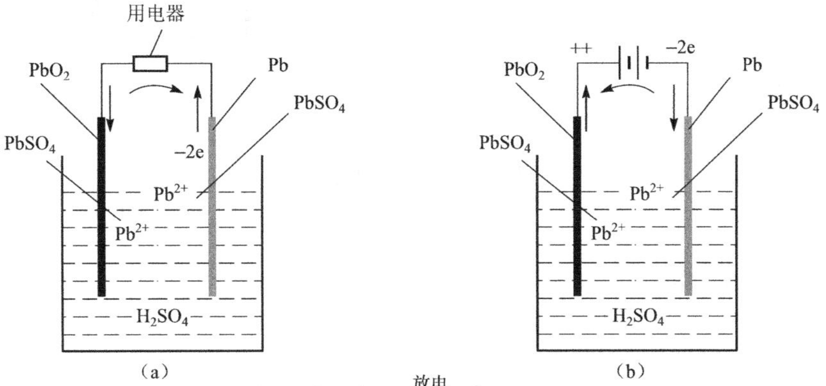

$$PbO_2+Pb+2H_2SO_4 \underset{充电}{\overset{放电}{\rightleftharpoons}} 2PbSO_4+2H_2O$$

图 6. 1. 2　蓄电池工作原理

（a）放电；（b）充电

四、蓄电池类型及特点

1. 普通铅酸电池（图 6. 1. 3）

（1）加液孔和加液孔盖

蓄电池的每一个单格都有一个加液孔，为加注电解液和检测电解液密度所用，孔盖上有通气孔，该小孔应经常保持畅通，以便随时排除蓄电池化学反应放出的氢气和氧气，防止外壳胀裂和发生事故。

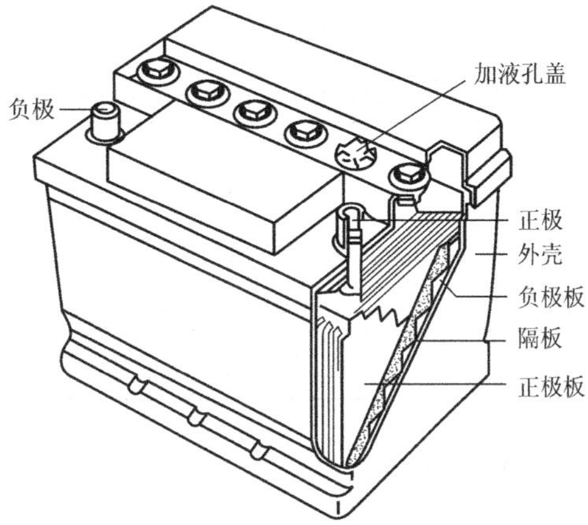

图 6. 1. 3　普通铅酸电池

（2）电解液

用纯硫酸和蒸馏水按一定的比例配制成的电解液密度一般为 1. 24 ~ 1. 30 g/cm^3。

2. 免维护蓄电池

“免维护蓄电池”是指在规定的使用条件下，使用期间不需要进行维护的蓄电池。对于车用铅蓄电池来讲，也就是使用期间不需经常添加蒸馏水的蓄电池，共有两种类型。

（1）符合 DIN 标准的免维护蓄电池

符合 DIN 标准的免维护蓄电池，又称为少维护蓄电池（图 6. 1. 4）。正常情况下不需添加溶液。如需添加，只能添加蒸馏水，使之达到所要求的高度，勿添加过多。

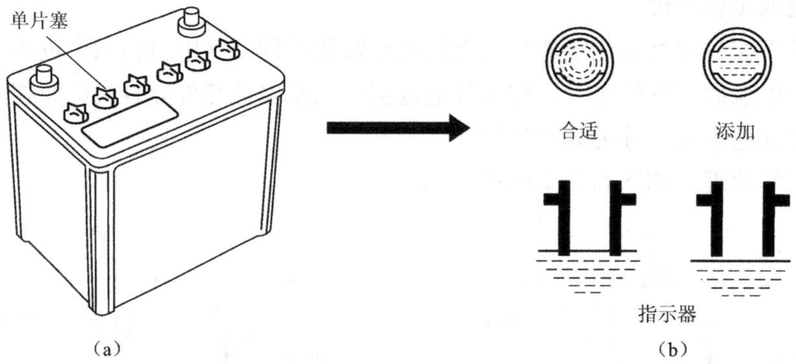

图 6.1.4 少维护蓄电池

(a) 少维护蓄电池外形;(b) 溶液的添加

(2) 完全免维护蓄电池

完全免维护蓄电池称为 MF (Maintenace—Free) 蓄电池,其含义是在合理的使用期限内 (一般为 4 年) 不需添加蒸馏水。

"完全免维护"蓄电池与"符合 DIN 标准的免维护"蓄电池的区别在于,其铅栅极由铅钙合金制成。采用这种合金能减少自行放电现象,并因此减少水的消耗。此外,还用由抗氧化薄膜制成的袋形隔板来代替片形隔板,由此可取消沉积物收集腔,节省下来的空间可用于较大的正极板或增加极板数量,并借此提高启动功率。"完全免维护"蓄电池没有可看到的密封塞,因为不需要添加蒸馏水。以彩色形式显示的电眼提供有关电解液液位和蓄电池充电状态的信息 (表 6.1.1 和图 6.1.5)。

表 6.1.1 电解液液位与蓄电池充电状态

颜色显示	蓄电池充电状态
绿色	蓄电池已充足电
黑色	没有充电或电量过低
无色或黄色	有爆炸危险,不得检测蓄电池或为蓄电池充电

图 6.1.5 完全免维护蓄电池电眼颜色

五、蓄电池使用

1. 蓄电池电压

蓄电池使用与充电电压见表 6.1.2。

表 6.1.2 蓄电池使用与充电电压

额定电压	空载电压	充电电压	充电结束电压	放电结束电压
一个电解槽的额定电压为 2V。一个启动蓄电池的额定电压为 12V	空载电压是在无负载蓄电池上测得的电压。该电压约为 12.6V	如果充电时一个电解槽的电压达到 2.4V,就会开始产生气体。此电解槽已充电 80%	充电结束电压是在满负荷充电结束时的电压。此电压为 2.75V,电解液密度为 1.28 g/cm³	放电结束电压是已放完电的蓄电池电压。该电压为 1.75V,电解液密度为 1.12 g/cm³

2. 蓄电池使用过程中的注意事项

① 保持蓄电池外表面的清洁干燥，及时清除极柱和电缆卡子上的氧化物，并确定蓄电池极柱上的电缆连接牢固。

② 保持加液孔盖上通气孔的畅通，定期疏通。

③ 定期检查并调整电解液液面高度，液面不足时，应补加蒸馏水。

3. 蓄电池故障

蓄电池故障与补救措施见表 6.1.3。

表 6.1.3　蓄电池故障与补救措施

序号	故　　障	原　　因	补救措施
1	输出功率很小，电压下降很大	• 蓄电池放电 • 接线柱氧化或松动 • 接地连接不良 • 充电电压过低 • 蓄电池硫酸盐化 • 蓄电池已到使用寿命	• 为蓄电池充电 • 检查总线端并进行清洁 • 拧紧 • 检查电压调节器，必要时更换 • 用小电流为蓄电池充电 • 检查蓄电池，必要时充电或更换
2	蓄电池电量不足	• 所连接的用电器过多 • 多楔带松弛 • 张紧装置损坏 • 发电机上的导线接头松开 • 发电机或调节器故障	• 选用更大的蓄电池或更大的交流发电机 • 检查多楔带 • 检查张紧装置 • 检查导线接头是否牢固固定 • 检查发电机或调节器，必要时更换
3	电解液液位过低	因过量充电或受热而蒸发	添加蒸馏水
4	电解液密度过低	蓄电池放电	为蓄电池充电
5	蓄电池表面潮湿	• 加注的蒸馏水过多 • 蓄电池密封塞堵住 • 电压调节器损坏	• 放出气体，吸出电解液 • 清洁排气小孔 • 检查调节器，必要时更换
6	蓄电池产生的气体较多	电压调节器损坏	检查调节器，必要时更换

六、蓄电池的型号

蓄电池的型号表示，如图 6.1.6 所示。

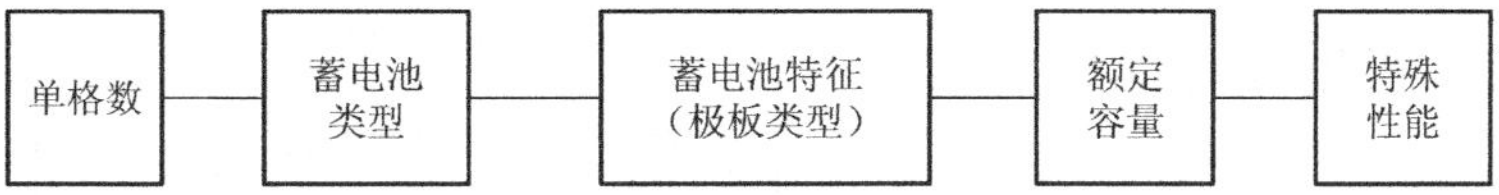

图 6.1.6　蓄电池型号

例如：

① 3-Q-90：表示由 3 个单格组成，额定容量为 90A·h，Q—启动型铅蓄电池。

② 6-QA-105G：表示由 6 个单格组成，额定容量为 105 A · h，A—干式荷电极板，Q—启动型铅蓄电池，G—高启动功率。

③ 6-QA-65W：表示由 6 个单格组成，额定容量为 65 A · h，A—干式荷电极板，Q—启动型铅蓄电池，W—免维护。

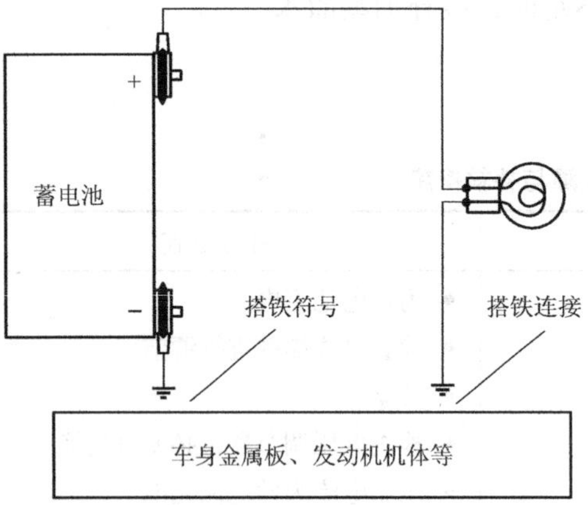

图 6.1.7　搭铁原理

七、什么是负极搭铁

如果实际汽车上的负载或电阻回线都直接与蓄电池负极相连，那么与蓄电池负极连接的导线将成百上千。为了避免这一点，汽车制造商采用了将汽车金属车架作为回路一部分的布线方式。利用底盘作为负极导线经常被称为搭铁，与底盘连接的导线或金属支架通常被称为搭铁线或搭铁端，如图 6.1.7 所示，载荷直接与金属车架搭铁。金属车架就作为电路回线，来自蓄电池的电流流过负载流入车架，车架通过蓄电池搭铁线与蓄电池负极相连。

6.1.2　万用表

一、万用表功能

数字式万用表是一种多量程、多电量的便携式检测仪表，它具有快速、连续、操纵简便、读数可靠、测量范围广、价格低等特点。

万用表一般都能测直流电流、直流电压、交流电压、电阻等电量，还能测交流电流、电容、电感及晶体三极管 A_{FE} 数值等更多电量。

二、DT-830 型数字万用表

面板装有液晶显示屏、量程转换开关、输入插口、h_{FE} 插口及电源开关。后面板附有电池盒，如图 6.1.8 所示。

1. 数字万用表面板

（1）液晶显示屏

液晶显示面板顶部的液晶显示器采用 FE 型大号字 LCD 显示

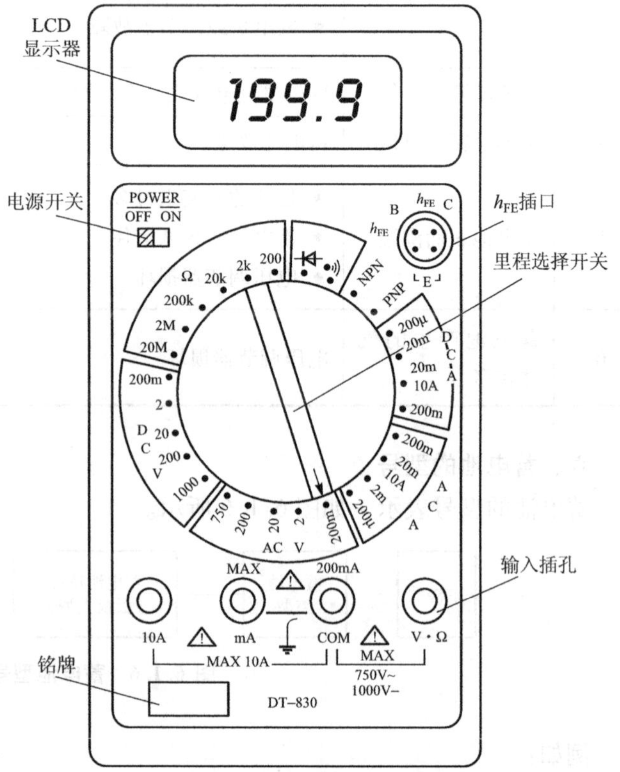

图 6.1.8　DT-830 型数字万用表面板

器，最大显示值为 1999（或-1999），仪表具有自动显示极性功能。若被测电压或电流的极性为负，显示值前将带“-”号。显示屏上的小数点由量程开关进行同步控制，可使小数点左移或右移。当仪表电源电压低于工作电压，显示屏左端显示箭头符号时，应更换电池。输入超量程，显示屏左端出现“1”或“-1”的提示字样。

（2）电源开关

面板左上部字母“POWER”（电源）下面，注有“OFF”（关）和“ON”（开）字符，若将电源开关拨至“ON”，接通电源，即可使用仪表。用毕将开关拨至“OFF”位置，则关表，以免空耗电池。

（3）量程转换开关

位于面板中央的旋转式量程开关，配合标有各种不同工作状态范围的开关指示盘，用来完成测试功能和量程的选择。若用表内蜂鸣器做通断检查时，量程开关应停放在标注“·）））”符号位置。

（4）h_{FE}插口

面板右上部是一个四眼插座，插座旁标有 B，C，E（E 孔有两个可任意选用）字母，在测量晶体管 h_{FE}值时，应将晶体管三个电极对应插入 B，C，E 内。

（5）输入插口

输入插口是万用表通过表笔与被测量连接的部位，面板下部设有“COM”，“V-Ω”，“mA”，“10 A”共四个插口。使用时黑表笔应置于“COM”插口，红表笔应根据被测量的种类和大小置于“V-Ω”，“mA”或“10 A”插孔。在“V-Ω”与“COM”之间有“MAX750~1000 V-”的字样，表示从这两孔输入的交流电压（有效值）不得超过 750 V，直流电压不得超过 1000 V。在“mA”与“COM”之间标有“MAX 200 mA”，在“10 A”与“COM”之间标有“MAX 10 A”，表示在对应插口输入的交、直流电流不应超过 200 mA 和 10 A。

2. 数字式万用表的使用方法

（1）直流电压的测量

将量程开关有黑线的一端拨至“DCV”范围内的适当量程挡，黑表笔插入“COM”插口（以下各种测量都相同），红表笔插入“V-Ω”插口，将电源开关拨至“ON”，表笔接触测量点后，显示屏上便出现测量值。量程开关置于 200 mV 挡，显示值以“mV”为单位，其余四挡以“V”为单位。

（2）交流电压的测量

将量程开关拨至“ACV”范围内适当量程挡，表笔接法同上，其测量方法与测直流电压相同。

（3）直流电流的测量

将量程开关拨至“DCA”范围内适当的量程挡，当被测电流小于 200 mA，红表笔应插入“mA”插口，接通表内电源，把仪表串联接入测量电路，即可显示读数。若量程开关置于 200 mA，20 mA/10 A，2 mA 三挡时，显示值以“mA”为单位，置于 200 μA 挡，显示值以“μA”为单位。当被测电流大于 200 mA，量程开关只能置于 20 mA/10 A 挡，红表笔应插入“10 A”插口，显示值以“A”为单位。

(4) 交流电流的测量

将量程开关拨至“ACA”范围内适当的量程挡，红表笔也按量程不同插入“mA”或“10A”插口，测量方法与测直流电流相同。

(5) 电阻的测量

将量程开关拨到“Ω”范围内适当的量程挡，红表笔插入“V-Ω”插口。例如：量程开关置于20M或2M挡，显示值以“MΩ”为单位，200挡显示值以“Ω”为单位，2k、20k、200k挡显示值以“kΩ”为单位。

(6) 二极管的测量

将量程开关拨至二极管符号挡，红黑表笔分别插入“V-Ω”和“COM”插口，将表笔接至二极管两端。

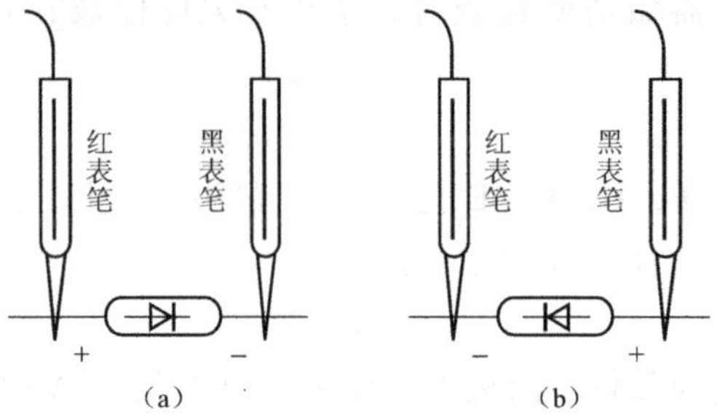

图6.1.9 万用表红、黑表笔的接法

(a) 正向电压倒置；(b) 反向电压倒置

图6.1.9 (a) 的接法正好使万用表显示的是二极管的正向电压。若二极管内部短路或开路，显示值为“000”和“1”。

图6.1.9 (b) 的接法正好为二极管反向电压的测量，若损坏，显示值为“000”。

(7) 晶体管 h_{rE} 的测量

将被测三极管的三个管脚插入相对应的E、B、C孔内，根据被测晶体管类型选择“PNP”或“NPN”量程挡。便已接通表内电源，显示屏上显示管子的 A_{FE} 数值。

(8) 电路通断的检查

将红表笔插入“V-Ω”孔内，量程开关转至标有“·)))”的符号处，然后用表笔触及被测电路，若表内蜂鸣器发出叫声，说明电路是通的；反之，则不通。

3. 数字万用表使用注意事项

① 测量前，应校对量程开关位置及两表笔所接的插孔，无误后再进行测量。严禁在测量高电压或大电流时拨动开关，以防产生电弧，烧损开关触点。

② 对无法估计的待测量，应选择最高量程挡测量，然后根据显示结果选择合适的量程。

③ 严禁带电测电阻。用低挡（200Ω挡）测电阻时，可先将两表笔短接，测出表笔引线电阻，据此修正测量结果。用高阻挡测电阻时，应防止人体电阻并入待测电阻而引起测量误差。

④ 仪表的使用或存放应避免高温（大于40℃）、寒冷（小于0℃）、阳光直射及强烈震动的环境。

⑤ 交流电压挡只能直接测量低频（小于500Hz）正弦波信号。

⑥ 在使用各电阻挡、二极管挡、通断挡时，红表笔接“V-Ω”插孔（表内电源的正极），黑表笔接“COM”插孔。这与模拟式万用表在各电阻挡时的表笔带电极性恰好相反，使用时应特别注意。

⑦ 仪表测量误差增大，常常是因为电源电压不足，测量时应注意欠压指示符号，若显示“-”，应即时更换电池。每次测量结束都应关闭电源，以延长电池使用寿命。

6.1.3　扭力扳手

一、扭力扳手介绍

扭力扳手是一种与套筒扳手中的套筒配合使用，在旋紧螺栓或螺母时能显示出扭转力矩的专用工具，扭矩的单位是 N · m，如图 6.1.10 所示。

（a）

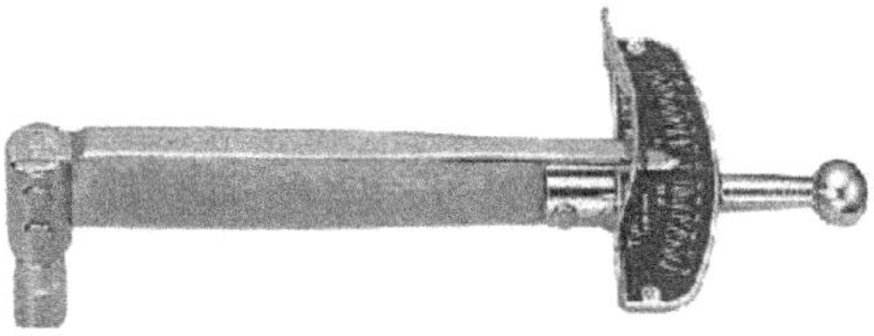

（b）

图 6.1.10　扭力扳手

（a）预置型；（b）板簧式

在汽车维修作业中，凡是有扭力矩要求的螺母或螺栓，均需用扭力扳手将螺母或螺栓旋紧到规定力矩。没有扭力矩要求的螺母或螺栓不要用扭力扳手去紧固，这样可以保持扭力扳手的准确性，同时还可以避免因扭力矩过大而使螺栓断裂。

使用扭力扳手必须符合规定，切忌在过载情况下使用而造成扭力扳手失准或损坏。扭力扳手使用后一定要妥善保管，应平稳放置，避免重物撞、压，造成扭力扳手杆或扳手指针变形，而影响扭力扳手的精度和准确性，甚至损坏。

二、扭力扳手使用方法

1. 预置式扭力扳手使用方法

通过旋转套筒可预设所要求的扭矩。当螺栓在这些条件下拧紧时，会听到咔嗒声它表明已达到规定的扭矩。

2. 板簧式扭力扳手使用方法

转矩扳手通过弯曲梁板，借助作用到旋转手柄上的力进行操纵，此梁板由钢板弹簧制成。作用力可通过指针和刻度读出，以便取得规定的扭矩。

6.1.4　蓄电池检查操纵步骤

步骤 1：测量蓄电池静态电压

测量时，先接黑色表笔到电池负极，后接红色表笔到电池正极。

特别提示：

① 装有待测蓄电池的车辆在测试前 2h 内不得行驶或启动。

② 蓄电池在测试前 2h 内，不得由于接有电器设备而消耗电力。

③ 蓄电池在测试前 2h 内，不得进行充电。

④ 在关闭点火开关的情况下，测量蓄电池两极间的电压。

步骤 2：检查车辆蓄电池接线柱的固定情况（图 6.1.11）

检查车辆蓄电池上的接线柱的固定位置，必要时，拧紧负接线柱 1 以及正接线柱 2 上的螺母。

步骤 3：检查蓄电池的固定位置

检查蓄电池的固定位置，必要时将紧固螺栓 4 拧紧在固定钢箍 3 上。

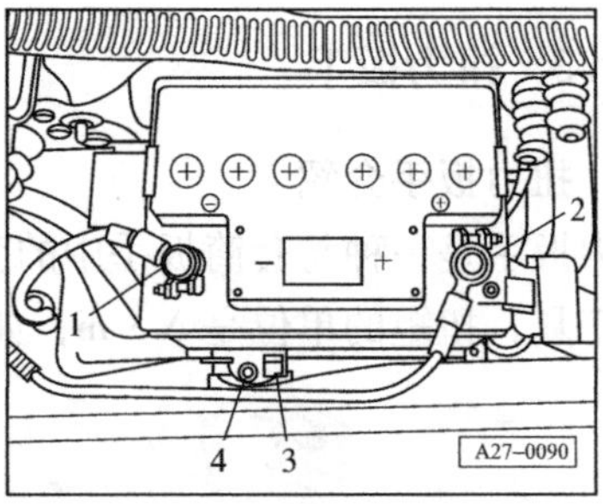

图 6.1.11 蓄电池接线柱位置

1—负接线柱；2—正接线柱；3—固定钢箍；4—螺栓

工作任务 6.2 目视检查发动机和发动机舱

任务目标

① 会目视检查发动机和发动机舱，并处理好渗漏部位。

② 能向客户介绍发动机舱内冷却系统各个部件的名称、功用及基本工作原理。

③ 能向客户介绍发动机舱内供油系统各个部件的名称、功用及基本工作原理。

④ 能向客户介绍发动机舱内制动系统各个部件的名称、功用及基本工作原理。

6.2.1 冷却系统

一、发动机过热或过冷所产生的影响

1. *发动机过热*

① 降低了充气效率，导致发动机的功率下降。

② 早燃和爆燃的倾向加大，破坏了发动机的正常工作；同时，也促使零件承受额外的冲击负荷而造成早期损坏。

③ 运动件的正常间隙被破坏，使零件不能正常运动，甚至损坏。

④ 金属材料的机械性能降低，造成零件的变形及损坏。

⑤ 润滑情况恶化，加剧了零件的摩擦和磨损。

2. *发动机过冷*

发动机的冷却，单纯依靠零件本身对外散热是不够的，必须对某些零件特别是与高温气体直接接触的零件进行必要的强制冷却，才能保证发动机的正常运转。但是，过分的冷却也会引起不良后果。

① 进入汽缸的可燃混合气（或空气）温度太低，使点燃困难或燃烧迟缓，造成发动机功率下降及燃油消耗量增加。

② 润滑油的黏度增大，造成润滑不良，加剧了零件的磨损，同时增大了功率消耗。

③ 燃烧后的生成物中的水蒸气易冷凝成水与酸性气体形成酸类，加重了对零件特别是汽缸的侵蚀作用。

④ 因温度过低而未气化的燃油对摩擦表面（汽缸壁、活塞、活塞环等）上油膜的冲刷以及对润滑油的稀释，加重了零件的磨损。

二、发动机的正常温度

由于冷却系统是发动机热量的消耗者。为了使发动机正常的工作，不管负荷、转速和周围大气温度的高低，冷却水应保证在353～373K（80～100 ℃）范围内，只有在这一狭窄的温度内，才能使各受热机件处于正常的热规范内：汽缸壁不超过470～570K（200～300 ℃）；汽缸盖、活塞顶部不超过573～673K（300～400 ℃）；润滑油的温度在343～363K（70～90 ℃）的正常范围内。这样，才能保证发动机有较大的功率和较好的经济性，且运动零件的磨损正常。

6.2.2　FSI发动机供油系统

一、什么是FSI

燃油分层喷射（Fuel Stratified Injection，FSI）技术是发动机稀燃技术的一种。稀燃就是发动机混合气中的汽油含量低，汽油与空气之比可达1∶25以上。

奥迪A6L FSI发动机利用一个高压泵，使汽油通过一个分流轨道（共轨）到达电磁控制的高压喷嘴。它的特点是在进气道中已经产生可变涡流，使进气流形成最佳的涡流形态进入燃烧室内，以分层填充的方式推动，使混合气体集中在位于燃烧室中央的火花塞周围。如果稀燃技术的混合比达到25∶1以上，按照常规是无法点燃的，因此必须采用由浓至稀的分层燃烧方式。通过缸内空气的运动在火花塞周围形成易于点火的浓混合气，混合比达到12∶1左右，外层逐渐稀薄。浓混合气点燃后，燃烧迅速波及外层。

FSI的特点：能够降低泵吸损失，在低负荷时确保低油耗，但需要增加特殊催化转换器以有效净化处理排放气体。

二、FSI发动机结构

FSI发动机供油系统结构，一般由喷嘴、传感器、降压阀、调节阀、油泵等组成，如图6.2.1所示。

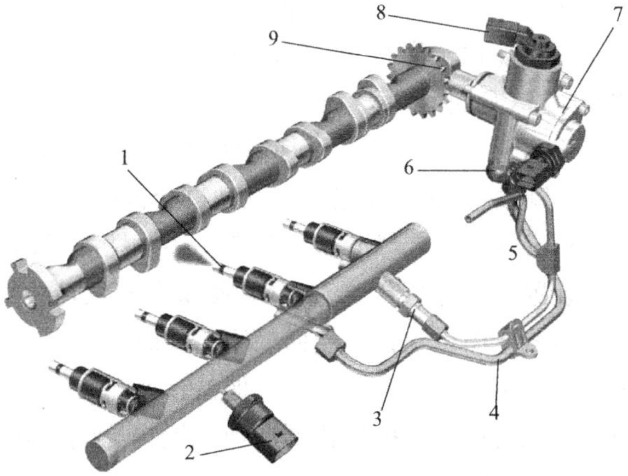

图6.2.1　FSI发动机供油系统结构图

1—高压喷嘴；2—燃油压力传感器G247；3—限压制阀；4—高压燃油管路；5—低压燃油管路；6—低压燃油压力传感器；7—高压油泵；8—燃油压力调节阀N276；9—三凸轮

三、FSI 发动机工作原理

FSI 发动机工作原理如图 6.2.2 所示。FSI 发动机按照发动机负荷工况，基本上可以自动选择两种运行模式。在低负荷时，为分层稀薄燃烧，在高负荷时，则为理论空燃比（14.6~14.7）燃烧。在这两种运行模式中，燃油的喷射时间有所不同，真空动作的开关阀进行开启/关闭。在高负荷时所进行的理论空燃比燃烧中，燃油则是在进气冲程中喷射。理论空燃比的均质混合气易于燃烧，不必借助涡流作用，因此由于进气阻力减少，开关阀打开。而在全负荷以外，进行废气再循环，限制泵吸损失，由于直喷化而使压缩比提高到 12 :1，即使在理论空燃烧比混合气燃烧中，仍能降低油耗。进一步说，在 FSI 发动机中，在低负荷与高负荷之间，作为第三运行模式而设定均质稀薄燃烧，在这种运行模式中，燃油在进气冲程喷射，并且由于产生加速稀薄混合气燃烧的纵涡流，开关阀被关闭。这时，阻碍燃烧的废气再循环（EGR）暂不进行。与均质理论空燃比燃烧不同的是，吸入空气量超过燃油的喷射量。

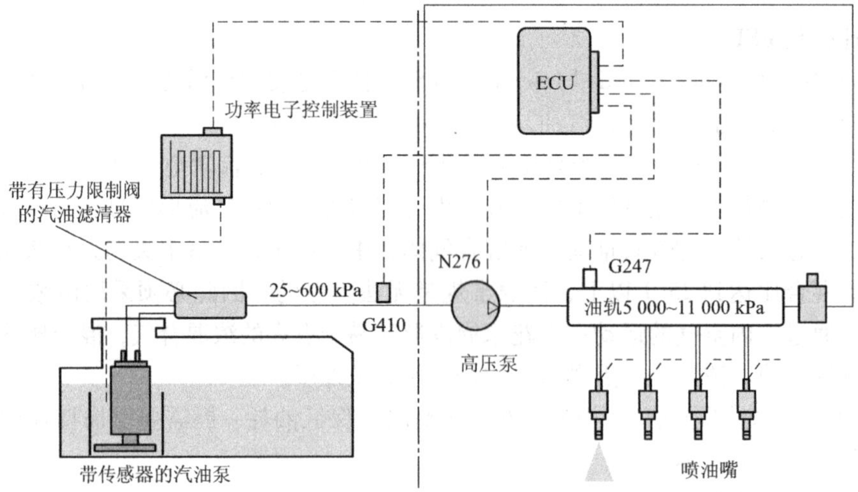

图 6.2.2 FSI 发动机工作原理

如上所述，根据 FSI 发动机运转状态，在分层稀薄燃烧到均质理论空燃比燃烧过程中，空燃比连续变化。因此，三元催化转化器不能够净化排放气体中的 NO_x。这是因为三元催化转化器要利用排气中的 HC 或 CO 进行 NO_x 还原反应的缘故。在稀薄燃烧中，在排放气体中残留很多氧气，不能进行 NO_x 还原反应。为了使 NO_x 吸储型催化剂获得高效功能，其温度必须保持在 250~500 ℃。当超过这一温度范围，发动机会自动转换到均质理论空燃比燃烧，并通过三元催化转化器进行废气处理。然而这又与燃油经济性下降相关，为此必须增加废气冷却装置。利用这种冷却装置，排放气体通过 NO_x 吸储型催化转化器而被冷却，由于稀薄燃烧的范围宽，催化转化器的寿命也延长。然而，NO_x 吸储型催化转化器会受到硫侵蚀而中毒，所以必须把汽油中的含硫量尽量降低到最少。但是，如前所述，含硫低的汽油不是到处能供应的。大众汽车公司采取的措施是把催化剂反应温度提高到 650℃ 以上，从而把附着在催化剂上的硫通过燃烧而加以消除。

在高速行驶时，能够保持这样高的催化剂温度，但是在城市内行驶时则催化剂温度下降，就不能烧除附着在催化剂的硫。为此，通过 NO_x 传感器监视硫附着在催化剂上的程度，根据监测情况提高排放气体的温度。作为其措施，一般采用点火正时延迟，尽管这样做会引起燃油经济性恶化，但是为了净化处理 NO_x，这是不得已而为之的。

6.2.3 ABS

一、ABS 简介

当车轮抱死拖滑时，车轮与地面之间的侧向附着力为 0。如果前轮先于后轮抱死拖滑，汽车将沿原方向制动到停车，但失去转向能力；如果后轮先于前轮抱死拖滑，汽车即使受到一个很小的侧向力也会产生侧滑，即出现甩尾现象，甚至于掉头，这是很危险的。因此，汽车在制动时不希望出现抱死拖滑的现象，据试验表明，汽车的滑移率在 15%~20% 时，轮胎与地面之间有较佳的纵向和侧向附着系数。因此，为了充分利用这种附着能力，目前绝大多数汽车都安装了防抱死制动系统（Antilock Braking System，ABS）。

二、ABS 构造

ABS 是在普通制动系统的基础上加装车轮速度传感器、ABS 电控单元（ECU）、ABS 液压单元、ABS 泵电动机、ABS 电子警告灯、制动压力调节装置及制动控制电路等组成，如图 6.2.3 所示。

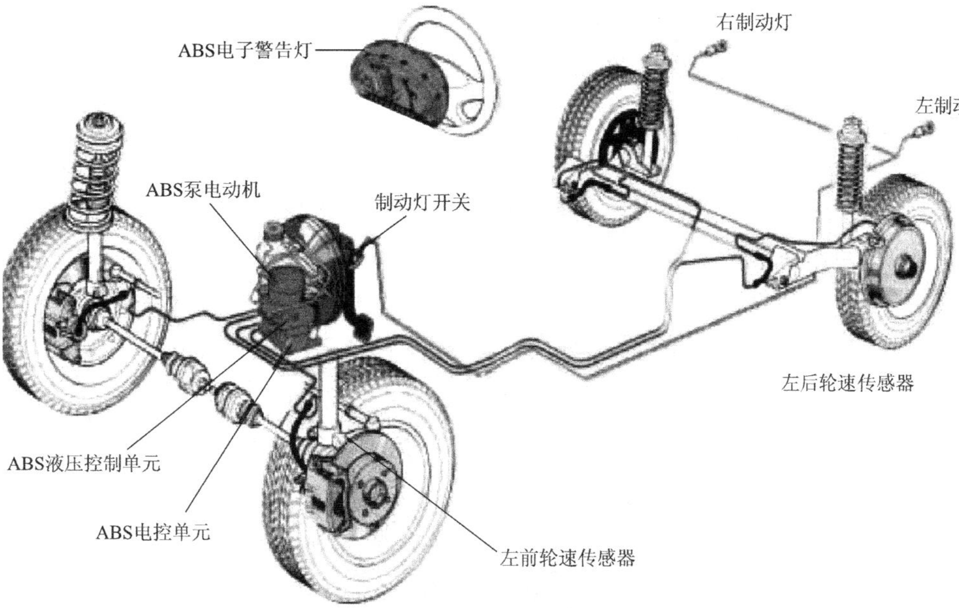

图 6.2.3 ABS 装置的主要部件

三、工作原理

制动时，ABS 电控单元从轮速传感器上获取车轮的转速信息，经分析处理后判断是否有车轮处于即将抱死拖滑状态。如果车轮未处于上述状态，制动压力调节器不工作，制动系统按照普通制动过程工作，制动轮缸的压力继续增大，此即 ABS 的增压过程。如果电控单元判断出某一车轮即将抱死拖滑，即刻向制动压力调节器发出命令，关闭制动主缸及相关轮缸的通道，使得该轮缸的压力不再增加，此即 ABS 的保压状态。若电控单元判断出该车轮仍将要处于抱死拖滑状态，它将向制动压力调节器发出命令，打开该轮缸与储液室或储能器的通道，使得该轮缸的油压降低，此即 ABS 的减压状态。装配 ABS 的制动过程，就是在不停地进行增压、保压和减压的往复过程中完成的。

6.2.4 操作步骤

步骤 1：检查冷却系统

依次检查储液罐进水口、出水口、水管放气口是否有渗漏情况发生（图 6.2.4）。

特别提示：观察要仔细，并用手触摸接头处是否有渗漏迹象。

步骤 2：检查供油系统

依次检查油管接头、卡具、高压泵是否有渗漏情况发生（图 6.2.5）。

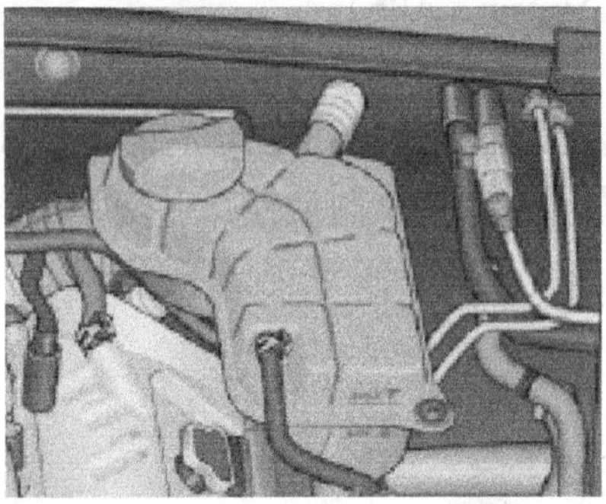

图 6.2.4 冷却液储液罐

图 6.2.5 供油系统

特别提示：观察要仔细，并用手触摸接头处是否有渗漏迹象。

步骤 3：检查制动系统

依次检查 ABS 控制总成油管、主缸出油管是否有渗漏情况发生（图 6.2.6）。

图 6.2.6 制动液储液罐

特别提示：观察要仔细，并用手触摸接头处是否有渗漏迹象。

工作任务 6.3　检查全车油品

任务目标

① 能向客户简单介绍机油并能为车辆选择合适的机油。
② 能向客户简单介绍制动液并能为车辆选择合适的制动液。
③ 能向客户简单介绍冷却液并能为车辆选择合适的冷却液。
④ 能向客户简单介绍转向助力油并能为车辆选择合适的转向助力油。
⑤ 能向客户简单介绍风窗清洗液并能为车辆选择合适的风窗清洗液。
⑥ 会检查全车油品及液品。

6.3.1　发动机润滑油（机油）

汽车的存在必定要用润滑油，而发动机润滑油（简称发动机机油）是润滑油中用量最大，并且是性能要求较高，品种规格繁多，工作条件非常苛刻的一种油品。这类油通常是从重油中提炼出来的，经精制、脱蜡以后得到的基础油加抗氧、抗腐、清净分散、降凝及抗泡沫等添加剂而成（图 6.3.1）。

图 6.3.1　发动机机油

一、发动机润滑油的作用

润滑作用、冷却作用、洗涤作用、密封作用、防腐作用。

二、润滑油的工作环境

发动机润滑一般采用自流、飞溅和压力润滑三种方法。通常自流润滑是气门杆和齿轮轴等部位。飞溅润滑是汽缸壁和活塞销等部位。压力润滑是曲轴和连杆轴等部位。润滑后润滑油流回曲轴箱，如此不断地循环，保证各部位的润滑。润滑油在循环中，不断与空气和各种金属部件接触，在金属的催化下，促使油料不断地老化变质。

润滑油在发动机工作中经常与各处机件接触，如汽缸壁上部温度为 180~270 ℃，曲轴箱中平均温度为 85~95 ℃，润滑油在这样高温环境中工作会剧烈地被氧化变质。

发动机工作时，燃烧的废气和没完全燃烧的燃油气体，窜入曲轴箱，这些废气将冷凝为水、燃油，特别是使用含硫和含铅燃油，它会使润滑油产生油泥和酸性产物，导致润滑油严重变质。

此外，由于灰尘、磨损下来的金属屑、燃烧后产生的积炭等都会严重地污染润滑油，使得发动机机油的工作环境是比较恶劣的。

三、对发动机润滑油的要求

有适宜的黏度和清净分散性能，有好的酸中和性，具有良好的氧化安定性、抗磨性能好、抗腐蚀、防锈性能好。

四、发动机润滑油的分类，牌号规格

目前，润滑油的分类大多采用黏度分类法和性能分类法两种。黏度分类法基准是 SAE 标准，性能分类法基准是 API 标准，这两种分类法较准确地反映出油料的性能要求。

1. SAE 黏度分类法

SAE 黏度分类法是目前用的最广泛的分类方法。SAE 是美国汽车工程师学会的缩写。规定用在-18 ℃所测定的黏度来对冬用的机油分类，共有 0W、5W、10W、15W、20W、25W 共 6 个级别。用 100C 所测定的黏度对春秋及夏季用机油进行分类，共有 20、30、40、50 共 4 个等级。对-18 ℃和 100C 所测的黏度值只能满足其中之一的机油称为单级机油；能同时满足两方面的黏度要求的机油称为多级机油（表 6.3.1）。

发动机机油名称编码中的数字表示其黏度等级。性能指标分为 0W 、5W、10W、15W、20W 及 25W 共 6 级（W 表示冬用），夏季机油分为 20、30、40、50 共 4 级。冬夏季通用的机油为多级机油，常用的多级机油：5W—20，5W—30，5W—40，5W—50，10W—20，10W—30，10W—40，10W—50，15W—20，15W—30，15W—40，15W—50，20W—20，20W—30，20W—40，20W—50 共 16 种。

表 6.3.1　常用黏度级别与气温间的大致对应关系

黏度分级	5 W	10 W	15 W	20 W	20 W	30 W	40 W	50 W	5 W—40
适用气温范围/℃	-40～-18	-20～0	-20～5	-15～10	-5～20	0～30	5～40	10～50	-35～35
黏度分级	5 W—30	5 W—20	10 W—40	10 W—30	10 W—20	15 W—40	20 W—40	20 W—40	
适用气温范围/℃	-35～28	-35～18	-20～35	-20～28	-20～20	-15～35	-15～20	-15～35	

2. API 质量分类法

对机油的质量分类，现在最常用的是 API 质量分类法，API 是美国石油协会的缩写。这种分类法也称性能分类法或使用分类法。

API 分类将汽油发动机机油分为 S 系列，也称供应站分类。将柴油机机油分为 C 系列，也称工商业分类。两种系列按使用条件或油品质量水平分成许多级别，这已成为国外最常用的发动机机油等级分类的依据。

S 系列中有 SA、SB、SC、SD、SE、SF、SG 共 7 个级别，这是按发动机热负荷、机械负荷的大小、操纵条件的缓和程度来区别的。其中 SD 级用于 1968 年以后生产的汽油机，这种发动机装有曲轴箱正压通风装置（又称 PCV 阀）；SE 级用于 1971 年以后生产的汽油机，这种发动机装有废气循环装置（EGR）；SF 级用于 1981 年生产的汽油机，这种发动机装有催化转化装置；SG 级用 1988 年以后生产的汽油机。目前，国外常用的汽油机机油为 SE 和 SF 级。

C 系列中有 CA、CB、CC、CD、CE 5 个级别。它是按发动机工作负荷、工作条件的苛刻程度、燃油的含硫量及操纵条件的缓和程度来区别的。CC 级用于 1961 年以后生产的柴油机，这种柴油机设有增压器；CD 级用于 1975 年以后生产的具有中增压且工作条件较苛刻的柴油机；CE 级用于 1983 年以后生产的具有高增压大功率输出的柴油机。表 6.3.2、表 6.3.3 表示 API 汽油机机油和柴油机机油分类情况。

表 6.3.2 API 汽油机机油质量分类法

API 分类		质量水平
汽油机机油	SA	供非常缓和条件下发动机使用，为直馏矿物油、无添加剂
	SB	中等程度条件下运转的发动机使用，加有少量的添加剂，具有抗擦伤、抗氧化及防止轴瓦腐蚀的性能
	SC	无 PCV 阀的 1964—1967 年生产的轿车、货车汽油发动机，具有防高低温油泥、防锈、抗腐蚀性能
	SD	有 PCV 阀、1968—1971 年生产的轿车、货车汽油发动机，具有抗高低温油泥、抗磨、防腐蚀等性能
	SE	有 EGR 装置、1972 年以后生产的轿车、货车汽油机，其防高低温油泥比 SD 级好
	SF	具有催化转化器，1981 年以后生产的汽油机，其防高低温油泥、抗氧、抗腐性比 SE 级好，且对催化剂无毒害作用

表 6.3.3 API 柴油机机油质量分类法

API 分类		质量水平
柴油机机油	CA	使用低硫燃油，轻、中负荷下运转的柴油机，具有防止高温沉积物的产生及防止轴承腐蚀的性能
	CB	使用高含硫量的燃油，轻、中负荷下运转的柴油机，具有防止高温油泥产生及防止轴瓦腐蚀，缓和条件下的汽油机也可用
	CC	有增压器的高负荷柴油机，在苛刻条件下运转的汽油机也可用，具有防止高温沉积、防锈、防腐及防止汽油机低温油泥的产生的性能
	CD	有增压器的高速大功率、在非常苛刻条件运转下的柴油机使用，要求在上述条件下，能防止高温沉积、防锈、防腐性能且高于 CB、CC 级油
	CE	用于需要非常有效地控制磨损及沉积物的新型高速、大功率增压中冷柴油机。具有适应重负荷增压中冷柴油机需要的性能

五、几种常见车型发动机润滑油选用举例

常见车型发动机润滑油选用见表 6.3.4。

表 6.3.4 润滑油选用举例

汽车	润滑油厂牌	黏度等级（SAE）	质量等级（API）
桑塔纳	美孚 1300	15 W—40	SG
捷达	美孚 1300	15 W—40	SG
富康	美孚 1300	15 W—40	SG
红旗	美孚 1300	15 W—40	SG
奥迪	美孚 1300	15 W—40	SG
夏利	壳牌（喜利）	15 W—40	SF
解放（汽）	长城	15 W—40	SD
解放（柴）	长城	15 W—40	CD
BJ2020 系列	长城	15 W—40	SF SE

注：① 现在市场上已有美孚 1 号，黏度等级 SAE 5W—50，质量等级 API SL 可供任何高级轿车发动机使用，但价格较贵，然而使用寿命较长；

② 国产货车柴油机均可选用长城、壳牌机油，其黏度等级为 SAE 15W—40，质量等级 API CD，也可选用美孚机油但价格较贵。

6.3.2 制动液

汽车制动液（刹车油）是用在汽车液压制动系统中，用来传递压力以便使汽车产生制动的液体。与机械制动相比，液压制动具有以下优越性：压力传递迅速、均匀而且又安全，结构简单，使用安装方便，摩擦损失小，工作效率高。

一、对汽车制动液的性能要求

液压制动器是比较简单的静态液压传动系统。制动液无循环回流管路，进入制动系统的水分、杂质和气体不像其他液压系统那容易排出。为保证汽车制动系统的可靠性，对制动液的性能的要求是：优异的黏温特性和适当的润滑性能，良好的抗气阻性能（沸点要高），皮碗的膨胀率要小，良好的抗腐蚀性与橡胶的配伍性，一定的溶水性，良好的化学安定性。

二、常见汽车制动液的类型及特点

1. 矿物油型制动液

矿物油型制动液是以精制柴油分馏经深度脱蜡后的成分作为基础油，加入增黏剂、抗氧化剂、防锈剂、染色剂等调和而成。这类制动液的温度适应范围宽、低温性能好，可在-50~150 ℃ 的温度范围内使用，对金属无腐蚀作用。但不能与水及合成制动液混溶，进入少量水后在高温下水汽化而产生气阻，影响制动效果，对天然橡胶有溶胀作用，必须使用耐油橡胶密封件。

2. 合成型制动液

合成型制动液是目前使用最多的制动液，可细分为三类：醇醚型、酯型和硅油型。醇醚型制动液由润滑剂、稀释剂和添加剂组成，产品性能较为稳定，成本较低。酯型制动液的基础液是羧酸酯与硼酸酯，性能比醇醚型要好。硅油型制动液一般为烷撑聚醚硅酸酯，并加有橡胶抗溶胀剂，性能较好，但价格昂贵。合成型制动液常用的添加剂有抗氧化剂、抗腐蚀剂、润滑剂、防锈剂、抗磨剂、pH 值调整剂等。

合成型制动液因其具备很多优点而被广泛使用：具有较高的沸点，不易蒸发而产生气阻；良好的低温流动性，不因低温而黏度增大、流动性变差，使制动发硬；吸水性小，不影响沸点和低温流动性；良好的化学稳定性，对金属有防腐、防锈作用，不易分解变质而产生沉淀物；对橡胶件的腐蚀和溶胀性小，以保证密封件不会严重变形等。我国从 1999 年起要求强制生产和使用合成型制动液。

三、常见汽车制动液规格和牌号

1972 年美国联邦政府交通部（Department of Transportation，DOT）修改了联邦机动车辆安全标准（Federal Motor Vehicle Safety Standards，FMVSS），并制定了 DOT3、DOT4、DOT5 标准。国际标准化组织（ISO）也于 20 世纪 70 年代参照 DOT3 规格制定了 ISO4925 标准。我国制动液也是参照这一标准进行分级的，在 1989 年根据国情制定了合成制动液分级标准，把合成制动液分为 6 级，即 JG0、JG1、JG2、JG3、JG4、JG5。其中，JG0 级制动液具有优异的低温流动性，但抗高温性能差，能满足严寒地区冬季要求；JG1 低温黏度高，使用地区有局限性；JG2 可在除寒区以外所有地区使用；JG3、JG4 分别对应 DOT3、DOT4，在各品牌汽车上广泛使用；JG5 级为高低温性能优异的硅油型制动液，对应 DOT5，可在炎热及严寒地区使用。

四、汽车制动液使用的注意事项

① 不同种类的制动液不能混用，以防制动液分层、失效。

② 严防水分或其他矿物油混入，以免降低沸点，造成气阻。

③ 灌装制动液的工具、容器，必须专用，不得与其他油品混用。

6.3.3　汽车冷却液

汽车发动机，绝大部分采用强制循环的水冷方式进行冷却。由于水的凝点为 0 ℃，在冬季及寒冷地区，气温往往在 0 ℃以下，使冷却水出现结冰而失去流动性，从而造成发动机冷却系统无法正常工作，甚至因水结冰体积膨胀而使发动机缸体开裂报废。因此，在冬季运行时，冷却系统常加入冷却液。

一、对冷却液的性能要求

降低水的冰点的幅度大，不降低传热性能，对冷却系统的机件无腐蚀，低温黏度增大不多，化学安定性好，能长期使用，泡沫少，蒸发损失小。

二、冷却液的组成及性能

汽车上的冷却液，绝大部分由乙二醇为基本材料（含量 90%~95%）加入 3%~10%的防腐剂及 0~5%的水构成，这种防冻剂又称为永久型防冻剂（PT）。

乙二醇可以和水以任何比例互溶，它降低水冰点的效果好，本身的沸点又较高，是非常理想的防冻基本材料。乙二醇的浓度在 58%左右时，其降低冰点的效果最好。冻结温度为-48 ℃左右，继续增加浓度没有大的变化，而低温黏度却增加。对于冷却效率来说，随着乙二醇的增加而有所下降。由于冷却系统中有许多金属零件抗腐性能差，如铝合金，为此要求防冻液有良好的防腐性能。

三、防冻液的规格牌号

地方企业（标准：津 Q/SX—20—87）生产的乙二醇-水长效冷却液。它有-18、-35、-45 三种牌号可根据冬季最低气温选用。

四、奥迪轿车发动机冷却液选用举例

奥迪轿车发动机冷却液的标号为 G12。G12 冷却液混合比例见表 6.3.5。

表 6.3.5　G12 冷却液混合比例

抗冻温度直到/℃	冷却液添加剂/%	水/%
-25	约 40	60
-35	约 50	50
-40	约 60	40

6.3.4　风窗清洗液

一、风窗清洗液成分

汽车风窗清洗液俗称玻璃水（车窗净），优质的汽车风挡玻璃水主要由水、酒精、乙二醇、缓蚀剂及多种表面活性剂组成。

二、风窗清洗液使用注意事项

与其他油液品相比，汽车风挡玻璃的确是一个小细节；然而，风挡玻璃恰恰是广大车主最容易感受得到的，它能够给广大车主带来一片清晰的视野、一个舒畅的驾车心情。冬天汽车风挡玻璃上很容易结冰霜，夏天汽车风挡玻璃上经常会有很多虫胶，春夏秋冬无数的灰尘有时对驾驶员造成很多的麻烦。

然而，很多车主却在这个小小的风挡玻璃上麻痹大意了。据专业人士介绍，按理说，风挡玻璃应该用优质的玻璃水经常性地做日常保养；但是，有的车主虽然购买了玻璃水，但是质量不合格；有的车主不用高质量的玻璃水而使用普通水，甚至还有的车主使用白酒加水。专业人士提示，这些都不是合格的保养方式；普通的水不仅不具备清除冰霜的能力，长期使用还会对玻璃及玻璃附近的部件造成不同程度的损害，使玻璃表面与刮水器之间摩擦力过大，产生划痕；至于用白酒加水那就更不科学了，白酒对橡胶有一定的溶胀作用，会加速车漆的老化，同时还会损伤车漆。

此外，不仅要选择优质的玻璃水，还要注意环保和安全。目前市场上销售的玻璃水产品，几乎均使用甲醇等有害化工产品调配而成，虽然这种产品表面上在车外使用，但每次使用时坐在驾驶室中的人们都能呼吸到它的味道，直接影响到人们的身心健康。因此车主在选购时，一定要选择环保型的玻璃水产品，使用起来，环保、安全更放心。

6.3.5 操作步骤

步骤 1：检查冷却液液面高度（图 6.3.2）。

步骤 2：检查机油油量，必要时添加。

① 拔出机油尺，用干净的抹布擦净后重新插回；

② 再次拔出机油尺，读取机油油位（图 6.3.3）。

特别提示：机油尺取出及放回时，避免机油滴落到发动机其他部位。

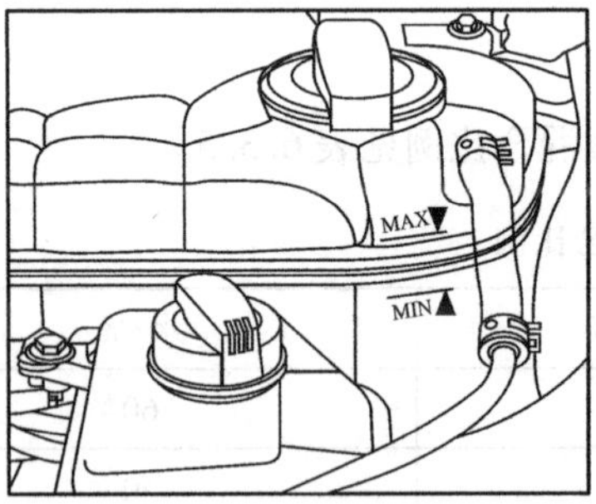

图 6.3.2 冷却液液面标识

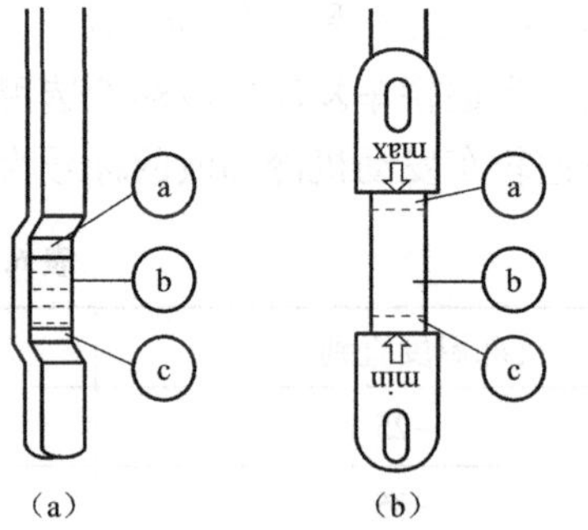

图 6.3.3 机油标识

步骤 3：检查转向助力油油量，必要时添加（图 6.3.4）。

① 拧下带油尺的助力油罐盖；

② 用一块干净的抹布擦净机油尺后重新拧紧；

③ 再次拧下该罐盖并读取油位。

特别提示：分别在冷态时和暖机时，按照以上步骤检查液面高度。

步骤 4： 检查风窗清洗液液面高度。

步骤 5： 检查制动液液面高度（图 6.3.5）。

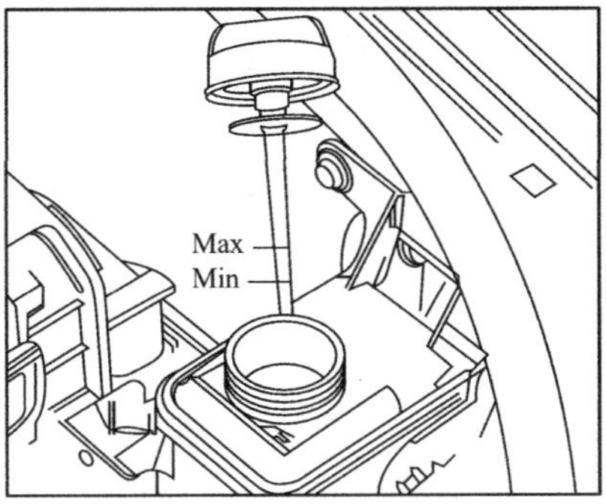

图 6.3.4　转向助力油标识

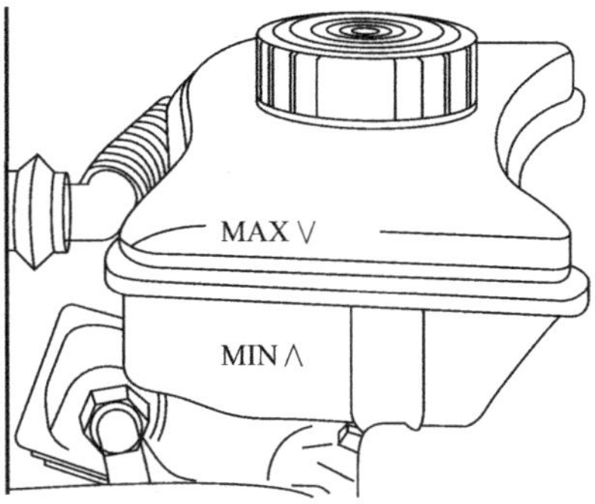

图 6.3.5　制动液标识

工作任务 6.4　检查汽车底部

任务目标

① 能说出汽车底部的各部件的名称。

② 能熟悉汽车上控制排放的新技术。

③ 能够正确检查汽车底部。

6.4.1　排气系统介绍

汽车的排气系统是排放和降噪的重要总成，它主要由排气管、催化式净化器、消声器、尾管等组成。

排气管多用铸铁制成，将发动机强制排出的废气引向排气总管。直列式发动机有一个排气管，V 形发动机左右两侧都有排气管。按照发动机缸数不同，一个排气管可有 3 个、4 个或者 6 个通道，这些通道的另一端并入一个单通道，再连接到排气总管（图 6.4.1）。

图 6.4.1　排气歧管

排气系统看似只是简单的管道，其实设计时不仅要考虑到特定的底盘布置，而且排气系统的长度、管径大小、消声器的大小都要考虑到排气气体的流动，防止相邻汽缸排气时气流的互相干涉。在电喷发动机上，氧传感器就装在排气总管上，它感应排气中氧分子含量并反馈至电控单元，从而决定进入发动机内的混合气比例。

排气总管可能是由镀铝或镀锌钢材做成，也可能是用不锈钢材做成，排气总管连接催化式排气净化器。催化式排气净化器的关键在于“催化”，也就是利用催化剂对汽车的废气进行净化，将废气中的有害物质转化为无害物质。

奥迪 A6L 2.0T 轿车排气系统主要由排气歧管、氧传感器、三元催化器、消声器等元件组成，如图 6.4.2 所示。

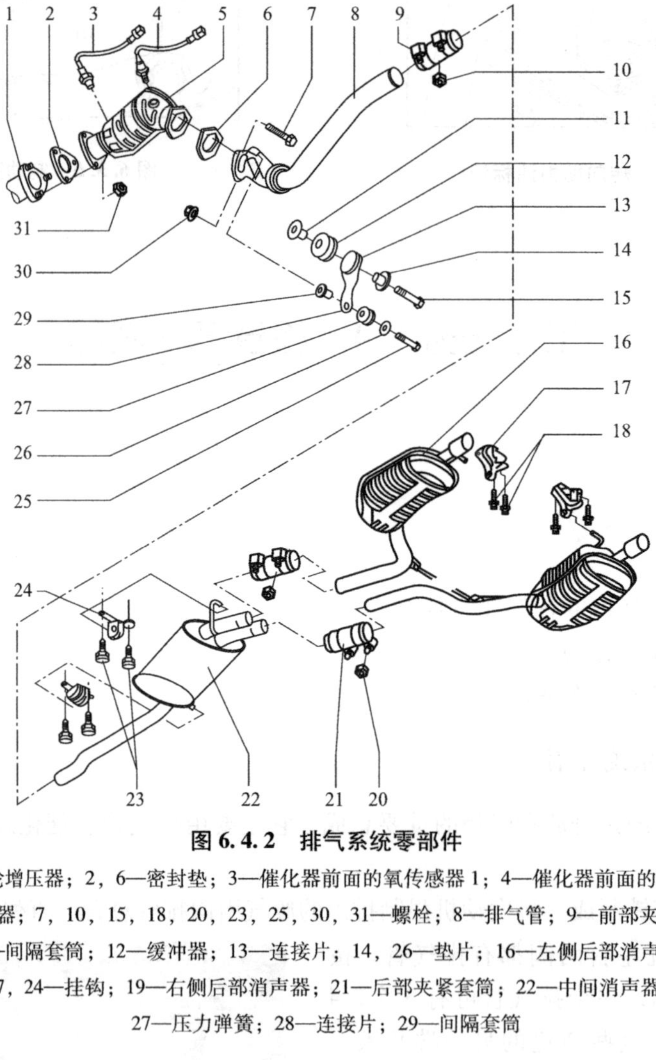

图 6.4.2　排气系统零部件

1—废气涡轮增压器；2，6—密封垫；3—催化器前面的氧传感器 1；4—催化器前面的氧传感器 2；5—催化器；7，10，15，18，20，23，25，30，31—螺栓；8—排气管；9—前部夹紧套筒；11—间隔套筒；12—缓冲器；13—连接片；14，26—垫片；16—左侧后部消声器；17，24—挂钩；19—右侧后部消声器；21—后部夹紧套筒；22—中间消声器；27—压力弹簧；28—连接片；29—间隔套筒

6.4.2　消声器

汽车的废气离开发动机时压力很大，如果让它直接排出去，将会产生令人难以忍受的噪声，因此，需要安装消声器。消声器里面有许多网状的金属隔离盘，汽车废气从排气管进入消声器，经过隔声盘从排气管排出后，废气产生的声音就很小了。网状的金属隔离盘可以反射和吸收部分声音，网状物体可以吸收声音，因此，废气产生的声音就很小了，这是在传播

过程中减弱噪声（图 6.4.3）。

6.4.3　汽车排放的有害物质

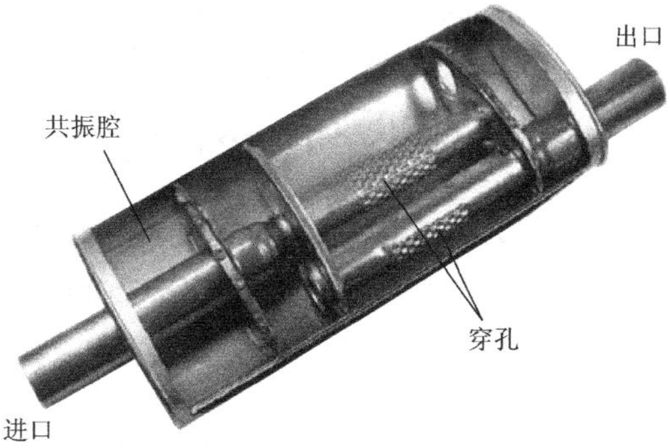

图 6.4.3　消声器结构

汽油车排出的有害物质有一氧化碳、碳氢化合物，二氧化氮、二氧化硫、铅化物和碳烟、臭气。柴油车排放的有害成分有碳烟、一氧化碳、碳氢化合物、二氧化氮、二氧化硫等。这些有害物质对大气和人类的污染危害如下：

① 一氧化碳（CO）是汽油机有害排放物中浓度最高的一种成分，城市中一氧化碳大部分来自汽车排气。当大气中的一氧化碳浓度达（70~80）$\times10^{-6}$以上时，人在接触几小时后，一氧化碳-血红蛋白浓度可达 10%，影响氧的输送，引起头痛、心悸等症状。当人体血液中一氧化碳-血红蛋白含量 20%左右时，就会引起中毒，当含量 60%时，即可因窒息死亡。

② 碳氢化合物（HC）中含有少量醛类（甲醛、丙烯醛）和多环芳香烃（苯并芘等）。其中甲醛与丙烯醛对鼻、眼和呼吸道黏膜有刺激作用，可引起结膜炎、鼻炎、支气管炎等症状。

③ 氮氧化合物（NO_x）是汽车发动机排出一氧化氮（NO）和二氧化氮（NO_2）的总称。大气中氮氧化合物和碳氢化合物在未发生光化学反应之前单独存在时也产生直接危害。NO 毒性不大，但高浓度的 NO 也能引起神经中枢的障碍，且它很容易氧化成剧毒的二氧化氮。NO_2 是棕色气体，有特殊的刺激性臭味，被吸入肺部后，能与肺部的水分结合生成可溶性硝酸，严重时会引起肺气肿。大气中 NO_x 达 5×10^{-6}，会对哮喘病患者有影响，若在（100~150）$\times10^{-6}$的高浓度下连续呼吸 30~60 min 就会使人陷入危险状态。

④ 铅化物和碳烟微粒作为抗暴剂加入汽油中，其中的成分四乙基铅燃烧时生成铅化物微粒。汽油、柴油燃烧不完全生成碳烟微粒等。铅化物微粒散入大气，对人体健康十分有害。当人吸入这种有害物并积累到一定程度时，铅将阻碍血液中的红血球生长与成熟，使心、肺等发生病变，侵入大脑时引起头痛，出现一种精神病的症状。

⑤ 二氧化硫（SO_2）有强烈的气味，当空气中 SO_2 浓度达 10×10^{-6}时就可刺激咽喉与眼睛。浓度达 40×10^{-6}，还会随雨雪降落成含酸的“酸雨”，造成土壤与水源的酸化，破坏农作物与森林，加速建筑物和设备的腐蚀，从而影响自然界的生态平衡。

6.4.4　三元催化器

三元催化器是安装在汽车排气系统中最重要的机外净化装置，它可将汽车尾气排出的 CO、HC 和 NO_x 等有害气体通过氧化和还原作用转变为无害的二氧化碳、水和氮气。由于这种催化器可同时将废气中的各种主要有害物质转化为无害物质，随着环境保护要求的日益苛刻，越来越多的汽车安装了废气催化转化器以及氧传感器装置。它安装在发动机排气管中，通过氧化还原反应，生成二氧化碳和氮气，故又称之为三元（效）催化转化器。

三元催化器的工作原理：当高温的汽车尾气通过净化装置时，三元催化器中的净化剂将增强 CO、HC 和 NO_x 三种气体的活性，促使其进行一定的氧化-还原化学反应，其中 CO 在高温下氧化成为无色、无毒的二氧化碳气体；HC 化合物在高温下氧化成水（H_2O）和二氧化碳；NO_x 还原成氮气和氧气。三种有害气体变成无害气体，使汽车尾气得以净化。

6.4.5 废气再循环（EGR）系统

废气再循环是指把发动机排出的部分废气回送到进气歧管，并与新鲜混合气一起再次进入汽缸。由于废气中含有大量的 CO_2，而 CO_2 不能燃烧却吸收大量的热，使汽缸中混合气的燃烧温度降低，从而减少了 NO_x 的生成量（图 6.4.4）。

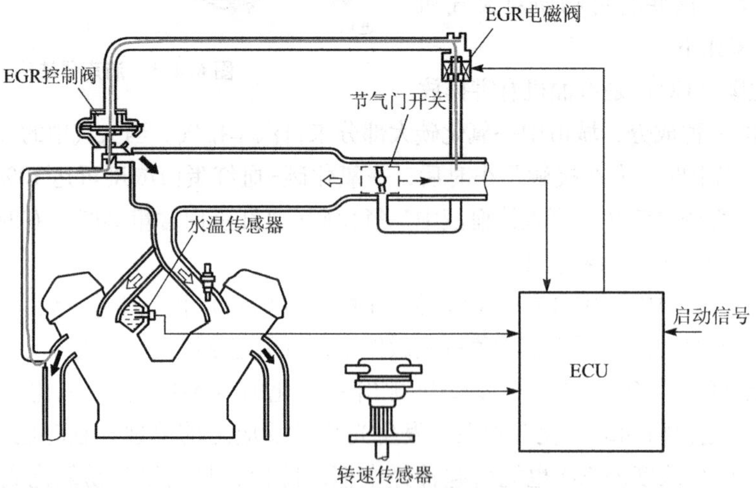

图 6.4.4 废气再循环系统组成

缺点：NO_x 排放量随负荷增加而增加，EGR 率也应随之增加。随着 EGR 率的增加，将使燃烧速度减慢、燃烧稳定性变差、HC 和 CO 排放上升、发动机功率下降、油耗增大。因此，EGR 率必须适当控制。

控制要求：发动机水温低于 50 ℃时，不应进行废气再循环；怠速和小负荷时，NO_x 排放量不高，不进行废气再循环；全负荷和急加速时，不应进行废气再循环。

6.4.6 操作步骤

步骤 1：举升汽车

特别提示：举升之前应检查支点是否正确（图 6.4.5）。

步骤 2：检查制动装置

泄漏和损伤的目测检查，制动摩擦片厚度检查（图 6.4.6）。

特别提示：对下列的部件进行泄漏和损伤的目测检查：① 制动总泵；② 制动助力器；③ ABS 液压总成；④ 制动钳。

已确认的缺液必须被排除（维修措施）。外制动摩擦片的厚度通过目测检查确定（用手电灯透过轮辋来观察）。内制动摩擦片的厚度通过目测检查确定（用手电筒以及一块镜子来观察）。

图 6.4.5　举升汽车

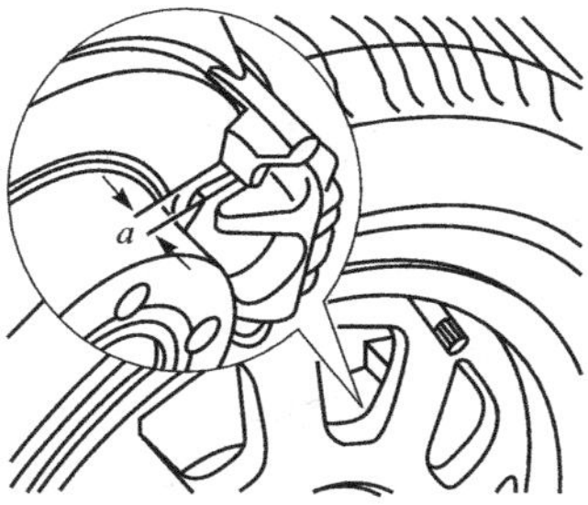

图 6.4.6　制动摩擦片厚度检查

a—制动摩擦片的厚度（包括后板）；

极限磨损厚度 *a* = 7 mm

步骤 3：检查车底护板

检查是否有损伤和磨损。

步骤 4：检查排气装置

检查是否有渗漏，损坏及固定状态（图 6.4.7、图 6.4.8）。

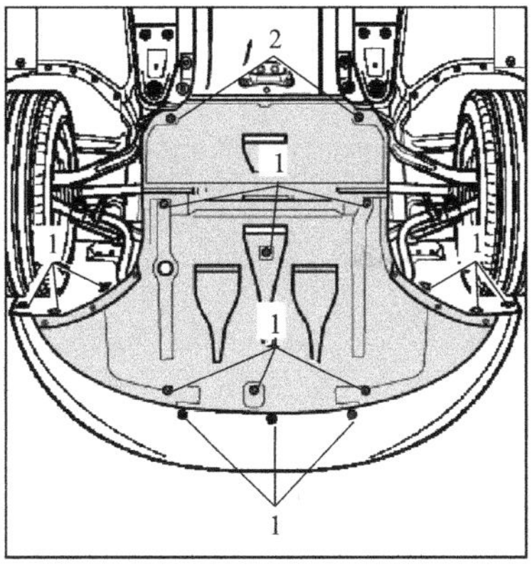

图 6.4.7　底护板螺栓位置

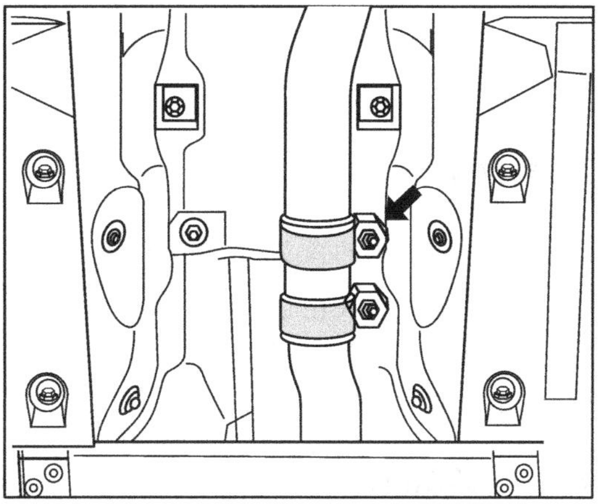

图 6.4.8　排气管固定螺栓

步骤 5：检查转向横拉杆头

检查间隙、固定和密封折篷。

特别提示：

① 检查必须在车辆被升起来（车轮离地）的情况下进行。

② 检查由于转向横拉杆和车轮的运动产生的间隙（不可有间隙）。

③ 用 40 N · m 的扭矩来检查防松螺母的松紧程度；检查密封折篷（如箭头所示）是否损伤和正确定位（图 6.4.9）。

步骤 6：检查万向节

检查万向节密封折篷是否有渗漏及损坏（图 6.4.10）。

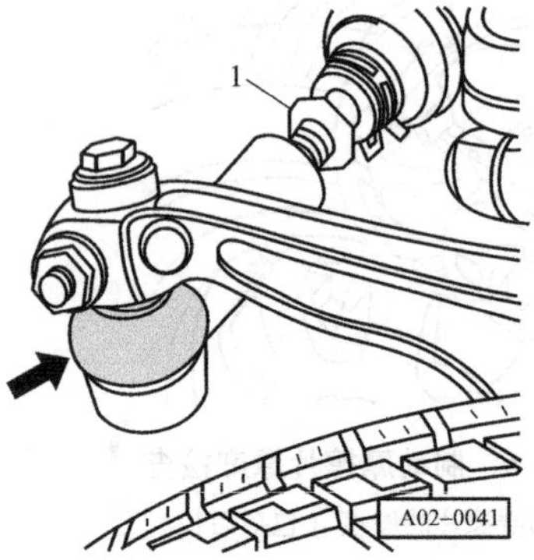

图 6.4.9　转向横拉杆球头及密封折篷

图 6.4.10　万向节密封折篷

工作任务 6.5　检查轮胎

任务目标

① 知道轮胎标识的含义。

② 能简要介绍各大轮胎生产厂家。

③ 能正确测量轮胎胎压。

④ 能正确检查轮胎。

6.5.1　轮胎概述

一、轮胎的类型

轮胎种类繁多，达数百种以上。一般习惯根据轮胎的气压、结构、有无内胎等因素进行综合分类。

① 按结构不同可分为斜交胎和子午线结构轮胎。近年来，子午线轮胎发展迅速，斜交胎所占比例迅速下降，仅应用在部分货车上。

② 按有无内胎可分为有内胎轮胎和无内胎轮胎两大类。

③ 按轮胎气压高低可分为高压胎、低压胎和超低压胎三种。低压胎（0.15~0.45 MPa）弹性好，断面宽，接地面积大，壁薄散热好，从而提高了汽车的使用性能，同时延长了轮胎的使用寿命，所以汽车上几乎全部都使用低压胎。

二、轮胶花纹

外胎胎面上制有各种形状的花纹，提供了与地面之间的接触界面，使车辆行驶和制动的同时还具有排水和耐磨的性能。

（1）条形花纹（如图 6.5.1（a））

顾名思义，条形花纹就是花纹呈条状，也可以称为纵向花纹。该类型花纹纹沟的方向与圆周方向一致。它有一下特点：低滚动阻力，不易侧滑，可以为汽车提供良好的操纵稳定性能。由于行驶过程中产生的热量低，可以显示良好的高速性能，低噪声，提供良好的驾乘舒适感。就像图 6.5.2 的 F1 赛车轮胎，水平方面上有四条凹沟，这就是典型的条形花纹。但是，该种花纹同样也存在不少缺陷：较差的制动性能和驱动力，而且在载荷下容易出现开裂现象。这种花纹或者它们的变种和改良型的轮胎目前大部分用于轻型客车和普通轿车以及摩托车的上，而不适用载重车。

（2）羊角花纹（图 6.5.1（b））

羊角花纹也称为横向花纹，该种花纹的花纹沟方向与圆周方向垂直。它有一下特点：胎面花纹按轮胎轴向排列。具有制动力和牵引力大、耐切割性能、耐磨性能好等优点，这种花纹的轮胎适用一般路面、混合路面和非正式路面，一般安装于运输车辆的驱动轮位上或者自卸车，工业车辆以及公共汽车后轮。但是这种花纹的轮胎有不少缺点：易侧滑、易发生异常磨损，而且滚动阻力大、噪声大，高速性差等，所以这种花纹的轮胎不适合于进行高速行驶。综合看来，这种形式花纹适合于在一般硬路面上、牵引力比较大的中型或重型货车使用。

（3）复合花纹（图 6.5.1（c））

复合花纹又称为纵横沟花纹或者综合花纹。它兼备了纵沟和横沟花纹的优点，这种花纹的轮胎胎面中央的条形花纹（纵向花纹）可为轮胎提供良好的操纵性能并能防止侧滑，而胎面肩部的羊角花纹（横向花纹）为轮胎提供良好的牵引性能和制动性能。该种花纹的轮胎目前应用比较广泛，不但适于在恶劣的路面上行驶，而且可以在普通公路上行驶。该种轮胎现在较多地用于货车、客车以及 SUV 等车辆上。

（4）块状花纹（图 6.5.1（d））

块状花纹轮胎的花纹沟之间都相互连接，呈独立的花纹块结构。块状花纹有以下特点：优点是驱动力、制动力强，缺点是耐磨性差，寿命短，行驶摩擦力大，易产生异常磨损。由于以上特点，这种轮胎更适合用于雪地及泥泞道路上。目前该种类型的轮胎一般用于轿车的全天候及雪地轮胎和商用车的后轮，还有越野车等。

（5）不对称花纹（图 6.5.1（e））

不对称花纹的轮胎胎面左右两侧花纹形状不同，这就造就了它有以下优点：增大了转弯时外侧花纹的着地压力，极大地提高了高速转弯性能，并补充了外侧花纹的耐磨性能。由于胎面两侧花纹不同，所以安装时须注意内、外侧方向。该种花纹适用于一般轿车子午线轮胎及高速客车全钢丝轮胎和竞技用车等高性能车辆的轮胎。

（6）单导向花纹（图 6.5.1（f））

单导向花纹沟之间都相互连接，呈独立的花纹块结构。该种轮胎的花纹具有良好的导向性，卓越的制动性能，极佳的排水性能，雨天优秀的稳定性能。但是同样安装轮胎时要注意，按轮胎上标识的滚动行驶方向进行安装。如轮胎上无行使方向标记，则以花纹的尖端先接触地面的方向安装。目前，该类型的花纹用于高速轿车的轮胎。

图 6.5.1　外胎胎面花纹

(a) 条形花纹；(b) 羊角花纹；(c) 复合花纹；(d) 块状花纹；(e) 不对称花纹；(f) 单导向花纹

6.5.2　轮胎的标识

识别轮胎标记是对轮胎进行升级的必备条件，任何一款轮胎的绝大部分信息都集中在其侧面，要想了解这款轮胎的具体情况首先就要从胎侧入手。在此，我们以一款典型的轮胎（固特异 GT3 型）为例介绍一下各部分标识的含义（图 6.5.2）。

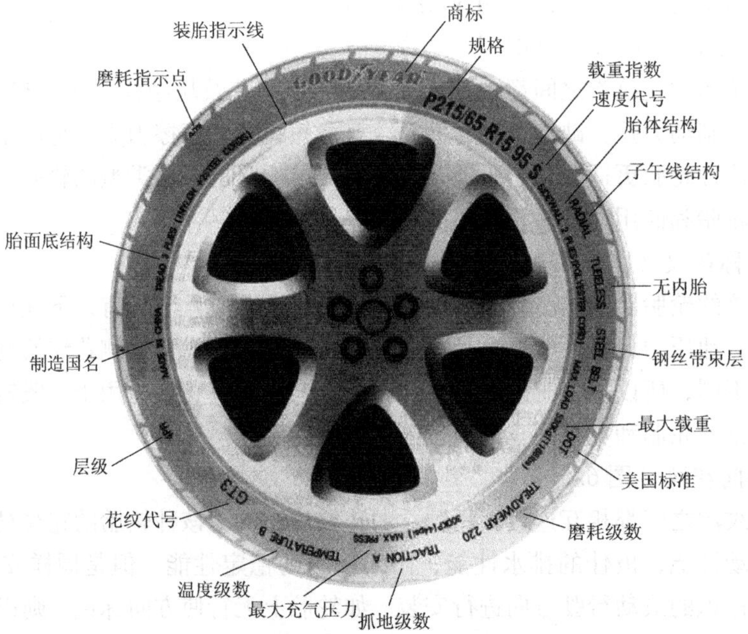

图 6.5.2　固特异 GT3 型轮胎

1. 轮胎规格

轮胎规格：P215/65 R 15。P 为乘用车标识，215 指的是轮胎断面的宽度为 215mm，是两个胎侧之间的宽度（以 mm 为单位）。此宽度随轮胎所匹配轮辋宽度的不同而不同。65 是轮胎的高宽比，也称为扁平率，是胎高与胎宽的比例，这里指胎高占胎宽的 65%，数值越小，越显扁平（图 6. 5. 3）。R 是英文 Radial 的缩写，是指轮胎为辐射层结构，表示此轮胎为子午线胎。15 表示轮辋直径为 15 in，此轮胎必需匹配 15 in 的轮辋，否则无法安装（1 in =25. 4 mm）。

2. 载重指数

载重指数：95 表示此轮胎的最大载荷为 690kg。载重指数越高，车轮的承载能力越强（表 6. 5. 1）。

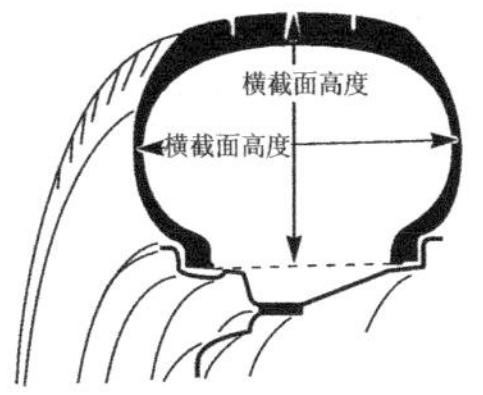

$$高宽比=\frac{横截面高度}{横截面宽度}\times 100\%$$

图 6. 5. 3　轮胎横截面高宽比（扁平率）

表 6. 5. 1　轮胎的载重指数

载重指数	能力/（kg/胎）	载重指数	能力/（kg/胎）	载重指数	能力/（kg/胎）
76	400	77	412	78	425
79	437	80	450	81	462
82	475	83	487	84	500
85	515	86	530	87	545
88	560	89	580	90	600
91	615	92	630	93	650
94	670	95	690		

3. 速度代号

速度代号：S 表示该轮胎所允许的极限速度为 180km/h。速度代号表明轮胎在规定条件下承载规定负荷的最高速度。字母 A~Z 代表轮胎从 4. 8~300km/h 的认证速度等级（表 6. 5. 2）。

表 6. 5. 2　轮胎的速度代号与速度等级

速度代号	安全车速/（$km\cdot h^{-1}$）	速度代号	安全车速/（$km\cdot h^{-1}$）	代号	安全车速/（$km\cdot h^{-1}$）
K	110	L	120	M	130
N	140 备胎	P	150	Q	160
R	170	S	180	T	190
U	200	H	210	V	240 跑车
W	270 特殊跑车	Y	300	Z	>300

注：N 级胎常用做备胎；Q 级胎常用做雪胎；R 级胎常用做轻型卡车胎；H 级胎常用做运动型轿车胎；W 级胎常用做特殊跑车用胎。

4. 抓地级数（Traction）

抓地级数：它代表的是轮胎在潮湿的直线试验路面上的停车能力。例如，AA 级的轮胎在潮湿的直线路面上停车比 C 级的轮胎快。抓地级数有 AA、A、B、C，其中 AA 级最高。

5. 温度级数（Temperature）

温度级数：它代表的是保养得当的轮胎散热能力，而且是在控制下的室内试验车轮条件下。如果轮胎达到了美国交通部（DOT）规定的最低性能条件，其等级为“C”级。“B”级和“A”级则表明轮胎高于 DOT 规定的最低性能。

6. 层级（××P. R）

层级：表示轮胎橡胶层内帘布的公称层数，指用高强度材料帘线制作胎体的轮胎负荷性能相当于棉帘线制作胎体的轮胎帘布层数。注意：层级数并不是指它的实际层数。

胎冠和胎侧层级数越高，它的耐刺、载重等性能越优秀，但散热较慢。胎冠和胎侧的层级数太少，一是胎体强度不够好，尤其显得胎侧太软，容易被割伤；二是抗撞击能力差，极易被坚硬物撞击坏，但散热和吸震性能好。

7. 胎体、胎面结构

每一条轮胎的胎壁上都镌着该条轮胎的构造详情。也就是说，这条轮胎的胎冠是由几层 xx 制成，而胎侧是由几层 xx 构成，使人一目了然，一看便知。钢丝、尼龙和纤维的表示方法都铭刻在轮胎的胎壁上。STEEL——钢丝；NYLON——尼龙；POLYESTER——纤维。

例如：SIDEWALL：2PLIES（POLYESTER CORD）含义：侧壁：2 层（纤维线）

TREAD：3PLIES（1NYLON+2STEEL CORD）含义：胎冠：3 层（1 层尼龙+2 层钢丝线）

8. 磨耗级数

磨耗级数（Treadwear）为 220。这是依据美国政府规定的试验过程，所得到的轮胎磨损耗率而换算出其比较等级。通过试验，以磨耗 100 为基数，磨耗 100 可以行驶 48 000 km，磨耗 200 为 96 000 km。胎面磨耗度：超过 100—(较优)；等于 100—(标准)；低于 100—(较低)。例如，一个车胎的磨耗级数标示 200 则表示它在政府指定的试验场地上比等级为 100 的轮胎可以多跑一倍的时间，而实际上轮胎的磨耗率与使用条件有关，所以不同品牌的轮胎很难比较。磨耗级数越高表示越耐磨（一般的有 220、280、320、380、400、440、520 等）。不过不要以为轮胎越耐磨越好，磨耗级数与轮胎的抓地力呈反比关系。

9. DOT 及生产日期

“DOT”表示此轮胎通过美国交通部（U. S. Department of Transportation）的检验通过。在轮胎的一侧或两侧可以找到 DOT 三个字母，其后有四个数字或字母，用于表示生产日期。在此问题上，不同的厂家有着不同的表示方法，但常见表示方法有两种。

①“98N08B5820”表示 1998 年 8 月 B 组生产的第 5820 只轮胎；

②“2307”表示 2007 年第 23 周生产的轮胎。

警告：胎龄超过 6 年的轮胎只能在应急时使用，驾驶时须特别谨慎。

10. 最大载重量及最大充气压力

MAX. LOAD 530 kg（1 168 lb）：是指最大承重为 530 kg（1168 lb）。

MAX PRESS 300 kPa（44 psi）：是指最大充气压力为 300 kPa（44 lbf/in^2）。

11. 其他标识

（1）TUBELESS——无内胎。

（2）MADE IN CHINA——生产国别。

（3）TWI——磨耗指示点。一个轮胎的两边胎侧各有若干个磨耗指示点，一般用 TWI 指示，当胎面磨损到磨耗指示点时，表示轮胎已达到使用极限，这个轮胎已经不能保证安全行车，必须更换。

12. Audi A6 轿车所选用的轮胎规格

225/55 R16、225/50 R17、245/45 R17 等几种类型。

6.5.3　压强单位及单位转换

常用的压力压强单位有标准大气压 atm，毫米水银柱（mmHg），帕斯卡（Pa），巴（bar）。它们之间的换算关系：$1\text{atm} = 76\text{cmH}_2\text{g} = 101\,000\,\text{Pa} = 1.01\,\text{bar}$

6.5.4　操作步骤

步骤 1：检查轮胎的胎面和侧壁，看是否有伤痕，如有必要则需更换，同时去掉胎面花纹内的杂物（图 6.5.4、图 6.5.5）。

图 6.5.4　检查轮胎侧壁

图 6.5.5　检查轮胎胎面

特别提示：出于安全因素的考虑，在一辆车辆上只允许使用相同结构和截面规格的轮胎。

步骤 2：检查轮胎滚动面。可以根据前轮的轮胎滚动面来判断，是否有必要进行车轮前束和车轮外倾的检查。

特别提示：轮胎花纹上产生毛边说明车轮前束有误；如出现单边磨损，说明外倾不当。

步骤 3：检查胎面花纹深度。胎面花纹最小深度为 1.6 mm。

特别提示：如果轮胎表面上规定位置的 1.6mm 的磨损指示标记（图 6.5.6 箭头所示）在多处被磨掉，表明已达到最小花纹深度。

步骤 4：轮胎充气压力的校正。

夏季轮胎的充气压力值在油箱盖板内侧的标签上（图 6.5.7）。

特别提示：标签上所标的轮胎的充气压力对于冷的轮胎同样适用，不要降低由于轮胎变热而引起压力升高。在使用冬季轮胎时，要把轮胎的充气压力提高 200kPa。

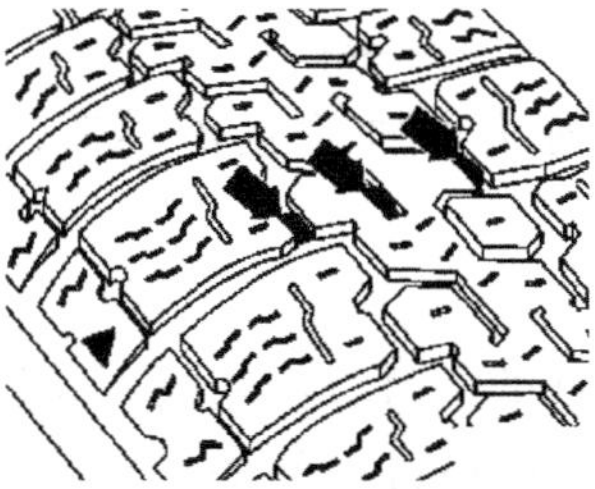

图 6.5.6　磨损极限指示标识

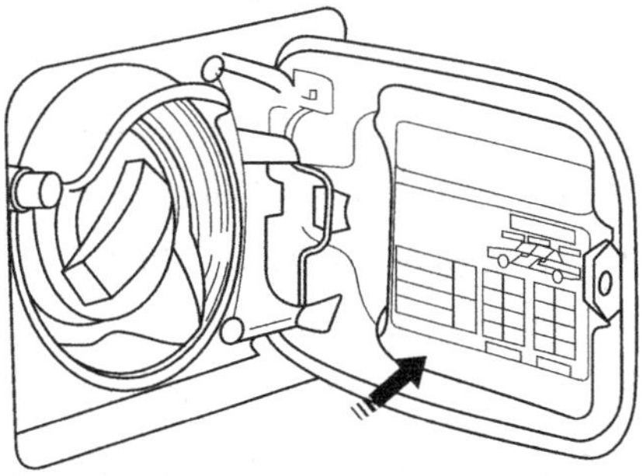

图 6.5.7　油箱盖上胎压及载荷列表

工作任务 6.6　电脑检测与调整

任务目标

① 能为客户解释随车电脑诊断系统 OBD Ⅱ。
② 会使用 V. A. S 5052 专用解码仪解除运输模式，并解释原因。
③ 会使用 V. A. S 5052 查询并消除所有控制单元存储的故障记忆。
④ 会使用 V. A. S 5052 进行保养间隔复位。

6.6.1　OBD Ⅱ

一、OBD Ⅱ简介

OBD（On-Board Diagnostics）的中文含义是车载诊断系统。

在电控汽车的故障诊断中，面对品种各异的汽车和形形色色的故障，维修人员要用各种各样的检测设备，配上形状各异的诊断插头，对照纷繁复杂的维修资料，在发动机舱内、翼子板内侧、仪表板壳内、乘客座位脚下等许多位置寻找诊断接口，读取故障信息。这对维修人员的检修工作来说，是不是太劳心费神了？OBD Ⅱ（Ⅱ型车载诊断系统）程序在美国的颁布实施，给汽车专业人士的诊断带来了空前的便利。任何维修人员都可使用同一设备，对所有根据标准生产的汽车在同一位置通过同样的诊断接口进行故障诊断。

为使汽车排放和驱动性相关故障的诊断标准化，从 1996 年开始，凡在美国销售的全部新车，其诊断仪器、故障编码和检修步骤必须相似，即符合 OBD Ⅱ程序规定。随着经济全球化和汽车国际化的程度越来越高，作为驱动性和排放诊断基础，OBD Ⅱ程序将得到越来越广泛的实施和应用。OBD Ⅱ程序使得汽车故障诊断简单而统一，维修人员不需要专门学习每一个厂家的新系统，可以说，OBD Ⅱ程序给维修人员的诊断检修工作带来了空前的便利。

二、OBD Ⅱ的标准化

OBD Ⅱ程序的设计要求避免系统之间的混淆，这不仅要求使用标准的 16 针诊断接口，还要使用特定的编码及在制造商的文件中对部件的说明，这是为了达到以下几方面的统一和标准化。

1. 通用术语和缩写词

例如，为计算机提供曲轴位置和转速信息的装置称为曲轴位置传感器，缩写均为“CKP”，计算机统一都称为“PCM”。

2. 通用数据诊断接口

每车都装有一标准形状和尺寸的 16 针诊断接口，每针的信号分配相同，并位于相同的位置，装在仪表盘之下，在仪表盘的左边与汽车中心线右 300 mm 之间的某处。应当注意的是，诊断接口的某些端子，指定为特定的信号，而其他端子则可让制造商使用，或在当前型号的车上尚未使用。

3. 通用诊断测试模式

这些测试模式，对全部 OBDⅡ汽车都是通用的，使用 OBDⅡ扫描工具就可测试。

4. 通用扫描工具

满足 OBDⅡ要求的扫描工具，必须能访问和解释任何车型与排放相关的诊断故障码，扫描工具有线束可与标准的 16 针连接器相接。

5. 通用诊断故障码

在对上海别克、广州雅阁等轿车进行故障诊断时，自动诊断系统都可以显示标准 OBDⅡ故障代码，如“P0125”、“P0204”，分别代表有转速信号时发动机 5 min 内没达到 10 ℃和 4 号喷油嘴输出驱动器不正确的响应控制信号。

SAE J2010 规定了一个 5 位标准故障代码，第 1 位是字母，后面 4 位是数字。

第 1 位字母表示设置故障码的系统。当前分配的字母有 4 个：“P”代表动力系统，“B”代表车身，“C”代表底盘，“U”代表未定义的系统。

第 2 位字符是 0、1、2 或 3，意义如下：0—SAE（美国汽车工程师协会）定义的通用故障码：1—汽车厂家定义的扩展故障码；2 或 3—随系统字符（P、B、C 或 U）的不同而不同。动力系统故障码（P）的 2 或 3 由 SAE 留做将来使用；车身或底盘故障码的 2 为厂家保留，车身或底盘故障码的 3 由 SAE 保留。

第 3 位字符表示出故障的系统：1—燃油或空气计量故障；2—燃油或空气计量故障；3—点火故障或发动机缺火；4—辅助排放控制系统故障；5—汽车或怠速控制系统故障；6—电脑或输出电路故障；7—变速器控制系统；8—变速器控制系统。

最后两位字符表示触发故障码的条件。不同的传感器、执行器和电路分配了不同区段的数字，区段中较小的数字表示通用故障，即通用故障码；较大的数字表示扩展码，提供了更具体的信息，如电压低或高，响应慢，或信号超出范围。

6. 标准化协议

要求制造商使用相同的多路通信语言，进行 PCM 与其传感器和执行器间的通信，以及诊断工具之间诊断信息的发送与接收。

OBD Ⅱ标准要求发动机管理系统对每一受监视的电路，根据专门设置的运行条件如暖机周期、驱动周期、OBDⅡ行程、OBDⅡ驱动周期和相似条件等，在监视序列检测其故障，位置故障代码、点亮和熄灭故障灯，以及消除故障代码。在这里，监视序列是一个运行过程，是一个用来测试规定系统功能或部件的操作。例如，计算机可在减速时打开或关闭 EGR 阀，并监视 MAP 传感器，以观察 EGR 阀是否在工作；或在巡航时，计算机打开或关闭炭罐净化，以观察氧传感器的信号，这样就可以同时测试两个部件。

6.6.2　VIN

一、VIN 含义

VIN（Vehicle Identification Number）是车辆识别代码，共 17 位，也称 17 位编码，由字母和数字组成，是国际上通行的标识汽车的代码。因此，相当于汽车的“身份证”。VIN 代码是每一辆车出厂时就有的，具有 30 年内全世界不可重复性。

二、VIN 作用

VIN 有两方面的作用：一方面通过这一组 17 位编码，可以了解汽车的生产国家、厂商、品牌、生产年份、发动机型号、排气量、变速器型号以及出厂的顺序号等有关本车的相关信息。另一方面，由于办理牌照、登记保险、处理交通事故、修理厂修理备案、丢失查找取证、二手车交易、准确购买配件等，也有很重要的意义。

三、常见 VIN 位置

① 门铰链柱、门锁柱或与门锁柱接合的门边之一的柱子上，接近于驾驶员座位的地方（图 6. 6. 1）。

② 驾驶员一侧仪表板的上面（透过挡风玻璃就能看到）。

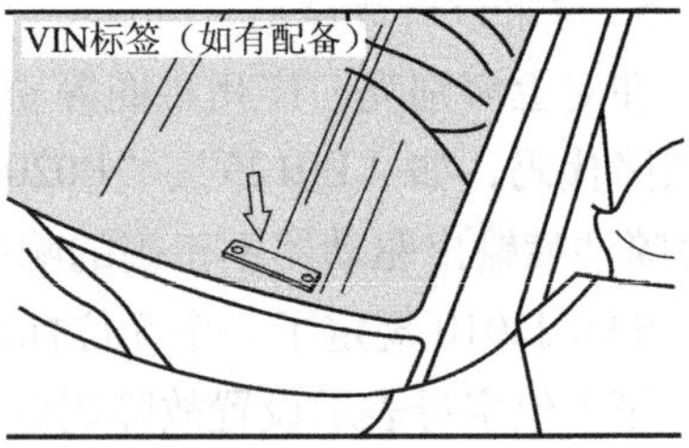

图 6. 6. 1　VIN 位置

四、VIN 组成

VIN 包括三部分。

① 第一部分为世界制造厂识别代码（WMI），共 3 位字码，由制造厂以外的组织预先指定的，用来代表生产国、厂家、车辆类别。这里第 1 位字码代表生产国，为国际汽车厂通用的。例如：1—美国、2—加拿大、M—泰国、J—日本等。又如，JHM—日本本田技研、WDB—德国奔驰、LFV—中国一汽大众、WBA—德国宝马、KMH—韩国现代等。

② 第二部分为车辆说明部分（VDS），包括 6 位字码，如果制造厂所用字码不足 6 位，应在剩余位置填入制造厂选定的字母或数字，以表现车辆的一般特征，其代码及顺序由制造厂决定。

③ 第三部分为车辆指示部分（VIS），是 VIN 的最后部分，由 8 位字码组成，其最后 4 位应是数字。一般情况下，VIS 部分的第 1 位字码指示年份，第 2 位字码指示生产厂，后 6 位指示厂址及生产序号。

五、奥迪轿车 VIN

奥迪轿车 VIN 见表 6. 6. 1。

表 6. 6. 1　奥迪轿车 VIN

WMI			VDS						VIS							
1	2	3	4	5	6	7	8	9	10	11	12	13	14	15	16	17
L	F	V	B	A	1	4	B	8	Y	3	0	0	0	0	0	1

第 1—第 3 位：LFV—中国一汽大众。

第 4 位：安全保护装置。A—安全带；B—安全带+安全气囊。

第 5 位：车身类型。A—四门阶背式；B—四门溜背式；C—四门方背式（旅行车）。

第 6 位：发动机变速器。

汽油发动机：1—手动变速器；2—自动变速器；

柴油发动机：3—手动变速器；4—自动变速器；

两用燃油发动机：5—手动变速器；6—自动变速器。

第 7 位和第 8 位：车型代码。8E—Audi A4；4B—Audi A6L；1G—Jetta；1J—Bora A4。

第 9 位：检验位。

第 10 位：车型年份。

1997：V，1998：W，1999：X，2000：Y，2001：1，2002：2，2003：3，2004：4，2005：5，2006：6，2007：7，2008：8，2009：9，2010：A。

第 11 位：装配厂。3—中国一汽大众。

第 12—第 17 位：生产顺序号。

6.6.3　V. A. S 5052

V. A. S 5052 故障诊断仪地址码及功能码列表见 6.6.2。

表 6.6.2　地址码、功能码列表

地址码一览表	功能码一览表
00—整车电器自动检测	
01—发动机电器系统	01—查询控制单元版本号
02—变速器电器系统	02—查询故障存储器
03—制动系统电器系统	03—执行元件诊断
08—暖风/空调电器系统	04—基本设置
14—悬挂电器系统	05—清除故障存储器
15—安全气囊控制系统	06—结束输出
17—仪表板电器系统	07—给控制单元编码
16—转向电器系统	08—读测量数据块
56—收音机电器系统	10—自适应匹配

V. A. S 5052 故障诊断仪如图 6.6.2 所示。

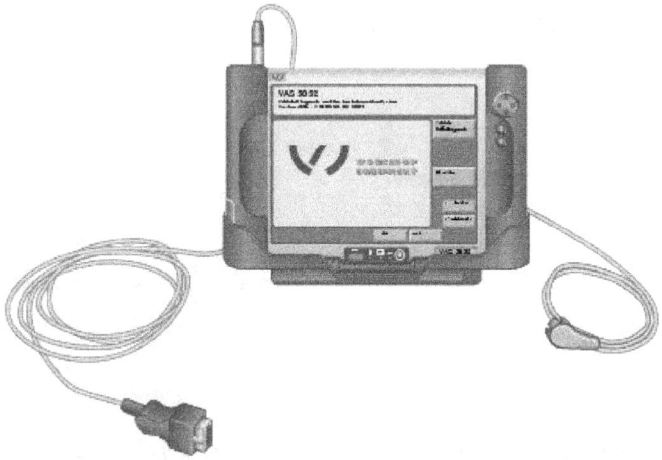

图 6.6.2　V. A. S 5052 故障诊断仪

6.6.4 解除蓄电池运输模式的原因

奥迪轿车生产厂家在储运环节中，限制舒适系统和收音机的部分功能：① 车门警报灯不再报警；② 接通 15 号线，车内灯、脚炕灯、行李舱灯不亮；③ 未接通 15 号线且打开车门时，车内灯最长亮 30 s 后熄灭；④ 收音机不能打开。

目的在于进一步限制蓄电池的放电，从而来维持车辆的启动能力（蓄电池状态）。现代高档轿车如宝马、奔驰、奥迪、途安、开迪等都设置了此项功能。因此，对商品车 PDI 检查或在故障维修时，通过引导型故障查询或引导式功能取消运输模式。

6.6.5 操作步骤

一、解除运输模式

步骤 1： 连接 V. A. S 5051/5052 故障诊断仪（图 6.6.3）。

步骤 2： 引导型故障查询或引导型功能（图 6.6.4）。

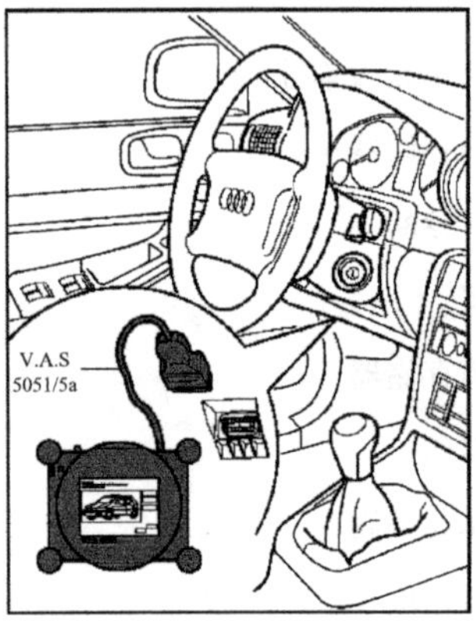

图 6.6.3 连接故障诊断仪

图 6.6.4 选择“车辆自诊断”

特别提示： 在关闭点火开关的前提下完成与车辆的连接。

步骤 3： 读取网关安装列表（图 6.6.5）。

步骤 4： 选择 61 蓄电池调整（图 6.6.6）。

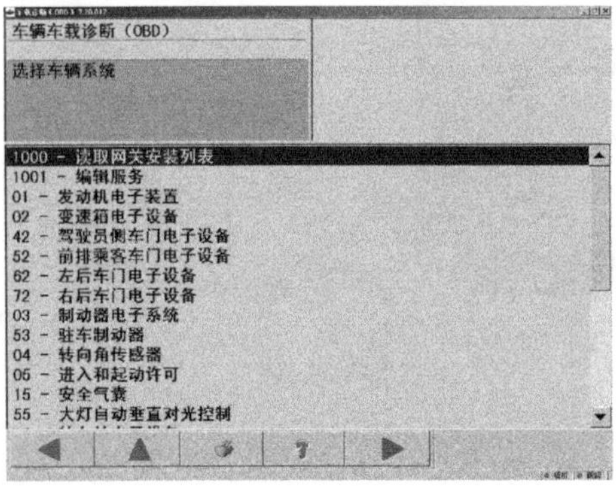

图 6.6.5 选择“读取网关安装列表”

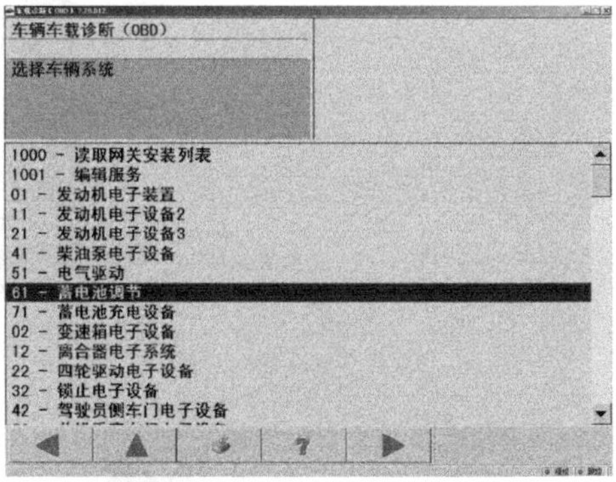

图 6.6.6 选择“61 蓄电池调整”

步骤5：选择012匹配（图6.6.7）。

步骤6：输入数字0，激活运输模式（图6.6.8）。

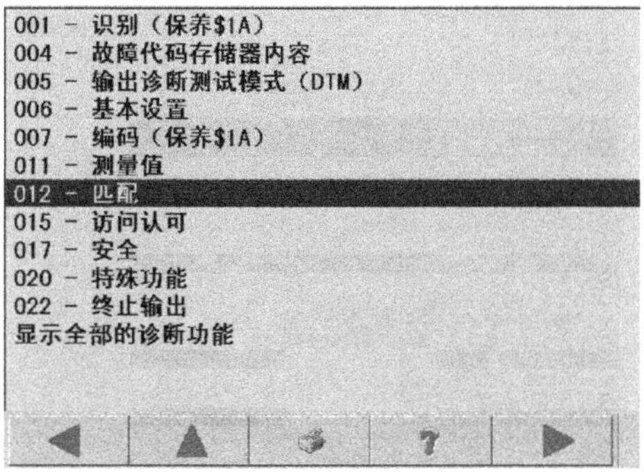

图6.6.7　选择“012匹配”

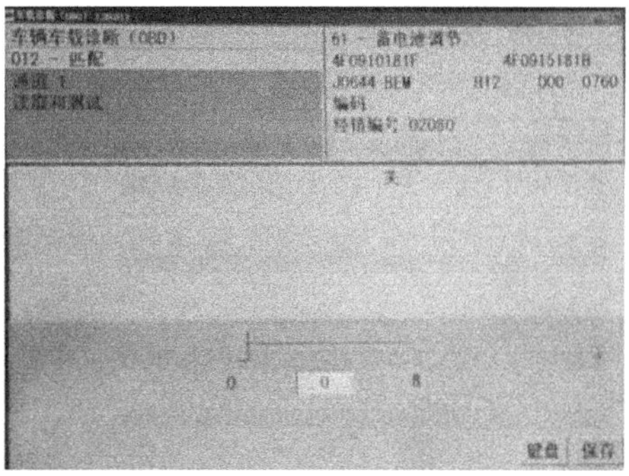

图6.6.8　输入数字0，激活运输模式

步骤7：选择004.01检查故障代码存储器（图6.6.9）。

步骤8：选择004.10清除故障代码存储器（图6.6.10）。

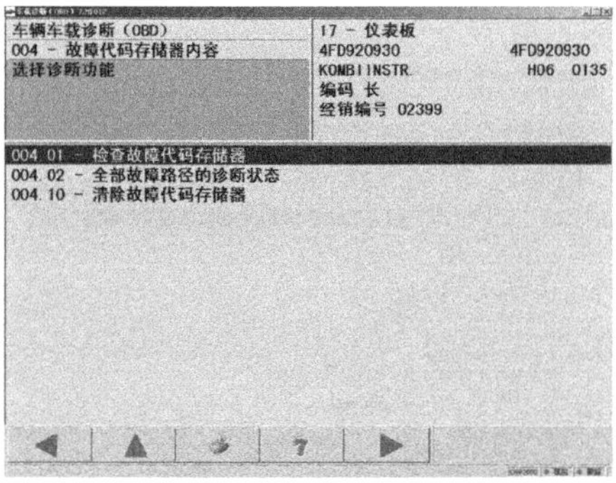

图6.6.9　选择“004.01检查故障代码存储器”

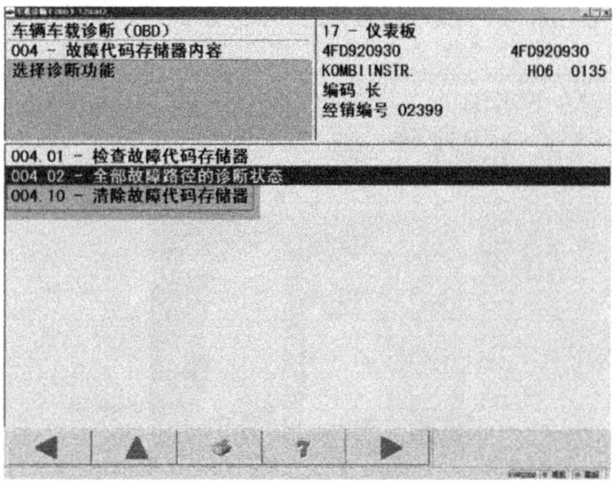

图6.6.10　选择“004.10清除故障代码存储器”

二、查询控制单元故障记忆

步骤1：选择引导性故障查询（图6.6.11）。

步骤2：选择发动机类型（图6.6.12）。

图6.6.11　选择“引导性故障查询”

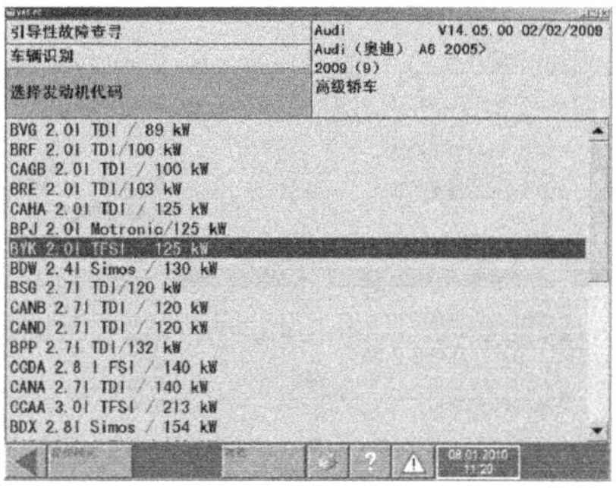

图6.6.12　选择发动机类型

步骤 3：电脑自动故障查询（图 6. 6. 13）。

步骤 4：退出系统（图 6. 6. 14）。

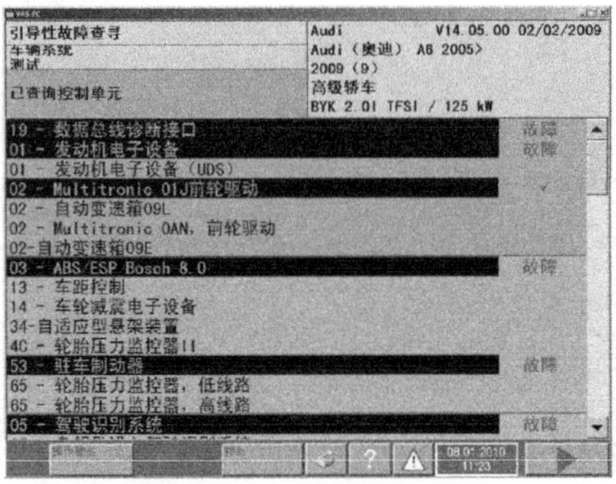

图 6. 6. 13 电脑自动故障查询

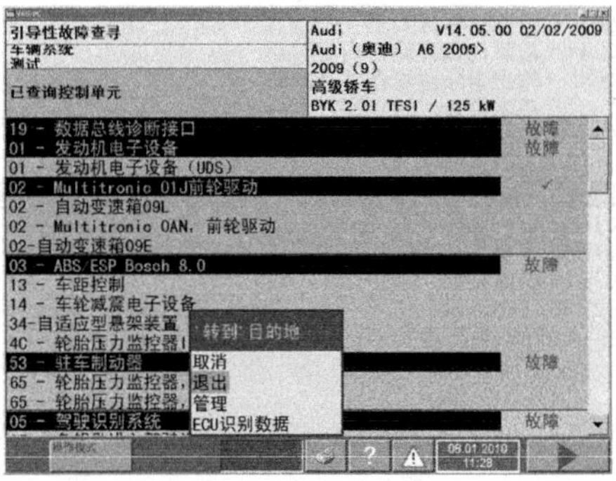

图 6. 6. 14 退出系统

三、保养间隔显示复位

步骤 1：选择车辆自诊断（图 6. 6. 15）。

步骤 2：读取网关安装列表（图 6. 6. 16）。

图 6. 6. 15 选择“车辆自诊断”

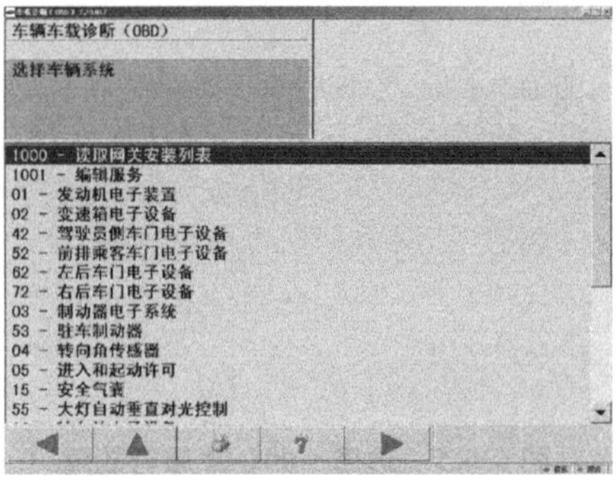

图 6. 6. 16 读取“网关安装列表”

步骤 3：选择地址码 17 仪表板（图 6. 6. 17）。

步骤 4：选择功能码 012 匹配（图 6. 6. 18）。

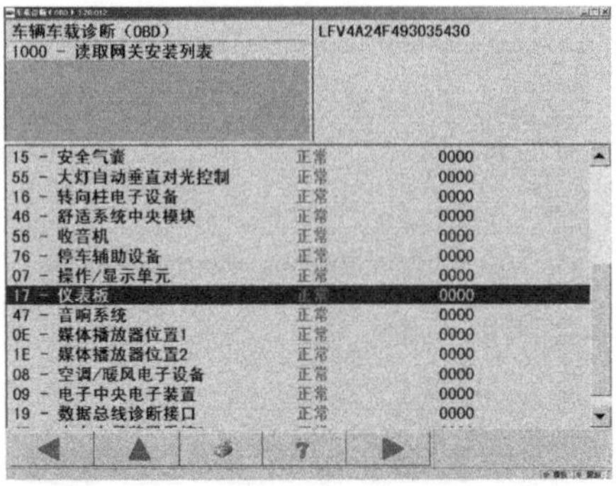

图 6. 6. 17 选择地址码“17 仪表板”

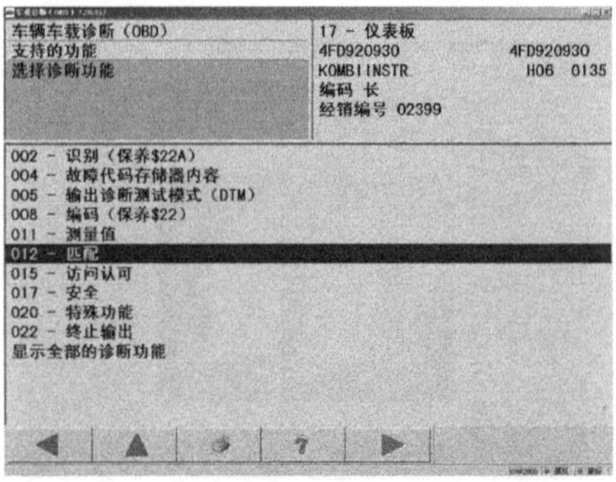

图 6. 6. 18 选择功能码“012 匹配”

步骤5：输入通道号2，进入调整界面（图6.6.19）。

步骤6：输入100，设置保养里程（图6.6.20）。

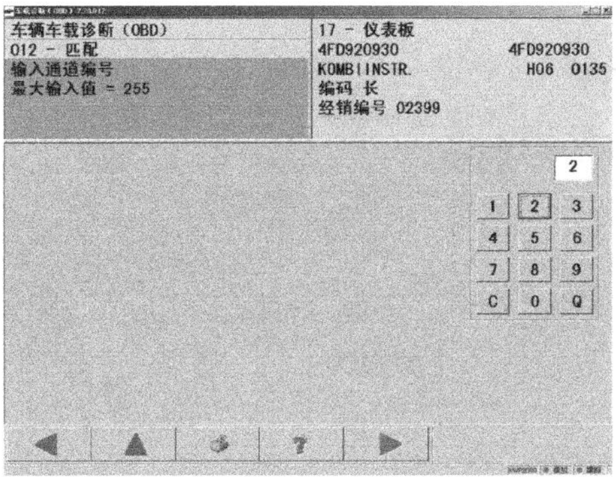

图6.6.19　输入通道号“2”，进入调整界面

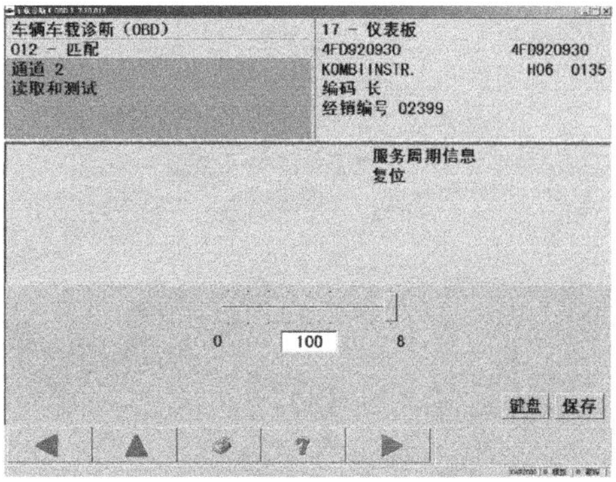

图6.6.20　输入“100”，设置保养里程

工作任务6.7　调整驾驶室内各种设备

任务目标

① 能认清各种灯光，并说出其含义。

② 会检查多功能方向盘及各种灯光控制元件。

③ 会检查变速杆。

④ 会检查自动空调系统。

⑤ 会检查中控门锁装置。

⑥ 能说出车上各种仪表、指示灯和警告灯的含义。

6.7.1　奥迪A6L 2.0T轿车整体介绍

奥迪A6L共推出10款车型，排量从2.0L覆盖到4.2L。与奥迪A6相比，奥迪A6L车型新增包括带倒车影像的驻车报警系统、带SIM访问界面的蓝牙手机等，更提升了奥迪A6L在同级轿车中的竞争力。

一、车身外部

如果单独审视这辆奥迪车的话，会发现它的外形非常富有特点。但是满大街的奥迪A6L已经让它的外形变的非常普通，如图6.7.1所示。

二、内部空间

根据国内C级轿车的特点，全新奥迪A6L在B柱安装了出风口，为后排乘客提供非直接出风式空气循环，对用户的体贴和尊崇可见一斑。奥迪A6L轿车内的空间只能用“奢侈”

来形容，特别是后排的空间，甚至可以跷起二郎腿，而且坐上 3 个人也不会感觉过于局促，如图 6.7.2 所示。

图 6.7.1 奥迪 A6L 轿车外形

图 6.7.2 奥迪 A6L 轿车驾驶室内部空间

三、发动机舱及底盘

新一代奥迪 A6L 轿车的最大亮点是配备了 FSI（Fuel Stratified Injection）发动机，是直喷式汽油发动机领域的一项创新的革命性技术。相比传统的将燃油喷射至进气歧管的发动机，这项发动机技术的优点在于：动力性显著提高，输出更高的扭矩和功率，同时燃油消耗降低可达 15%。奥迪 A6L 2.0T FSI 装配了直列四缸/四气阀技术，燃油直接喷射、双顶置凸轮轴、可变相位、涡轮增压等先进装置系统。最大输出功率可达 125 kW/6000 r/min，最大输出扭矩达到 280 N·m/1800~4200 r/min，最高车速 219 km/h，0—100 km/h 加速仅需 8.5 s。图 6.7.3 为奥迪 A6L 轿车的发动机舱。

底盘悬挂是连接底盘和车轮的传力装置，其凭借弹性元件、减振器和传力装置三部分起到了缓冲、减振和力的传递作用（图 6.7.4）。汽车发展到今天，悬挂自然也经历了数次更新换代，从最早的非独立悬挂，到独立悬挂的诞生，再从其中衍生出麦弗逊、双叉双连杆、多连杆等多种形式。其中，麦弗逊式是当今最为流行的独立悬挂之一，一般用于轿车的前轮。在汽车的后悬挂系统中，双连杆悬挂系统因为结构简单，维修成本低，一般在 10 万元左右的经济型轿车上使用，而多连杆悬挂因为其制造工艺复杂，成本昂贵，但在操控性和安全性上都远远强于双连杆悬挂，所以目前已成为高级轿车的后悬首选，代表了真正高级车的风骨。在国内高级车市场中，像奥迪、皇冠、天籁和宝马系列等，它们都不约而同地采用了多连杆后悬挂。

奥迪 A6L 轿车上标准配备的四连杆悬挂，既能保持良好的舒适度，又传达给驾驶者及时的路感，保证驾驶的乐趣，在舒适和运动这两者之间，多连杆悬挂可以把平衡点拿捏得很准，绝不会偏向任何一个极端。

四、驾驶感受

奥迪 A6L 轿车在高速转弯时，车身表现出了良好的稳定性，虽然有一定侧倾的存在，但是在可以接受的范围之内，这充分说明了悬挂对车身的侧倾抑制非常到位（图 6.7.5）。

作为入门级的奥迪 A6L 2.0T 也同样拥有着与其他排量奥迪 A6L 一样的体形，庞大的车身行驶在大街上，绝对是值得炫耀的资本。原本奥迪 A6 的车身尺寸为长 4916 mm×宽 1855 mm×高 1459 mm，轴距 2850 mm，已经有足够的宽大。但是中国版奥迪 A6 还在原型车的基础上加长了轴距，满足了中国消费者的实际需求，车身显得更加的庞大、气派（图 6.7.6）。

图 6.7.3　奥迪 A6L 轿车发动机舱

图 6.7.4　奥迪 A6L 轿车悬挂系统

图 6.7.5　奥迪 A6L 轿车行驶状态

图 6.7.6　奥迪 A6 轿车外形尺寸

标志性的一体式前格栅依然夺目，16 in 七辐式轮圈的款式也是与奥迪 A6L 2.4 完全相同，弧形的车顶依然展现着奥迪的独特一面，开着这样一辆奥迪 A6L，依然很体面。

6.7.2　08 款奥迪 A6L 2.0T 轿车使用方法（图 6.7.7）

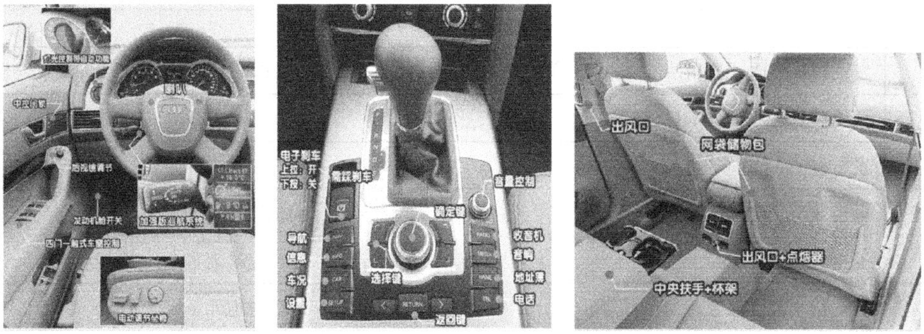

（a）　（b）　（c）

图 6.7.7　奥迪 A6L 驾驶室

（a）驾驶座；（b）MMI 中控台；（c）后排

6.7.3 奥迪 A6L 2.0T 轿车仪表

一、组合仪表

奥迪 A6L 2.0T 轿车组合仪表，如图 6.7.8 所示。

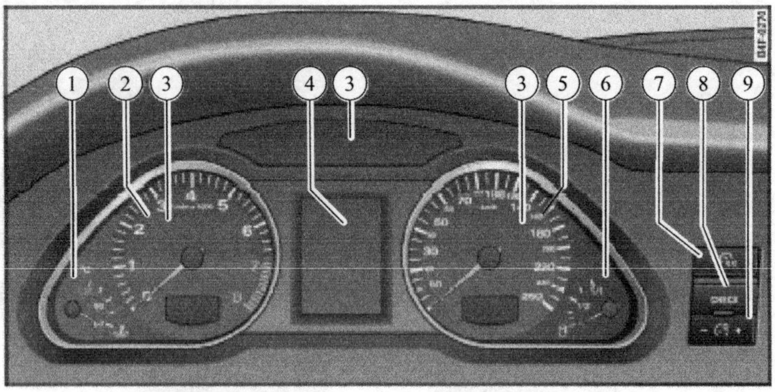

图 6.7.8　奥迪 A6L 2.0T 轿车组合仪表

1—冷却液温度表；2—带数字时钟和日期显示功能的发动机转速表；3—指示灯；4—驾驶员信息系统；5—带里程表的车速表；6—油量表；7—单次行驶里程复位按钮；8—check 按钮 ；9—仪表照明

二、警告及指示灯

奥迪 A6L 2.0T 轿车警告及指示灯含义，如图 6.7.9 所示。

指示灯	含　义	指示灯	含　义
EPC	发动机功率电子控制系统（或为预热装置指示灯）		adaptive air suspension（可调空气悬挂）
	预热装置（汽油发动机为EPC）		转向信号装置（右转向信号灯）
	发电机		安全带警告灯
	电控行车稳定系统（ESP）		远光灯
	安全气囊系统		定速巡航装置
	转向信号装置（左转向信号灯）	ABS	制动防抱死系统（ABS）
	拖车转向信号装置	P	电动机械式驻车制动器
	废气监控系统	!	制动装置故障
	adaptive air suspension（可调空气悬挂）		

图 6.7.9　奥迪 A6L 2.0T 轿车警告及指示灯含义

6.7.4 奥迪 A6L 2.0T 轿车驾驶舱

奥迪 A6L 2.0T 轿车驾驶舱，如图 6.7.10 所示。

图 6.7.10 奥迪 A6L 2.0T 驾驶舱

①—电动车窗升降器；
②—车门拉手；
③—座椅位置记忆设置；
④—中央门锁开关；
⑤—电动车外后视镜调节；
⑥—带调节轮的出风口：
- 在配置舒适空调自动装置的情况下；
- 在配置舒适空调自动装置（增强型）的情况下；

⑦—车灯开关；
⑧—转向信号灯和远光灯操纵杆；
⑨—大灯照明距离调节；
⑩—定速巡航装置的操纵杆；
⑪—方向盘，带有：
- 喇叭；
- 驾驶员安全气囊；
- 用于音频、视频、电话和语音对话系统的操纵按钮；
- 用于手动电控换挡程序的翘板开关；

⑫—组合仪表；
⑬—操纵杆，用于：
- 车窗玻璃刮水/清洗装置；
- 车载计算机；

⑭—点火开关；
⑮—按钮，用于：
- 单次行驶里程表复位按钮；
- CHECK；
- 仪表照明；

⑯— MMI 显示屏；
⑰—依汽车装备而定，开关用于：
- 电控行车稳定系统（ESP）；
- 闪烁报警装置；
- 电动遮阳卷帘；
- Acoustic Parking System（声控泊车系统，前部和后部）；

⑱— 按钮，用于：
- 打开和关闭 MMI 显示屏；
- 手套箱锁止机构；

⑲— 手套箱；
⑳ —副驾驶员安全气囊；
㉑—空调器，依汽车装备而定：；
- 舒适空调自动装置；
- 舒适空调自动装置（增强型）；

㉒—烟灰缸；
㉓—依汽车装备而定的选挡杆或换挡杆，用于：
- 六挡自动变速器；
- multitronic 电控无级变速器；
- 手动变速器；

㉔—MMI 终端；
㉕—杂物箱（饮料罐框架）；
㉖—电动机械式驻车制动器；
㉗—START/STOP 按钮；
㉘—可调节机械转向柱；
㉙—发动机舱盖释放手柄；
㉚—用于将行李舱盖开锁的开关

6.7.5 操作步骤

步骤1：分别检查近光灯、停车灯、前雾灯和后雾灯功能是否正常（图6.7.11）。

步骤2：检查车内照明灯功能是否正常（图6.7.12）。

图6.7.11 车灯开关

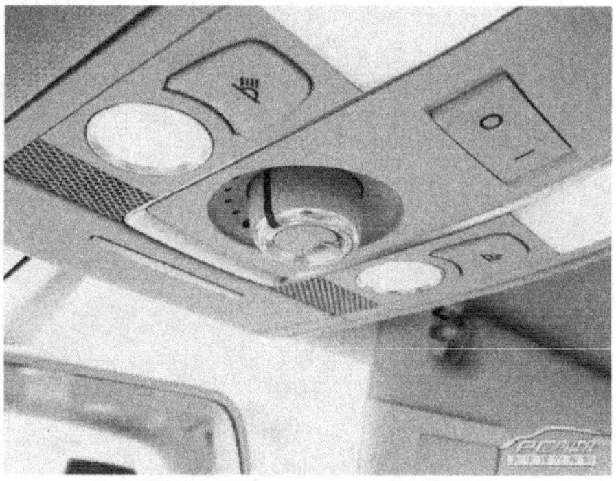

图6.7.12 车内照明灯开关

步骤3：分别检查左、右转向灯光及远、近光灯光功能是否正常（图6.7.13）。

步骤4：检查天窗点动功能、连动功能是否正常（图6.7.14）。

图6.7.13 转向灯及远近光灯开关

图6.7.14 天窗开关

步骤5：检查点动刮水、间歇刮水、慢速刮水、快速刮水功能是否正常（图6.7.15）。

图6.7.15 刮水开关

步骤 6：检查自动空调功能及各个出风口功能是否正常（图 6.7.16）。

图 6.7.16 空调控制开关及出风口

步骤 7：调整语言至中文，调整时钟至当时的北京时间（图 6.7.17）。
步骤 8：检查换挡杆功能是否正常（图 6.7.18）。

图 6.7.17 时间显示窗口

图 6.7.18 变速杆位置

工作任务 6.8 调整风挡清洗喷嘴

任务目标

① 会使用风挡玻璃刮水器喷嘴调整工具。
② 能说出风挡玻璃刮水器喷嘴的作用及调整过程。
③ 能说出风挡玻璃刮水器喷嘴调整的注意事项。

6.8.1 风挡玻璃刮水器

一、风挡玻璃刮水器喷嘴的功用

① 按时喷出清洗液，清洗风挡玻璃。

② 将清洗液喷到指定的位置。

二、刮水器的功用

刮水器是由电动机带动，通过连杆机构将电动机的旋转运动转变为刮臂（挡风玻璃上面除了刮片之外的那部分）的往复运动，从而实现刮水动作。一般接通电动机（按一下刮水器工作开关），即可让刮水器工作。通过选拔高速低速挡，可以使电动机的电流发生大小变化，来控制电动机转速，从而控制刮水器的工作快慢。

三、风挡玻璃刮水器的组成

① 洗涤水罐。它的作用是储存玻璃清洗液（图 6.8.1）。

② 刮水器电动机及其固定支架。电动机的作用是将电动机的旋转运动转变为刮臂的往复运动（图 6.8.2）。

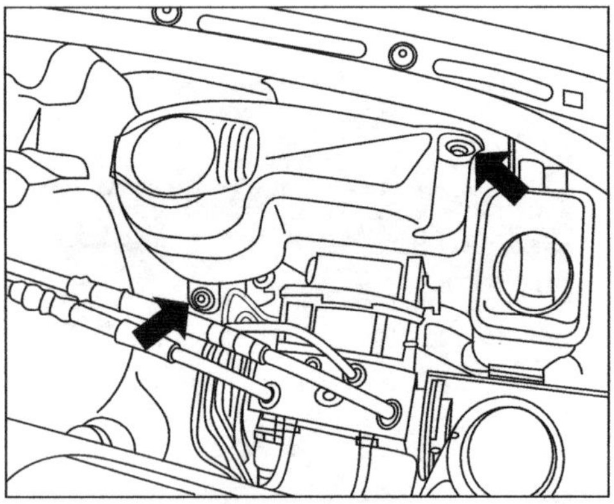

图 6.8.1 洗涤水罐

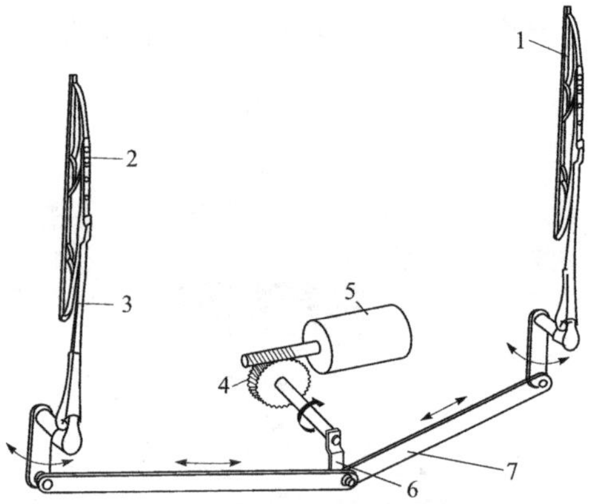

图 6.8.2 刮水器电动机及其固定支架

1—刮水片；2—刮水片架；3—雨刮臂；4—涡轮；5—电动机；6—摇臂；7—拉杆

四、刮水器电动机的刮水原理

刮水器总成含有电动机、蜗轮、电刷、减速器、四连杆机构、刮水臂芯轴、刮水片总成等（图 6.8.3）。当驾驶员按下刮水器的开关时，启动电动机，电动机的转速经过涡轮蜗杆的减速增扭作用驱动摆臂，摆臂带动四连杆机构，四连杆机构带动安装在前围板上的转轴左右摆动，最后由转轴带动刮水片刮扫挡风玻璃。

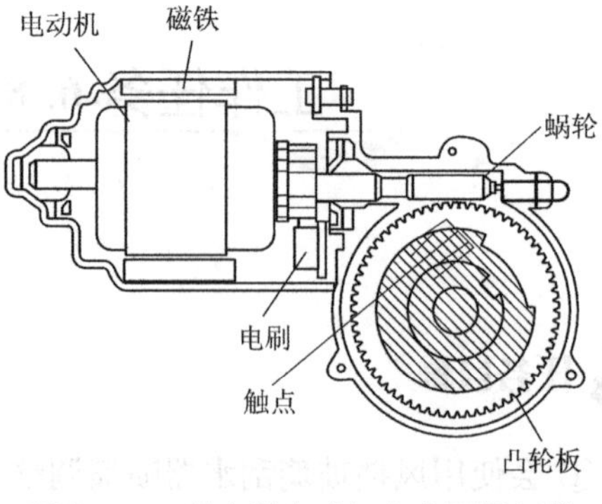

图 6.8.3 刮水器电动机各主要零部件

五、刮水片终点位置的调整

奥迪 A6 轿车将刮水片安放在前挡风玻璃上并进行如下校准：尺寸 $a=26\,\text{mm}$，尺寸 $b=45\,\text{mm}$。这些尺寸给出了刮水片和前挡风玻璃下缘的流水槽窗框盖板之间的距离。用 21 N · m

的扭矩紧固刮水臂的固定螺母。启动一下刮水器。必要时要重新安装刮水臂并用螺母固定（图 6. 8. 4）。

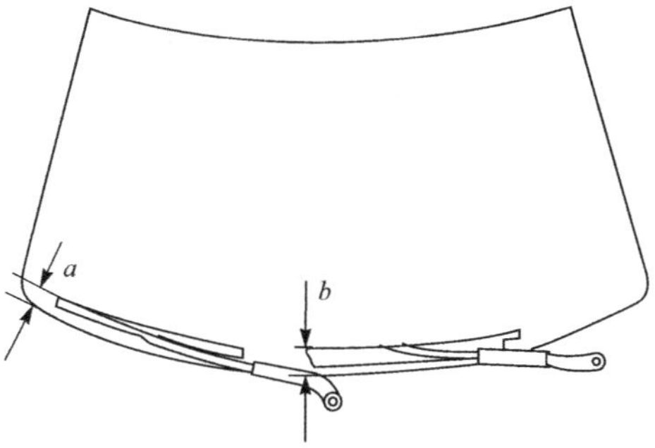

图 6. 8. 4　前刮水片终点位置的调整

6. 8. 2　操作步骤

步骤 1：在车窗玻璃上用水溶性笔标记 4 个喷射点（图 6. 8. 5（a））：尺寸 $a=250\sim275$ mm；尺寸 $b=465\sim490$ mm；尺寸 $c=270\sim415$ mm；尺寸 $d=140\sim225$ mm。

用调整工具按点标定喷嘴的喷射方向（图 6. 8. 5（b））。

特别提示：调整尺寸说明了正行驶的车辆的预设值，也就是说在停车状态中喷嘴的喷射会略微错位。

步骤 2：用车窗刮水器喷嘴调节工具 T10127 测定从各个喷嘴出发的这几个点的位置。

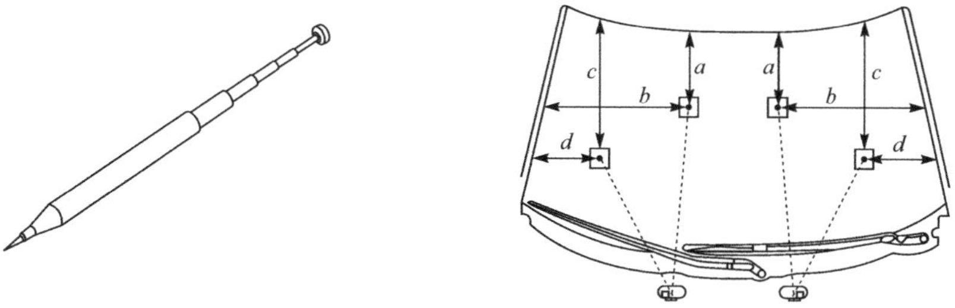

（a）　　　　（b）

图 6. 8. 5　在前挡风玻璃上标记四个喷射点

（a）喷嘴调整工具；（b）喷嘴调整位置

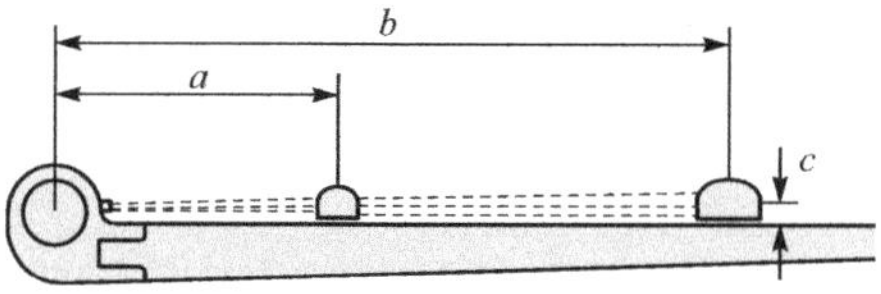

图 6. 8. 6　刮水器上方的位置

步骤 3：用调整工具 T10127 调整喷嘴，让水束喷射到后窗玻璃刮水器上部标记位置。应使用专用工具 3125 A 对喷嘴进行如此调整，使得水柱能够喷在后挡风玻璃上如图 6. 8. 6 所示刮水器的上方位置：尺寸 $a\approx125$ mm；尺寸 $b\approx295$ mm；尺寸 $c\approx5$ mm。

复习思考题

1. 某蓄电池的电解液密度应为 1. 26。现在−15 ℃时测得电解液密度为 1. 23，则该蓄电池是否需要进行补充充电？若需要补充充电，那么充电终了的表征是什么？

2. 简述冷却水在冷却系统内循环流动的两条路线。

3. 简述 FSI 的特点。

4. 简述发动机润滑油的作用。
5. 简述导致润滑油变质的原因。
6. 简述汽车制动液使用注意事项。
7. 简述对冷却液的性能要求。
8. 解释解除蓄电池运输模式的原因。
9. 解释 LFV3A24F383081020 的含义。
10. 简述风窗清洗液的主要性能。

项目七 汽车 7 500 km 保养（首保）

企业工作过程描述

交车时，销售顾问提醒奥迪 A6L 2.0T 客户：车辆行驶到 7500 km 之前，需要进行首次保养，并说明首保的重要性。客户出于对车辆的爱护，当行驶到 5012 km 时，就来店要求进行保养，服务顾问接待客户，制作委托书，安排客户休息后，并将任务和要求传达给维修技师，技师完成任务后，填写相应委托书内容，并送回服务顾问，最终，由服务顾问引导车主交款，提醒客户保养信息，并送别客户。

项目教学目标

① 能通过与客户交流、查阅相关维修技术资料等方式获取车辆信息。
② 能根据首保要求制订正确的整车保养实施计划。
③ 能根据实施计划，选择正确的工具、设备对整车进行常规检查作业。
④ 能正确记录、分析各种检查结果。
⑤ 能按照正确操纵规范进行机油更换。
⑥ 能叙述发动机润滑系统组成和基本工作原理。
⑦ 能根据环保要求，正确处理对环境和人体有害的辅料和液体。

工作任务 7.1 更换机油及机滤

任务目标

① 能描述出润滑系统的作用。
② 能够解释按照保养里程更换机油及机油滤清器的重要性。
③ 能够描述出机油使用及检查的方法。

④ 能完成机油及机油滤清器的更换工作。

7.1.1 润滑系统

一、润滑系统的作用

汽车发动机工作时，有相对运动的零件之间存在摩擦，而有些摩擦对发动机工作是有害的。主要表现为摩擦产生摩擦力和摩擦力矩，使发动机克服摩擦消耗功率，导致有效功率减小，摩擦加速零件工作表面的磨损，增大了零件之间的配合间隙。因此，要保证发动机正常工作，就必须对相互运动零件表面进行润滑。润滑系统的作用是在摩擦表面上覆盖一层润滑油，使相互运动的零件表面之间形成一层薄的润滑油膜，以减小摩擦阻力，降低功率损失，减轻零件磨损，延长使用寿命，即润滑作用、清洗作用、冷却作用、密封作用、防锈蚀作用。

二、润滑系统的组成及工作原理

发动机润滑系统主要由油底壳、机油泵、机油滤清器、限压阀、旁通阀、油道、机油散热器、机油压力传感器、机油压力表和机油温度表等组成（图 7.1.1）。

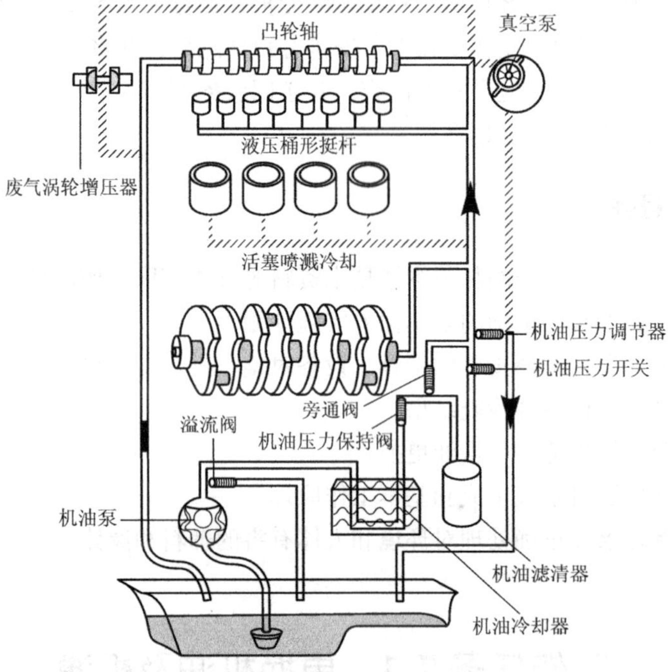

图 7.1.1 润滑系统

润滑系统方框图，如图 7.1.2 所示。

发动机润滑时由系统中的机油泵负责物质转换，它从油底壳中抽吸机油并在增压后把机油经过冷却器和一个机油滤清器送到各个润滑部位。机油泵由曲轴直接驱动或者通过链条来驱动。

系统内的最高压力由溢流阀来调节。这个阀门在系统中出现过压时把流向油底壳的通路打开，机油压力由机油压力开关通过机油压力指示灯表示出来。一个旁通阀保证在滤清器堵塞时使机油直接流到润滑部位。在涡轮增压柴油直喷发动机中还对废气涡轮增压器进行冷却和润滑。真空泵为制动器提供工作所需的真空度。

三、润滑方式

发动机的润滑方式主要有以下方式。

1. 压力润滑

利用机油泵，将具有一定压力的润滑油源源不断地送往摩擦表面。例如曲轴主轴承、连杆轴承及凸轮轴承等处的载荷及相对运动速度较大，需要以一定压力将机油送到摩擦面的间隙中，方能形成油膜以保证润滑，这种润滑方式称为压力润滑。

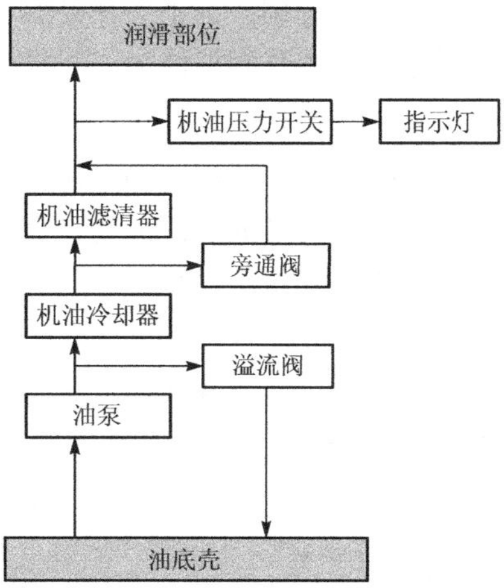

图 7.1.2　润滑系统方框图

2. 飞溅润滑

利用发动机工作时运动零件飞溅起来的油滴或油雾来润滑摩擦表面的润滑方式称为飞溅润滑。这种润滑方式可使裸露在外面承受载荷较轻的汽缸壁，相对滑动速度较小的活塞销，以及配气机构的凸轮、挺柱得到润滑。

3. 润滑脂润滑

通过润滑脂嘴定期加注润滑脂，来润滑零件的工作表面，如水泵及发电机轴承等。

7.1.2　发动机机油

发动机机油应该能够减少摩擦，以便发动机的功率损失尽可能小，降低磨损，带走轴承和滑动面中产生的摩擦热量。通过在汽缸壁和活塞之间形成润滑油膜而将燃烧室和曲轴箱严密地密封起来。从滑动面中带走脏物，防止发动机部件腐蚀。

一、发动机机油的特性

机油的润滑能力以机油分子之间摩擦力很低为基础。润滑能力取决于润滑油的黏滞性，这种黏滞性称为黏度。黏度随温度变化而变化。随着温度的升高机油变稀，而随着温度的降低机油则会变稠。低于某一温度（凝固点）后机油根本无法流动。

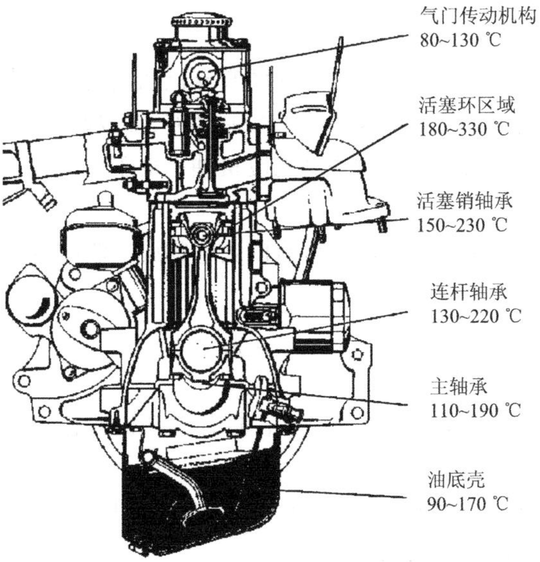

图 7.1.3　发动机各部分的工作温度

机油有氧化倾向，这种情况称为老化。老化时产生油漆状、树脂状和污泥状的沉积物。如果油泥把机油泵下面的滤网堵住，发动机润滑系统就会失效。

发动机各部分的工作温度，如图 7.1.3 所示。

机油必须在很宽的温度范围内形成一层有承载能力且耐破裂的油膜。为了保证发动机中的润滑，机油不许在低温时变得过稠，也不许在高温时变得过稀。机油必须有一个很低的凝固点，以便即使在低温时也能保持其润滑能力。机油必须能够抗老化且抗沉积。为了满足在发动机机油中获得润滑所需要的但在基础油中所不具备的特性，要向机油中掺入添加剂，添加剂能够减小温度的影响。降低凝固点提高润滑油膜的强度，防止泡沫的产生，防止在发动机部件上产生由浮在机油中的脏物形成的沉淀物，延缓机油的氧化（老化）防止腐蚀。

二、机油的使用情况

1. 机油沉积

机油沉积会将机油滤网、机油泵和机油管路部分或全部堵塞，由此产生润滑不足。产生黑泥的可能原因：机油品质欠佳，未定期保养，换油间隔较长，燃油和机油在燃烧室中共燃。

2. 机油变稀

汽油发动机在冷启动时，部分燃油凝固在还是很冷的汽缸壁上。这一部分尚未燃烧的汽油使发动机机油变得极稀，由此降低了发动机机油的黏度和润滑能力。如果发动机机油达到工作温度，部分汽油就又蒸发出来，而部分高沸点的汽油仍留在机油中。

3. 机油变稠

在柴油发动机中，由于炭烟混入到发动机机油中而造成机油变稠。燃烧时生成的部分炭烟作为漏气（通过活塞、活塞环与汽缸工作表面之间的间隙）而进入到油底壳中。在寒冷季节机油变稠会造成冷启动困难。

经过长时间使用的机油会掺杂了机械部件磨损下来的铁屑，如不及时更换，将会减低机油本身的润滑效果；由于温度的影响机油的黏度也会下降，导致密封和润滑的质量下降，影响发动机的工作性能，因此要定期检查更换。

三、废弃机油的处理

根据回收利用和废弃物处理法规，废弃机油会对水源构成较高危害，所以机油不得排入地表水域、下水道或者地下。机油属于易燃物品，因此要远离明火。

废机油、机油滤清器和油封是属于需要特别处理的废弃物且必须将它们分别收集起来。废弃机油处理有一些特点，把已知来源的废机油暂时存储在企业的废弃机油收集装置中，并经常进行检查。必须保证废弃机油的油品纯正，即不得混入异物如制动液、冷却液等。来源不明的废机油必须是在新鲜机油销售的范围内从用户处收集到的废机油，由于可能混入了其他物质，所以要将他们暂时单独存放。

废弃机油的交付者要想收购者在移交时讲明废弃机油中含有的其他物质。收购者在接受废机油时，必须取样检查。

7.1.3 操作步骤

步骤1：打开驾驶员侧车门将发动机舱盖开启把手向上拉起，打开发动机舱盖，并安装好翼子板保护罩（图7.1.4、图7.1.5）。

步骤2：旋开润滑油加注孔盖，使润滑油排放顺畅（图7.1.6）。将举升机支臂放置于车辆的支点处，正确举升车辆到适合操纵的位置（图7.1.7）。

图 7.1.4　打开发动机舱盖

图 7.1.5　安装翼子板保护罩

图 7.1.6　打开机油加注口盖

图 7.1.7　摆放举升机支点

特别提示：在举升机支臂刚与车体接触时停止举升，观察举升机支撑情况，确认可靠后再进行举升，车辆举升到位后要将举升机做锁止处理（图 7.1.8）。

图 7.1.8　举升车辆

步骤 3：拆卸底护板侧面的固定螺栓，拆下底护板，将旧油收集车推至发动机润滑油泄放螺栓下部，采用套筒扳手旋松放油螺栓，然后拧松螺栓并将其拆下（图 7.1.9～图 7.1.14）。

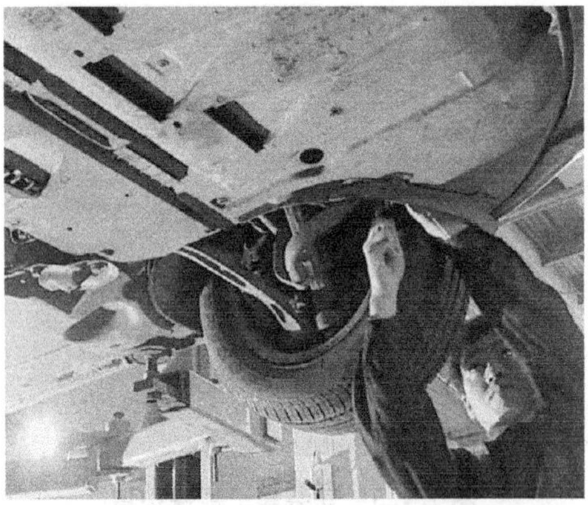

图 7.1.9　拆卸底护板侧面螺栓

图 7.1.10　拆卸底护板底螺栓

图 7.1.11　拆卸底护板

图 7.1.12　摆放放油车，对准放油口

图 7.1.13　拆卸放油螺栓

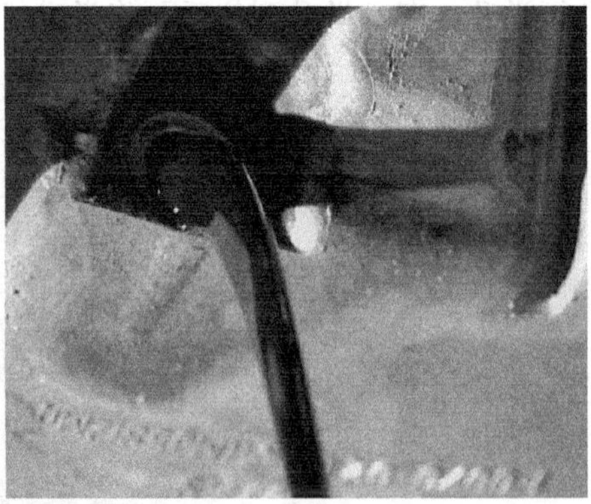

图 7.1.14　放油

特别提示：用手旋松螺栓的同时注意向螺栓施加一定的推力，使螺栓靠紧螺纹防止润滑油提前流出，迅速撤开旋松螺栓的手臂，防止被具有一定温度的润滑油烫伤。

步骤 4：润滑油泄放过程中可以检查车轮的磨损程度（图 7.1.15）。完全泄放润滑油后拧紧放油螺栓并对放油口周围做清洁处理（图 7.1.16、图 7.1.17）。

特别提示： 轮胎磨损高度不应该低于轮胎表面的磨损标准记号。放油螺栓紧固力矩为 30 N · m（图 7.1.18）。

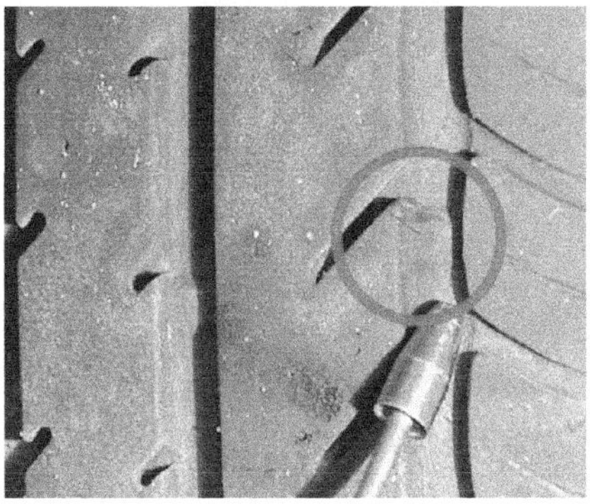

图 7.1.15　轮胎磨损极限指示点

图 7.1.16　拧上放油螺栓

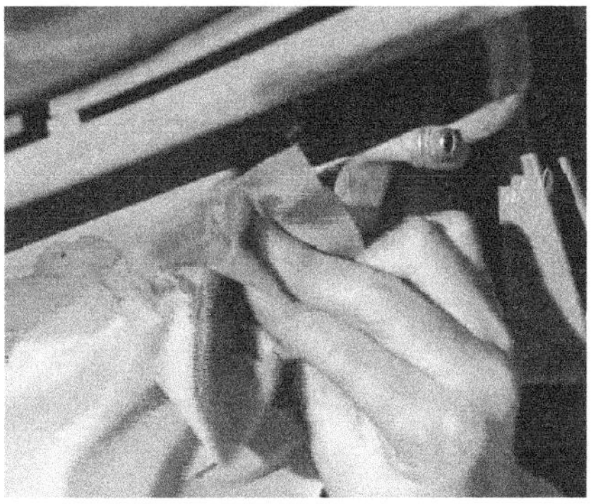

图 7.1.17　拧紧并擦净放油螺栓

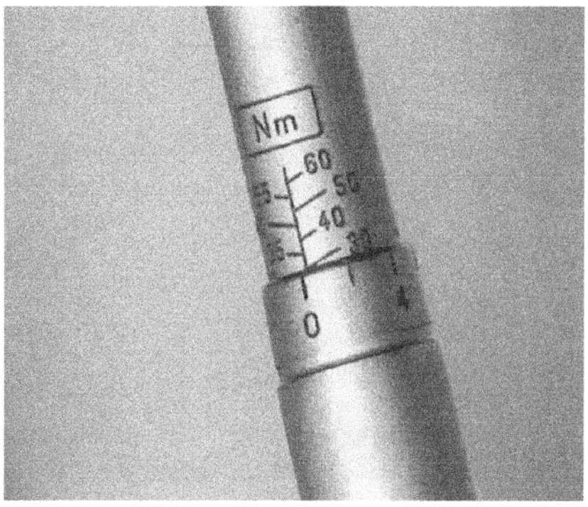

图 7.1.18　力矩扳手调至 30 N · m

步骤 5： 拆卸机油滤清器，首先拧下滤清器后部的防尘护盖，用螺丝刀向内推动滤清器的放油管，放空滤清器中的润滑油，拆卸下滤清器。将旧的滤清器滤芯拆下，拆下旧的滤清器密封环，并倒出滤清器壳体内的残余润滑油，然后对滤清器壳外表面进行清洁（图 7.1.19~图 7.1.25）。

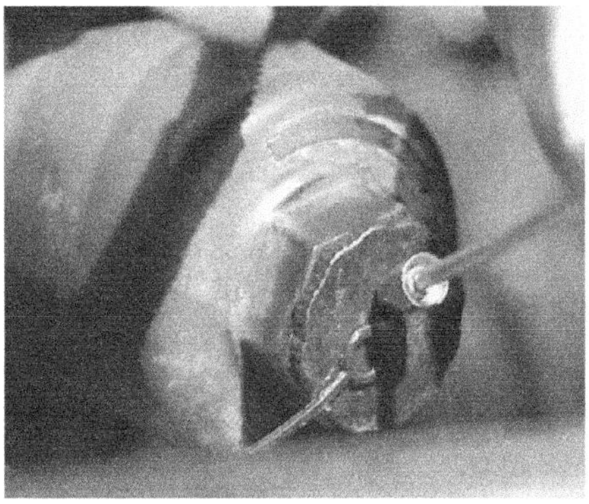

图 7.1.19　拆卸机油滤清器（1）

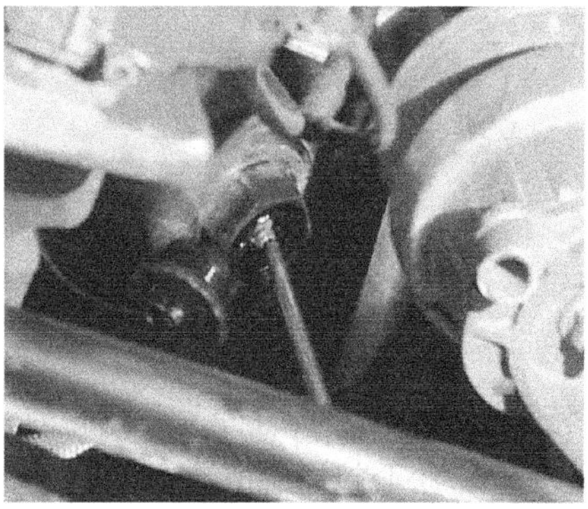

图 7.1.20　拆卸机油滤清器（2）

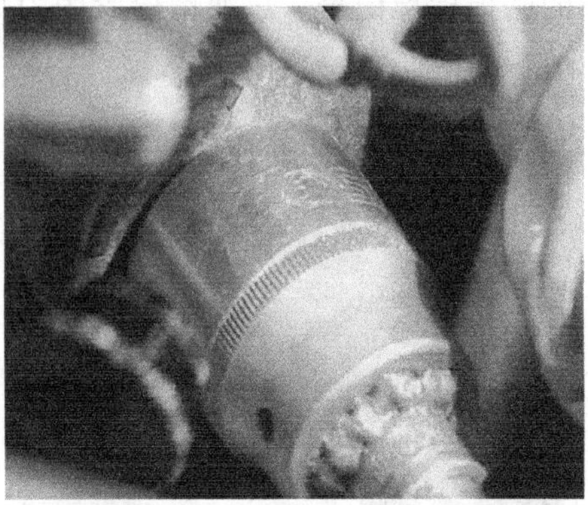

图 7.1.21　拆卸机油滤清器（3）

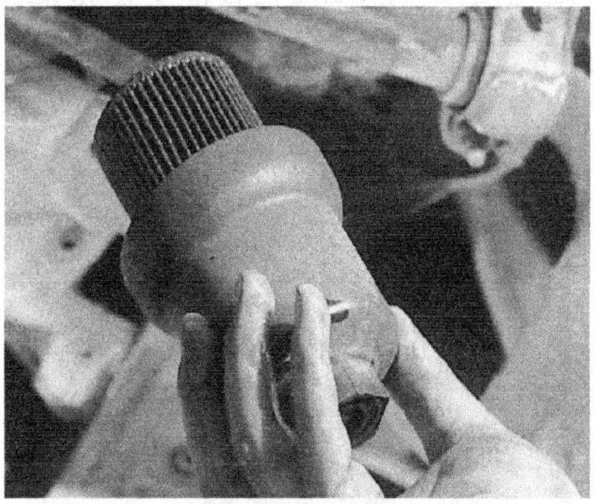

图 7.1.22　拆卸机油滤清器（4）

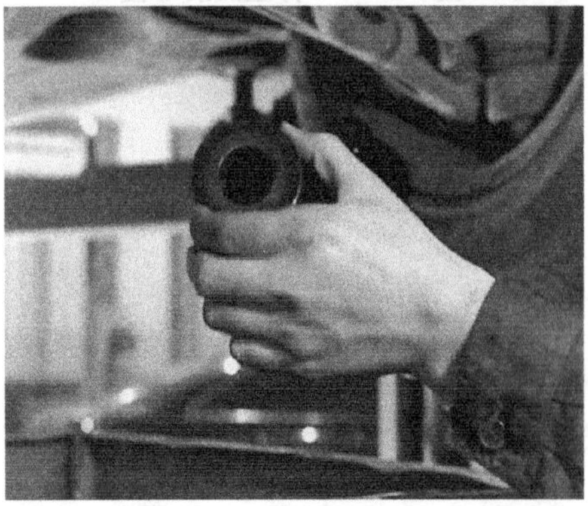

图 7.1.23　拆卸机油滤清器（5）

图 7.1.24　拆卸机油滤清器（6）

图 7.1.25　拆卸机油滤清器（7）

特别提示：滤清器外壳为塑料材质，要注意操作时不可用力过大。

步骤 6：小心拉回滤清器放油管，取出新配件的密封环，并在其上涂抹干净的润滑油进行润滑后安装于滤清器壳体内，安装新的滤芯，拧紧滤清器外壳，拧紧滤清器后部的防尘护盖（图 7.1.26~图 7.1.31）。

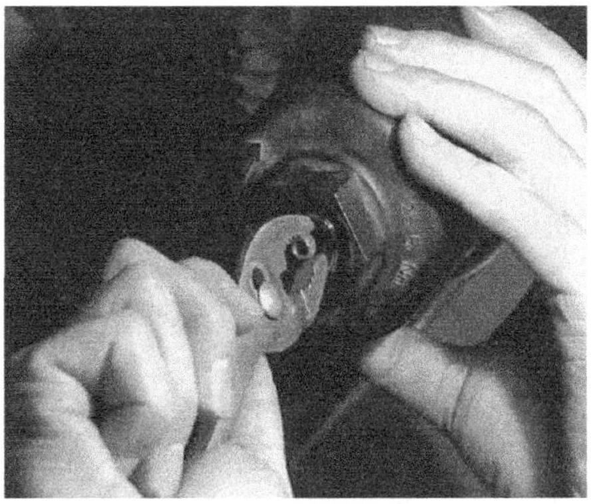

图 7.1.26　安装新的机油滤清器（1）

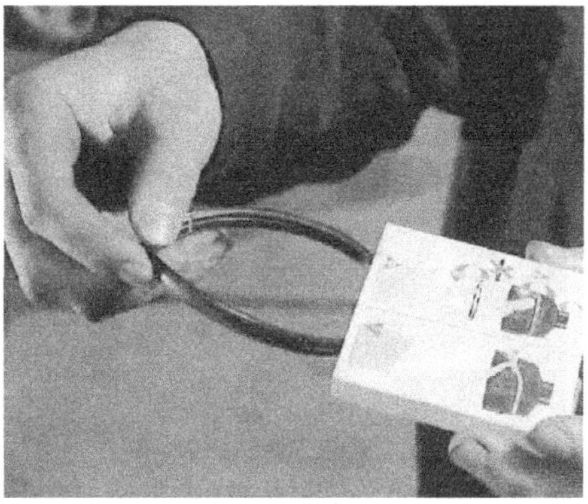

图 7.1.27　安装新的机油滤清器（2）

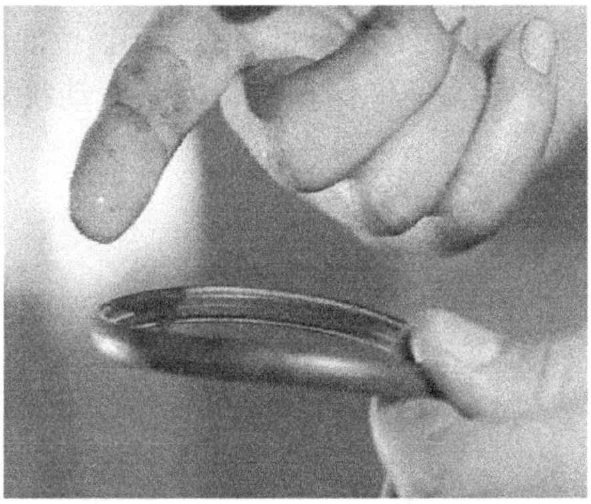

图 7.1.28　安装新的机油滤清器（3）

图 7.1.29　安装新的机油滤清器（4）

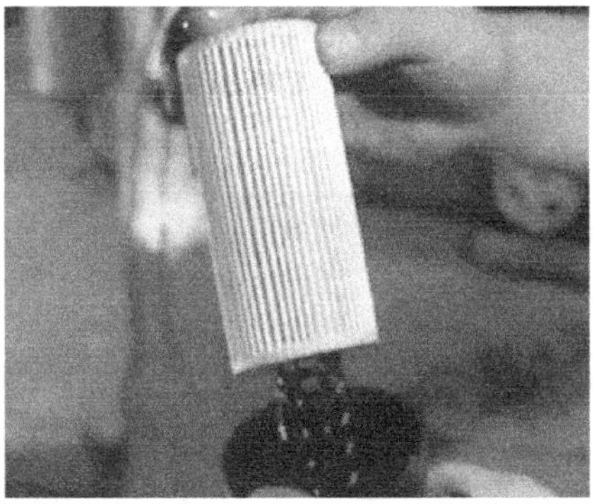

图 7.1.30　安装新的机油滤清器（5）

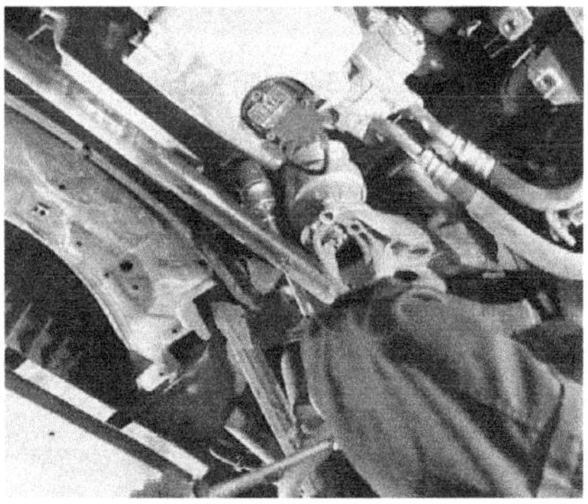

图 7.1.31　安装新的机油滤清器（6）

特别提示：拔回放油管时要注意力度要适中，防止损伤放油管（图 7.1.32）。为防止在安装时擦伤密封环，在新密封环上要涂抹干净的润滑油，滤清器外壳的拧紧力矩为 25 N · m（图 7.1.33）。

图 7.1.32　安装新的机油滤清器（7）

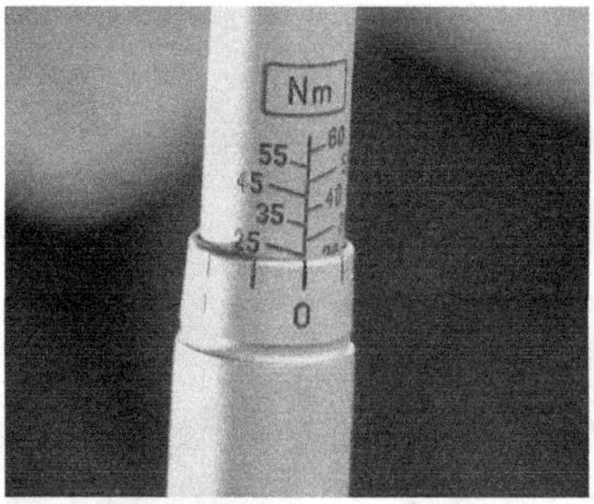

图 7.1.33　滤清器外壳拧紧力矩 25 N·m

步骤 7：加注润滑油到发动机内部，加注完成后清洁加注口周围区域，拧紧加注口密封盖。启动发动机运转 1~2 min 后关闭，检查润滑油液面高度应符合标准。检查车辆换油以后有无泄漏情况发生即可安装护板，之后降下车辆，拆除翼子板保护罩，关闭发动机舱盖（图 7.1.34~图 7.1.40）。

图 7.1.34　加注机油

图 7.1.35　擦净加油口盖

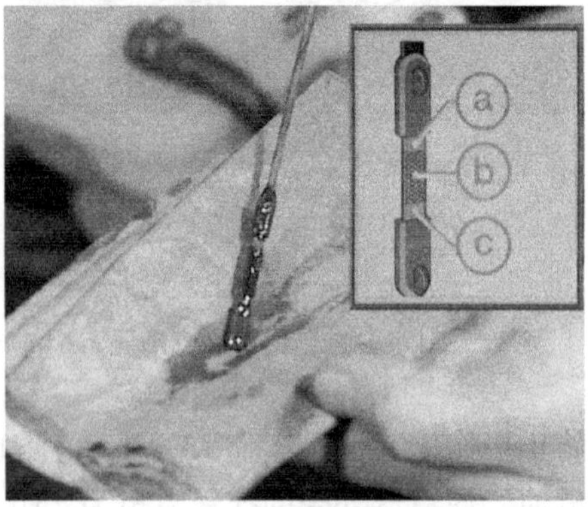

图 7.1.36　查看机油量

图 7.1.37　查看底部是否漏油

图 7.1.38 安装底护板

图 7.1.39 拆下翼子板护垫

图 7.1.40 盖上发动机舱盖

特别提示：润滑油加注量为 4.5L。油尺上的“b”区为标准液面高度。

工作任务 7.2 常规检查

任务目标

① 能描述出轮胎异常磨损的原因。

② 能说出车辆上需要脂润滑的部位。

③ 能够解释出车辆常规检查的重要性。

7.2.1 汽车润滑脂

一、汽车润滑脂的组成

润滑脂由基础油、稠化剂和添加物（添加剂和填料）组成。润滑脂的结构是指润滑脂

图 7.2.1 润滑脂

的稠化剂和基础油组分颗粒的物理排列。润滑脂是具有结构骨架的两相胶体结构的分散体系，基础油是这种分散体系中的分散介质，稠化剂粒子或纤维构成骨架，即分散相，将基础油保持在骨架中（图 7.2.1）。

1. 基础油

基础油含量一般占润滑脂质量的 70%~90%。基础油分为矿物油和合成油两大类。以矿物油为基础油的优点：润滑性能好；黏度范围宽。但是，一般矿物油不能兼备高低温性能，而以合成油为基础油可制备特殊润滑脂。例如，7014-1 高温润滑脂（使用温度为-40~200 ℃）的基础油为合成油。在合成油中有合成烃类油、酯类油、硅油等。

2. 稠化剂

稠化剂含量约占润滑脂质量的 10%~30%，有皂基、烃基、有机和无机四大类。

润滑脂是将稠化剂分散于液体剂中所形成的一种稳定的固体或半固体产品，其中可以加入旨在改善某种特性的添加物。润滑脂具有其他润滑剂所不能代替的特点，在汽车、拖拉机和工程机械上的许多部位，都使用润滑脂作为润滑材料。

润滑脂与润滑油比较有以下优点：

① 在金属表面具有良好的黏附性，不易流失，在不易密封的部位使用，可简化润滑装置的结构。

② 抗碾压，在高负荷和冲击载荷下，仍有良好润滑能力。

③ 润滑周期长，不需经常补充，可以降低维护费用。

④ 具有更好的密封和防护作用。

⑤ 使用温度范围较宽。

由于润滑脂所具有的特点，凡车辆不宜用润滑油的部位，如轮毂轴承、各拉杆球节、发电机轴、水泵轴承、离合器分离轴承和传动轴花键等，均使用润滑脂润滑。

3. 汽车润滑脂的使用性能

由润滑脂的组成和结构特性所决定，润滑脂具有许多其他润滑剂所不具有的特殊使用性能。稠度是指润滑脂一类的塑性物质，在受力作用时抵抗变形的程度。润滑脂应具有适当的稠度。稠度是塑性的一个特征，它仅是反映润滑脂对变形和流动阻力的一个笼统的概念。评定润滑脂的稠度指标是锥入度。

7.2.2 轮胎磨损的分析

按照厂家规定轮胎花纹最小深度为 1.6mm。但是处于安全角度考虑建议夏季轮胎剩余花纹深度为 2mm，冬季轮胎剩余花纹深度为 3mm 时应更换轮胎。轮胎磨损标记（TWI）集成在轮胎花纹槽内几个位置处，剩余花纹深度达到 1.6mm 时即可看到（图 7.2.2）。也可采用轮胎花纹测量尺测量。轮胎磨损现象与原因见表 7.2.1。

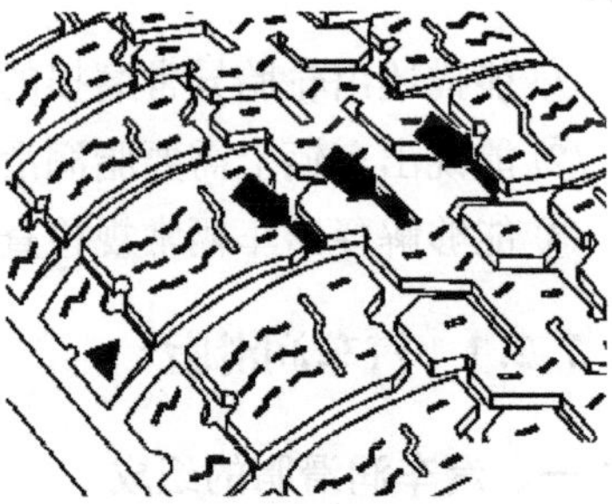

图 7.2.2 轮胎磨损标记

通过轮胎花纹可以判断转向几何尺寸、减振器、车轮悬挂和制动器可能存在的问题。

表 7.2.1　轮胎磨损现象与范围

磨损现象	原　因
轮胎磨损严重	轮胎压力不正确，前车轮调整不正确，转向横拉杆球销震动，前车轮轴承间隙过大或损坏，车轮未进行动平衡
胎面两侧严重磨损	充气压力过低
花纹中部严重磨损	充气压力过高
轮胎单侧磨损，斜花纹	两侧车轮调整不一致
轮胎出现斑秃形磨损	未进行动平衡
轮胎出现羽状磨损	前车调整不当

7.2.3　操作步骤

步骤 1：打开车门采用专用润滑脂，润滑 4 个车门铰链处（图 7.2.3、图 7.2.4）。

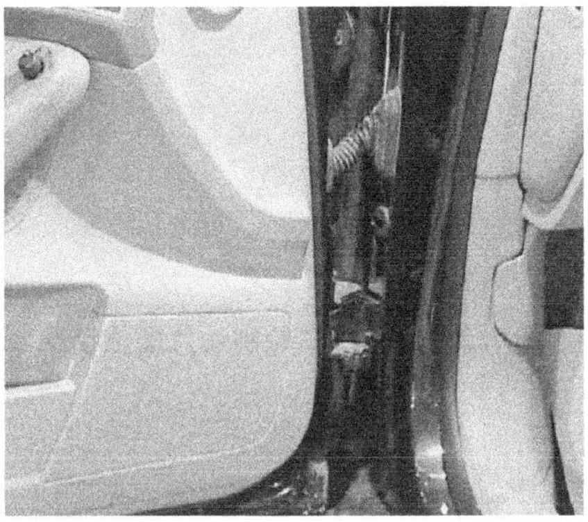

图 7.2.3　门锁铰链位置

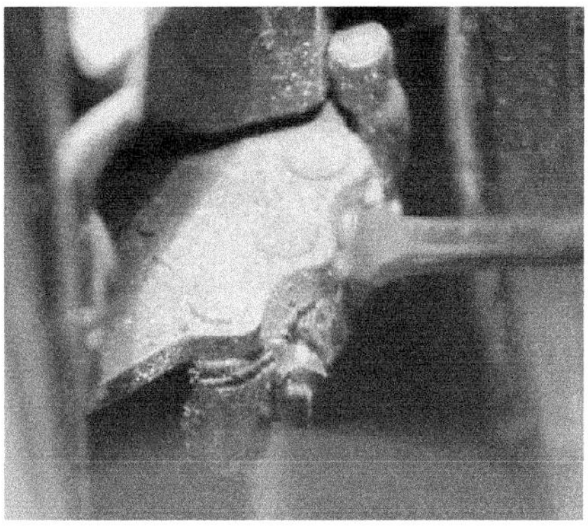

图 7.2.4　润滑门锁铰链

特别提示：采用指定专用润滑脂，在润滑之前需要清洁润滑部位。

步骤 2：打开天窗润滑天窗滑轨，关闭天窗（图 7.2.5）。

特别提示：润滑脂不可涂抹过多。

步骤 3：打开并润滑行李舱盖锁扣（图 7.2.6）。

步骤 4：打开发动机舱盖，润滑发动机舱盖锁扣（图 7.2.7）。

图 7.2.5　润滑天窗滑轨

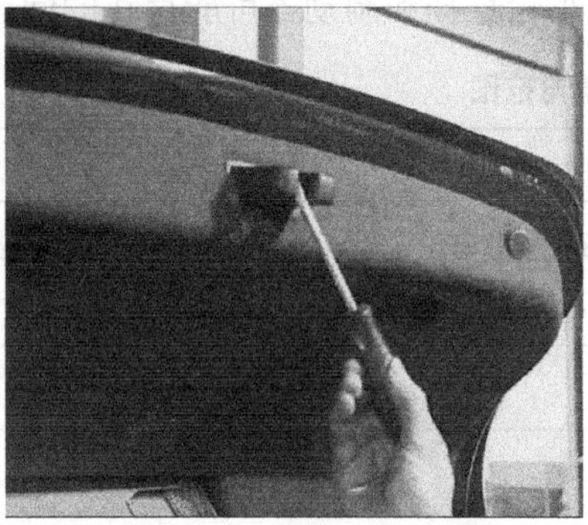

图 7.2.6 润滑行李舱锁扣

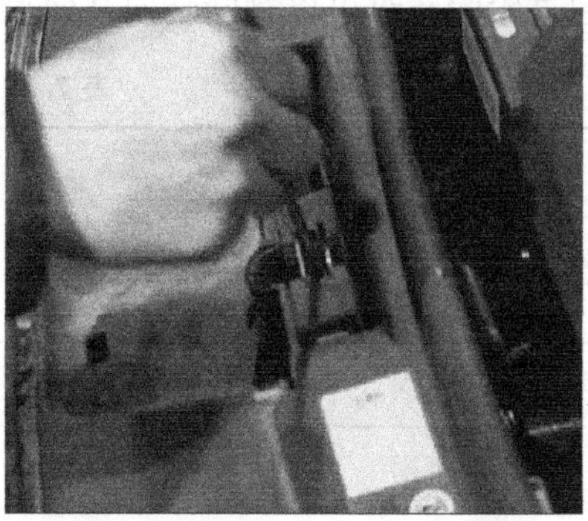

图 7.2.7 润滑发动机舱盖锁扣

步骤 5：将刮水器调整到检查位置，检查刮水片的磨损情况（图 7.2.8）。

步骤 6：检查 4 个车轮制动蹄片磨损情况（图 7.2.9）。

图 7.2.8 检查刮水片

图 7.2.9 检查车轮制动片磨损情况

复习思考题

1. 简述及时更换机油和机油滤清器的重要性。
2. 简述更换机油时使发动机达到一定工作温度的原因。
3. 简述发动机的润滑方式。
4. 简述更换机油时应注意的安全事项。
5. 简述常规保养项目。
6. 简述常规保养的润滑部位。

项目八 汽车 15 000 km 保养

企业工作过程描述

一名新客户，来店要求给车辆做保养，服务顾问通过与客户沟通确定保养工作的范围和按合同应执行的工作内容。由于是新客户，则需要收集客户和车辆相关信息。从车辆行驶证或保养手册中查找基本信息并录入到经销商管理系统中并打印到委托书上。客户签字后合同具有法律效力，同时表示客户对汽车维修条件的认可。客户将得到一份委托书复件作为之后取车的凭证。另外，零件库房和车间主管也会各得到一份复件。车间主管把做保养的车辆派给车辆机电维修工，保养所需的工作油液或配件由零件库房进行发放并列在物料清单上。车辆机电维修师把开始及完成工作的时间填写到委托书上以便记录所用的工时。在完成委托工作后用其名字缩写签注到工作项目表上，然后将做完保养的车辆交给车间主管进行质量检查，由车间主管再将车转交给服务顾问。服务顾问将带有所有工作内容和客户信息的委托书交给收银台，由收银台制作结算单。服务顾问按照事先约定的交付时间将车辆交客户。此时对结算单进行全面的解释，并送别客户。

项目教学目标

① 能根据 15 000 km 保养的任务要求制订正确的整车保养实施计划。
② 能根据实施计划，选择正确的工具、设备对整车进行“三滤”更换作业。
③ 能正确记录、分析各种检查结果。
④ 能叙述发动机进气系统、供油系统组成和基本工作原理。
⑤ 能叙述空调系统组成和基本工作原理。
⑥ 能根据环保要求，正确处理对环境和人体有害的废料、液体。

工作任务 8.1 更换空气滤清器

8.1.1 发动机进气系统

一、发动机进气系统

进气系统为发动机可燃混合气的形成提供必需的空气。发动机进气系统结构，如

图 8. 1. 1 所示。

二、空气滤清器

空气滤清器的作用是清除空气中的尘土和沙粒，向汽缸中提供清洁的空气，以减少汽缸、活塞、活塞环和进排气门的磨损，延长发动机的使用寿命。

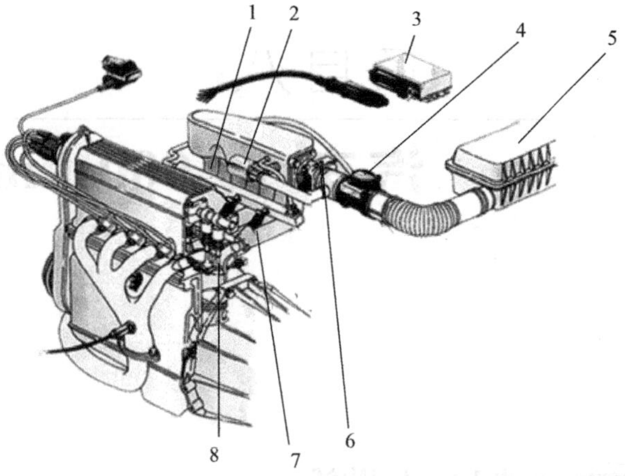

图 8. 1. 1　发动机进气系统结构示意图

1—进气歧管；2—怠速控制阀；3—ECU；4—空气流量计；5—空气滤清器；6—节气门；7—喷油器；8—进气门

现代汽车发动机上普遍采用纸质空气滤清器。因为它进气阻力小、质量小、高度低、成本低，并且安装方便、过滤效率高。其缺点是使用寿命较短，在恶劣环境条件下工作不可靠。它由空气滤清器壳、纸质滤芯、密封圈等组成。滤芯是用树脂处理的微孔滤纸做成的。滤芯的上下两端有塑料密封圈，由空气滤清器盖与外壳压紧，以保证滤芯两端的密封。当发动机工作时，空气由进气口进入，经纸质滤芯过滤后，进入进气管道，供汽油燃烧使用。

奥迪 A6L 2. 0T 轿车发动机进气系统空气滤清器的关联部件，如图 8. 1. 2 所示。

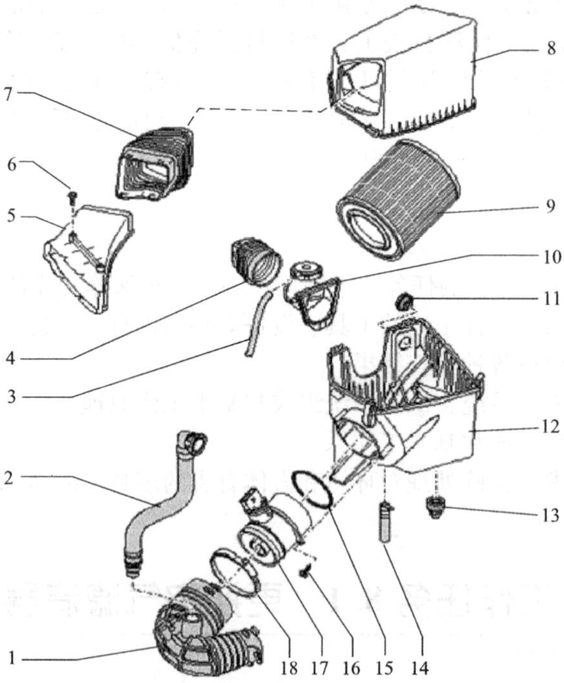

图 8. 1. 2　奥迪 A6L 2. 0T 轿车空气滤清器结构示意图

1—空气导向软管；2—曲轴箱排气软管；3—真空软管；4—空气导管上通向车辆罩；5—空气导管上至前围支架；6—进气软管固定螺钉；7—空气导管上至空气滤清器外壳；8—空气滤清器外壳上部；9—空气滤清器滤芯；10—空气滤清器旁通阀；11，13—套口；12—空气滤清器外壳下部；14—排水道软管；15—O 形环；16—空气流量计紧固螺钉；17—空气流量计；18—紧固卡箍

8.1.2　操作步骤

步骤 1：打开车门，将发动机盖开启把手向上拉起，走到车子前部处，用手伸入发动机盖开启处，向上抬起锁钩并打开发动机盖，将左右翼子板垫安放好（图 8.1.3）。

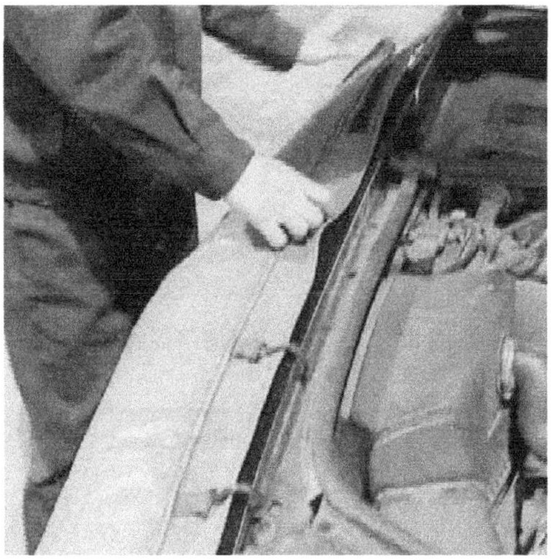

图 8.1.3　打开发动机盖，安放左右翼子板垫

特别提示：放置好保护罩，防止对车体的划伤。

步骤 2：拧下 2 个进气道螺钉，断开进气道中节，掀起 2 个空气滤清器罩盖卡子取下空气滤清器罩（图 8.1.4、图 8.1.5）。

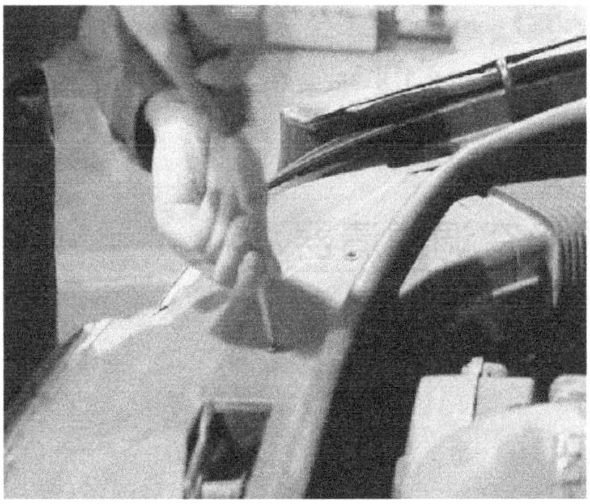

图 8.1.4　拧下进气道螺钉

图 8.1.5　取下空气滤清器罩

特别提示：注意按压罩盖下部的卡子。

步骤 3：取出空气滤清器滤芯，安装新的空气滤清器滤芯，重新安装好空气滤清器罩。并连接好进气道中节，拧上两个进气道螺钉（图 8.1.6~图 8.1.8）。

特别提示：进气道固定螺钉的拧紧力矩为 5N·m。

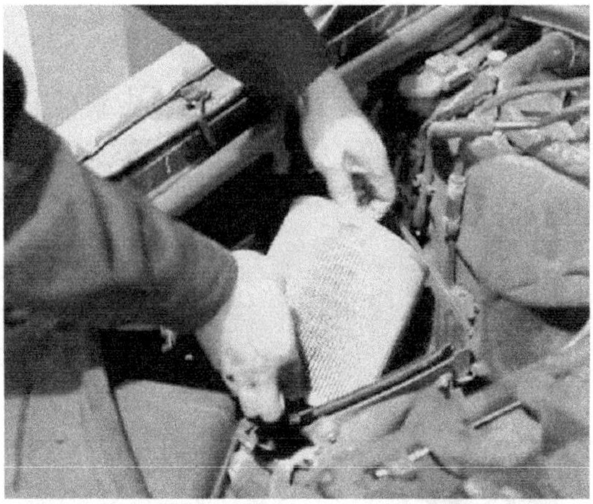

图 8.1.6 取出空气滤清器滤芯

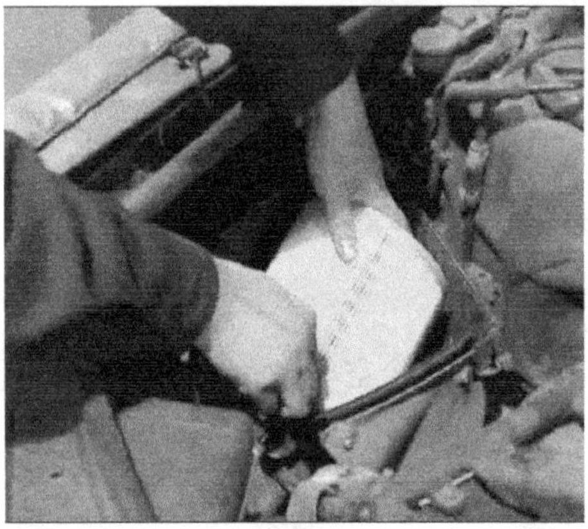

图 8.1.7 安装新的空气滤洁器滤芯

图 8.1.8 安装好空气滤清器罩

工作任务 8.2 更换空调滤清器

任务目标

① 能阐述空调滤清器的作用。

② 能解释检查更换空调滤清器滤芯的目的和必要性。

③ 能掌握更换空调滤清器滤芯的技能。

8.2.1 车辆上使用空调的目的

人们在一定的环境温度及大气湿度下会感到舒服，作为主动安全的组成部分，驾驶员的状态是他的驾驶能力的一个重要因素。车内气候对驾驶员、无疲劳的驾驶以及驾驶的安全性都有直接的影响。舒适的车内温度取决于环境温度和足够的空气流动。由 WHO 所进行的研究表明，当人处于压力之下，他的注意力和反应能力都将受到影响，而热会给人体带来压力。对于驾驶员来讲，最佳的温度为 20~22 ℃。而随着人的体温升高，心跳也加快会出现严重的排汗情况，大脑不能得到足够的氧气。研究表明温度从 25 ℃增加到 35 ℃人的感应知觉和反应能力要下降 20%，据估计该数据相当于血液中的酒精含量为 0.5 mL。人们发明了空调——这一能够保持温度在人们感到舒适的水平，并能净化空气，出去空气中潮湿的设备。它可以减少或者消除这种对人的压力。在空调系统的帮助下，可以在空气的出风口产生比外界的高温低许多的温度。无论车辆在静止或行驶时，这都是可以做到的。空调在技术方面的一个副产品是在制冷的同时空气被除湿和净化了。但是，这个作用与温度的降低来说是同等重要的。空调滤清器和活性炭罐滤清器，帮助清洁空气进入车内，过敏体质的人可以呼吸到洁净的空气。

8.2.2　车载空调系统

一、汽车空调系统的功用

汽车空调系统可以根据乘客的需要，调节车内的温度、湿度并净化空气，能起到这一系列作用的设备统称为空调系统。

二、汽车空调系统的组成

汽车空调系统一般主要由压缩机、电控离合器、冷凝器、蒸发器、膨胀阀、储液干燥器、管道、冷凝风扇、真空电磁阀、怠速器和控制系统等组成（图 8.2.1）。汽车空调分高压管路和低压管路。高压侧包括压缩机输出侧、高压管路、冷凝器、储液干燥器和液体管路；低压侧包括蒸发器、积累器、回气管路、压缩机输入侧和压缩机机油池。

1. 压缩机

压缩机是空调制冷系统的动力源，起压缩的作用，使制冷剂完成从气态到液态的转变过程，达到制冷剂散热凝露的目的。

2. 储液干燥器

实际上是一个储存制冷剂及吸收制冷剂水分、杂质的装置。一方面，它相当于汽车的油箱，为泄漏制冷剂多出的空间补充制冷剂；另一方面，它又像空气滤清器那样，过滤掉制冷剂中掺杂的杂质。储液干燥器中还装有一定的硅胶物质，起到吸收水分的作用。

3. 冷凝器和蒸发器

它们虽然叫法不一样，但结构类似。它们都是在一排弯绕的管道上布满散热用的金属薄片，以此实现外界空气与管道内物质的热交换的装置。冷凝器的冷凝指的是其管道内的制冷剂散热从气态凝成液态。其原理与发动机的散热水箱相近（区别只在于水箱的水一直是液态而已），所以它经常被安装在车头，与水箱一起共同享受来自前方的习习凉风。总之冷凝器是哪里凉快哪里去，以便其散热冷凝。蒸发器与冷凝器正好相反，它是制冷剂由液态变成气态（蒸发）吸收热量的场所。

4. 管道

由于要注入一定压力的制冷剂，所以必须采用金属管道。特别是从压缩机到冷凝器到制

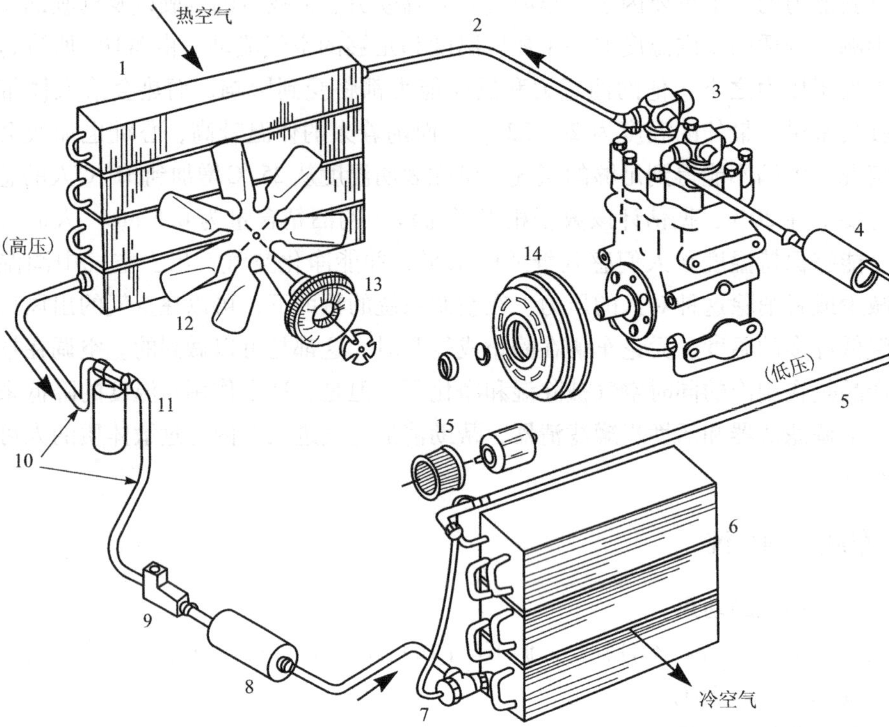

图 8.2.1　汽车空调系统基本组成

1—冷凝器；2—排气（压力）管道；3—压缩机；4—消声器；5—进气管道；6—蒸发器；7—膨胀阀；8—管线中的干燥器；9—观察玻璃窗；10—液体管路；11—储蓄罐/干燥器；12—风扇；13—风扇离合器；14—压缩机离合器；15—鼓风机电动机

冷剂瓶到膨胀阀这段，由于属系统的高压段，所以比其他管道有更高的耐高压要求。

5. 膨胀阀

膨胀阀是系统的节流装置，使制冷剂由液态转化为气态，并调节制冷剂流量。它是一个闭合控制循环，由出口的温度来决定进口的流量。

三、汽车空调系统的工作原理

利用制冷剂 R12 或 R134a 压缩释放的瞬间体积急剧膨胀就要吸收大量热能的原理制冷（由于 R12 对大气臭氧层的破坏，出于环保的要求从 1996 年开始改用 R134a 做制冷剂）。汽车空调的压缩机往往是安装在发动机上，并用皮带驱动（也有直接驱动的），冷凝器安装在汽车散热器的前方，而蒸发器在车里面，工作时从蒸发器出来的低压气态制冷剂流经压缩机变成高压高温气体，经过冷凝器散热管降温冷却变成高压低温的液体，再经过储液干燥器除湿与缓冲，然后以较稳定的压力和流量流向膨胀阀，经节流和降压最后流向蒸发器。制冷剂一遇低压环境即蒸发，吸收大量热能。车厢内的空气不断流经蒸发器，车厢内温度也就因此降低。液态制冷剂流经蒸发器后再次变成低压气体，又重新被吸入压缩机进行下一次的循环工作。在整个系统中，膨胀阀是控制制冷剂进入蒸发器的机关，制冷剂进入蒸发器太多就不易蒸发而太少冷气又会不够。因此，膨胀阀是调节中枢，而压缩机是系统的心脏，系统循环的动力源泉。

四、空调滤清器

空调滤清器又被称为花粉滤清器，其作用是滤除送入驾驶舱内的空气中的杂质，保证驾驶舱的空气质量。现在车辆采用的空调滤清器的滤芯多为干式，材质为棉及纤维织物。安装位置在发动机舱至驾驶舱的空调系统的送风口处。空调滤清器的滤芯寿命会受到制造质量、使用条件等因素影响。由于空调滤清器滤芯堵塞或者破损会导致驾驶舱内空气质量下降，粉尘增多等问题，所以要按照汽车厂家提供的保养要求进行清洁及更换。奥迪 A6L 2. 0T FSI 轿车的空调滤清器滤芯一般更换周期为 15000 km，当然在这里也不排除车辆在尘土很多或者恶劣的非道路环境下持续工作时更换空调滤清器滤芯的次数会频繁一些。

8. 2. 3　操作步骤

步骤 1：打开车门，将发动机盖开启把手向上拉起，走到车子前部处，将手伸入发动机盖开启处，向上抬起锁钩并打开发动机盖，将左右翼子板垫安放好（图 8. 2. 2）。

特别提示：做好防护工作，保证车辆在操纵中无损伤。

步骤 2：打开副驾驶员侧车门，拆除杂物箱下侧挡板，取出空调滤清器滤芯（图 8. 2. 3~图 8. 2. 5）。

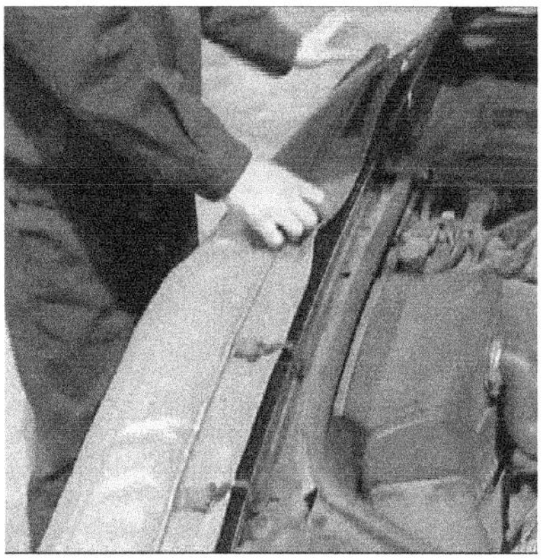

图 8. 2. 2　安放左右翼子板垫

图 8. 2. 3　拆卸杂物箱下挡板（1）

图 8. 2. 4　拆除杂物箱下挡板（2）

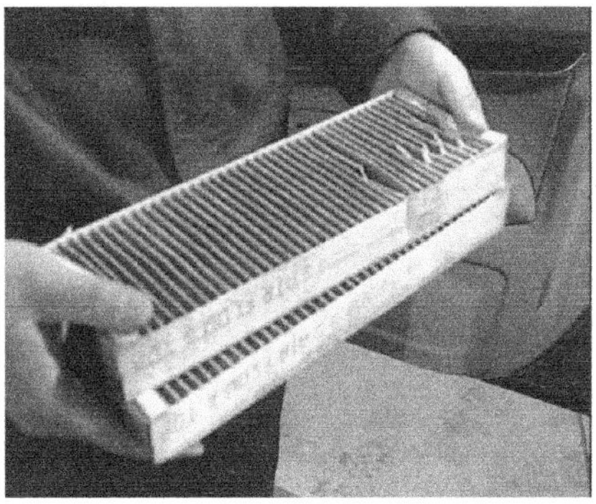

图 8. 2. 5　取出旧的空调滤清器滤芯

特别提示：注意清洁空调滤清器周围区域。

步骤 3：安装新的空调滤清器滤芯（图 8. 2. 6、图 8. 2. 7）。

图 8. 2. 6　空调滤清器安装标识（箭头方向为气流方向）

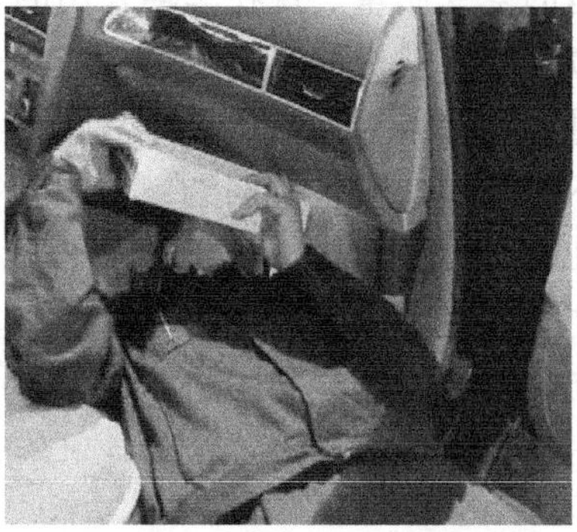

图 8. 2. 7　安装新的空调滤清器滤芯

特别提示：安装时注意空调滤清器滤芯的箭头方向，代表空气流通方向。

步骤 4：安装杂物箱下侧挡板，关闭车门（图 8. 2. 8）。

图 8. 2. 8　安装杂物箱下侧挡板

工作任务 8. 3　更换燃油滤清器

任务目标

① 能阐述燃油供给系统的作用和组成。

② 能描述燃油滤清器的作用。

③ 能向客户介绍按照保养里程更换燃油滤清器的必要性。

④ 能完成燃油滤清器更换工作。

8.3.1　发动机燃油供给系统

发动机燃油供给系统的任务是根据发动机各种工况的要求，配置出一定数量和浓度的可燃混合气供给汽缸。而电子汽油喷射系统，可以依据节气门开启的角度、发动机转速，利用各种传感器检测发动机的工作状态，经计算机的判断、计算，使发动机在不同工况下，均能获得合适浓度的可燃混合气。

由于汽油蒸发性好、自燃点高、黏度小、流动性较好，因此汽油机可以将汽油在汽缸外部通过喷油器喷射初步雾化，并与空气按一定比例混合，再在进气管道中适当蒸发（汽化），最后在汽缸中形成可燃混合气。

一、燃油介绍

1. 汽油

汽油是由石油提炼而得到的密度小又易于挥发的液体燃油。汽油由多种碳氢化合物组成。按照提炼方法，汽油可分为直馏汽油和裂化汽油等。汽油的使用性能指标主要是蒸发性、热值和抗爆性。对于高速发动机，形成可燃混合气过程的时间很短，一般只有百分之几秒，因此汽油蒸发性的好坏，对形成的混合气质量有很大的影响。汽油的蒸发性可通过燃油的蒸馏试验来测定。将汽油加热，分别测定蒸发出 10%、50%、90%馏分时的温度及终馏温度。但发动机所用的汽油蒸发性越强，则越易发生气阻导致发动机失速。燃油的热值是指燃油完全燃烧后所产生的热量，汽油的热值约为 44 000 kJ/kg。汽油的抗爆性是汽油的一项主要性能指标。它是指汽油在发动机汽缸中燃烧时，避免产生爆燃的能力，亦即抗自燃能力。发动机选用抗爆性较好的汽油，就可能采用较高的压缩比而不至于发生爆燃。汽油抗爆性的好坏程度一般用辛烷值表示，辛烷值越高，抗爆性越好。国产汽油的辛烷值可以看其代号，例如，代号为 RQ—90 的汽油，其辛烷值不小于 90 。选择汽油的主要依据就是发动机的压缩比，一般压缩比高的汽油机应采用辛烷值高的汽油。

2. 柴油

柴油是轻质石油产品，复杂烃类（碳原子数 10 ~ 22）混合物。它主要由原油蒸馏、催化裂化、热裂化、加氢裂化、石油焦化等过程生产的柴油馏分调配而成，也可由页岩油加工和煤液化制取，分为轻柴油（沸点为 180 ~ 370 ℃）和重柴油（沸点约 350 ~ 410 ℃）两大类。柴油最重要的性能是着火性和流动性。

（1）着火性

高速柴油机要求柴油喷入燃烧室后迅速与空气形成均匀的混合气，并立即自动着火燃烧，因此要求燃油易于自燃。从燃油开始喷入汽缸到开始着火的间隔时间称为滞燃期或着火落后期。燃油自燃点低，则滞燃期短，即着火性能好。一般以十六烷值作为评价柴油自燃性的指标。

（2）流动性

凝点是评定柴油流动性的重要指标，它表示燃油不经加热而能输送的最低温度。柴油的凝点是指油品在规定条件下冷却至丧失流动性时的最高温度。柴油中正构烷烃含量多且沸点高时，凝点也高。一般选用柴油要求凝点低于环境温度 3 ~ 5 ℃。柴油的特性还包括馏程、黏度、含硫量、闪点、凝点、水溶性酸或碱等。

在柴油的选用方面要按照柴油的类型来进行选用，柴油分为轻柴油与重柴油两种。轻柴油用于1000r/min以上的高速柴油机，重柴油是用于1000r/min以下的中低速柴油机。一般加油站所销售的柴油均为轻柴油。轻柴油产品目前执行的标准为GB 252—2000《轻柴油》标准，该标准中柴油的牌号分为10号、5号、0号、-10号、-20号、-35号、-50号，柴油的牌号划分依据是柴油的凝固点。分别表示凝点不高于10℃、5℃、0℃、-10℃、-20℃、-35℃和-50℃。

冷滤点是衡量轻柴油低温性能的重要指标，能够反映柴油低温实际使用性能，最接近柴油的实际最低使用温度。用户在选用柴油牌号时，应同时兼顾当地气温和柴油牌号对应的冷滤点。5号轻柴油的冷滤点为8℃，0号轻柴油的冷滤点为4℃，-10号轻柴油的冷滤点为-5℃，-20号轻柴油的冷滤点为-14℃。

根据GB 252—2000标准要求，选用轻柴油牌号应遵照以下原则：

① 10号轻柴油适用于有预热设备的柴油机。

② 5号轻柴油适用于风险率为10%的最低气温在8℃以上的地区使用。

③ 0号轻柴油适用于风险率为10%的最低气温在4℃以上的地区使用。

④ -10号轻柴油适用于风险率为10%的最低气温在-5℃以上的地区使用。

⑤ -20号轻柴油适用于风险率为10%的最低气温在-14℃以上的地区使用。

⑥ -35号轻柴油适用于风险率为10%的最低气温在-29℃以上的地区使用。

⑦ -50号轻柴油适用于风险率为10%的最低气温在-44℃以上的地区使用。

二、汽油机燃油供给系统

汽油供给系统由汽油箱、电动汽油泵、汽油滤清器、输油管、回油管、油压调节器和喷油器等组成，用以完成汽油的储存、滤清、输送和喷射任务（图8.3.1）。

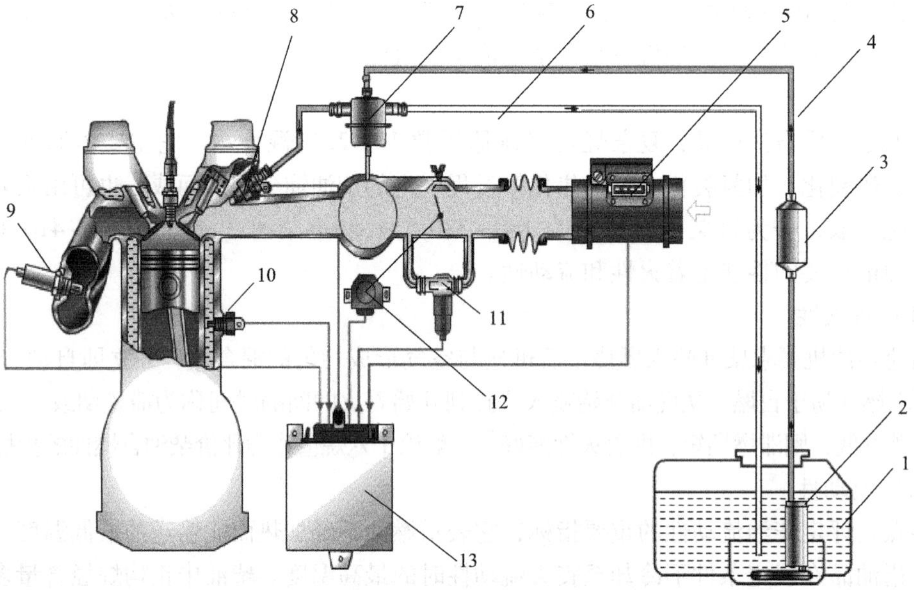

图8.3.1 汽油直接喷射发动机燃油供给系统组成

1—汽油箱；2—电动汽油泵；3—汽油滤清器；4—输油管；5—空气流量传感器；6—回油管；7—油压调节器；8—喷油器；9—氧传感器；10—水温传感器；11—怠速控制阀；12—节气门位置传感器；13—ECU

三、可燃混合气成分的表示方法

可燃混合气成分有的国家用空燃比表示，有的国家则用过量空气系数表示。空燃比就是混合气中空气质量（kg）与燃油质量（kg）的比值，即

$$空燃比=空气质量（kg）/燃油质量（kg）$$

理论上 1 kg 汽油完全燃烧约需 14.7 kg 空气，即其空燃比约为 14.7∶1，这种空燃比的混合气称为理论混合气。空燃比大于理论混合气的，称稀混合气，小于理论混合气的称为浓混合气。过量空气系数用 α 表示，它是燃烧过程中实际供给的空气质量与理论上完全燃烧时所需要的空气质量之比，即

$$\alpha=\frac{实际供给的空气质量}{理论上完全燃烧时所需要的空气质量}=\frac{实际空燃比}{理论空燃比}$$

如 1 kg 汽油与 14.7 kg 空气混合后进入汽缸燃烧，则 $\alpha=14.7/14.7=1$，这种混合气称为理论混合气。1 kg 汽油与 18 kg 空气混合，则 $\alpha=18/14.7=1.2$。凡 $\alpha>1$ 的混合气称为稀混合气。1 kg 汽油与 12 kg 空气混合，则 $\alpha=12/14.7=0.8$。凡 $\alpha<1$ 的混合气称为浓混合气。

四、燃油滤清器的介绍

燃油滤清器安装在燃油泵和节气门体进油口之间的管路上。燃油滤清器的作用是把含在燃油中的氧化铁、粉尘等固体杂物除去，防止燃油系统堵塞（特别是喷油嘴），保证燃油供给系统中的燃油品质，减少机械磨损，确保发动机稳定运行，提高可靠性。

在结构方面燃油器外壳采用铝制，内部采用多孔陶瓷或微孔滤纸制造（图 8.3.2）。陶瓷滤芯可重复使用，但不易清洗干净；纸质滤芯滤清效果好，制造成本低，仅作一次性使用。纸质汽油滤清器在现代汽车上应用最为广泛。

图 8.3.2　燃油滤清器

8.3.2　奥迪 A6L 2.0T 轿车发动机燃油供给系统

燃油供给系统由低压系统和高压系统两部分构成（图 8.3.3、图 8.3.4）。在低压系统中，电动燃油泵将约 600 kPa 的燃油经滤清器供应给高压泵。从高压泵来的回油直接进入燃油箱。在高压系统中，单活塞高压泵将 5 000～11 000 kPa（取决于负荷和转速）的燃油送入燃油分配管，分配管再将燃油分配给 4 个高压喷油阀。过压阀用于保护工作在高压下的部件，它在压力高于 12 000 kPa 时会打开。过压阀打开时流出的燃油会进入高压泵的供油管内。

在奥迪 A6L 2.0 T FSI 发动机上，燃油压力是由一个单活塞高压泵经燃油计量阀建立起来的，然后再经燃油分配管输送到 4 个高压喷油阀上。

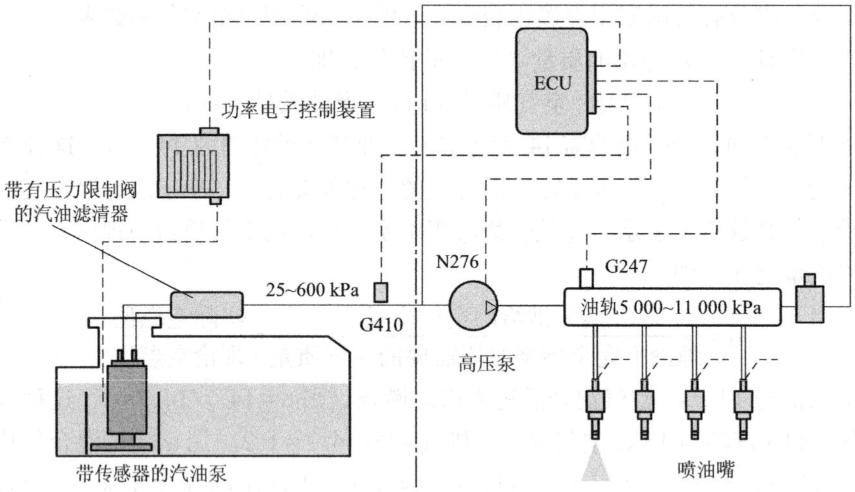

图 8.3.3 燃油供给系统流程示意图

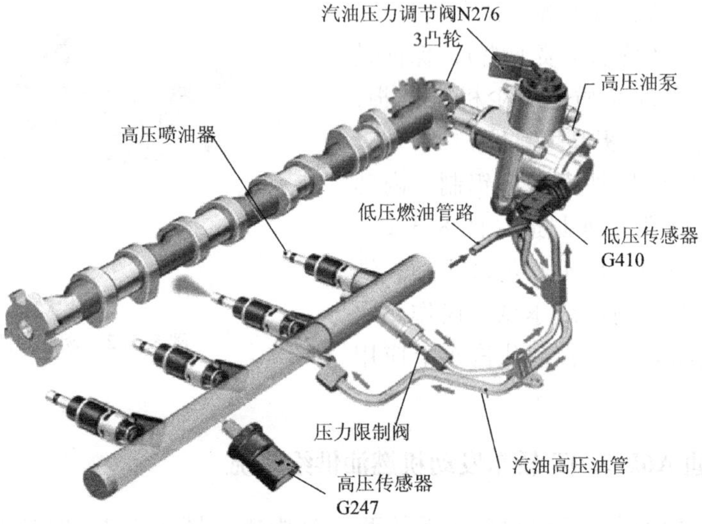

图 8.3.4 燃油供给系统结构示意图

8.3.3 燃油滤清器故障

当燃油箱内的燃油受到污染、燃油滤清器未按保养里程进行更换或者燃油滤清器严重堵塞后会导致发动机高速喘振和熄火、加速发抖、燃油系统泵油压力过低等现象。因此，要对燃油滤清器进行更换，奥迪 A6L 2.0T FSI 发动机燃油滤清器的更换周期为 15000 km。

燃油滤清器安装示意图，如图 8.3.5 所示。

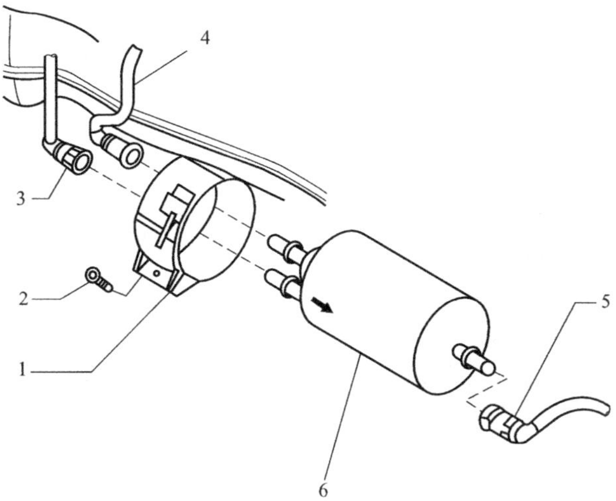

图 8.3.5　燃油滤清器安装示意图

1—支架；2—螺栓；3—燃油供油管路；4—燃油回油管路；5—燃油管路；6—燃油滤清器

8.3.4　操作步骤

步骤 1： 举升汽车至适合操作高度，做好举升机的安全锁止（图 8.3.6）。

特别提示： 车身底部的支撑点要选择正确，观察整个举升过程。

步骤 2： 旋松燃油滤清器底部护板螺丝及锁扣，拆除底护板（图 8.3.7）。

图 8.3.6　举升汽车

图 8.3.7　拆除燃油滤清器底护板

特别提示： 检查护板的完好程度，如有损坏需更换。

步骤 3： 打开燃油滤清器箍，将废油收集车推至燃油滤清器下方（图 8.3.8、图 8.3.9）。

特别提示： 要做好燃油的收集处理。

步骤 4： 用两把螺丝刀配合拆除 3 根油管，然后拆下燃油滤清器（图 8.3.10、图 8.3.11）。

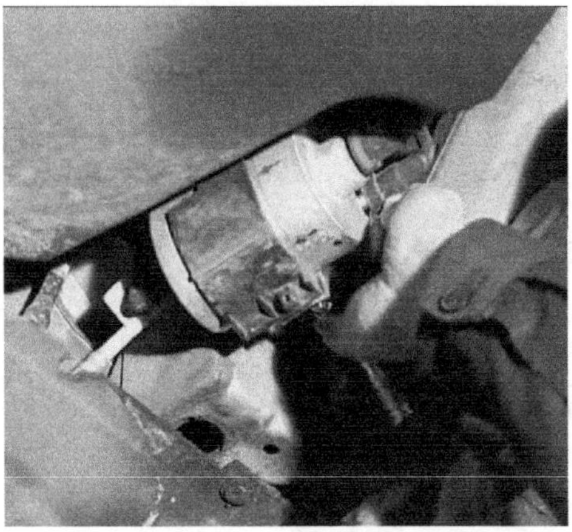

图 8.3.8 打开燃油滤清器箍

图 8.3.9 将废油收集车放在燃油滤清器下方

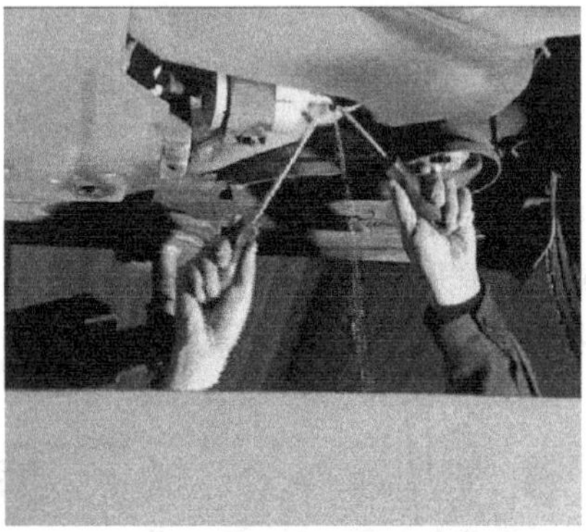

图 8.3.10 拆下滤清器所连接的油管

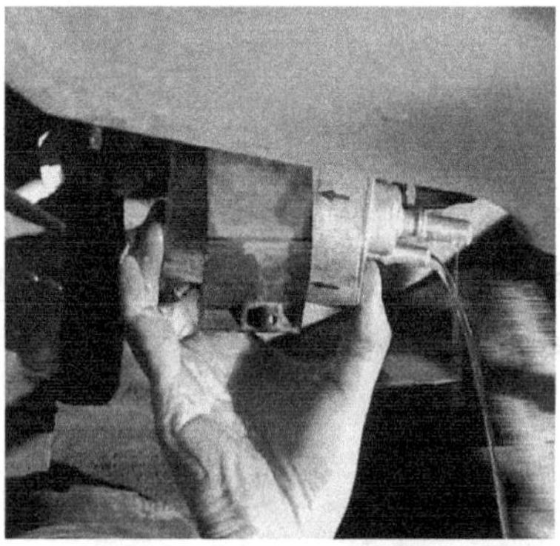

图 8.3.11 拆下燃油滤清器

特别提示：拆装时要防止由于残存燃油压力导致飞溅，以免引起火灾。

步骤 5：取出新燃油滤清器芯，连接 3 根油管，扭紧燃油滤清器箍，安装燃油滤清器底护板。降下车辆，拆除左右翼子板垫子，扣好发动机舱盖（图 8.3.12~图 8.3.14）。

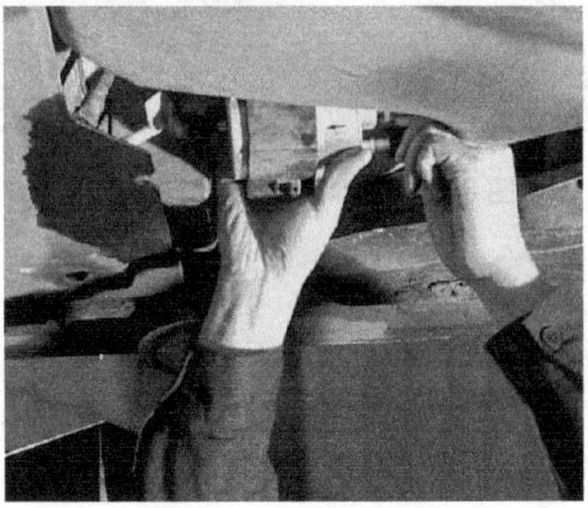

图 8.3.12 连接油管

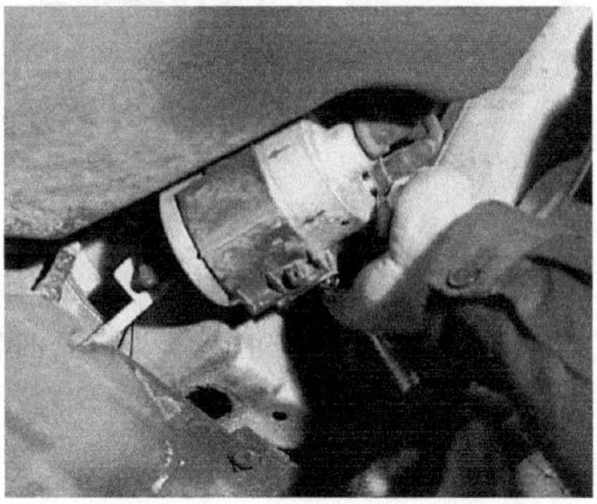

图 8.3.13 扭紧燃油滤清器箍

图 8.3.14　安装燃油滤清器底护板

特别提示：滤清器上的箭头方向代表燃油流动方向，滤清器箍固定螺栓的拧紧力矩为 20 N·m。

复习思考题

1. 空气滤清器故障会导致哪些不良情况发生？
2. 简述汽车空调系统的作用。
3. 简述空调滤清器的作用。
4. 简答为什么说空调系统属于汽车主动安全范畴？
5. 简述制冷剂 R134a 的特点。
6. 简述燃油滤清器堵塞的危害。

项目九 汽车30 000 km保养

企业工作过程描述

客户预约，过1h后来店进行保养，服务顾问通知维修技师做好准备。1h后，客户来店，服务顾问接车，制作委托书，安排客户休息后，并将任务和要求传达给维修技师。技师完成任务后，填写相应委托书内容，并送回服务顾问。最终，由服务顾问引导车主交款，由收银台与客户协商交款，提醒客户保养信息，并对结算单进行全面的解释后送出客户。

项目教学目标

① 能根据30000 km保养的任务要求，制订正确的整车保养实施计划。

② 能根据实施计划，选择正确的工具、设备对整车进行火花塞更换、清洗节气门及检查/更换摩擦片作业。

③ 能正确记录、分析各种检查结果。

④ 能叙述节气门控制单元组成和基本工作原理。

⑤ 能叙述点火系统组成和基本工作原理。

⑥ 能叙述制动系统组成和基本工作原理。

⑦ 正确使用清洗剂。

⑧ 能根据环保要求，正确处理对环境和人体有害的废料、液体。

工作任务9.1 检查/更换火花塞

任务目标

① 能阐述点火系统的作用和组成。

② 能描述火花塞的作用、结构、类型。

③ 能解释由于火花塞故障而导致的发动机工作不良问题。

④ 能检查火花塞的故障并完成火花塞更换工作。

9.1.1　发动机点火系统

一、发动机点火系统的作用

为了适应发动机的工作要求，能按照发动机的点火次序，在一定的时刻供给火花塞以足够能量的高压电，使其两极间产生电火花，点燃混合气。

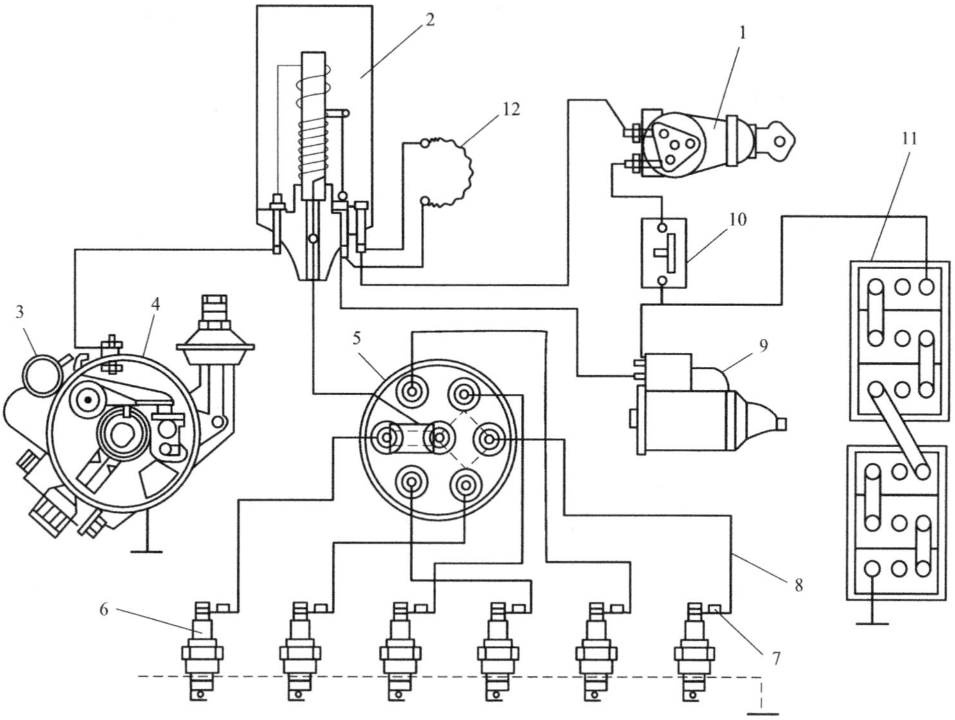

图 9.1.1　传统发动机点火系统的组成

1—点火开关；2—点火线圈；3—电容器；4—断电器；5—配电器；6—火花塞；7—阻尼电阻；8—高压导线；9—启动机；10—电流表；11—蓄电池；12—附加电阻

二、发动机点火系统的构成

如图 9.1.1 所示，各部分功能如下：

① 点火开关：用来控制点火系统初级电路，控制仪表电路、启动继电器电路等。

② 点火线圈：将 12 V 的低压电变成 15~20 kV 的高压电。

③ 电容器：减小断电器触点火花，延长触点使用寿命和提高次级电压。

④ 断电器：接通与切断初级电路，产生点火的信号。

⑤ 配电器：将点火线圈产生的高压电，按照发动机的工作顺序送至各缸火花塞。

⑥ 火花塞：将高压电引入汽缸燃烧室产生火花点燃混合气。

⑦ 阻尼电阻：用来保护触点。

⑧ 高压导线：用来传递高压电至火花塞。

⑨ 启动机：启动发动机。

⑩ 电流表：用来指示系统电流值。

⑪ 电源：蓄电池或发电机，其作用是供给点火系统低压电能。

⑫ 附加电阻：用来改善点火性能和启动性能。

9.1.2 火花塞

一、火花塞的作用及结构

火花塞的功用是提供使点火线圈供给的高电压以电弧的形式击穿的关键的气隙，并形成点燃可燃混合气的电火花。火花塞一般由中心电极、侧电极、接线柱、绝缘体、金属外壳及安装螺纹等组成（图 9.1.2）。

二、火花塞常见故障分析

火花塞的工作状态会受到结构特点、产品质量、安装方法、使用条件等因素影响，仔细检查拆卸下来的火花塞的电极周围区域，会发现如火花塞冷积炭、火花塞油污、火花塞气隙短接、火花塞过热烧蚀、火花塞釉层早燃损伤等问题。这些问题会直接导致发动机的工作不良、动力性下降、燃油经济性变差。拆下火花塞观察，如为赤褐色或铁锈色，表明火花塞正常；如为渍油状，表时火花塞间隙失调或供油过多，高压线短路或断路；如为烟熏之黑色，表明火花塞冷热型选错或混合气浓，机油上窜；如顶端与电极间有沉积物，当为油性沉积物时，则是汽油中添加剂覆盖电极导致缺火；若严重烧蚀，如顶端起疤、有黑色花纹破裂、电极熔化，表明火花塞损坏。

三、奥迪 A6L 2.0T 轿车 FSI 发动机点火系统中的火花塞

奥迪 A6L 2.0T 轿车发动机点火系统火花塞，如图 9.1.3 所示。

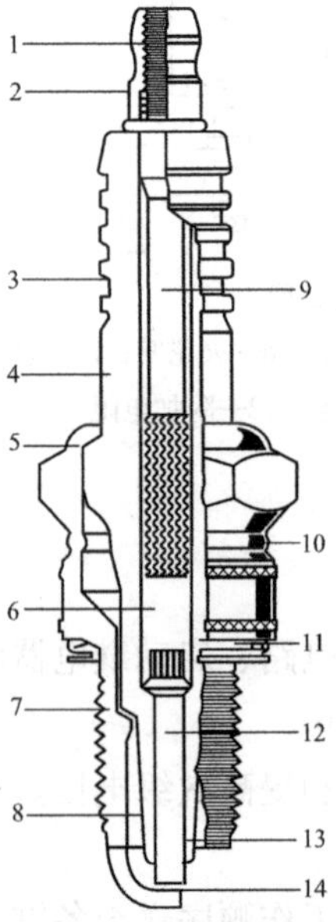

图 9.1.2 火花塞结构

1—连接螺母；2—连接螺纹；3—漏电阻挡层；4—绝缘体；5—凸缘环；6—导电玻璃；7—内部密封环；8—呼吸腔；9—连接销；10—收缩和热压缩配合区；11—外部密封环；12—中心电极；13—绝缘体底端；14—接地电极

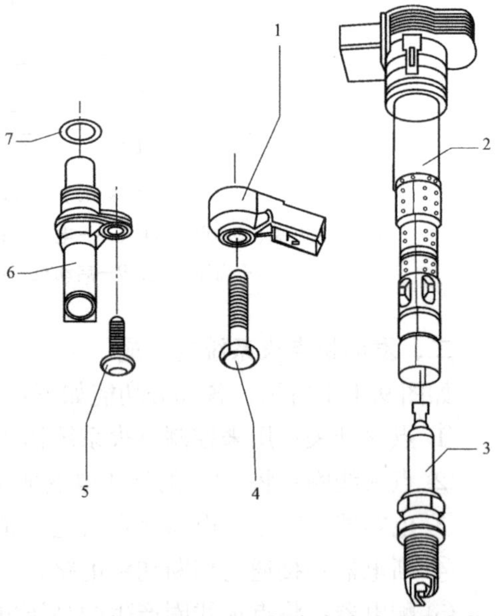

图 9.1.3 奥迪 A6L 2.0T 轿车点火线圈及火花塞

1—爆震传感器 G61；2—带功率输出级的点火线圈；3—火花塞；4，5—螺栓；6—霍耳传感器 G40；7—O 形环

9.1.3　操作步骤

步骤 1：打开车门，将发动机盖开启把手向上拉起，走到车子前部处，用手伸入发动机盖开启处，向上抬起锁钩并打开发动机盖，将左右翼子板垫安放好（图 9.1.4）。

特别提示：操作时防止剐伤车辆。

步骤 2：旋松并拆下点火线圈高压电缆线的两个固定螺钉，依次松动并向上拔起点火线圈，松开高压电缆线端部支架上的氧传感器电缆线后，将点火线圈取出（图 9.1.5~图 9.1.9）。

图 9.1.4　安放左右翼子板垫

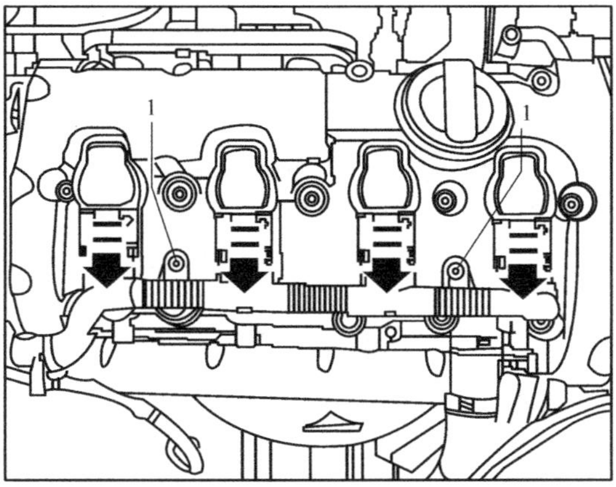

图 9.1.5　点火线圈高压电缆线螺栓位置

图 9.1.6　拆除点火线圈高压电缆线螺栓

图 9.1.7　依次松开点火线圈

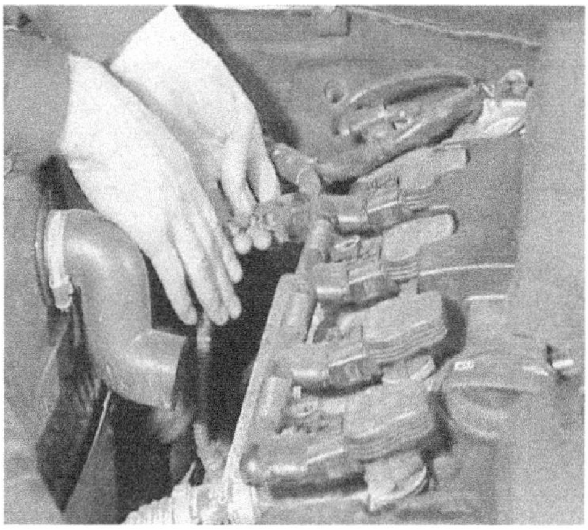

图 9.1.8　松开端部氧传感器电缆线

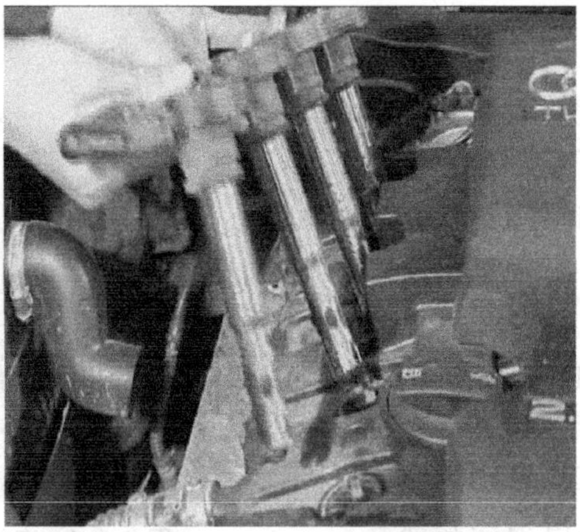

图 9.1.9　取出点火线圈

特别提示：双手握住点火线圈高压电缆线，使其均匀受力。

步骤 3：采用火花塞套筒扳手依次缓慢旋松各缸火花塞。选用磁棒并配合擦布，小心取出各缸火花塞（图 9. 1. 10～图 9. 1. 12）。

图 9.1.10　火花塞扳手

图 9.1.11　拧松火花塞

图 9.1.12　取出火花塞

特别提示：此时火花塞会有较高温度，要防止烫伤的发生。

步骤 4：取出原厂规定配件的新火花塞，采用火花塞套筒扳手依次将新火花塞小心放入安装孔内，并做适当的旋紧（图 9. 1. 13、图 9. 1. 14）。

图 9. 1. 13　取出新火花塞

图 9. 1. 14　用套筒扳手依次安装新火花塞

特别提示：放入火花塞时要平稳，防止掉落和磕碰。

步骤 5：采用力矩扳手紧固火花塞，紧固力矩为 30 N · m（图 9. 1. 15、图 9. 1. 16）。

图 9. 1. 15　拧紧火花塞

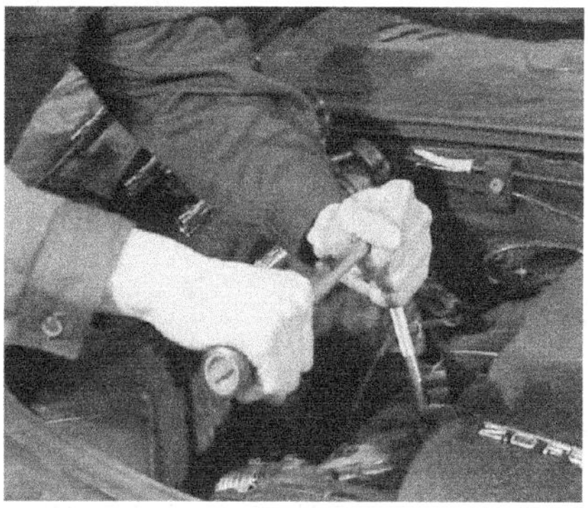

图 9. 1. 16　使用力矩扳手拧紧火花塞

步骤 6：将点火线圈安装到位，将氧传感器电缆线安装至高压电缆线端部支架上，紧固点火线圈高压电缆线的两个固定螺钉，紧固力矩为 5 N · m（图 9. 1. 17~图 9. 1. 19）。

图 9. 1. 17　安装点火线圈

图 9. 1. 18　将氧传感器电缆线复位

图 9.1.19 紧固高压电缆线的固定螺钉

工作任务 9.2 清洗节气门

任务目标

① 能阐述空气供给系统的作用和组成。
② 能描述节气门的作用、结构。
③ 能向客户介绍按照保养规程清洗节气门的必要性。
④ 能完成节气门清洗工作。

9.2.1 节气门

一、节气门常见故障

节气门随着发动机的使用年限的增加易出现节气门卡滞、节气门关闭不严、节气门位置传感器损坏等故障现象。因此，要按照汽车行驶里程的保养项目对节气门体进行清洗。

二、节气门清洗剂

节气门通常采用专用清洗剂，进行清洗。通常车用清洗剂的成分为：甲醇 12%、丙酮 10%、甲苯 38%、200 号溶剂油 40%，将以上原液配方配齐，再加抛射剂的原料高压丙烷，其原液与抛射剂配比，比例为 6 ∶4。其方法是先将原液按比例配制并充入铁罐内，再将抛射剂充入铁罐内混合均匀即可。利用清洗剂能快速彻底地清除节气门体内部的油污、胶质、积炭和其他杂质，使节气门翻板迅速畅通，可提高动力，节省燃油，降低尾烟，保证发动机正常运行。清洗剂具有较强的腐蚀性，在操作中要避免喷溅到人体及车漆表面。

三、节气门基本设定的目的

随着车辆行驶里程的增加，节气门体脏污以后需要按照保养规程进行清洗，在清洗之后，需要对节气门体进行系统初始化设置也就是所谓的匹配。在进行节气门体基本设定时，节气门调节器进入应急运行中最大位置到最小位置，发动机控制单元通过自适应来学习节气门控制单元止点位置及节气门的电位计与节气门控制传感器的比较曲线，达到最佳的节气门翻板的开启时刻和开启角度的校准，以满足发动机进气系统工作的需要。

9.2.2　操作步骤

步骤 1：打开车门，将发动机盖开启把手向上拉起，走到车子前部处，用手伸入发动机盖开启处，向上抬起锁钩并打开发动机盖，将护具安置于车子的翼子板处（图 9.2.1）。

特别提示：防止刮伤车辆。

步骤 2：拔下节气门电缆线插头，松开节气门体下部橡胶进气管的卡子，并拔下进气管（图 9.2.2~9.2.4）。

图 9.2.1　安装护具

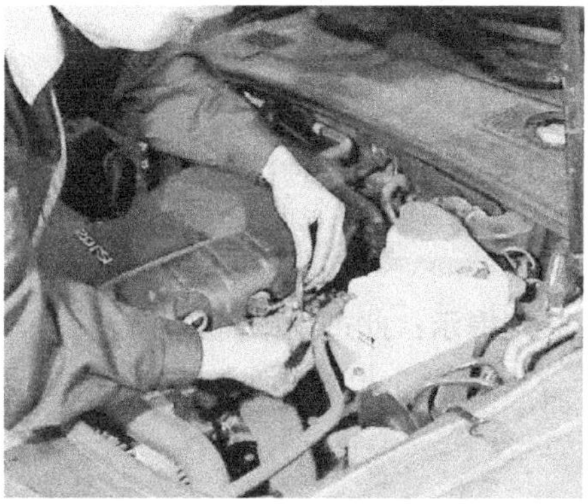

图 9.2.2　拔下节气门电缆线插头

图 9.2.3　松开节气门体下部橡胶进气管卡子

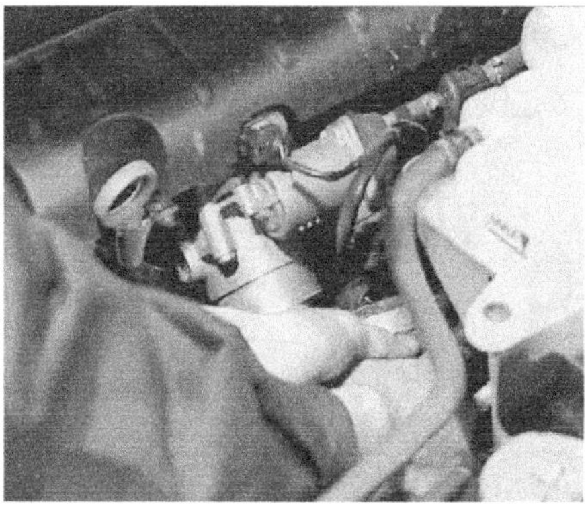

图 9.2.4　拔下进气管

特别提示：力度适当，防止刮蹭其他总成部件。

步骤 3：使用棘轮及内梅花扳手旋松并小心拆下节气门体的 4 个固定螺栓，取下节气门体，观察节气门的脏污情况（图 9.2.5、图 9.2.6）。

特别提示：注意节气门体的 4 个固定螺栓拆卸顺序是由内到外，防止螺栓旋松后意外掉落。

图 9.2.5　拆卸节气门体固定螺栓

图 9.2.6　观察节气门的脏污情况

步骤 4：采用车用专用清洗剂，喷洗节气门体、节气门体内壁、节气门体上翻板结合处、节气门翻板正面及背面。清洗过程中节气门体的电子元件部分要始终位于上方，采用专用擦车布对节气门体清洗部位进行擦拭，擦拭后检查节气门体的清洗情况（图 9.2.7、图 9.2.8）。

特别提示：此过程中需要注意的是，不能将清洗剂直喷节气门电子元件与节气门翻板轴的结合处，要防止清洗剂进入节气门电子元件内部，以免损坏节气门体。

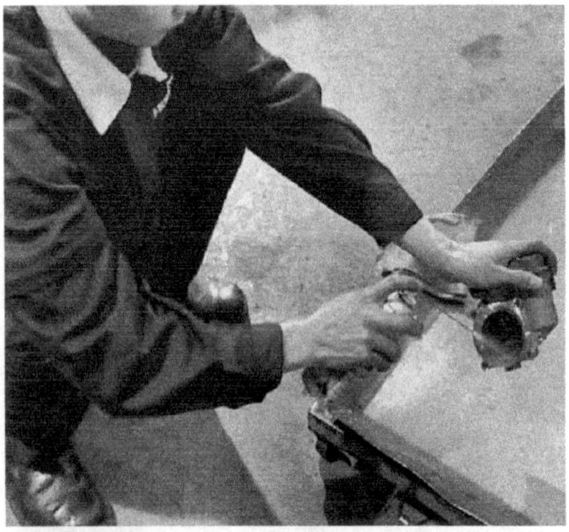

图 9.2.7　清洗节气门体

图 9.2.8　擦拭节气门体

步骤 5：将清洗后的节气门体安置于进气管接合部，并紧固好 4 个固定螺栓，安装节气门体下部橡胶进气管，并紧固卡子。安插节气门电气插头（图 9.2.9~图 9.2.11）。

特别提示：节气门固定螺栓的紧固力矩为 7 N · m。

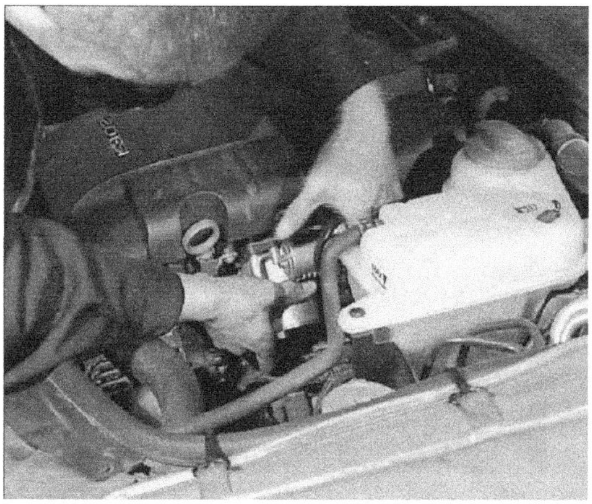

图 9.2.9　安装节气门体固定螺栓

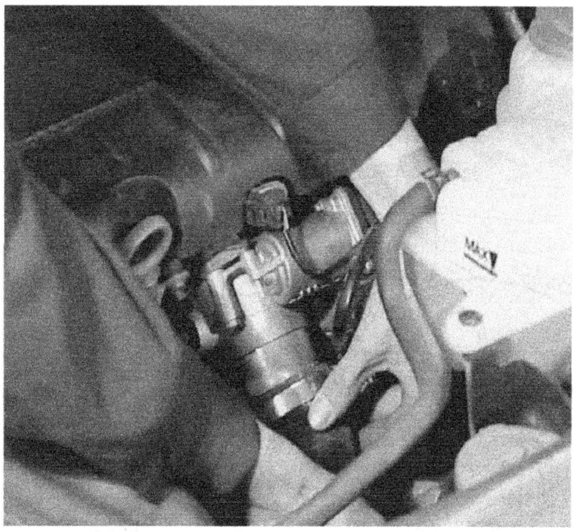

图 9.2.10　安装进气管

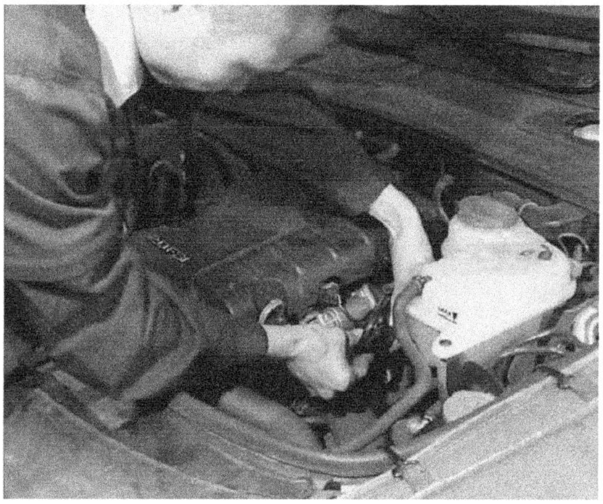

图 9.2.11　安装进气管卡子

步骤 6：采用 V. A. S 5052 对节气门体进行初始化设置。首先连接 V. A. S 5052 诊断插头，接通点火开关与车辆建立通信，单击屏幕上的车辆自诊断选项，进入车载自诊断（OBD），此时该显示条呈黑色。单击屏幕右下角的向右的绿色箭头进入下一界面，然后单击 1000 读取网关安装列表，并按下屏幕右下角的向右的绿色箭头进入下一界面。选择 01 选项（发动机电子装置）后，单击屏幕右下角的向右的绿色箭头进入，选择 006 选项—基本设置单击屏幕右下角的向右的绿色箭头进入下一界面，在屏幕上显示的小键盘区域输入数字 60；再单击 Q 确认之后选择。在基本设置内的测量值，单击激活按钮，这时系统初始化设置开始，屏幕上的基本设置内的测量值区域内的数字开始变化，而在节气门体附近可以听见节气门体电气元件工作的声音。之后单击屏幕左下方的向左的绿色箭头退出此界面。当进入 1000 读取网关安装列表界面时，单击屏幕下方向上的绿色箭头，选择结束退出系统。关闭点火开关，取下 V. A. S 5052 故障诊断仪诊断插头，离开车辆（图 9.2.12~图 9.2.16）。

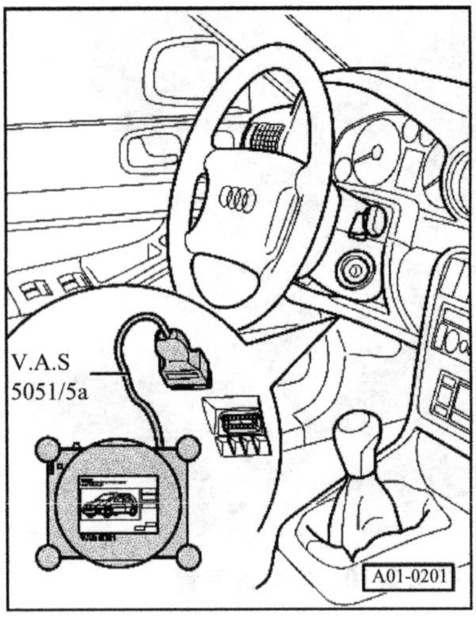

图 9.2.12 连接 V.A.S 5052

图 9.2.13 选择“车载自诊断”

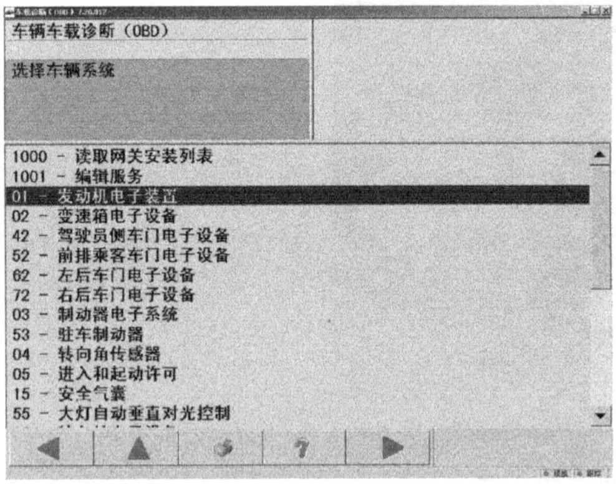

图 9.2.14 匹配节气门（1）

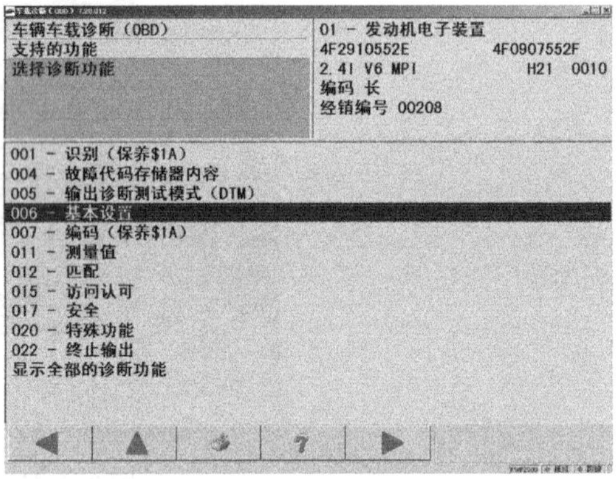

图 9.2.15 匹配节气门（2）

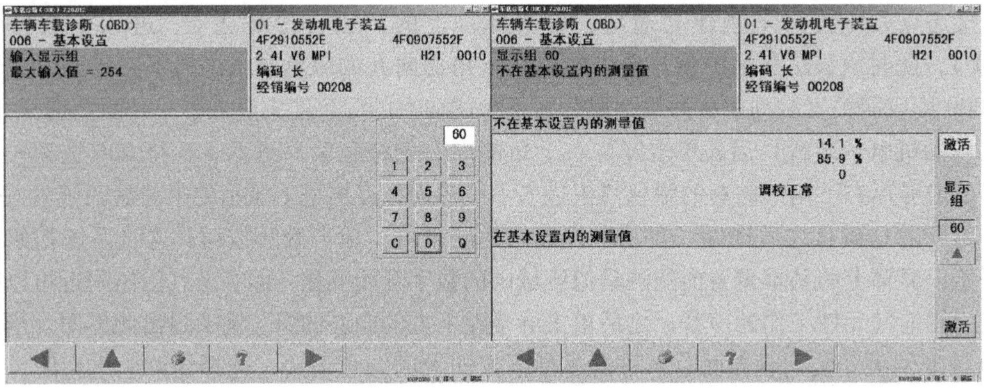

图 9.2.16 匹配节气门（3）

工作任务 9.3　检查/更换制动片

任务目标

① 能阐述制动系统的作用和组成。

② 能描述盘式制动器的作用、类型。

③ 能够解释按照保养里程更换制动蹄片的重要性。

④ 能完成前、后车制动蹄片的更换工作。

9.3.1　制动衬片

用于制动块和制动蹄的摩擦材料称为制动衬片，制动衬片可以铆接或胶接到制动块或制动蹄的背面。有些新型制动块是整体模压成型的。观察制动块的背面可以识别整体模压成型制动块组件，这种制动块的背面有一些部分或完全充满衬片摩擦材料的孔。几十年来，石棉一直作为标准的制动衬片材料，石棉具有摩擦品质好，耐磨和噪声低等特点。由于人吸入石棉尘埃对健康有害，所以复合型或有机型、陶瓷型和碳素纤维型等新型摩擦材料正被采用。

1. 金属制动衬片

由粉末铸铁制成的全金属制动片具有很好的抗衰退性能，已在重型汽车和赛车上使用了多年（图 9.3.1）。但使用这种制动片需要很高的踏板压力，并会加速制动鼓和制动盘磨损。

图 9.3.1　金属制动衬片

2. 半金属制动衬片

半金属制动衬片材料以克服全金属制动衬片的缺点。半金属制动村片由具有胶黏剂的铸铁纤维模压制成（图 9.3.2）。材料具有优异的抗衰退性能，可以满足现代车的需求，其摩擦特性也很优良，只需施加适中的制动压力，而且半金属制动块和制动蹄不会导致制动盘和制动鼓过度磨损。

3. 无石棉制动衬片

现在可以采用由合成材料制成的无石棉制动衬片，主要的制动衬片制造商正在对新材料进行持续试验，以确保其够适应苛刻工作条件，具备寿命长、摩擦特性好、对制动鼓和制动盘的磨损小和散热能力好的特点。

制动衬片用的酸盐片晶，如图 9.3.3 所示。

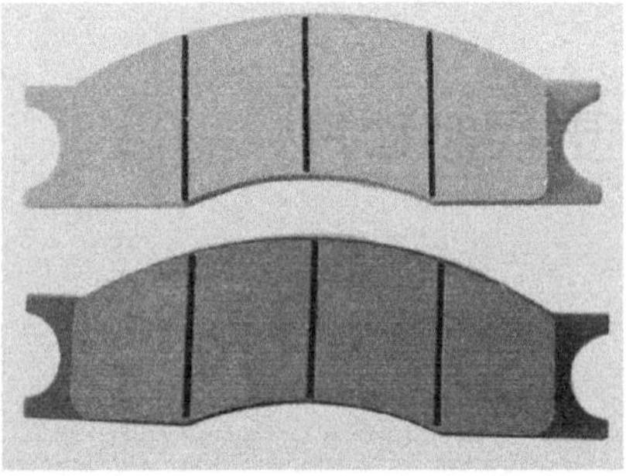

图 9.3.2 半金属制动片

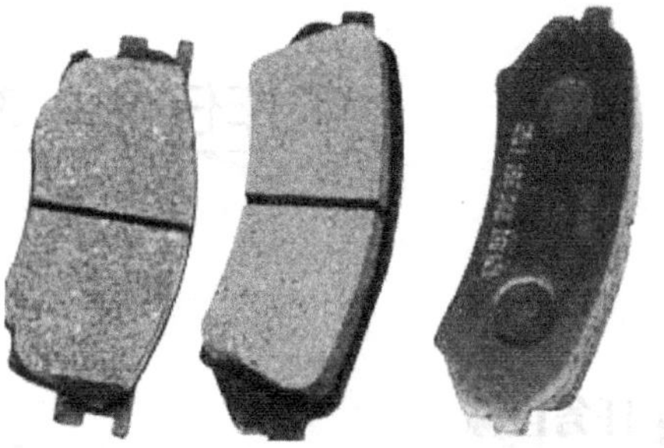

图 9.3.3 酸盐片晶

4. 制动蹄片磨损提示装置

随着车辆行驶里程的增加，驾驶习惯及使用条件的不同，制动蹄片的使用寿命也不同，通常制动蹄片能保证 3 万 km 的使用寿命。像德国博世制动蹄片材料中采用的大颗粒石墨和黄铜还能够减少对制动盘的磨损。制动蹄片属于易损件和安全件，需要定期地进行更换。当制动蹄片的厚度磨损到一定程度则必须更换，此时车辆的机械式或电子式报警器会通过报警灯或提示声的方式提醒车主进行更换。三种最常见的磨损提示装置是声响型、可视型及触觉型。

（1）声响型

采用薄的弹簧钢凸舌，铆接到衬块固定底板边缘上。当衬片磨损到需更换的程度时凸舌弯曲与转子接触，此时会发出高音调尖叫声，施加制动力后噪声消失。噪声给驾驶员发出警示提示制动蹄片磨损严重（图 9.3.4、图 9.3.5）。

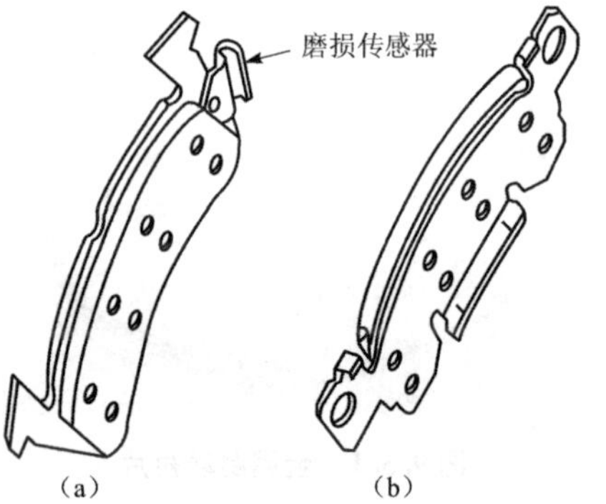

图 9.3.4 声响型磨损提示制动蹄片

（a）内侧衬块；（b）外侧衬块

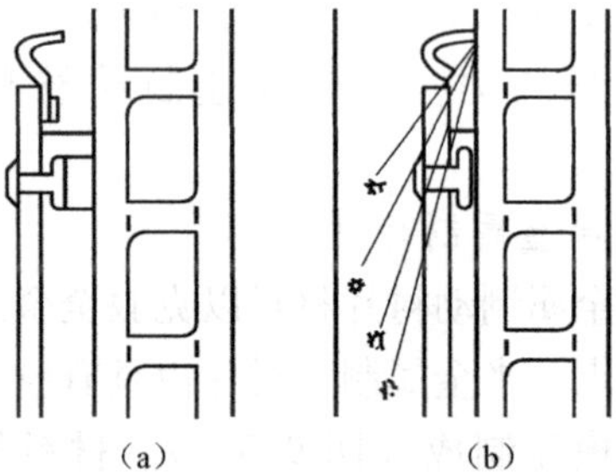

图 9.3.5 声响型磨损提示

（a）磨损前；（b）磨损后

（2）可视型

采用将电气触点置入摩擦衬块内，当衬片磨损时，触点与制动盘接触。这样连通电路并接通仪表板上的报警灯（图 9.3.6）。

（3）触觉型

随着制动盘面上的传感器接触到固定在制动盘衬块下方的传感器，触觉传感器产生踏板脉动（图 9.3.7）。

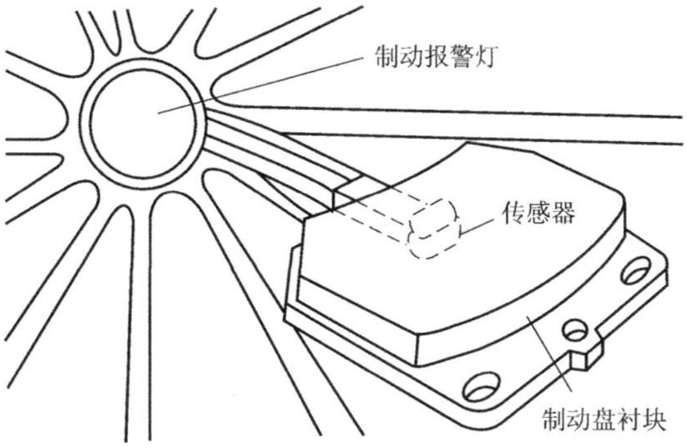

图 9.3.6　可视型磨损提示

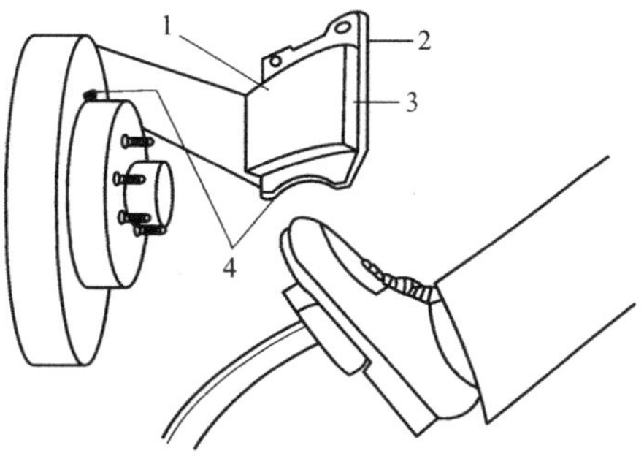

图 9.3.7　触觉型示意图

1—摩擦材料表面区域；2—制动盘衬块；3—摩擦材料；4—触觉传感器

9.3.2　浮动钳盘式制动器

浮动钳盘式制动器结构简单紧凑，且便于安装，因此被越来越多地采用在轿车和轻型汽车上（图 9.3.8）。

旋转元件是制动盘 1 和车轮轮毂装在一起，并和车轮一起转动。制动盘两个制动表面之间沿径向铸有 36 条筋，形成 36 条通风道，以便散热。固定元件是制动钳体，装在安装架上，制动钳支架 11 固定在前桥转向节上。内部单装一个活塞 8 的制动钳，可以通过固定在制动钳壳体 6 上并插入制动钳支架 11 孔中的导向销做轴向移动。制动钳上制动块所用的摩擦片与背板采用胶接法相连，工艺性好，并能提高摩擦片的使用寿命。

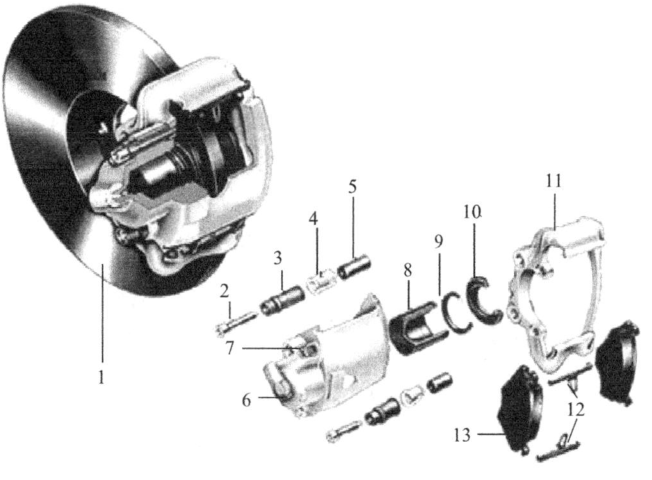

图 9.3.8　浮钳盘式制动器结构示意图

1—制动盘；2—螺栓；3—橡胶衬套；4—导向钢管；5—塑料套；6—制动钳壳体；7—放气塞；8—活塞；9—油封；10—活塞防尘罩；11—制动钳支架；12—保持弹簧；13—制动块

其工作过程如图 9.3.9 所示，制动时，活动制动块 6 在液压作用力 P_1 作用下，由活塞密封圈 5 推靠在制动盘 4 上，同时制动钳上的反力 P_2 推动制动钳沿定位导向销 2 移动，使

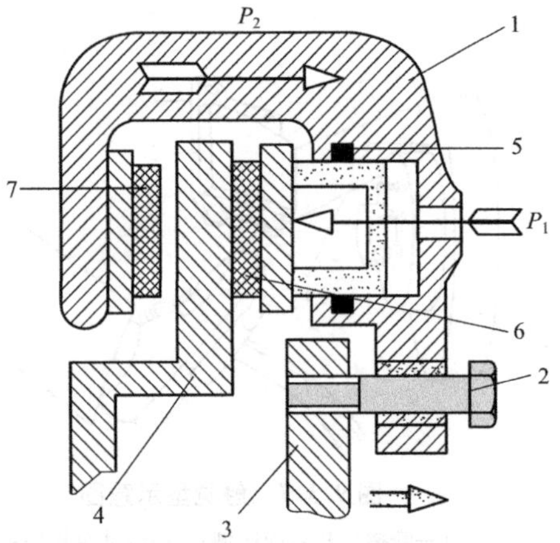

图 9.3.9 浮钳盘式制动器结构

1—制动钳台；2—定位导向销；3—制动钳安装架；4—制动盘；5—活塞密封圈；6—活动制动块；7—固定制动块
P_1—液压作用力；P_2—液压反作用力

外侧的固定制动块 7 也压靠在制动盘 4 上，产生制动力，于是制动盘两边都被紧紧抱住，使其停止转动。制动盘又和车轮轮毂装在一起，所以车轮也停止了转动。橡胶套不仅能稍微变形，以便消除制动器的间隙，而且可使导向销免受泥污。

解除制动时，橡胶衬套所释放出来的弹性能有助于外侧制动块离开制动盘。活塞密封圈 5 在制动时变形，解除制动时就恢复原状，使活塞回位。若制动盘和制动块间产生了过量间隙，则活塞将相对于密封圈滑移，借此实现间隙的自动调整。

9.3.3 奥迪 A6L 2.0T 轿车制动元件

奥迪 A6L 2.0T 轿车前轮制动元件，如图 9.3.10 所示。

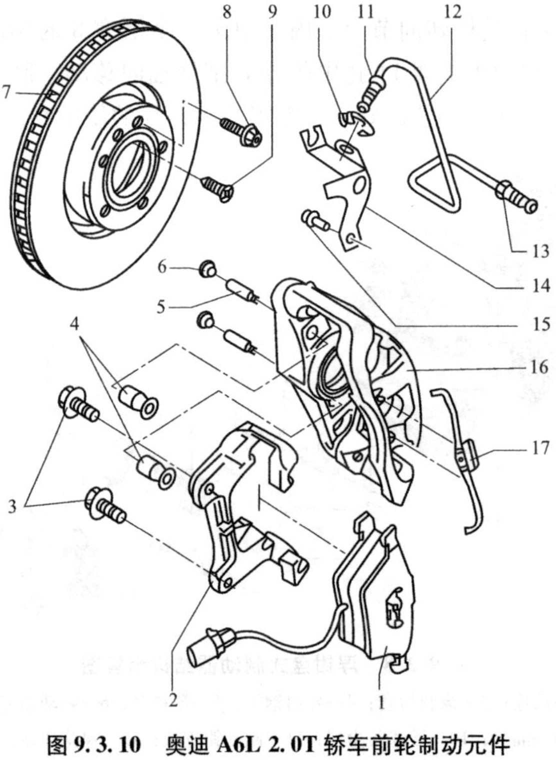

图 9.3.10 奥迪 A6L 2.0T 轿车前轮制动元件

1—制动摩擦片；2—制动器支架；3—带筋螺栓；4—轴套；5—导向螺栓；6—盖罩；7—制动盘；8—车轮螺栓；9，15—螺栓；10—弹簧夹；11—制动管路连接到制动软管；12—制动管管路；13—制动管路连接到制动钳；14—支架；16—制动钳体；17—止动弹簧奥迪 A6L 2.0T 轿车后轮制动元件，如图 9.3.11 所示。

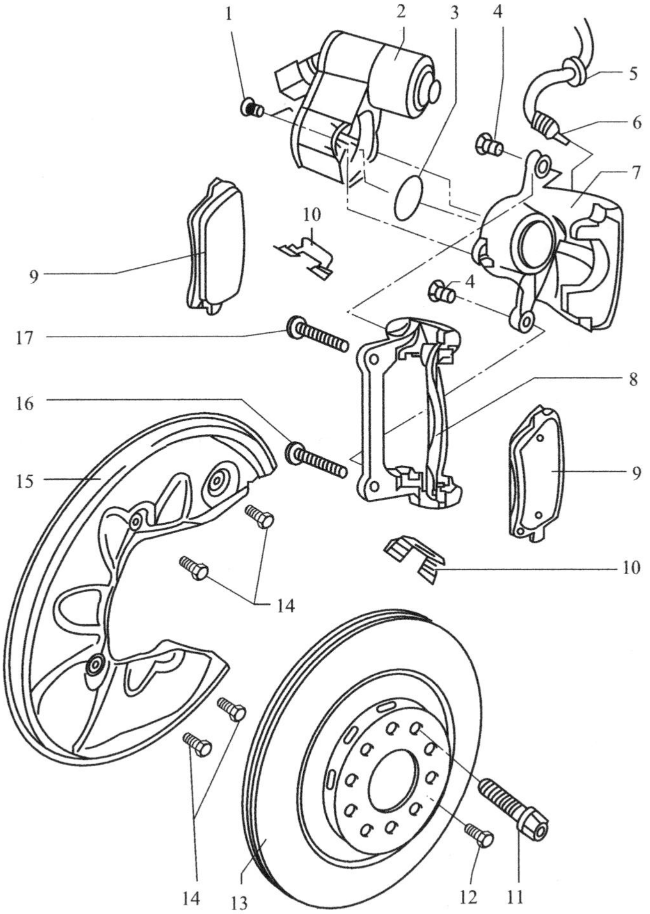

图 9.3.11　奥迪 A6L 2.0T 轿车后轮制动元件

1—锁螺栓；2—电动驻车制动器和手制动器的伺服电动机；3—密封环；4—自锁螺栓；5—隔块支架；6—制动软管；7—制动钳体；8—带导向螺栓和护罩的制动器支架；9—制动摩擦片；10—摩擦片固定片；11—车轮螺栓；12—十字槽螺钉；13—制动盘；14—六角螺栓；15—制动隔板；16，17—带筋螺栓

9.3.4　奥迪 A6L 轿车电子驻车机构

一、EPB 的主要功能

1. 驻车制动功能

① 在任何行驶状态下张紧力必须充分，在夹紧力升值超过 30%时，仪表板中央显示屏出现文字警报。

② 在制动盘冷却后，制动力会自动张紧（温度模块提供制动盘温度）。

③ 仪表板和开关上的控制灯将显示动态状态。

2. 动态紧急制动功能

动态紧急制动功能，如图 9.3.12 所示。

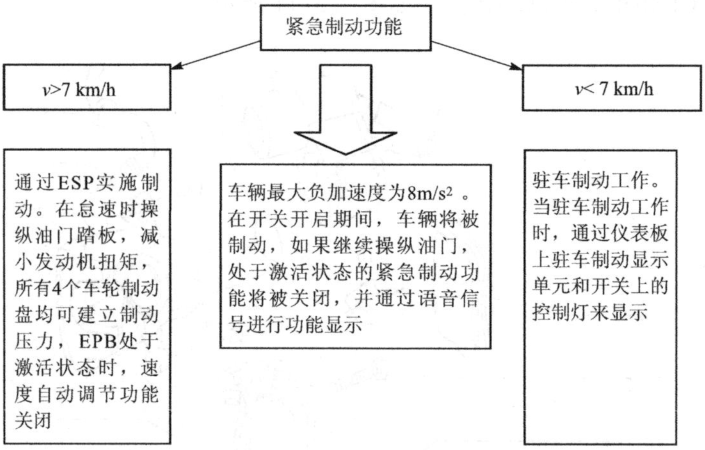

图 9. 3. 12　动态紧急制动功能

二、EPB 系统部件

如图 9. 3. 13 所示，采用机电式驻车制动器，组成部件如下：

① 组合仪表内带显示屏的控制单元 J285；

② 机电式驻车制动器控制单元 J540（在行李舱内右侧）；

③ 驻车制动器压力开关 F234；

④ 右侧锁止电动机 V283；

⑤ 左侧锁止电动机 V282。

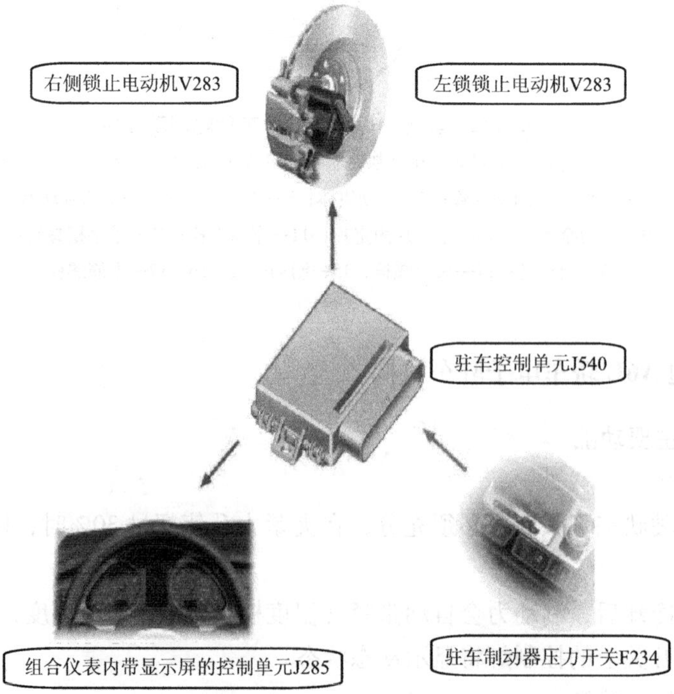

图 9. 3. 13　EPB 系统图

EPB 系统电路图，如图 9. 3. 14 所示。

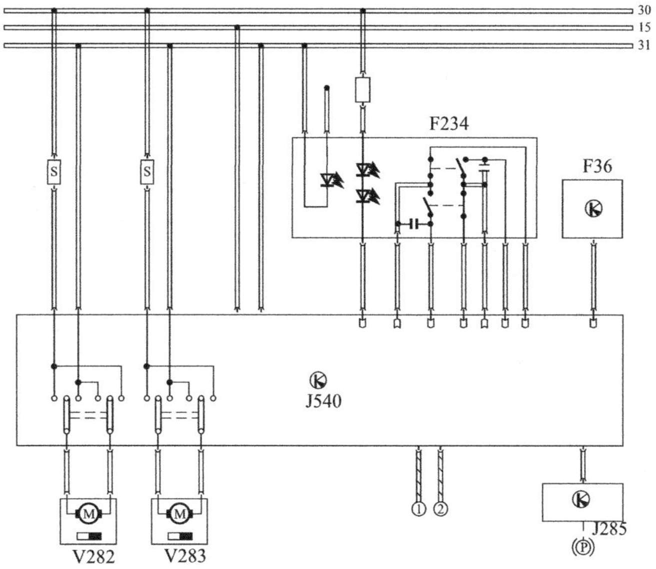

图 9. 3. 14　EPB 系统电路图

F234—驻车制动器压力开关；F36—离合器踏板开关；

J540—机电式驻车制动器控制单元；J285—组合仪表内带显示屏的控制单元；

V282—左侧锁止电动机；V283—右侧锁止电动机

9. 3. 5　操作步骤

一、更换前轮制动蹄片

步骤 1：打开行李舱，取出轮胎防盗螺栓套筒扳手和轮胎螺栓防尘帽取出工具，关闭行李舱，把车辆向上举升一定高度（图 9. 3. 15、图 9. 3. 16）。

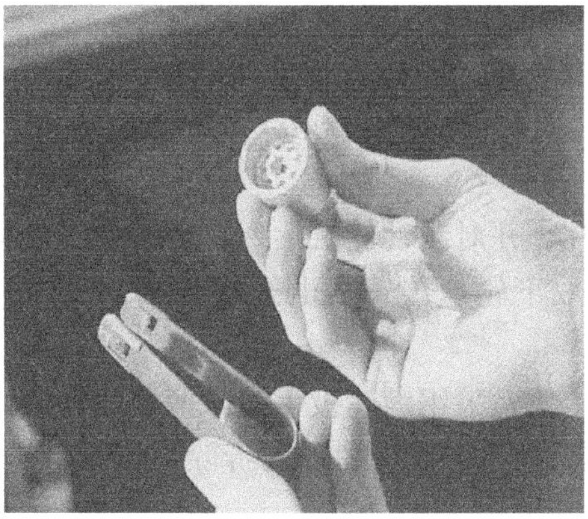

图 9. 3. 15　轮胎防盗螺栓套筒扳手和轮胎螺栓防尘帽取出工具

图 9. 3. 16　举升车辆

步骤 2：采用轮胎螺栓防尘帽取出工具，取出防尘帽，将其放在工作盘中。采用棘轮扳手配合防盗螺栓套筒，首先旋松车轮的防盗螺栓，然后依次旋松其余螺栓（图 9. 3. 17、图 9. 3. 18）。

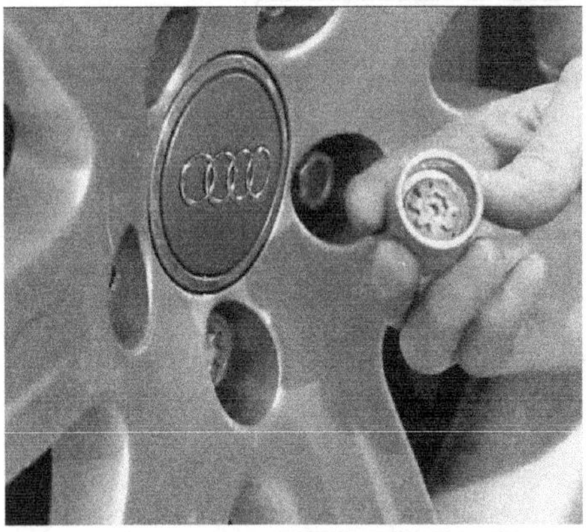

图 9. 3. 17　取出防尘帽

图 9. 3. 18　旋松螺栓

步骤 3：对车辆进行再次举升，升至适合拆卸操作的高度即可，拆下所有螺栓。注意：在最后一个螺栓在拆下时需要对轮胎进行把持，防止轮胎出现掉落的情况。取下轮胎放入轮胎架（图 9. 3. 19、图 9. 3. 20）。

图 9. 3. 19　卸下轮胎

图 9. 3. 20　将轮胎放入轮胎架

步骤 4：采用螺丝刀拆除制动钳的定位弹簧卡片，并对制动轮缸活塞进行回位，从电缆线保持架上拔下制动蹄片磨损报警电缆插头，并取下轮速传感器电缆线（图 9. 3. 21、图 9. 3. 22）。

步骤 5：观察并取下制动钳后部的固定螺栓防尘盖，采用棘轮扳手拆除两条制动钳固定螺栓。分离并取下制动钳钳体，将其倒置与制动盘上部，利用螺丝刀拆除旧制动片。（图 9. 3. 23～图 9. 3. 26）

步骤 6：取出新的制动片，先将磨损报警电缆线穿过制动管路，安装到电缆线保持架上，之后将另一侧的制动片安装到制动钳体上。安装好制动片磨损报警电缆插头和轮速传感器电缆线。紧固两条制动钳固定螺栓，并扣好防尘盖，安装上制动钳的定位弹簧卡片（图 9. 3. 27～图 9. 3. 31）。

图 9.3.21　拆下制动钳的定位弹簧卡片

图 9.3.22　拔下制动蹄片磨损报警电缆插头线

图 9.3.23　取下固定螺栓防尘盖

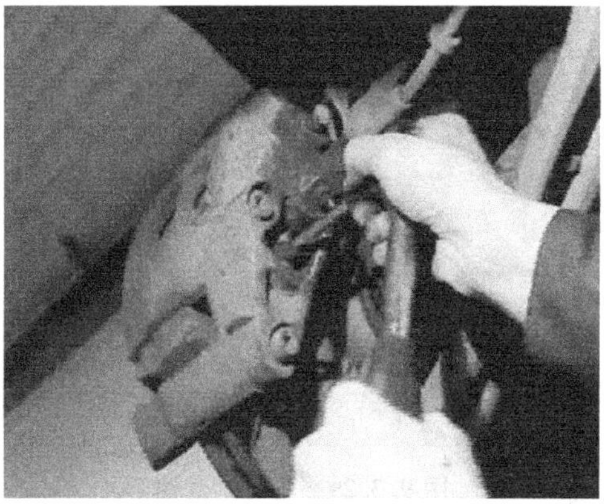

图 9.3.24　拆卸制动钳固定螺栓

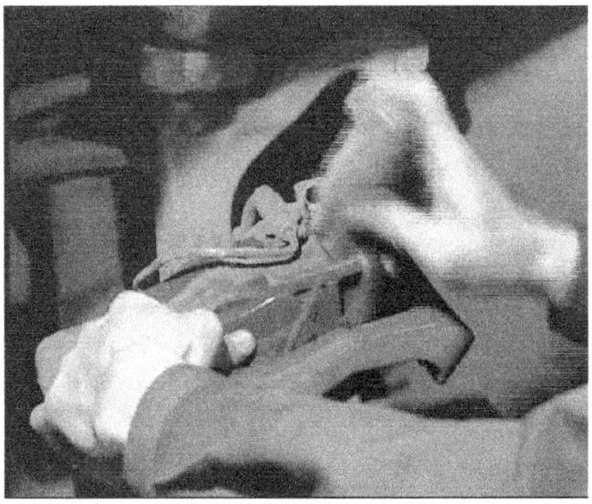

图 9.3.25　分离并取下制动钳钳体

图 9.3.26　拆除旧制动片

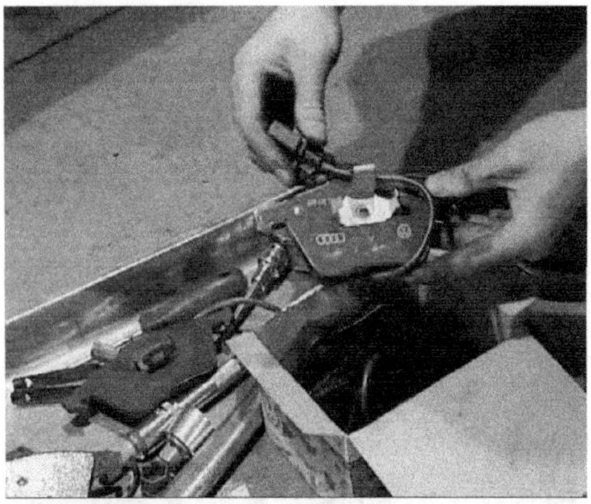

图 9.3.27　取出新制动片

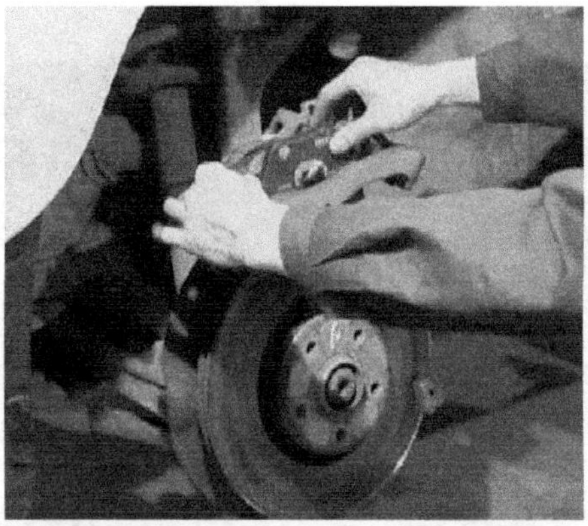

图 9.3.28　安装制动片到制动钳上

图 9.3.29　安装制动钳

图 9.3.30　插上制动片报警插头

图 9.3.31　安装制动钳

步骤 7：安装轮胎，首先旋入轮胎螺栓并施加一定紧固力矩，降落车体，采用力矩扳手对轮胎螺栓进行最后校紧，紧固力矩为 120N · m，扣好防尘帽。放回专用工具，关闭行李舱（图 9.3.32）。

步骤 8：反复踩下制动踏板，以消除制动间隙（图 9. 3. 33）。

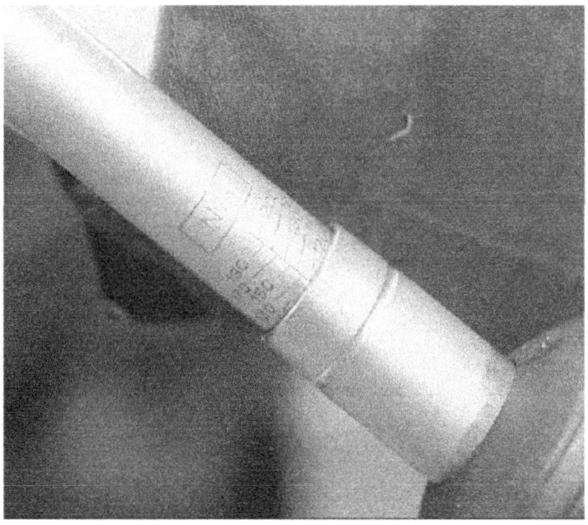

图 9. 3. 32　用 120 N · m 力矩拧紧车轮固定螺栓

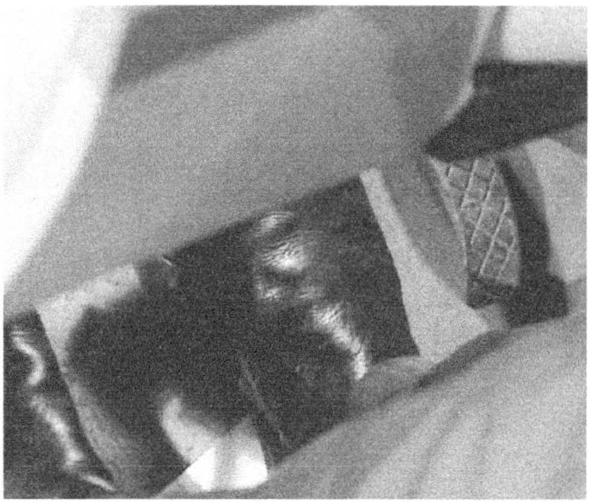

图 9. 3. 33　踩制动踏板数次

二、更换后轮制动片

步骤 1：首先采用 V. A. S 5052 对后轮驻车制动器进行锁止解除。连接 V. A. S 5052 诊断插头，接通点火开关与车辆建立通信。单击屏幕上的引导性故障查询，选择品牌 Audi，选择高级轿车，再选择发动机代码：BPJ2. 0i。单击屏幕右下角向右的箭头进入下一界面，此时显示的状况是对车辆控制单元的查询情况。对于系统给出的提示直接单击正常即可，检查完毕后单击屏幕右下角向右的箭头进入下一界面。对于系统给出的提示直接单击完成即可，在故障代码存储器内容界面单击屏幕下方的转到按钮。在“转到”目的地菜单中单击功能/部件选择项，之后在选择功能或部件里单击行驶系统（Rep，Gr。01；40-49）、制动系统（维修分组号 01；45~47）、46 制动器、制动机构 、机械部件、电动驻车制动器、KD4620（拆下和安装制动片）。单击屏幕右下角向右的箭头进入系统测试计划界面，单击屏幕右下角向右的箭头进入系统提示，对于系统给出的提示直接单击完成即可（图 9. 3. 34~图 9. 3. 36）。

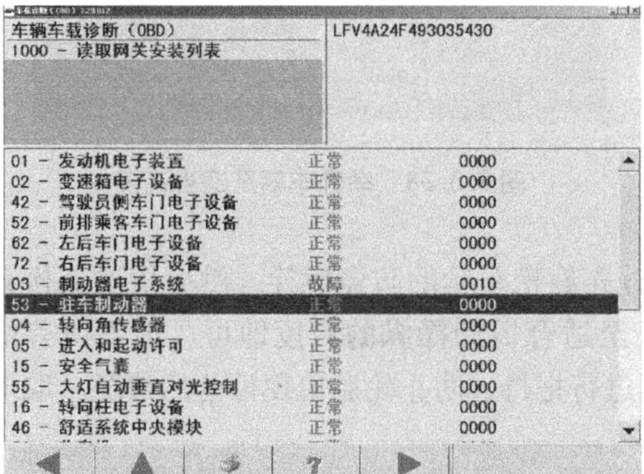

图 9. 3. 34　用 V. A. S 5052 解除后轮驻车制动器锁止（1）

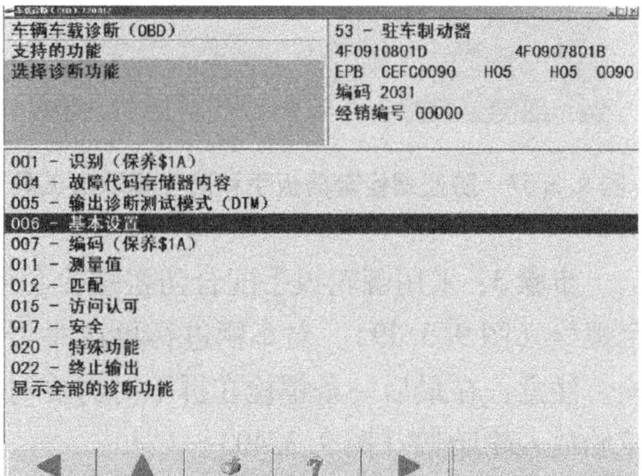

图 9. 3. 35　用 V. A. S 5052 解除后轮驻车制动器锁止（2）

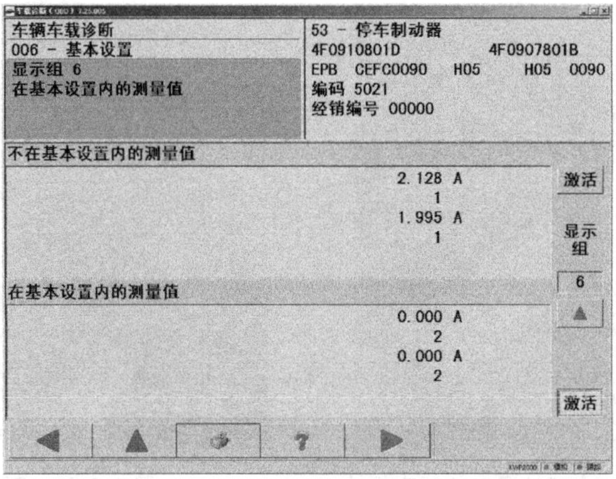

图 9.3.36 用 V.A.S 5052 解除后轮驻车制动器锁止（3）

步骤 2：打开行李舱，取出轮胎防盗螺栓套筒扳手和用轮胎螺栓防尘帽取出工具，关闭行李舱，把车辆向上举升一定高度（图 9.3.37、图 9.3.38）。采用轮胎螺栓防尘帽取出工具，取出防尘帽，将其放在工作盘中。

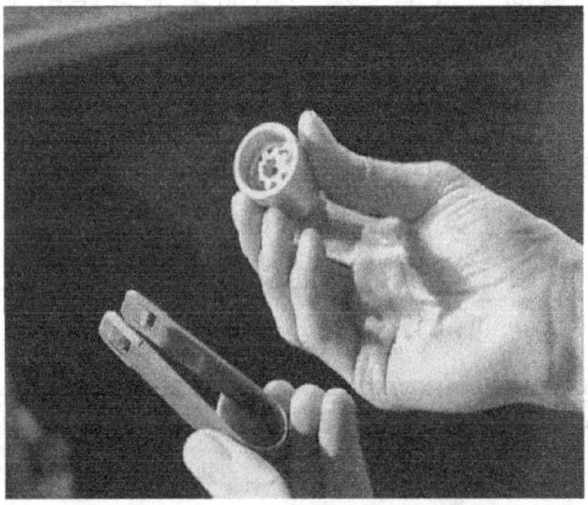

图 9.3.37 防盗螺栓套筒扳手和防尘帽取出工具

图 9.3.38 举升车辆至适当高度

步骤 3：采用棘轮扳手配合防盗螺栓套筒，首先旋松车轮的防盗螺栓，然后依次旋松其余螺栓（图 9.3.39）。对车辆进行再次举升，升至适合拆卸操纵的高度即可。拆下所有螺栓。注意：在最后一条螺栓在拆下时需要对轮胎进行把持，防止轮胎出现掉落的情况。取下轮胎放入轮胎架（图 9.3.40）。

步骤 4：使用扳手拆除制动钳的两条固定螺栓，取下制动钳，将其悬置于制动盘后部，从制动钳保持架上拆除 2 个制动片，取下两个定位弹片，将制动轮缸活塞复位（图 9.3.41～图 9.3.44）。

图 9.3.39　拆卸车轮

图 9.3.40　将轮胎放在轮胎架上

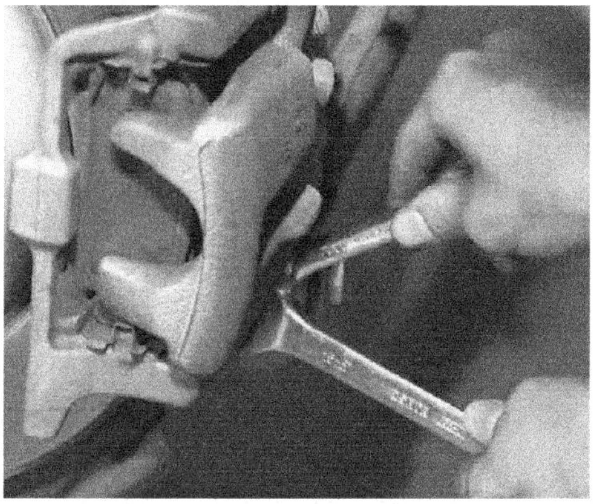

图 9.3.41　拆卸制动钳固定螺栓

图 9.3.42　取下制动钳

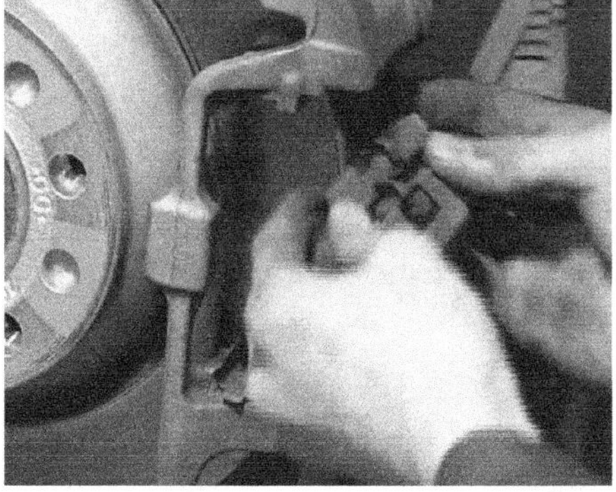

图 9.3.43　拆除制动片，取下定位弹片

图 9.3.44　制动轮缸活塞复位

步骤 5：取出新制动片及定位弹片。安装定位弹片之后将制动片安装到制动钳保持架上，与制动盘贴合并将制动钳安装到位，紧固好 2 个固定螺栓（图 9.3.45~图 9.3.48）。

图 9.3.45　取出新制动片，保存旧制动片

图 9.3.46　安装定位弹片

图 9.3.47　安装新制动片

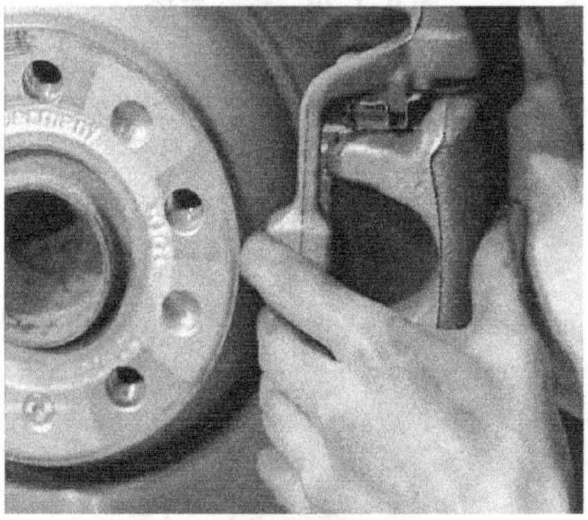

图 9.3.48　安装制动钳

步骤 6：安装轮胎，首先旋入轮胎螺栓并施加一定紧固力矩，降落车体，采用力矩扳手对轮胎螺栓进行最后校紧，紧固力矩为 120N·m，扣好防尘帽（图 9.3.49、图 9.3.50）。放回专用工具，关闭行李舱。

图 9.3.49　拧紧制动钳固定螺栓

图 9.3.50　安装车轮

特别提示：轮胎螺栓紧固力矩为 120N·m。

步骤 7：在 V.A.S 5052 诊断仪上的更改制动摩擦片显示区点击完成，之后系统提示等待制动器关闭，点火开关已关闭单击完成。在停车制动片改变 2 显示区域提示制动器被再次关闭，可以使用，单击完成。测试结束单击完成 ，之后选择退出系统（图 9. 3. 51）。

步骤 8：驻车制动器按钮和仪表板上的制动警告灯均呈现闪烁状态，此时将制动踏板踩到底保持不动并同时按下驻车制动器按钮，操纵完成后驻车制动器按钮和仪表板上的制动警告灯停止闪烁，关闭点火开关（图 9. 3. 52、图 9. 3. 53）。

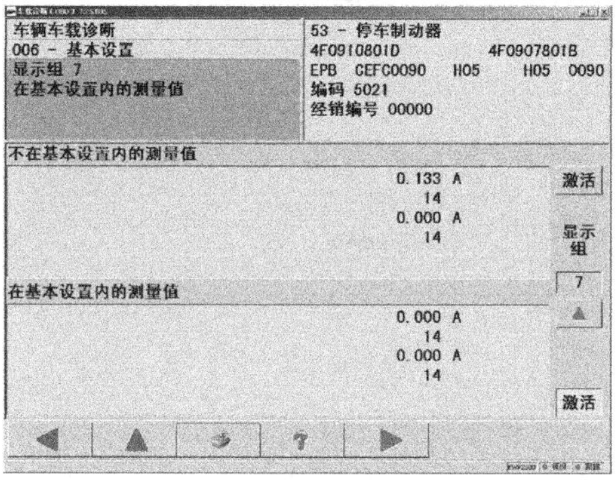

图 9. 3. 51　匹配电子驻车系统（1）

图 9. 3. 52　匹配电子驻车系统（2）

图 9. 3. 53　匹配电子驻车系统（3）

复习思考题

1. 简述火花塞的功用。
2. 列出火花塞使用性能参数。
3. 简述清洗节气门的原因
4. 简答节气门清洗后为什么要进行系统初始化设置？
5. 简答在更换制动蹄片时为什么要对制动轮缸活塞进行复位操作？
6. 简述浮钳盘式制动器工作过程。

10

项目十

汽车 60 000 km 保养

企业工作过程描述

一位老客户，来店要求给车辆做保养，情绪激动，并表示上次保养做完后，车辆出现很多问题，行驶不平顺。服务顾问认真听取客户意见，并马上提出给客户免费检测的服务，平缓客户情绪，耐心与客户分析故障产生的原因，给出建议。当客户情绪稳定后，服务顾问通过与客户沟通，确定本次保养工作的范围和按合同应执行的工作内容。

项目教学目标

① 能根据 60 000 km 保养的任务要求，制订正确的整车保养实施计划。

② 能根据实施计划，选择正确的工具、设备对整车进行更换刹车油、更换冷却液、更换 CVT 齿轮油、更换转向助力油、更换正时皮带作业。

③ 能正确记录、分析各种检查结果。

④ 能叙述转向系统及变速器组成和基本工作原理。

⑤ 能叙述发动机配气机构组成和基本工作原理。

⑥ 能根据环保要求，正确处理对环境和人体有害的废料、液体。

工作任务 10.1　更换制动液

任务目标

① 能说出液压制动系统功能及部件组成。

② 能说出制动液的特性。

③ 能阐述 ABS 的功能和组成。

④ 能够描述 ESP 的功能。

⑤ 能正确完成更换制动液工作。

10.1.1　帕斯卡定律在液压制动系统中的应用

通过液压可以像杠杆和齿轮一样作功，这些系统都可以传输能量。由于能量既不能创造也不能消失，这些系统只能转化能量作功，并不能创造能量。

如图 10.1.1 所示，如果液压泵的活塞面积是 0.01 cm^2 产生的压力是 700 kPa，那么液压系统内部各处的压力都是 700 kPa。如果活塞面积是 0.02 cm^2，那么活塞上产生的力就是 1400 N，但输出行程将成比例减小。采用大活塞可以使液压系统获得机械增益，或增大可用于作功的力。通过液压系统对力的放大倍数与系统中活塞面积之比成正比。

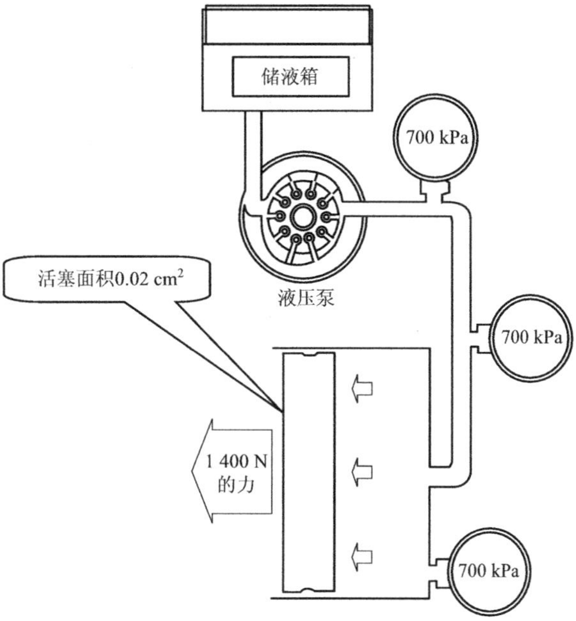

图 10.1.1　液压回路压力等量传递示意图

10.1.2　制动液

按制动液原料不同，汽车制动液分为醇型制动液、矿物油型制动液、合成型制动液三类。其中醇型制动液是由含量为 45%~55% 蓖麻油和低碳醇 55%~45% 调配而成，但因其沸点低，低温时性质不稳定极易产生气阻而不允许使用。

在以轻柴油馏分经深度脱蜡得到的 C12~C19 的异构烷烃和烷烃组分，添加稠化剂和其他添加剂调和而成的矿物油型制动液，能够对系统中的橡胶类元件产生溶解作用，故也较少采用，所以现代汽车上广泛采用合成型制动液，对于合成型制动液按照 DOT（美国交通部）规定分了两类：

① 基于聚乙二醇醚的制动液：DOT 3、DOT 4 和 DOT 5.1（图 10.1.2）；

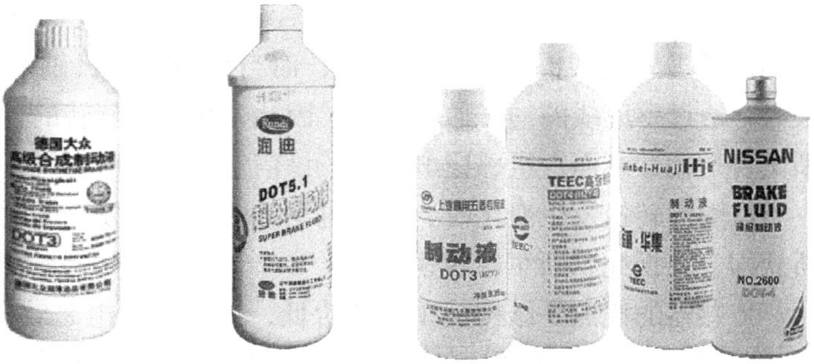

图 10.1.2　合成型制动液

② 基于硅油的制动液：DOT 5。

制动液由聚乙二醇醚及特殊添加剂制成。此外，还使用硅油和以矿物油为基础的特种油作为制动液。

其中基于聚乙二醇醚的制动液应用最广泛，这种制动液吸湿性很强，随着时间的流逝含水量会逐渐增加。制动液通过制动液储液罐的透气孔和制动软管壁吸收空气中的水分。水分达到2%时会导致沸点降低60%~80%。

ABS是在普通制动系统的基础上加装车轮转速传感器、ABS电控单元、ABS液压单元、ABS泵电动机、ABS电子警告灯、制动压力调节装置及制动控制电路等组成（图10.1.3）。

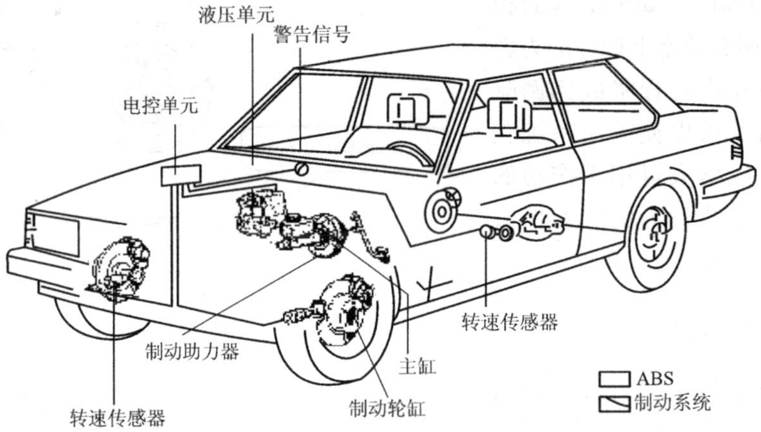

图 10.1.3　ABS 结构示意图

一、传感器

车轮转速传感器（简称轮速传感器）的作用是检测车轮的转速并将速度信号输入ABS的电控单元。轮速传感器的类型主要有电磁感应式和霍耳效应式两种。

1. 电磁感应式

汽车防滑控制系统中都设置有电磁感应式轮速传感器。它可以安装在车轮上，也可以安装在主减速器或变速器中，电磁感应式轮速传感器主要由传感头和齿圈组成，它可以通过磁通量的变化产生感应电动势。

如图10.1.4所示，传感头由永磁体2、感应线圈4、极轴5等组成。极轴同永磁体相连，感应线圈套在极轴的外面。在齿圈旋转的过程中，当齿顶对向极轴时，磁路的磁隙最小，因此磁阻也最小，通过感应线圈的磁通量最大；而当齿槽对向极轴时，磁路的磁隙最大，因此磁阻也最大，通过感应线圈的磁通量最小。因此，在齿圈旋转的过程中，感应线圈内部的磁通量不断交替变化，从而产生感应电动势，该信号通过感应线圈末端的电缆1输入ABS的电控单元。当齿圈的转速发生变化时，感应电动势的频率也发生变化，该变化频率被ABS的电控单元所获知，并据此判断车轮转速。

电磁感应式轮速传感器的优点是结构简单，造价低，但抗外界电磁波的干扰能力较差。输出信号的幅值随转速的变化而变化，在规定转速范围内，其输出信号的幅值一般在1~1.5 V范围内变化。如果车速过慢，其输出信号低于1V，ABS的电控单元将无法检测之，同时响应频率较低。由于在极轴和齿圈之间存在1mm左右的气隙，所以当传感器脏污或变

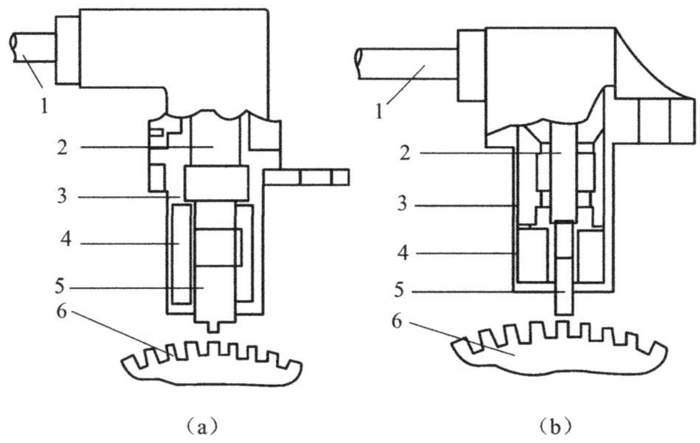

图 10.1.4　电磁感应式轮速传感器结构示意图

(a) 凿式；(b) 柱式

1—电缆；2—永磁体；3—外壳；4—感应线圈；5—极轴；6—齿圈

形后气隙发生变化会造成信号失准。在车速很高的情况下，ABS 电磁式轮速传感器的响应来不及，容易造成假信号。

2. 霍耳效应式

由传感头和齿圈构成。如图 10.1.5 所示，传感头由永磁体 1，霍耳元件 2 和电子电路等构成。齿圈可以收集穿过霍耳元件的永磁体发出的磁力线。

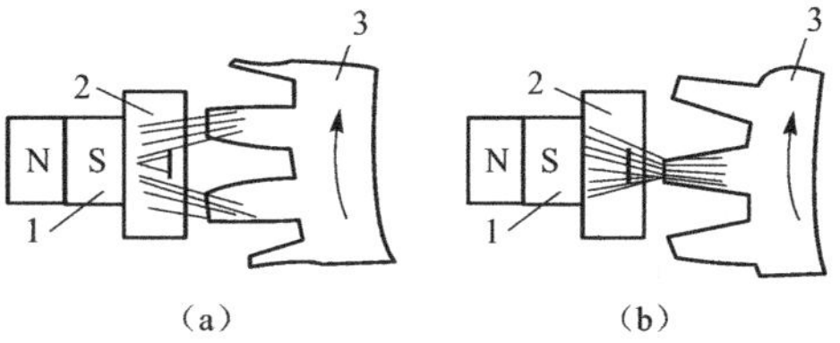

图 10.1.5　霍耳效应式轮速传感器结构示意图

1—永磁体；2—霍耳元件；3—齿圈

其工作原理如下：当齿圈转到图 10.1.5 (a) 所示位置时，穿过霍耳元件的磁力线较分散，磁场相对较弱；而当齿圈转到图 10.1.5 (b) 所示位置时，穿过霍耳元件的磁力线较集中，磁场相对较强。这样，随着齿圈的不断旋转，使得穿过霍耳元件的磁力线的密度不断变化，从而引起霍耳元件中霍耳电压的变化，霍耳元件输出一个毫伏级的准正弦波电压，然后再由电子电路转变成标准的脉冲电压。

二、ABS 电控单元

ABS 电控单元一般由输入级电路、运算电路、输出级（电磁阀控制）电路及安全保护电路等构成。其功能是接收轮速传感器及其他传感器输送的信号，并对这些信号进行测量、比较、分析、放大和判断处理，通过精确计算，获知制动时车轮的滑动率、车轮的加减速度，以判断车轮是否有抱死的趋势，再由输出级（电磁阀控制）电路发出控制命令，控制制动压力调节器去执行压力调节任务。

三、执行元件

ABS 中的执行元件指的是制动压力调节器，其功用是接收来自电控单元的控制指令，控制制动压力的增、减，它是 ABS 的执行器。根据工作原理的不同，压力调节器可分为循环式制动压力调节器和可变容积式制动压力调节器。

ABS 液压单元总成，如图 10.1.6 所示。

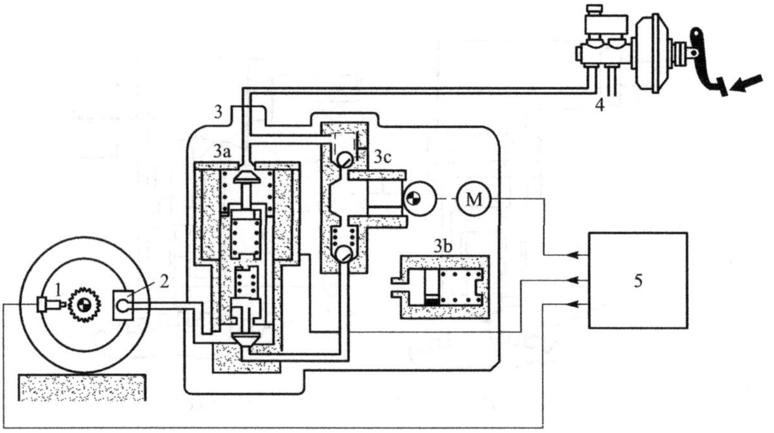

图 10.1.6　ABS 液压单元总成

1—轮速传感器；2—制动轮缸；3—液压总成；3a—电磁阀；3b—储液罐；3c—回流泵；4—制动主缸；5—电控单元

四、ABS 电路

ABS 电路图，如图 10.1.7 所示。

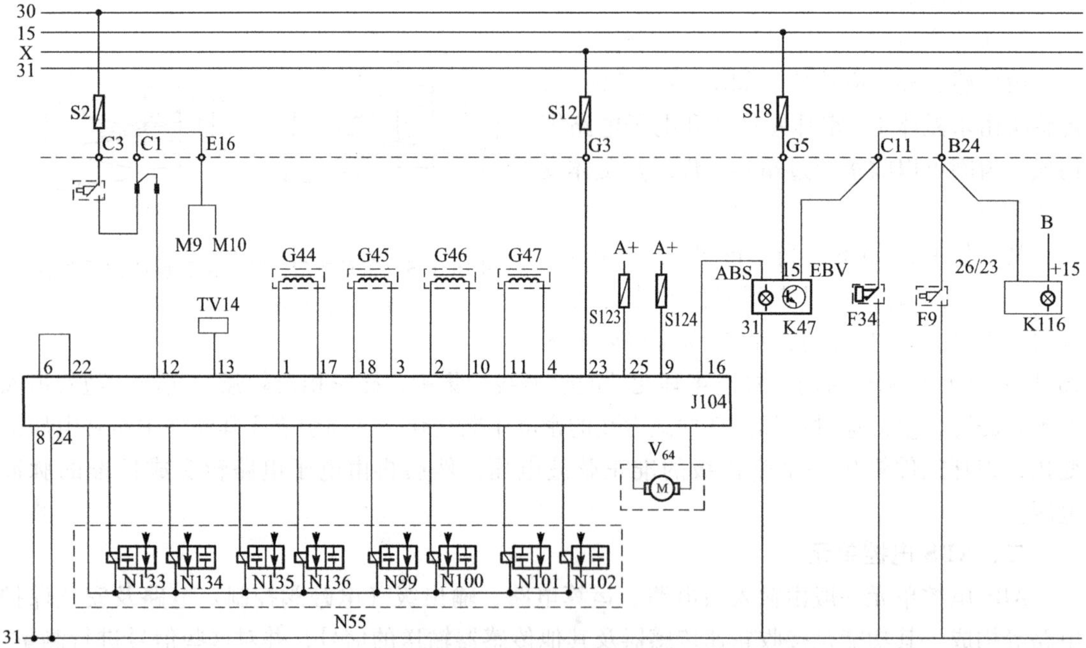

图 10.1.7　ABS 系统电路图

A—蓄电池；B—在仪表内+15；F—制动灯开关；F9—驻车制动指示灯开关；F34—制动液位报警信号开关；G44—右后轮轮速传感器；G45—右前轮轮速传感器；G46—左后轮轮速传感器；G47—左前轮轮速传感器；J104—ABS 及 EBV 的电子控制单元；K47—ABS 警告灯；K116—驻车制动、制动液位警告灯；M9—左制动灯；M10—右制动灯；N55—ABS 及 EBS 的液压单元；N99—ABS 右前进液电磁阀；N100—ABS 右前出液电磁阀；N101—ABS 左前进液电磁阀；N102—ABS 左前出液电磁阀；N133—ABS 右后进液电磁阀；N134—ABS 右后出液电磁阀；N135—ABS 左后进液电磁阀；N136—ABS 左后出液电磁阀；TV14—诊断接口；V64—ABS 电动回液泵；S2—熔断丝 10 A；S12—熔断丝 15 A；S18—熔断丝 10 A；S123—电动回液泵熔断丝 30 A；S124—电磁阀熔断丝 30 A

10.1.3　奥迪 A6L 2.0T 轿车 ESP

一、ESP 的含义

电子稳定程序（Electronic Stability Program，ESP）在其他车型上，相同或相近功用的系统采用了不同的名字。装备 ESP 的车型，将同时具有 TCS（ASR）、EDL、ABS 功能。

二、工作原理及过程

ESP 系统能加强车辆行驶的稳定性（保持行驶路线和行驶方向），对制动系统干预（主动制动）或对发动机控制系统干预，避免出现事故的极限情况的发生，如打滑。将侧面碰撞的风险降低到最小。

ESP 系统在工作过程中首先要做以下工作。

1. 感知驾驶员操纵意图

ECU 实时监测如方向盘位置、车轮转速、节气门位置、制动压力，来识别驾驶员驾驶意图。

2. 分析车辆动作

ESP 通过以下信息分析车辆的动作，如车身的横摆率、车辆的侧向力。

3. 控制和执行

电控单元计算所需要的数据来实施控制液压单元快速建立制动压力，对每个车轮单独制动（主动制动）。另外，ESP 通过与发动机管理系统的连接可以降低发动机扭矩。

ESP 工作控制图，如图 10.1.8 所示。

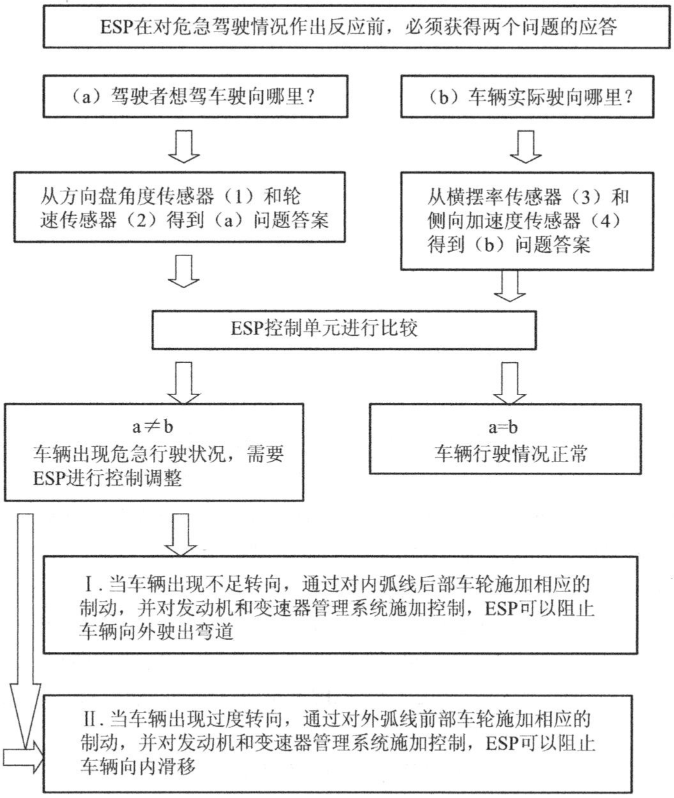

图 10.1.8　ESP 工作控制图

EPS 系统结构简图，如图 10.1.9 所示。

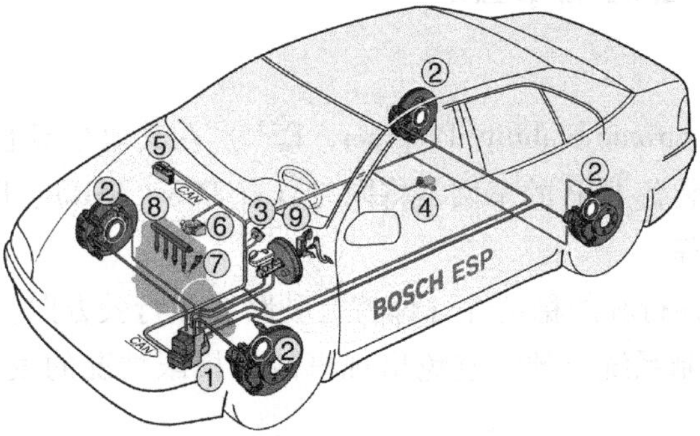

图 10.1.9 ESP 系统结构简图

1—液压控制单元带电控单元和压力传感器；2—车轮转速传感器；3—转向角度传感器；4—横摆率和横向加速度传感器；5—发动机控制单元带电控单元；6—节气门控制；7—喷油阀；8—点火单元；9—油门踏板传感器

ESP 系统电路图，如图 10.1.10 所示。

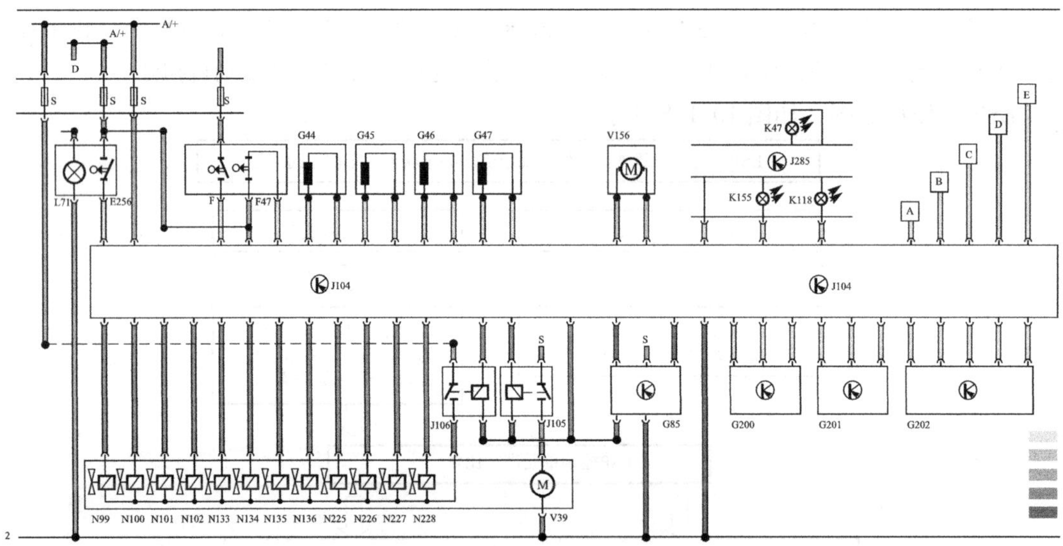

图 10.1.10 ESP 系统电路图

A/+—正极开关；D—点火开关 E256；ASR/ESP—按键；F—制动灯开关；F47—制动踏板开关；G44—右后轮转速传感器；G45—右前轮转速传感器；G46—左后轮转速传感器；G47—左前轮转速传感器；G85—转向角传感器；G200—横向加速度传感器；G201—制动压力传感器；G202—偏转率传感器，在左前脚坑内，舒适系统中央控制系统前；J104—带 EDS/ASR/ESP 的 ABS 控制单元，在右前脚坑内，车身前板上；J105—ABS 回液泵继电器，在发动机舱左前部的控制单元壳体内；J106—ABS 电磁阀继电器，在发动机舱左前部的控制单元壳体内；J285—组合仪表内带显示屏的控制单元；K47—ABS 指示灯；K118—制动装置指示灯；K155—ASR/ESP 指示灯；N99—右前 ABS 进液阀；N100—右前 ABS 出液阀；N101—左前 ABS 进液阀；N102—左前 ABS 出液阀；N133—右后 ABS 进液阀；N134—左后 ABS 进液阀；N135—右后 ABS 出液阀；N136—左后 ABS 出液阀；N225—行驶动态调节分配阀 - 1 -；N226—行驶动态调节分配阀 - 2 -；N227—行驶动态调节高压阀 - 1 -；N228—行驶动态调节高压阀 - 2 -；S—熔断器；V39—ABS 回液阀；V156—行驶动态调节液压泵；A—手制动器指示灯连接；B—导航系统（仅指有导航系统的车）；C—发动机管理系统；D—变速器管理系统（仅指自动变速器车）；E—自诊断线

10.1.4　操作步骤

步骤 1：打开车辆发动机舱盖，安装好翼子板护具，打开制动液储液罐，将专用工具 V. A. S 5234 的专用接头连接至储液罐口，并将加注油管连接到接头上（图 10.1.11）。

图 10.1.11　连接专用工具 V. A. S 5234 至储液罐口

步骤 2：打开 2 瓶大众专用的制动液，加注至 V. A. S 5234 的储液罐内，加注量为 2L（图 10.1.12、图 10.1.13）。

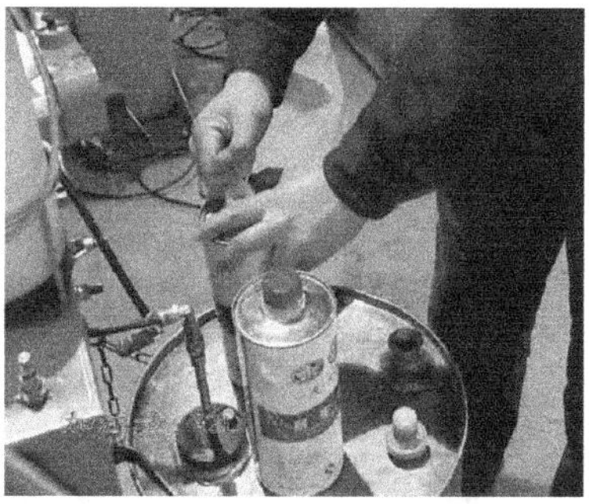

图 10.1.12　打开大众专用制动液

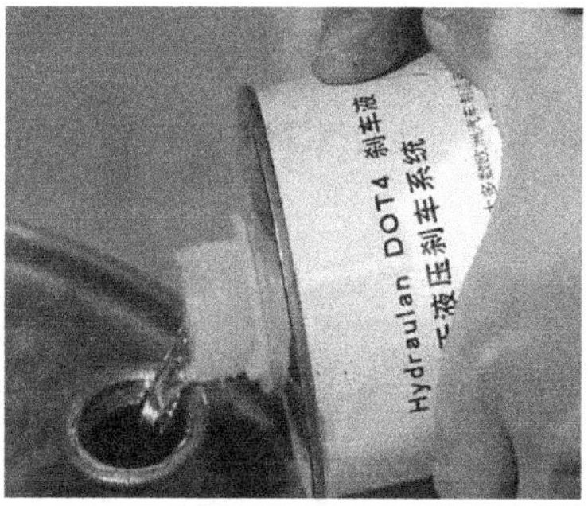

图 10.1.13　加注制动液至 V. A. S 5234

特别提示：制动液有一定毒性、腐蚀性、较强的吸湿性，在操作时发生倾泻后要采用大量清水进行清洗，做好密封并干燥储存。

步骤 3：调整举升机支臂到车身底部支点处，正确举升车辆，并做好锁止（图 10.1.14）。

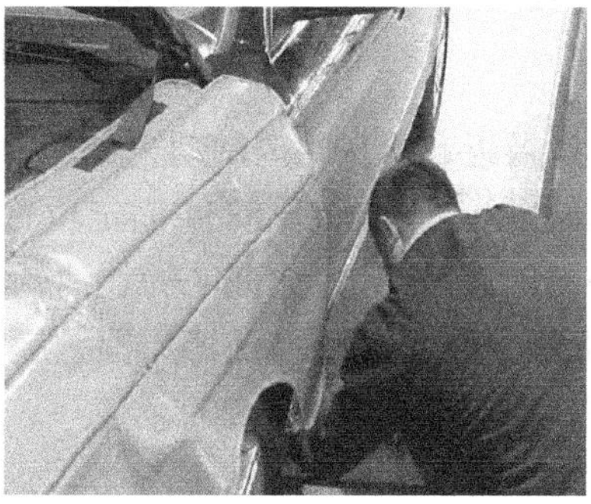

图 10.1.14　调整举升机支臂支点

特别提示：支臂与车辆接触后要查看支撑位置正确再继续举升。

步骤4：将压缩空气源接至V. A. S 5234的空气接口处，打开加注阀，将制动液收集瓶悬挂至右后轮处，打开制动轮缸的排气螺栓的防尘帽。先用11 mm扳手旋松排气螺栓，连接好制动液收集瓶排气软管，继续旋松并打开排气螺栓，观察制动液收集瓶排气软管中的油流情况，直到排出的制动液中无气泡，关闭排气螺栓，拆下排气软管（约200 mL制动液）。拧紧排气螺栓，检查排气螺栓的紧固情况后安装好排气螺栓的防尘帽（图10.1.15～图10.1.18）。其他车轮重复此操纵。

图10.1.15 连接气源至V. A. S 5234接口

图10.1.16 打开加注阀

图10.1.17 旋松排气螺栓

图10.1.18 连接收集瓶排气软管，并完全打开排气螺栓

特别提示：排气顺序是由远及近，要从距离制动主缸较远的制动轮缸开始。

步骤5：操作完毕将储液罐放置于V. A. S 5234固定位置，拆下V. A. S 5234压缩空气源。安全落放车辆，采用干净的毛巾对V. A. S 5234的加油软管进行包裹然后拆卸。用同样方法拆卸V. A. S 5234的连接器，清洁制动液储液罐周围，旋紧储液罐密封盖。拆除翼子板保护罩，关闭发动机舱盖（图10.1.19～图10.1.23）。

图 10.1.19　将收集瓶放至 V.A.S 5234 指定位置

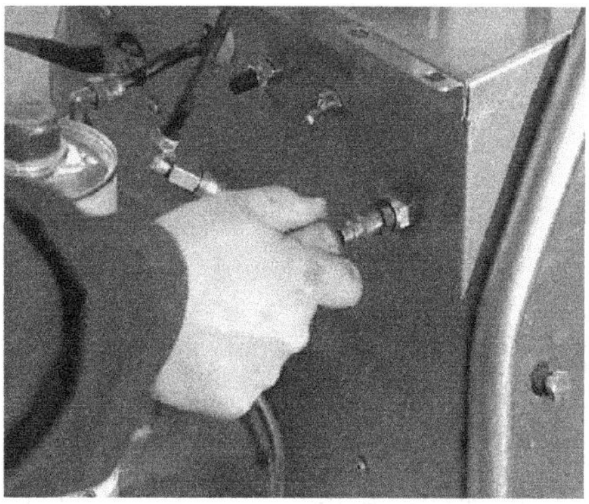

图 10.1.20　拔下气源

图 10.1.21　降车

图 10.1.22　收回支臂

图 10.1.23　擦拭制动液储液罐加注口

工作任务 10.2　更换冷却液

任务目标

① 能阐述发动机冷却系统的作用和工作原理。

② 能阐述冷却液的成分及使用特性。

③ 能向客户解释冷却液缺失及变质给发动机带来的不良影响。

④ 能完成更换冷却液的工作。

水冷却系统具有冷却可靠、布置紧凑、噪声小、使用方便等优点，在汽车发动机上应用较为广泛。水冷却系统主要由水箱、风扇、水泵、水管、水套、节温器和水温监测、控制装置等组成（图 10.2.1）。

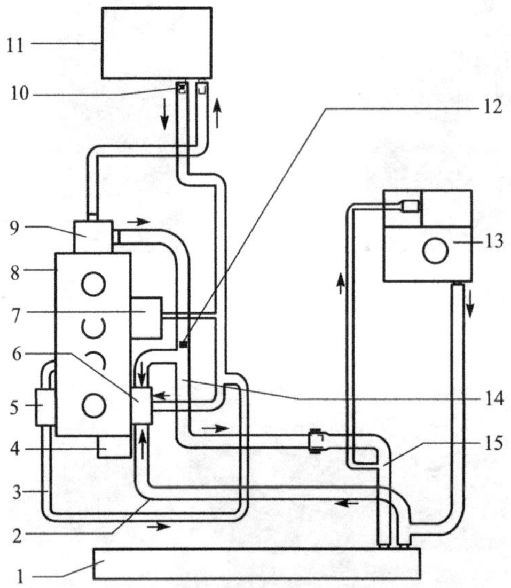

图 10.2.1　冷却系统示意图

1—散热器；2，14，15—水管；3—涡轮增压器回水管；4—水泵；5—涡轮增压器；6—节温器；7—机油冷却器；8—缸盖/缸体；9—冷却液管；10—排气孔；11—热交换器；12—放气螺栓；13—膨胀罐

目前，汽车发动机上广泛采用的是水冷系统。水冷系统一般都由水泵强制给水（或冷却液）在冷却系中进行循环流动的，故称为强制循环式水冷系统。水冷发动机的汽缸盖和汽缸体中都铸造出储水的、连通的夹层空间，称为水套。其作用是让水接近受热的高温零件，并可在其中循环流动。水泵将冷却液由机外吸入并加压，使之经分水管流入发动机缸体水套。这样，冷却液从汽缸壁吸收热量，温度升高；流到汽缸盖水套，再次受热升温后，沿

水管进入散热器内。经风扇的强力抽吸，空气流由前向后高速通过散热器。最终使受热后的冷却水在流经散热器的过程中，其热量不断地通过散热器散发到大气中去，同时使冷却液本身得到冷却。冷却后的冷却液流到散热器的底部后，又在水泵的加压下，经水管再压入水套，如此不断地循环，从而使得发动机在高温条件下工作的零件不断地得到冷却，保证发动机的正常工作。冷却系中设有调节温度的装置，是为了保证发动机在不同的负荷和转速条件下，经常在最适宜的温度范围内工作，如百叶窗和节温器等。

汽车冷却系统常用的软管夹箍，如图10.2.2所示。

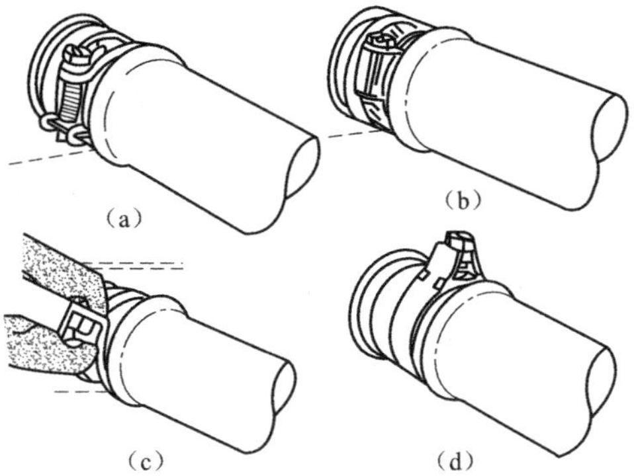

图10.2.2　常用的软管夹箍

(a) 双线式；(b) 螺纹绞紧式；(c) 弹簧式；(d) 有螺旋柱式

操作步骤

步骤1：打开发动机机舱盖，安放好翼子板保护罩，打开冷却液补偿罐密封盖（图10.2.3、图10.2.4）。

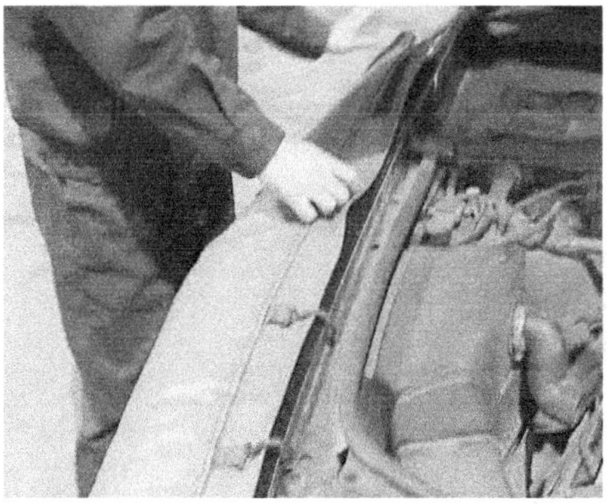

图10.2.3　安装护具

图10.2.4　打开冷却液储液罐盖子

特别提示：防止对车体的划伤。

步骤2：调整举升机支臂到车身指定位置，车辆进行安全举升（图10.2.5、图10.2.6）。

图 10.2.5 调整举升机支点

图 10.2.6 举升车辆

步骤 3：拆下前护板，将旧油收集车推至发动机底部防冻液排放口下部，打开排放螺塞进行冷却液的排放，等待防冻液停止流动时重新旋紧排放螺塞（图 10.2.7～图 10.2.9）。

图 10.2.7 拆卸底护板

图 10.2.8 将收集车推至放液口正下方

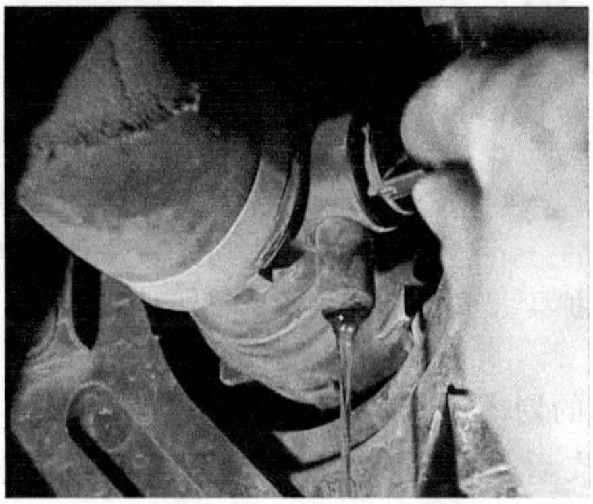

图 10.2.9 打开放液口

特别提示：排放阀门要旋紧，防止渗漏。

步骤 4：降落车辆至地面，用 T10007 观察配对比好的防冻液，之后进行加注，当冷却液补偿罐里的冷却液加满时，用 10 mm 套筒扳手打开冷却水管上的排气口（图 10.2.10~图 10.2.13）。

图 10.2.10　落车

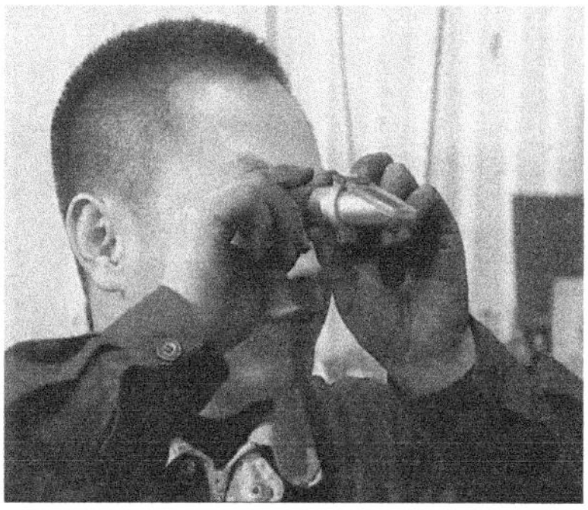

图 10.2.11　用 T10007 观察配比好的防冻液

图 10.2.12　加注新的冷却液

图 10.2.13　打开冷却水管上的排气口

特别提示：注意冷却水管上的排气螺钉的密封垫不要丢失。

步骤 5：将 VAGA1274 专用接头连接至冷却液补偿罐的进口处，之后连接 VAGA1274，上下抽动手柄，当冷却水管上的排气孔有冷却液呈柱状向外流淌时拧紧排气螺钉。拆下冷却液补偿罐上的专用工具，拧紧冷却液补偿罐密封盖，观察冷却液液面高度应在上下限之间的正确位置（图 10.2.14~图 10.2.20）。

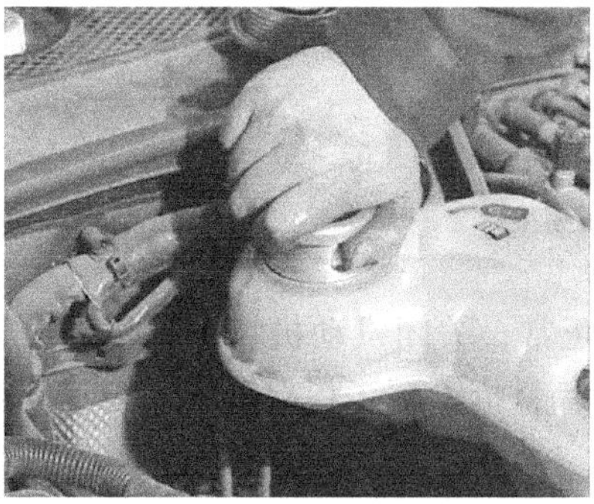

图 10.2.14　将 VAGA1274 专用接头连接至冷却液储液罐

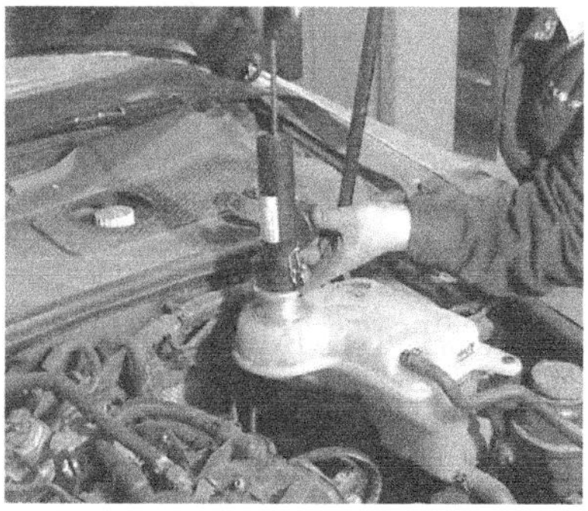

图 10.2.15　抽动手柄数次

图 10.2.16　观察排气孔状态

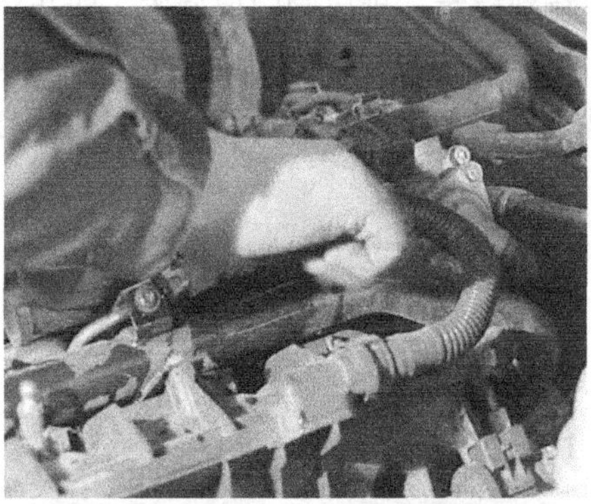

图 10.2.17　拧紧排气螺钉

图 10.2.18　取下 VAGA1274

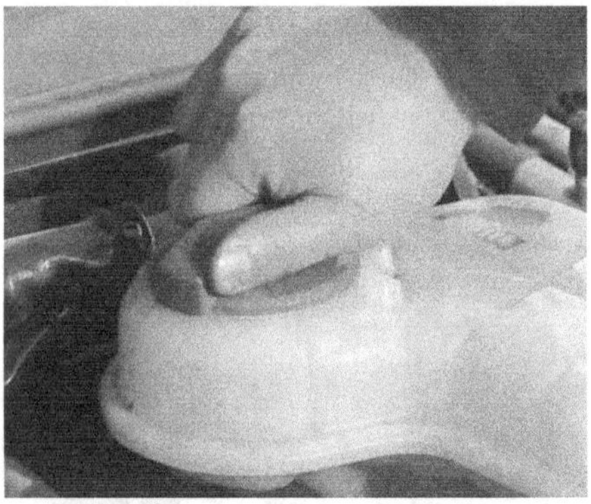

图 10.2.19　拧紧储液罐盖子

图 10.2.20　观察液面高度

步骤 6：启动发动机观察冷却液温度和风扇运转正常，关闭发动机将车辆举升至适合操作的高度，检查防冻液有无泄漏。安装护板，降下车辆，拆除翼子板保护罩，关闭发动机舱盖（图 10.2.21~图 10.2.25）。

图 10.2.21　启动发动机

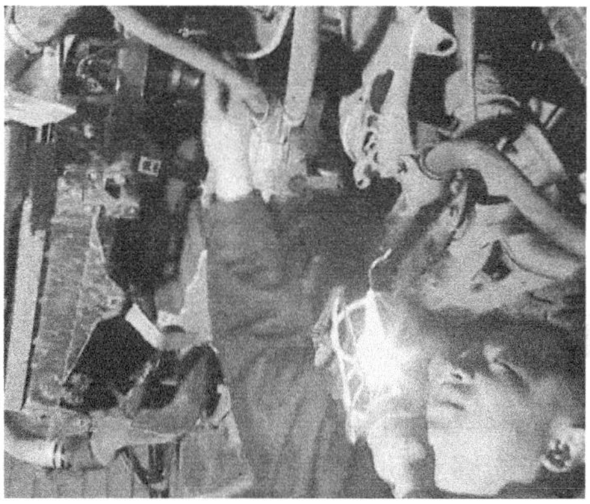

图 10.2.22　检查防冻液有无泄漏

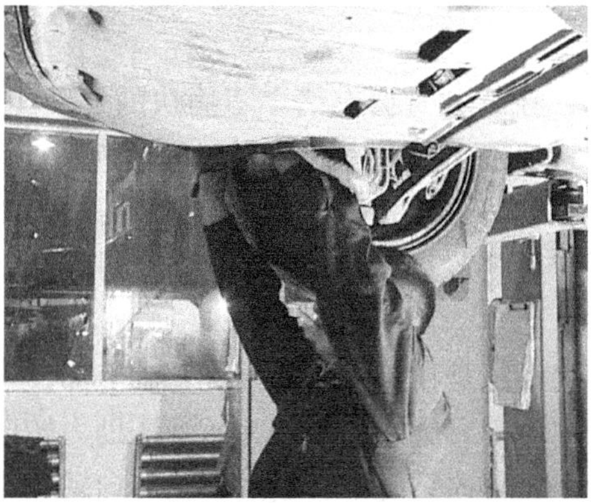

图 10.2.23　安装底护板

图 10.2.24　降车

图 10.2.25　取下护具，关闭发动机舱盖

工作任务 10.3 更换助力转向油

任务目标

① 能够说出动力转向系统的功用及原理。
② 能够对动力转向系统泄漏情况进行检查。
③ 能够完成助力转向油的更换工作。

10.3.1 采用动力转向系统的意义

一、动力转向系统的优越性

对于早先采用纯粹机械式转向系统的车辆而言，在驾驶时会有诸多不愉快的驾驶经历，如方向沉重增加驾驶疲劳，由可逆式转向器传来的震动过大，高速行驶时方向不稳等。而动力转向系兼用驾驶员体力和发动机动力作为转向能源，减小驾驶员转动方向盘所需的力，可以降低驾驶员长期驾驶汽车的疲劳，并使汽车在低速行驶尤其是停车时使转向变得轻便。

二、动力转向系统的发展趋势

助力可通过液压或电气方式产生。液压动力转向系统是在机械转向系统基础上加设一套转向加力装置而成的，该系统应能减少驾驶者在转向时需要施加的作用力。液压助力转向系统用于齿轮齿条式或循环球式转向系统。在齿轮齿条式转向系统中，通过转动转向轴和小齿轮使齿轮齿条朝与行驶方向交叉的方向移动。这一运动从齿轮齿条传递到分段的转向横位杆上。在助力转向系统中，机械转向器配有一个能够提供液压支持的液压装置。控制阀在转向时并根据在各车轮上的反作用力把加压油输送到工作缸的相应侧。由此产生的力支持方向盘上的转向运动。机械转向器确保即使在液压助力装置失灵时也使车辆保持转向性能。

电控动力转向是在低速时尤其是停车时使转向更为容易，但在车速较高时，为了获得较好的路感，希望作用在方向盘上的转向力较大。电控动力转向系统兼顾了这两点好处，这些系统的液压助力会随着车速的提高而逐渐减小。这样，系统在车速低时只需要 4.4N 的转向力便足够了，而在车速较高时则需要 13.2N 的转向力。可变助力动力转向系统提供与车速相匹配的转向力，使驾驶员在高速行驶时获得更好的路感。

10.3.2 转向系统角传动比

方向盘的转角与同侧转向车轮偏转角的比值，称为转向系统角传动比，用 i_w 表示。转向系统角传动比 i_w 是转向器的角传动比 i_1 与转向传动机构的角传动比 i_2 的乘积。

转向器的角传动比 i_1 等于方向盘与转向摇臂摆角之比；转向传动机构的角传动比 i_2 等于转向摇臂摆角与安装在方向盘同侧的转向车轮偏转角之比。显然三者之间的关系为如下：

$$i_w = i_1 \cdot i_2$$

现代汽车结构中，转向传动机构角传动比 i_2 近似为 1（一般为 0.85～1.1），故 $i_w \approx i_1$。可见转向角传动比 i_w 主要取决于转向器角传动比 i_1。货车的 i_1 一般为 16～32，轿车的 i_1 一般为 12～20。

转向角传动比 i_w 影响汽车的操纵轻便性和转向灵敏性。i_w 越大，操纵方向盘的转向力矩便越小。当方向盘直径一定时，驾驶员施加于方向盘上的力就越小，即转向操纵越轻便。但是 i_w 不能过大，否则将导致转向操纵不够灵敏，即为了得到一定的转向轮偏转角，需增加方向盘的转动量。因此，在选取 i_w 时，应适当兼顾转向操纵轻便和转向灵敏两个方面的要求。

10.3.3　转向助力油

在冷态和热态时都可以检查动力转向油液，液位会随着温度而变化，要想准确检查液位，应在发动机暖机后进行。通常在储油罐盖上的油尺背面刻有冷态和热态时的液位标记，一定要从油尺正面检查液位。如果需要向储油罐补充油液，应使液面达到要求高度。大部分制造商都推荐使用专用的动力转向液，也有一些制造商允许用自动变速器油（ATF）来代替。一定要查阅维修手册或车主手册，确定合适的油液。液压式助力转向使用的油液与自动变速器油液相同（图 10.3.1）。

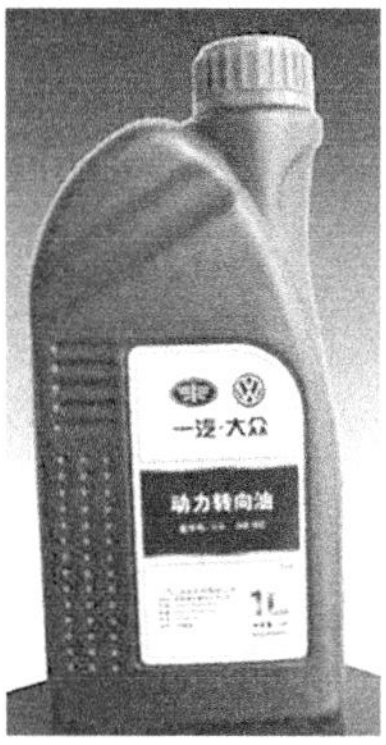

图 10.3.1　转向助力油

10.3.4　奥迪 A4L 动态转向系统

奥迪 A4L 08 是奥迪车中第一个使用动态转向系统的。使用这种转向系统就解决了恒定转向传动比的折中问题。根据车速和方向盘的转角就可实现最佳转向传动比。无论是在驻车、在多弯道的乡间公路行车还是在高速公路上高速行车，动态转向系统都能提供最合适的转向传动比（图 10.3.2）。

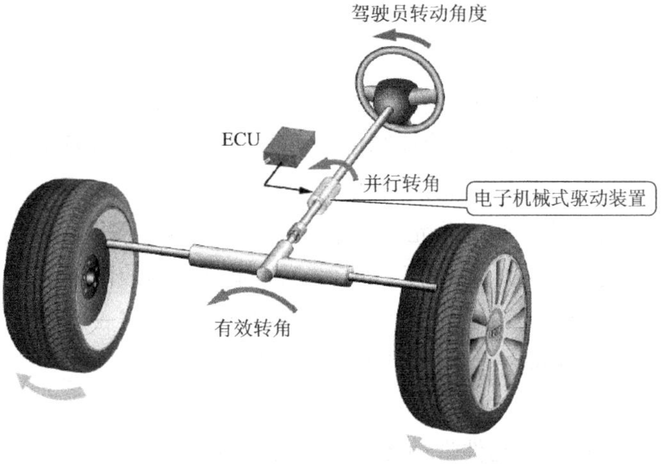

图 10.3.2　动态转向系统图（1）

一、基本结构和基本功能

转向系统内集成了一个并行的（叠加的）转向机（执行元件）。方向盘和前桥之间的机械式耦合器总是通过这个并行的转向机来保持接合。在系统出现严重故障时，这个并行转向机的电动机轴就被锁住了，这样可避免功能失误。控制单元可以计算出转向角应该增大还是应该减小。这个控制单元会操纵一个电动机，这个电动机会驱动并行转向机来工作（图10.3.3）。车轮总转向角是这个并行转角与驾驶员在方向盘上施加的转角之和。并行转角可以通过驾驶员施加的转角而增大，通过驾驶员施加的转角而减小，在驾驶员未操纵方向盘时就能实现转角。

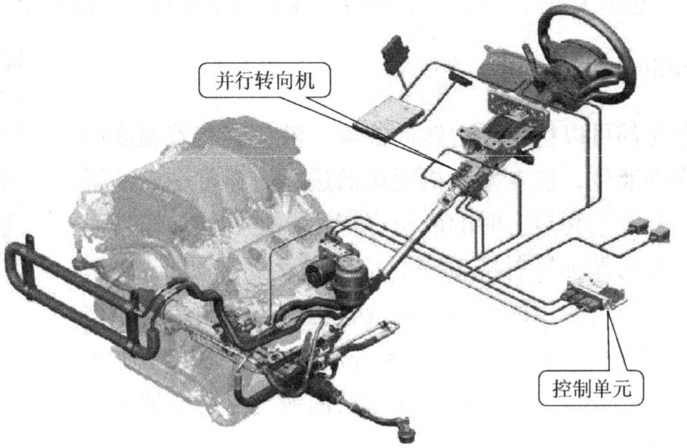

图 10.3.3　动态转向系统图（2）

二、系统元件

1. 控制单元

主动转向系统控制单元 J792 位于驾驶员脚坑处的座椅横梁前。它的功能可分成两个。

① 基本功能。该控制单元用于计算出并行转角，以便实现可变转向传动比。一般是根据车速和驾驶员所实施的转角来确定的。只要系统无故障，这个调节过程就一直在进行着。

② 辅助功能。具有稳定作用的介入。

ESP 控制单元通过稳定功能来计算出动态行驶时所期望的转向角校正值。这些校正值通过组合仪表—底盘 CAN 总线被传送给控制单元 J792。控制单元 J792 将相应的校正值加到计算出的并行转角中，于是作用到车轮上的就是经过了校正的转向角了。

有一个安全系统用于监控控制单元的这个校正功能，这个安全系统可以判断出有可能导致执行元件误动（可能影响安全）的所有故障。具体会根据故障情况来采取相应措施，从而关闭部分功能直至完全关闭系统。该控制单元不参与 15 号线—CAN 总线延时。该控制单元通过一个集成的温度传感器来监控，切断极限值为 100 ℃。

2. 执行元件

转向角的校正是通过执行元件带动转向主动齿轮转动而实现的。这个执行元件由一个轴齿轮构成，这个轴齿轮用电动机来驱动。这套齿轮装置尤其适用于将较快的转动（如电动机）转换成很慢的转动。基本原理：两个齿数不同的齿轮彼此啮合，在装备了动态转向系统时，由电动机直接驱动的齿轮有 100 个齿，输出齿轮是 102 个齿。在动态转向系统上，与方向盘直接相连的转向轴也与转向主动齿轮相连。这个连接是通过齿轮来实现的。杯形件与转向轴上部（它也直接与方向盘相连）通过花键实现无间隙连接。这个杯形件外形像个盆，壁薄而有弹性。这个壁上装备有 100 个齿的外齿，与之配对使用的是一个内齿圈，齿数为 102 个。这个齿圈与转向轴下部相连，从而也就与转向主动齿轮刚性连接。如果驾驶员转动了方向盘，那么杯形件与齿圈就像轴与轮毂那样运动了，转动动作就传递下去。这个工作模式与普通转向器是一样的（图 10.3.4）。

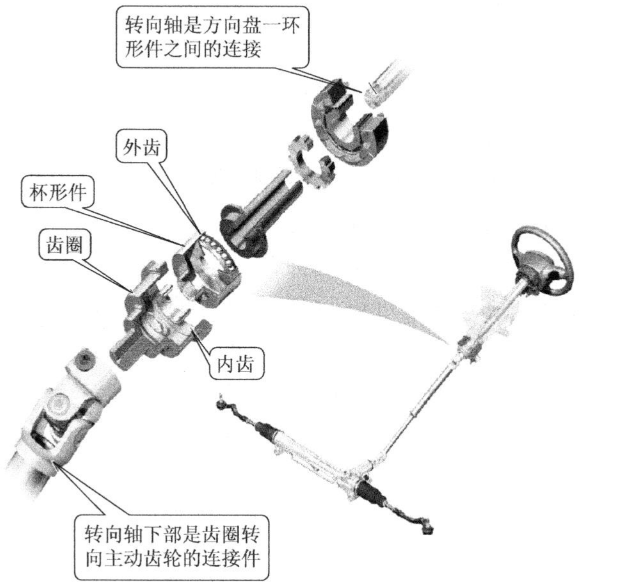

图 10.3.4 执行元件示意图（1）

转向轴上部装有一根空心轴，这个空心轴独立地在执行元件壳体内转动。这个空心轴由一个电动机直接驱动。因此，电动机的转子在一侧与空心轴连接在一起。轴承外圈是弹性钢圈，轴承内圈的离心外形可以传递到外圈上。杯形件通过较松的过盈配合装在轴承外圈上。杯形件的弹性壁也会跟随轴承的离心外形进行变形。由于具有离心，所以杯形件的外齿并不是在整个圆周上都与齿圈的传统（圆的）内齿相啮合的（图 10.3.5）。

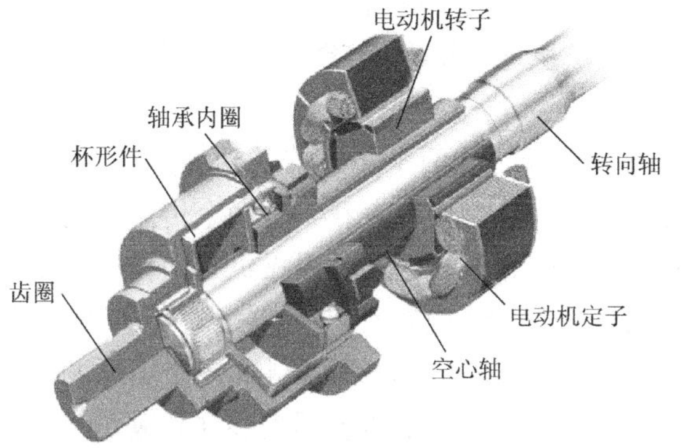

图 10.3.5 执行元件示意图（2）

如果电动机工作了，那么空心轴就被驱动起来了，滚动轴承内圈就在转动。于是，离心形状就随着这个转动而转动。由于杯形件的齿数与齿圈齿数是不同的，那么在啮合时，杯形件的一个齿就无法精确地与齿圈上的齿槽啮合。杯形件的齿在侧面是呈错开状压到齿圈的齿侧上的。于是齿侧上就作用有一个力，这会导致齿圈产生一个极小的转动。在电动机工作时，由于离心率的“转动”，所有的齿在整个圆周上都会暂时出现这种错开啮合现象。于是齿圈就会连续转动，那么与之相连的转向主动齿轮也在转动。车轮的转动就会发生变化。这个过程可实现电动机转速-转向转动齿轮之间约为 50 ∶1 的减速比。

3. 电动机

电动机采用三相交流电压来工作。因此在固定不动的线圈周围建立了可转动的磁场。这个交变磁场的力作用在空心轴上转子的永久磁铁上，转子就会转动。电动机这种构造形式的主要优点是反应快。对于起稳定作用的转向介入来说，针对控制状况的变化而能做出快速反应是必须的。定子由 6 个线圈组构成。线圈布置在执行元件壳体内，由控制单元来进行触发控制。屏蔽线插在执行元件壳体上。

4. 动态转向锁

为了能在系统失灵时保证系统回到原来的状态，可以通过机械方式将动态转向锁锁止。在正常工作状态下，只要内燃机已经关闭了，这个锁就已经锁止了。发动机启动就会将动态转向系统开锁，这时可以听到开锁时的一声“喀哒”噪声。锁止是通过一块电磁铁来完成的，这个电磁铁用螺栓拧在齿轮箱的壳体上（图 10.3.6）。

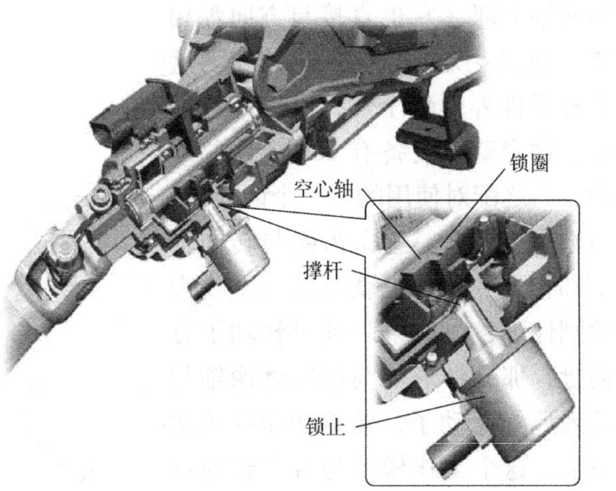

图 10.3.6　动态转向锁

5. 传感器

（1）电动机位置传感器

空心轴的位置和轴承的离心由一个电动机位置传感器来感知。这个传感器就是空心轴上的磁圈。这个磁圈由 8 个电极组成。其磁场由一个传感器来感知，这个传感器带有 3 个霍耳元件。电动机每转 15°（相当于方向盘转 3°），就产生一个信号，该信号经单独的导线被送往控制单元 J792。在关闭点火开关时，控制单元 J792 内会存储当前的位置信息。

（2）基准传感器

方向盘每转一圈或者执行元件输出轴每转一圈，基准传感器就输出一个信号。这个信号用于评定转向器的中间位置以及修复故障后的初始化。它使用的是磁性预紧的霍耳传感器。基准传感器和电动机位置传感器共同装在一个壳体内。输出侧齿圈外面的一个缺口就作为传感器用。这个缺口在基准传感器的霍耳传感器上产生一个矩形信号。

（3）ESP 传感器 G419 和 ESP 传感器 2-G536

装备有动态转向系统的车上使用 2 个 ESP 传感器。这两个传感器的功能结构是相同的，功能正常时传递的都是相同的偏摆率和横向加速度信号。从外表看，这两个传感器的区别在于插头的不同。这种双传感器结构设计是为了防止误操纵的，这种误操纵是由传感器信号而引起的。这两个传感器信号采用同一个信号曲线来校验。这两个传感器通过传感器 CAN 总线来与 ESP 控制单元及主动转向系统控制单元 J792 相连接。ESP 控制单元使用这两个传感器信号来计算所需要的并行转向角，以便去稳定车辆。这两个传感器安装在驾驶员座椅下。

（4）转向角度传感器

一个必不可少的输入信号就是当前的转向角了。计算所需要的并行转向角以便来实现可变转向比要用到转向角信号，计算所需要的并行转向角以便使车辆稳定也要用到转向角信号。因此，转向角信号就由两个控制单元 J104 和 J792 来读取。转向角传感器设计成冗余结构。传感器测得的值被送到组合仪表—底盘 CAN 总线上。

10.3.5　操作步骤

步骤 1：打开发动机机舱盖，安装好翼子板保护罩，调整好举升机支臂至车身支点处，打开转向助力储液罐，正确举升车辆（图 10.3.7、图 10.3.8）。

图 10.3.7　打开转向助力油储液罐盖

图 10.3.8　举升车辆

特别提示：举升机支臂与车身支点要可靠定位，举升后将举升机锁止。

步骤 2：拆下前护板及车轮导流板，将废油收集器放置于转向助力油冷却管的下方，拆下卡子，拔下转向助力油冷却管，对转向助力油进行泄放。待助力油停止流淌后，用 VAG 1275 专用工具夹紧转向助力油冷却管卡子（图 10.3.9~图 10.3.12）。

图 10.3.9　拆卸底护板

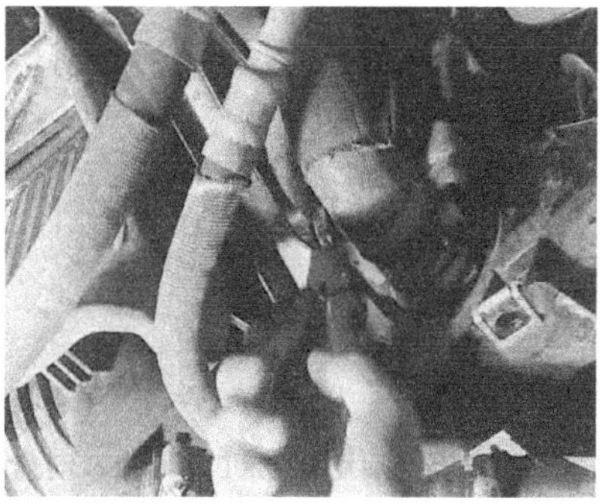

图 10.3.10　拆下油管卡子

图 10.3.11　放油

图 10.3.12　夹紧转向助力油冷却管卡子

特别提示：转向助力油冷却软管拆卸后会有助力油流出，要防止迸溅。

步骤 3：安全降下车辆，向转向助力液罐中加注转向助力油。短暂启动发动机，然后关闭发动机。观察转向助力油油面高度，如果未达到油尺标准液面高度则继续添加转向助力油，重复以上过程直至油面高度保持稳定（图 10. 3. 13~图 10. 3. 16）。

图 10. 3. 13　降车

图 10. 3. 14　加注新油

图 10. 3. 15　启动发动机、转动方向盘

图 10. 3. 16　加油

特别提示：加注可以进行油面检查，保持一定液面高度，防止液面过低有空气进入及加注过量而造成油液溢出污染，发动机启动时间不要超过 2 s。

步骤 4：再次启动发动机，左右旋转方向盘 3~4 次，关闭发动机，再次检查油面高度，应达到油尺上限和下限之间的标准区域，拧紧转向助力油密封罐；再次升起汽车，检查转向助力油管的密封情况应无渗漏，安装底护板，车轮导流板，降落汽车（图 10. 3. 17~图 10. 3. 25）。

图 10. 3. 17　再次启动发动机

图 10. 3. 18　转动方向盘数次

图 10. 3. 19　车轮摆正

图 10. 3. 20　取出油尺，并擦拭

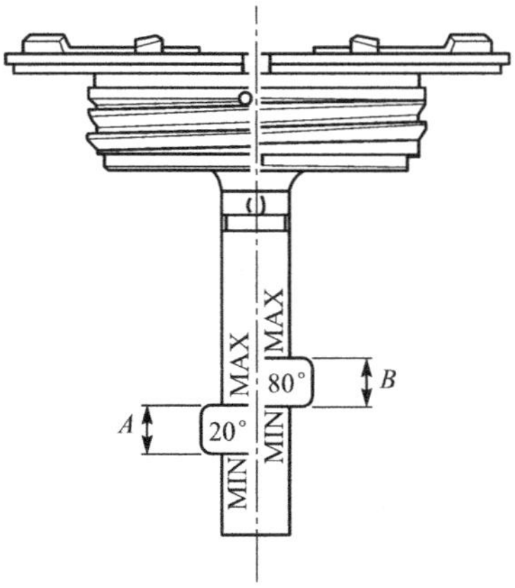

图 10. 3. 21　油尺标识

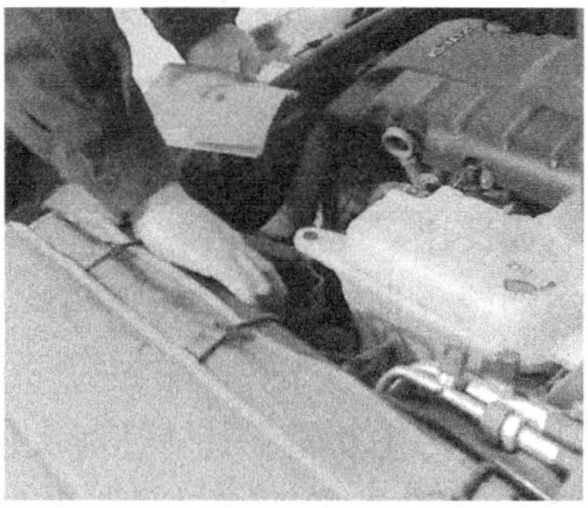

图 10. 3. 22　拧紧转向助力油尺盖

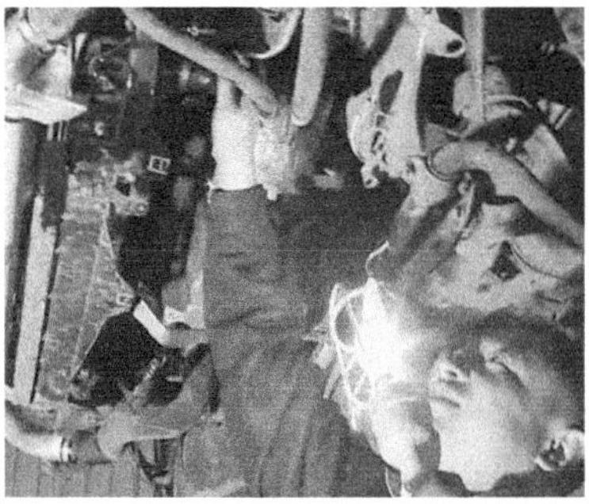

图 10. 3. 23　升车并观察是否有泄漏

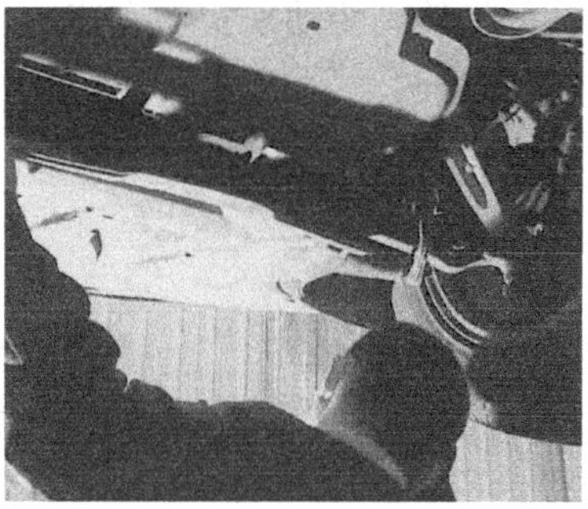

图 10. 3. 24　安装底护板

图 10. 3. 25　降车，取下护具

工作任务 10.4　更换 ATF

任务目标

① 能够阐述 CVT 的原理及特点。
② 能够说出 ATF 的成分及使用性能。
③ 能够完成 CVT 的 ATF 的更换工作。

10.4.1　传动比

由齿轮传动的原理可知，一对齿数不同的齿轮啮合传动时可以变速，而且两齿轮的转速与其齿数成反比。设主动齿轮转速为 n_1，齿数为 Z_1；从动齿轮转速为 n_2，齿数为 Z_2。传动比即是主动轮（即输入轴）转速与从动轮（即输出轴）转速的比值，用 i_{12}表示，即

$$i_{12}=n_1/n_2=Z_2/Z_1$$

若小齿轮为主动轮，其转速经大齿轮传出时就降低了，即 $n_1>n_2$，称为减速传动，此时传动比 $i>1$；若大齿轮为主动轮，其转速经小齿轮传出时就升高了，即 $n_1<n_2$，称为增速传动，此时传动比 $i<1$。这就是齿轮传动的变速原理，汽车变速器就是根据这一原理利用若干大小不同的齿轮副传动来实现变速的（图 10.4.1）。

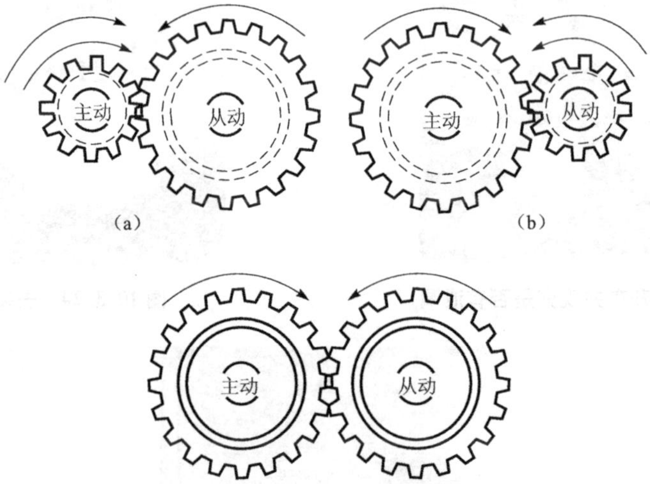

图 10.4.1　齿轮啮合关系图
(a) 减速传动；(b) 增速传动；(c) 等速传动

若主动轮转矩为 M_1，从动轮转矩为 M_2，则由齿轮的传动原理可知：$n_1/n_2=M_2/M_1$，即增速则降扭，降速则增扭。

齿轮式变速器在改变转速的同时也改变了输出转矩，传动比既是变速比也是变矩比，汽车变速器就是利用这一原理，通过改变各挡传动比来改变输出转速，从而改变其输出转矩，以适应汽车行驶阻力的变化。

10.4.2　变速器类型

变速器类型及性能比较如表 10.4.1 所示。

表 10.4.1　变速器类型及性能

变速器名称	操纵方式	传动比变化方式	0—100 km/h 加速时间/s	平均 100 km 燃油消耗/L
MT	人工手动	有级	8.1	10.6
AT	变速器控制单元 自动控制	有级	9.3	9.9
CVT	变速器控制单元 自动控制	无级	8.0	9.7

10.4.3　无级自动变速器

一、CVT 介绍

安装无级变速传动（Continuouslv Variable Transmission，CVT）的变速器也称为无段变速箱或者无级变速器。这种变速器和普通自动变速器的最大区别是它省去了复杂而又笨重的齿轮组合变速传动，而只用了两组带轮进行变速传动。通过改变驱动轮与从动轮传动带的接触半径进行变速，其设计构思十分巧妙。由于 CVT 可以实现传动比的连续改变，从而得到传动系统与发动机工况的最佳匹配，提高整车的燃油经济性和动力性，改善驾驶员的操纵方便性和乘客的乘坐舒适性，所以它是理想的汽车传动装置。无段变速箱轿车一样有自己的挡位，停车挡 P、倒车挡 R、空挡 N、前进挡 D 等，只是汽车前进自动换挡时十分平稳，没有闯动的感觉。

二、CVT 的技术特性优势

1. 经济性

CVT 可以在相当宽的范围内实现无级自动变速，从而获得传动系统与发动机工况的最佳匹配，提高整车的燃油经济性。

2. 动力性

汽车的后备功率决定了汽车的爬坡能力和加速能力。汽车的后备功率越大，汽车的动力性越好。由于 CVT 的无级变速特性，能够获得后备功率最大的传动比，所以 CVT 的动力性能明显优于 MT 和 AT。

3. 排放

CVT 的速比工作范围宽，能够使发动机以最佳工况工作，从而改善了燃烧过程，降低了废气的排放量。ZF 公司将自己生产的 CVT 装车进行测试，其废气排放量比安装 4-AT 的汽车减少了大约10%。

4. 成本

CVT系统结构简单，零部件数目比AT（约500个）少（约300个），一旦汽车制造商开始大规模生产，CVT的成本将会比AT小。由于采用该系统可以节约燃油，随着大规模生产以及系统、材料的革新，CVT零部件（如传动带或传动链、主动轮、从动轮和液压泵）的生产成本，将降低20%~30%。

三、奥迪轿车01J电控无级自动变速器

01J电控无级自动变速器结构简图，如图10.4.2所示。

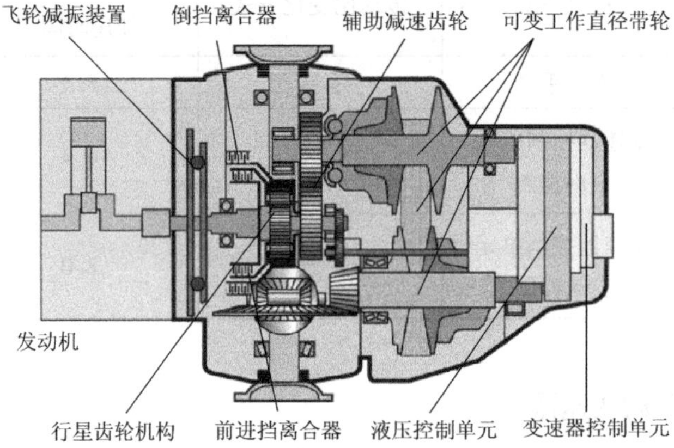

图10.4.2 01J电控无级自动变速器结构简图

1. 行星齿轮机构

采用两组行星齿轮，实现01J变速器的倒向行驶（图10.4.3）。其动力传递路线如下。

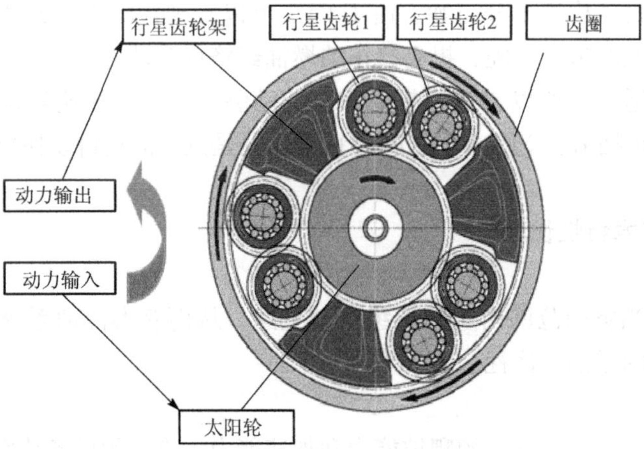

图10.4.3 行星齿轮机构简图

（1）前进挡

前进挡离合器与太阳轮连接，摩擦片与行星架相连接。当前进挡离合器工作时，太阳轮（变速器输入轴）与行星架（输出）连接，行星齿轮系被锁止，并与发动机运转方向相同，传动比为 1∶1。

（2）倒挡

倒挡制动器摩擦片与齿圈想连接，钢片与变速器壳体相连接。当倒挡制动器工作时，齿圈被固定，太阳轮（输入轴）主动，转矩传递到行星架，由于采用了两种行星齿轮（其中一种起到惰轮的作用），所以行星架就会以与发动机旋转方向相反的方向运转，车辆向后行驶。

2. 主、从动带轮装置

（1）CVT 结构

CVT 的主要结构如图 10.4.4 所示，该系统主要包括主动轮组、从动轮组、金属带和液压泵等基本部件。金属带由两束金属环和几百个金属片构成。主动轮组和从动轮组都由可动盘和固定盘组成，与油缸靠近的一侧带轮可以在轴上滑动，另一侧则固定。可动盘与固定盘都是锥面结构，它们的锥面形成 V 形槽来与 V 形金属传动带啮合。

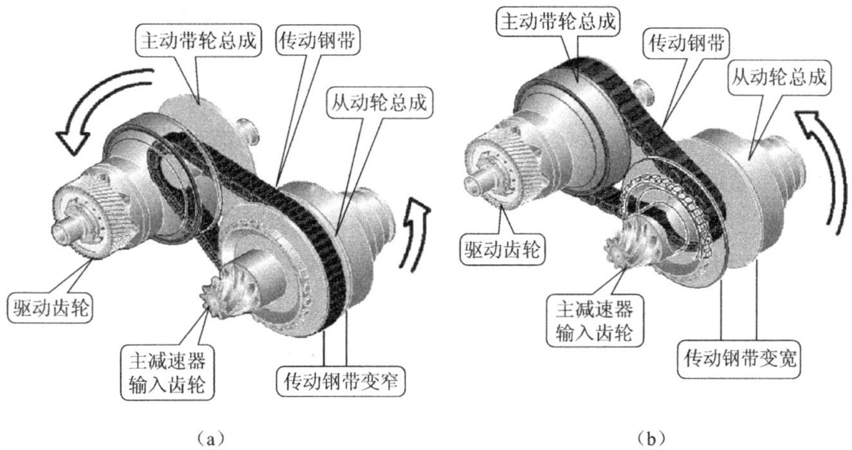

图 10.4.4　无级自动变速器工作原理简图

（a）传动钢带变窄；（b）传动钢带变宽

（2）工作原理

发动机输出轴输出的动力首先传递到 CVT 的主动轮，然后通过 V 形传动带传递到从动轮，最后经减速器、差速器传递给车轮来驱动汽车。工作时通过主动轮与从动轮的可动盘做轴向移动来改变主动轮、从动轮锥面与 V 形传动带啮合的工作半径，从而改变传动比。可动盘的轴向移动量是由驾驶员根据需要通过控制系统调节主动轮、从动轮液压泵油缸压力来实现的。由于主动轮和从动轮的工作半径可以实现连续调节，从而实现了无级变速（图 10.4.4）。

在金属带式无级变速器的液压系统中，从动油缸的作用是控制金属带的张紧力，以保证来自发动机的动力高效、可靠地传递。主动油缸控制主动锥轮的位置沿轴向移动，在主动轮组金属带沿 V 形槽移动，由于金属带的长度不变，在从动轮组上金属带沿 V 形槽向相反的方向变化。金属带在主动轮组和从动轮组上的回转半径发生变化，实现速比的连续变化。

汽车开始起步时，主动轮的工作半径较小，变速器可以获得较大的传动比，从而保证驱动桥能够有足够的扭矩来保证汽车有较高的加速度。随着车速的增加，主动轮的工作半径逐渐减小，从动轮的工作半径相应增大，CVT 的传动比下降，使得汽车能够以更高的速度行驶。

3. 液控系统

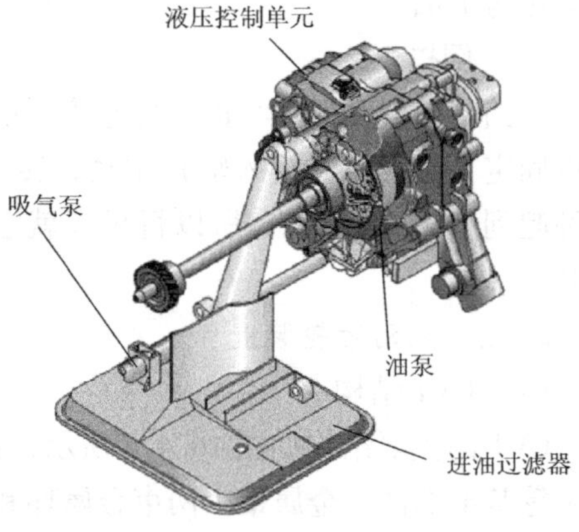

图 10.4.5 无级变速器液控系统简图

在奥迪轿车 01J 无级自动变速器中，动力的传递由动力供应和液压部分决定。无级自动液压控制系统和其他自动变速器液压控制系统一样，担负着系统油压的控制、油路的转换控制、用油元件供油以及冷却控制等，其结构组成如图 10.4.5 所示。

在整个液压控制系统中，处于油底壳内的 ATF 过滤器用来滤除 ATF 中的杂质，以保障系统油液品质，油泵采用高效率的月牙形变量泵，可以根据系统需要自动调整泵油量，实时满足系统需要。吸气喷射泵用来产生额外供给离合器冷却所需低压油。液压控制单元的功能：前进挡/倒挡离合器控制；调节离合器油压；冷却离合器；为接触压力控制提供压力油；传动控制；为飞溅润滑油罩盖供油。

4. 电控单元

电控单元集成在变速器内部，控制单元直接用螺栓紧固在液控单元上。3 个压力调节阀与控制单元间直接通过坚固的插头连接，没有连接线。控制单元用一个 25 针的小型插头与汽车相连，其底板为铝质，壳体为塑料材质，在壳体内部容纳全部传感器，因此不再需要线速和插头。这种结构大大提高了工作效率和可靠性。另外，发动机转速传感器和多功能开关设计成霍耳传感器，优点是没有机械磨损，信号不受电磁干扰，提高可靠性，缺点是电控元件中的某个传感器损坏则需要更换整个电控单元（图 10.4.6）。

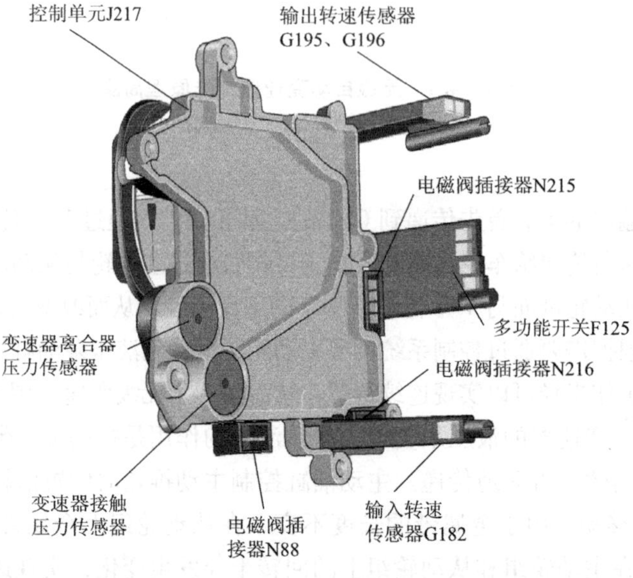

图 10.4.6 无级自动变速器电控单元简图

无级自动变速器电控系统电路图，如图 10.4.7 所示。

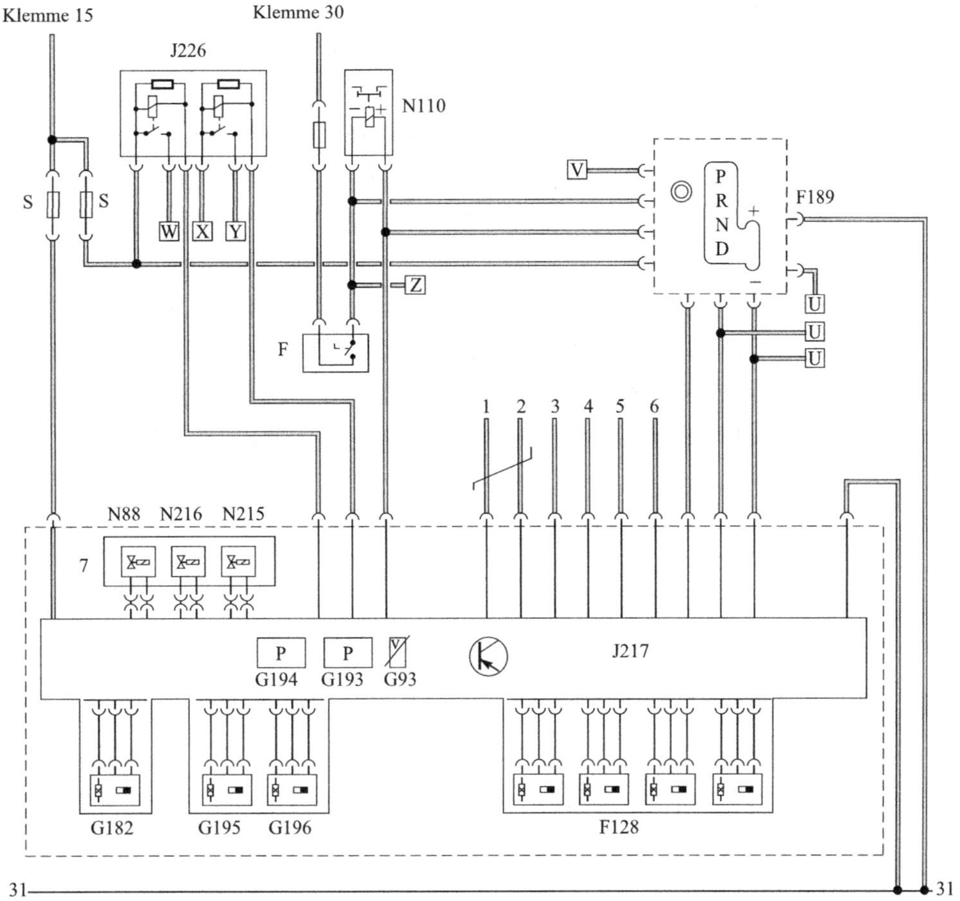

图 10. 4. 7　无级自动变速器电控系统电路图

F—制动灯开关；F125—多功能开关；F189—Tiptronic 开关；G93—变速器油温传感器；
G182—变速器输入转速传感器；G193—变速器离合器压力传感器；G194—变速器接触压力传感器；
G195—变速器输出转速传感器；G196—变速器输出转速传感器；2-N88—电磁阀（离合器冷却/安全切断）；
N110—换挡杆锁止电磁阀；N215—离合器压力控制阀；N216—接触压力控制阀；J217—变速器控制单元；
J226—启动锁止和倒车灯继电器；S—熔断器；U—到 Tiptronic 方向盘（选装）；V—来自接线柱 58 d；
W—到倒车灯；X—来自点火开关接线柱 50；Y—到启动机接线柱 50；Z—到制动灯；
1—CAN（低）；2—CAN（高）；3—换挡指示信号；4—车速信号；5—发动机转速信号；6—诊断信号

10. 4. 4　自动变速器油（ATF）

ATF 可以是以石油基的或全部合成的油。国内厂家在其变速器中要求使用石油基油，然而有些进口车要求用部分合成油。

ATF 是包含专门添加剂的复合液，它使润滑剂较好地满足自动变速器的流动和摩擦的要求。ATF 通常染成红色（也有黄颜色的），为的是当渗漏发生时更好地与发动机机油相区别。石油基 ATF 是清澈的红色，烧毁时变暗，被水污染时呈乳化状。合成 ATF 和石油基油相比呈暗红色。合成油在正常使用后会有点烧焦的气味。因此，不能简单地根据油的外观和气味来判断变速器油质。

加到ATF中的不同的化学物质确保了油的耐久性和全部性能。通常添加锌、含磷物质和硫来减少摩擦。对ATF加入清洁添加剂有助于使变速器零件保持清洁。还加有分散剂，它使污染物悬浮在油中，这样他们就能被过滤器滤掉。各牌号的ATF均有严格的检验标准，确保满足厂家制定的规范。有些检验标准适用于各种ATF，如抗氧化能力、腐蚀和锈的抑制能力、闪点和燃点以及防泡沫能力，其他标准是特殊油的性能的细节标准。

因为在变速器油的成分中有些化学物质可能与用于变速器中的油封的纤维或合成材料产生反应，还要检验油与某个品牌的变速器的适应性。由于不适应而产生的油封的变质、膨胀和/或收缩，将导致变速器油的外漏和内漏。还要检验各牌号的ATF互溶性或与其他牌号的适应性。尽管不同牌号的变速器油必须满足相同的一套标准，但他们的实际化学成分不同，不能适应于其他的场合。当将两种牌号的油混合在一起时，不应有油的分离、颜色变化或化学分解。这个适应性水平对变速器的使用寿命非常重要，因为便于维护油面高度，不必担心换成或混入其他牌号的油。

10.4.5 操作步骤

步骤1：将诊断仪V.A.S 5052诊断插头与车辆连接，打开发动机舱盖，安全举升车辆。利用钳子和螺丝刀拆卸变速器护板，将废油收集车推至CVT下方（图10.4.8~图10.4.11）。

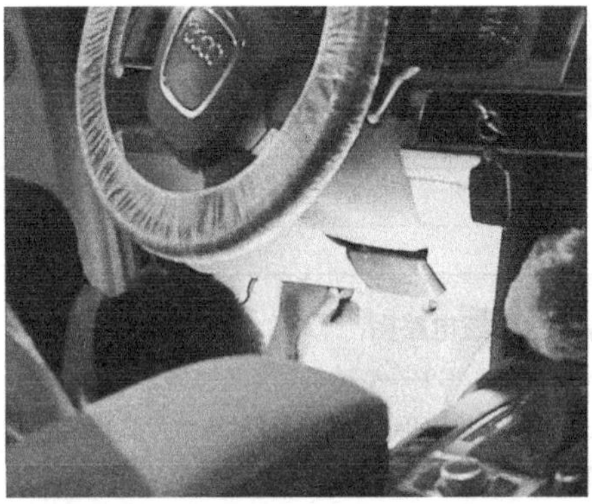

图10.4.8 连接V.A.S 5052

图10.4.9 举升车辆

图10.4.10 拆卸变速器护板

图10.4.11 将废油收集车推至CVT放油口正下方

特别提示： 举升机支臂与车身底部支点要正确安放，举升到位后需要进行锁止操作，安全举升。

步骤 2： 采用专用工具 3357 松开放油螺塞，用内六角扳手拧下加油螺塞，有少量 ATF 溢出，然后将放油螺塞拆下，进行放油。当 ATF 不再流出时，拧紧放油螺塞（图 10.4.12～图 10.4.18）。

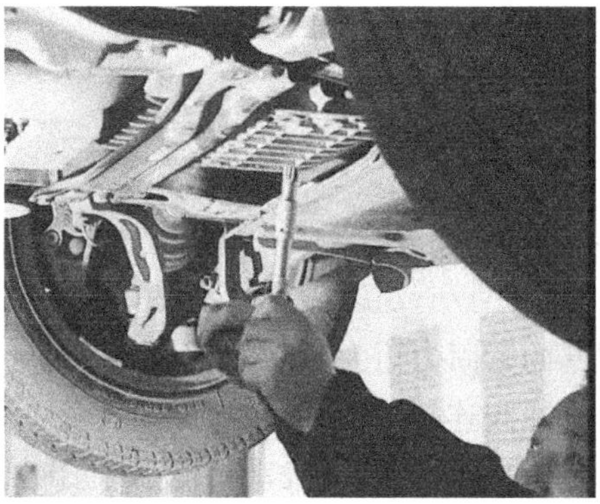

图 10.4.12　松动放油螺塞

图 10.4.13　松开加油螺塞

图 10.4.14　少量 ATF 从加油口溢出

图 10.4.15　拆下放油螺塞

图 10.4.16　废油流出

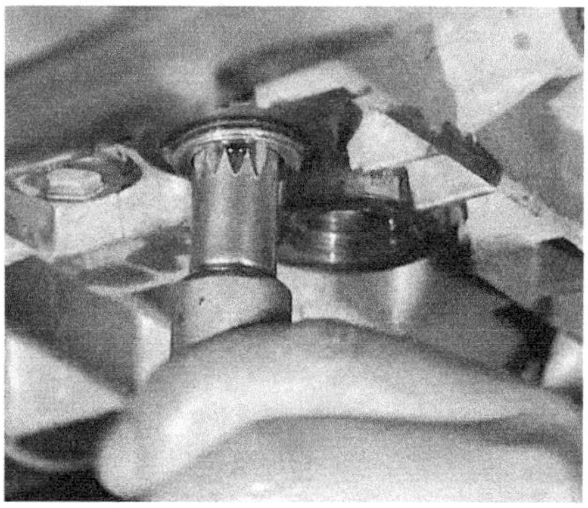

图 10.4.17　拧紧放油螺塞

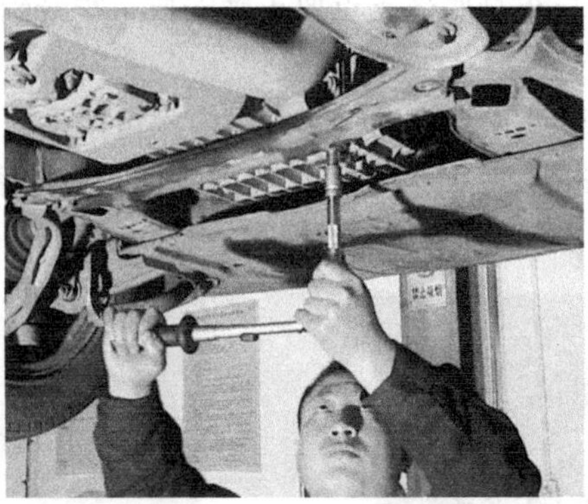

图 10.4.18 使用力矩扳手紧固放油螺塞

特别提示：会有 ATF 溢出，防止飞溅；放油螺塞的紧固力矩为 30N · m。

步骤 3：将 ATF 加入专用工具 VAS5162，并将加油阀连接至 CVT 底部加油孔处，打开加注阀后，降低车辆后将 ATF 更换专用工具 VAS5162 的储液壶挂至发动机舱盖结合处，打开点火开关与诊断仪 V. A. S 5052 建立通信（图 10.4.19~图 10.4.23）。

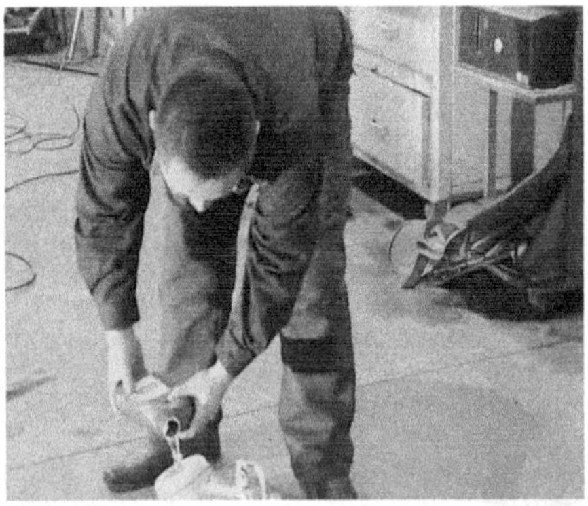

图 10.4.19 加入新 ATF 至 VAS5162

图 10.4.20 连接 VAS5162 至加油孔

图 10.4.21 打开加注阀

图 10.4.22 降车至适当高度，悬挂 VAS5162 储液壶至机舱盖

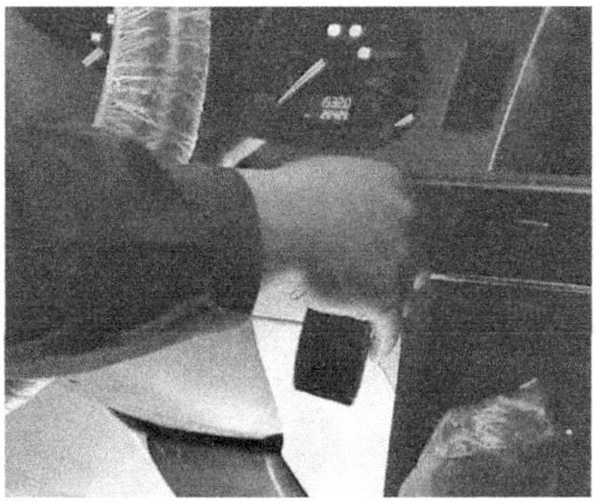

图 10.4.23　将点火开关开至点火挡，不启动发动机

特别提示：ATF 加注量为 6 桶共计 6 L。

步骤 4：单击车辆自诊断→车载自诊断→读取网关安装列表→变速器电子设备→测量值→小键盘区域输入 13 后，按 Q 键，显示 ATF 温度为 33 ℃。按照厂家要求，只有 ATF 温度在 40 ℃以下才允许加入新油。按退出键退出系统（图 10.4.24）。

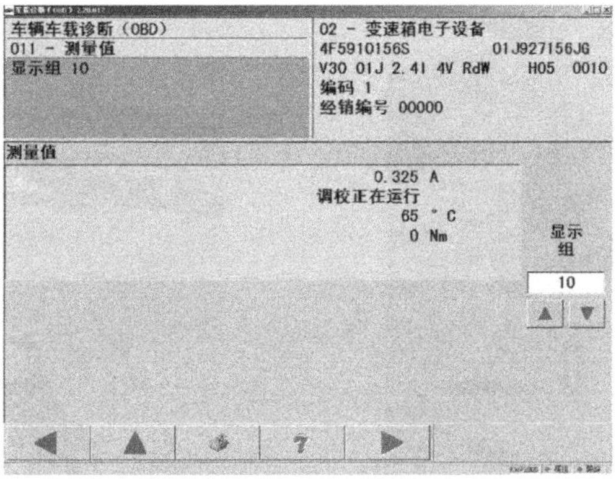

图 10.4.24　测量油温

步骤 5：观察 VAS5162 的储液壶内的 ATF 油面低于输出口平面时启动发动机，踩下制动踏板，将换挡手柄在各个挡位切换并做适当停留，最后将换挡手柄置于 P 位置，并保持发动机的怠速运转（图 10.4.25～图 10.4.27）。

图 10.4.25　观察 VAS5162 中油位

图 10.4.26　启动发动机

图 10.4.27 切换各挡位并停留 3~5 s

步骤 6：将车辆向上升起，将 VAS5162 的加注阀口开关旋转至排出方向，会有少量的 ATF 从排出口流出，则说明 ATF 液面正常，关闭加注阀开关并将其拆下，迅速拧紧加油螺塞（图 10.4.28~图 10.4.30）。

图 10.4.28 拧开加注阀口至排出方向

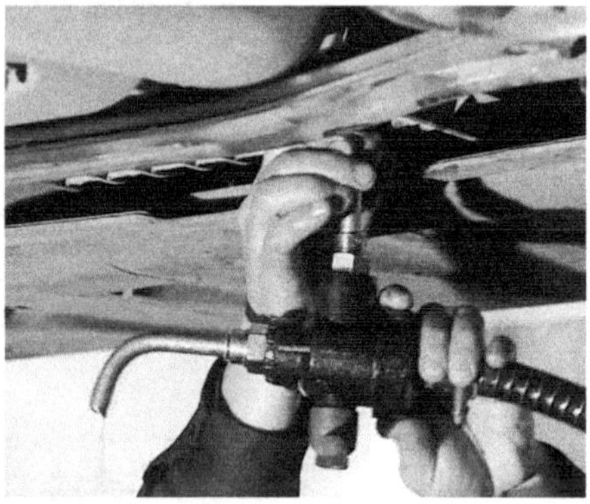

图 10.4.29 关闭加注阀开关并拆下 VAS5162

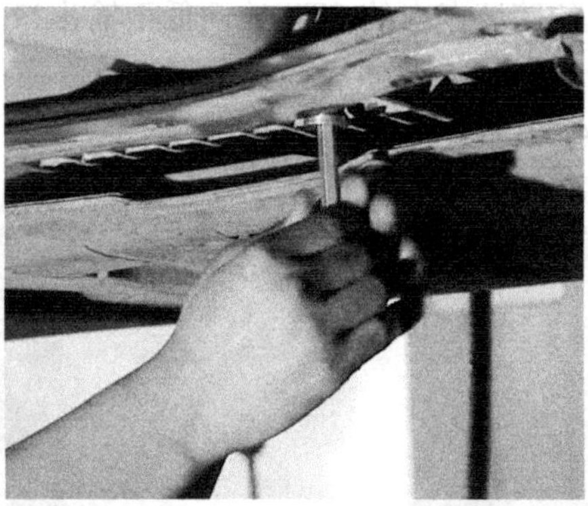

图 10.4.30 拧紧加油螺塞

特别提示：加油螺塞的紧固力矩为 25 N · m。

步骤 7：对 CVT 加注及泄放区域进行清洁，安装后消声板，降下车辆并拆下 ATF 更换专用工具 VAS5162 的储液壶，关闭点火开关，断开诊断仪 V. A. S 5052 与车辆的连接（图 10. 5. 31～图 10. 4. 32）。

图 10. 4. 31　擦拭加油/放油口

图 10. 4. 32　观察是否漏油

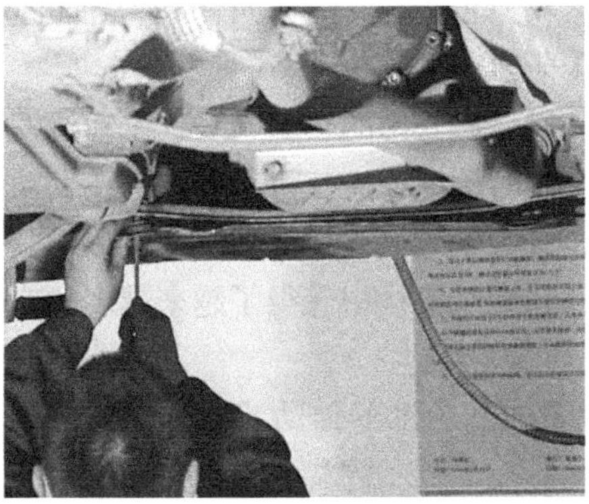

图 10. 4. 33　安装变速器护板

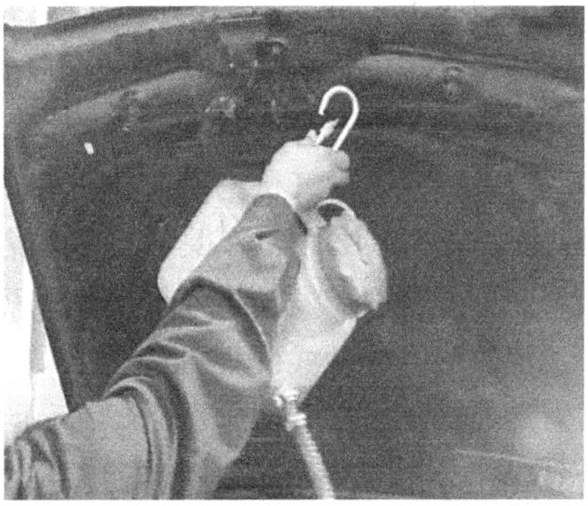

图 10. 4. 34　取下 VAS5162 储液壶

特别提示： 注意前后消声板的连接处的定位螺钉的安装。

工作任务 10. 5　更换正时皮带

任务目标

① 能描述配气机构的作用及工作过程。

② 能说出正时皮带的功用。

③ 能够向客户解释按照保养里程更换正时皮带的重要性。

④ 能正确完成正时皮带更换工作。

10.5.1 配气机构

一、配气机构的功用

配气机构的功用就是根据每一汽缸内所进行的工作循环和点火顺序的要求，定时打开和关闭各缸的进排气门，使新气及时进入汽缸和废气及时排出汽缸，使换气过程最佳。好的配气机构应使发动机在各种工况下工作时获得最佳的进气量，以保证发动机在各种工况下工作时发挥最好的性能。

发动机在全负荷下工作时，需获得最大功率和扭矩，这就要求在此工况下，配气机构应保证获得最大进气充量。吸入的进气越多，发动机发出的功率和扭矩越大。进气充满汽缸的程度，常用充气效率（也称充气系数）η_v 表示。即

$$\eta_v = M/M_0$$

式中：M 为进气过程中，实际充入汽缸的进气量；M_0 为在进气状态下充满汽缸工作容积的进气量。

一般情况下发动机充气效率 η_v 总是小于 1 的。η_v 的大致范围：四冲程汽油机 0.7～0.85；四冲程非增压柴油机 0.75～0.90；四冲程增压柴油机 0.90～1.05。

充气效率越高，表明充入汽缸的新鲜气量越多，燃烧后放出的热量越多，发动机发出的功率就越大。好的配气机构就是要在发动机大负荷工作时，保证充气效率最大。在发动机部分负荷下工作时，要求汽车具有良好的燃油经济性，这时配气机构应保证混合气形成质量良好。为此，近代轿车发动机发展起来的可变化技术，在配气机构中获得了越来越多的应用。

二、齿形带传动式配气机构

齿形带传动机构，如图 10.5.1 所示。其用于上置式凸轮轴的传动，与齿轮和链传动相比具有噪声小、质量低、成本低、工作可靠和不需要润滑等优点。另外，齿形带伸长量小，适合有精确定时要求的传动。因此，被越来越多的汽车发动机特别是轿车发动机所采用。齿形带用氯丁橡胶制成，中间夹有玻璃纤维，齿面粘覆尼龙编织物。在使用中不能使齿形带与水或机油接触，否则容易引起跳齿。齿形带轮由钢或铁基粉末冶金制造。为了确保传动可靠，齿形带需保持一定的张紧力，为此在齿形带传动机构中也设置有张紧轮与张紧弹簧组成的张紧器。

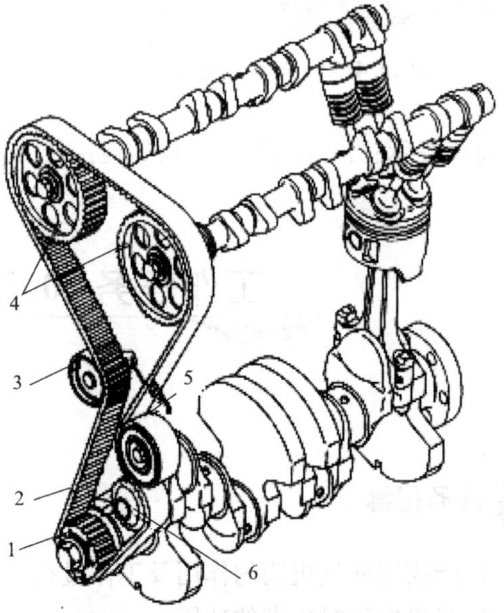

图 10.5.1 凸轮轴的齿形带传动机构

1—曲轴定时同步齿形带轮；2—同步齿形带；3—张紧轮；4—凸轮轴定时同步齿形带轮；5—中间轮；6—水泵传动同步齿形带轮

三、气门间隙

1. 定义

通常在发动机冷态装配时，在气门与其传动机构中，留有适当的间隙，以补偿气门受热后的膨胀量，这一间隙通常称为

气门间隙。

2. 设置气门间隙的原因

发动机工作时，气门将因温度升高而膨胀，如果气门与其传动件之间，在冷态时无间隙或间隙太小，则在热态时，气门及其传动件的受热膨胀势必引起气门关闭不严，造成发动机在压缩行程和作功行程中漏气，而使功率下降，严重时甚至不易启动。有的发动机采用液力挺柱，挺柱的长度能自动变化，随时补偿气门的热膨胀量，故不需要预留气门间隙。

3. 气门间隙值

气门间隙的大小由发动机制造厂根据试验确定。一般在冷态时，进气门的间隙为0.25~0.35 mm，排气门间隙为 0.30~0.35 mm。

4. 气门间隙值不准确的影响

如果气门间隙过小，发动机在热态下可能因气门关闭不严而发生漏气，导致功率下降，甚至气门烧坏。如果气门间隙过大，则使传动零件之间以及气门与气门座之间产生撞击响声，并加速磨损。同时，也会使气门开启的持续时间减少，汽缸的充气以及排气情况变坏。

四、配气相位

1. 定义

用曲轴转角表示的进、排气门开闭时刻和开启持续时间，称为配气相位。配气相位的各个角度可用配气相位图来表示，如图 10.5.2 所示。

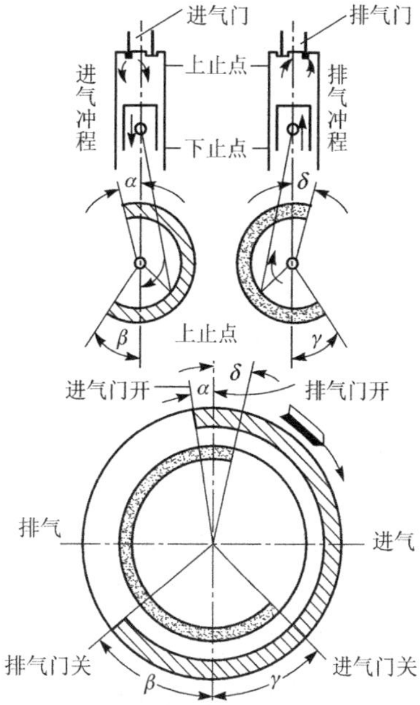

图 10.5.2　配气相位

在四冲程发动机的简单工作循环中，为了方便曾把进、排气过程都看作是在活塞的一个行程内即曲轴转 180°完成的，即气门开关时刻是在活塞的上、下止点处，但实际情况并非如此。由于发动机转速很高，一个行程的时间极短，例如上海桑塔纳轿车发动机，在最大功率时的转速为 5600 r/min，一个行程历时仅为 60/（5600×2）= 0.0054 s。再加上用凸轮驱动气门开启需要一个过程，气门全开的时间就更短了，这样短的时间难以做到进气充分，排气干净。为了改善换气过程，提高发动机性能，实际发动机的气门开启和关闭并不恰好在活塞的上、下止点，而是适当地提前和滞后，以延长进、排气的时间。也就是说，气门开启过程中曲轴转角都大于 180°。

2. 进气门的配气相位

（1）进气提前角

在排气行程接近终了，活塞到达上止点之前，进气门便开始开启。从进气门开始开启到上止点所对应的曲轴转角称为进气提前角（或早开角），用 α 表示，一般为 10°~30°。进气门提前开启的目的，是为了保证进气行程开始时进气门已开大，新鲜气体能顺利地充入汽缸。

（2）进气迟后角

在进气行程下止点过后，活塞重又上行一段，进气门才关闭。从下止点到进气门关闭所对应的曲轴转角称为进气迟后角（或晚关角），用β表示，β一般为4°~8°。进气门晚关，是因为活塞到达下止点时，由于进气阻力的影响，汽缸内的压力仍低于大气压，且气流还有相当大的惯性，仍能继续进气。下止点过后，随着活塞的上行，汽缸内压力逐渐增大，进气气流速度也逐渐减小，至流速等于0时，进气门便关闭的β角最适宜。若β过大便会将进入汽缸的气体重新又压回进气管。

由上可见，进气门开启持续时间内的曲轴转角，即进气持续角为$\alpha+180°+\beta$。

3. 排气门的配气相位

（1）排气提前角

在作功行程的后期，活塞到达下止点前，排气门便开始开启。从排气门开始开启到下止点所对应的曲轴转角称为排气提前角（或早开角），用γ表示，γ一般为40°~80°。排气门恰当地早开，汽缸内还有0.3~0.5 MPa的压力，作功作用已经不大，但利用此压力可使汽缸内的废气迅速地自由排出，待活塞到达下止点时，汽缸内只剩0.11~0.12 MPa的压力，使排气行程所消耗的功率大为减小。此外，高温废气的早排，还可防止发动机过热。但γ角若过大，则将得不偿失。

（2）排气迟后角

在活塞越过上止点后，排气门才关闭。从上止点到排气门关闭所对应的曲轴转角称为排气迟后角（或晚关角），用δ表示，δ一般为10°~30°。由于活塞到达上止点时，汽缸内的压力仍高于大气压，且废气气流有一定的惯性，所以排气门适当晚关可使废气排得较干净。

由上可见，排气门开启持续时间内的曲轴转角，即排气持续角为$\gamma+180°+\delta$。

4. 气门的叠开

由于进气门早开和排气门晚关，就出现了一段进、排气门同时开启的现象，称为气门叠开。同时开启的角度，即进气门早开角与排气门晚关角的和（$\alpha+\delta$），称为气门叠开角。

由于叠开时气门的开度很小，且新鲜气体和废气流的惯性要保持原来的流动方向，所以只要叠开角适当，就不会产生废气倒排回进气管和新鲜气体随废气排出的问题。相反，由于废气气流周围有一定的真空度，对排气速度有一定影响，从进气门进入的少量新鲜气体可对此真空度加以填补，还有助于废气的排出。发动机的结构不同、转速不同，配气相位也就不同。有些增压柴油机的配气相位，其叠开角较一般非增压柴油机要大得多。这是因为进气压力高，一方面不会发生废气倒流入进气管的现象；另一方面除可使充量更大外，新鲜空气可将汽缸内的废气扫除干净。虽有一部分新鲜空气会从排气门排出，但无关紧要，并不消耗燃油。同一台发动机转速不同也应有不同的配气相位，转速愈高，提前角和迟后角也应愈大，然而这在结构上很难满足。现在都是按发动机的性能要求，通过试验来确定某一常用转速下较合适的配气相位，自然它也就只能对这一转速最为有利。

由于进气门关闭时，活塞距下止点已较远，其速度已相当大。因而晚关角的变化对汽缸内的容积及充量的影响较大。因此，在配气相位的四个角中，进气迟后角的大小，对发动机性能的影响最大。因此，一般发动机当配气相位变迟后，影响发动机性能最大的进气迟后角变大，而这正是高速时所要求的，所以对高速稍有利而低速性能变坏；反之，配气相位变早时，进气迟后角变小，对低速稍有利而高速性能变坏。

对于不同发动机，由于结构形式、转速各不相同，因而配气相位也不相同。合理的配气相位应根据发动机性能要求，通过反复试验确定。

五、可变配气相位

尽管不同发动机配气相位是根据试验而取得的最佳配气相位，从而成为设计凸轮型线以及确定各汽缸进、排气凸轮在凸轮轴上相对位置的依据，但实际上当配气凸轮轴设计已定，则发动机的配气相位也就确定下来了，在发动机运转过程中是不能改变的。然而，发动机转速的高低对进、排气流动以及汽缸内的燃烧过程是有影响的。转速高时，进气气流流速高，惯性能量大，所以希望进气门早些打开，晚些关闭，尽量多进一些混合气或空气；反之，在发动机转速低时，进气流速低，流动惯性能量小，如果进气门过早开启，由于此时活塞正在上行排气，很容易把新鲜气体挤出汽缸，使进气反而少了，发动机工作更趋不稳定。因此，在低转速时，希望发动机进气门稍晚些开启。另外，在发动机转速不同时，对配气相位的要求是不同的。如果凸轮型线所规定的配气相位适用于高速，那么在低转速时，性能就不会太好；反之亦然。为了取得平衡，一般凸轮型线设计时，配气相位既要照顾到高速，又要兼顾低速，所以是一个折中的配气方案，很难达到真正的最佳配气相位。

为了使高速和低速都能得到最佳的配气相位，20 世纪 80 年代后，在轿车发动机上出现了一些可变配气相位的控制机构。

1. 气门定时和升程可变的进气系统（VTEC）

20 世纪 90 年代初，日本本田公司推出了一种既可改变配气定时，又能改变气门运动规律的可变配气定时-升程的控制机构，称为 VTEC 机构。其配气凸轮轴上布置了高速和低速两种凸轮，采用了设计特殊的摇臂，根据发动机转速的高低，自动切换凸轮，使摇臂分别被高速或低速凸轮驱动。由于凸轮的更换，从而实现了配气定时和气门运动规律均可变化的目的，其工作原理如图 10. 5. 3 所示。凸轮轴 9 上的高速凸轮 11 处在中摇臂 2 的位置，左右各有一个低速凸轮 10 和 12，分别处在主摇臂 8 和次摇臂 3 的位置，在三个摇壁内装有同步柱塞 4 和 5、定时柱塞 6 以及阻挡柱塞 13。在转速低于 6000 r/min 时（图 10. 5. 9（b）），同步柱塞不移动，主、次摇臂驱动两个气门。当转速高于 6000 r/min（图 10. 5. 9（c）），在压力机油的作用下定时柱塞 6 移动，并推动同步活塞 4 和 5 移动，将中摇臂 2 与主、次摇臂

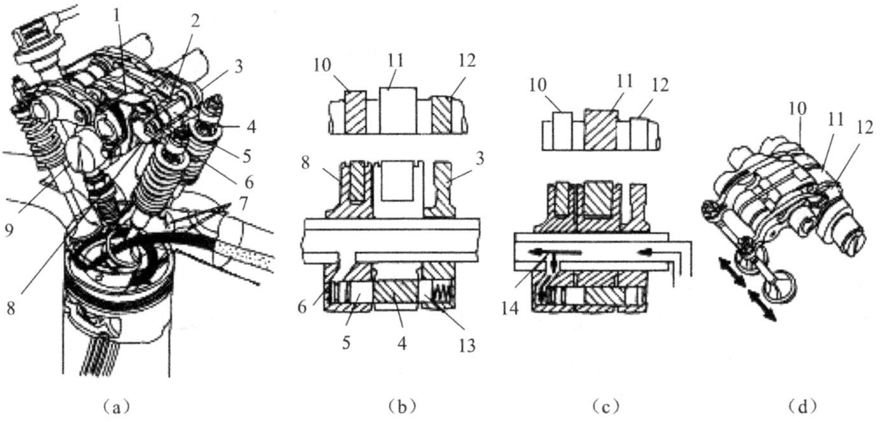

图 10. 5. 3　本田公司 VTEC 机构的工作原理

（a）VTEC 工作原理；（b）低转速时；（c）高转速时；（d）VTEC 机构的轴测图

1—定时板；2—中摇臂；3—次摇臂；4，5—同步柱塞；6—定时柱塞；7—进气门；8—主摇臂；

9—凸轮轴；10，12—低速凸轮；11—高速凸轮；13—阻挡柱塞；14—机油流

锁在一起，三个摇臂一道在高速凸轮的驱动下驱动气门，而高速凸轮两边的低速凸轮则随凸轮轴空转。这种机构在本田 D18C 型 1. 8L4 缸直列式轿车汽油机上得到了应用。

六、正时皮带

1. 定义

正时皮带又称为齿形带，是发动机配气系统的重要组成部分，通过凸轮轴与曲轴的连接，并配合一定的传动比来保证进、排气时间的准确。使用皮带而不是齿轮来传动是因为皮带噪声小，传动精确，自身变化量小而且易于补偿（图 10. 5. 4）。

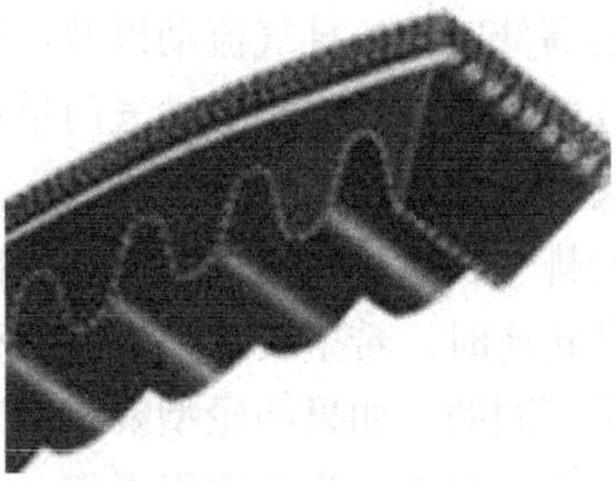

图 10. 5. 4　齿形带细节图

2. 正时皮带的作用

正时皮带的作用就是当发动机运转时，活塞的行程、气门的开启和关闭、点火的顺序在正时皮带的连接作用下，时刻要保持同步运转，通过发动机的正时机构，让每个汽缸正好做到：活塞向上正好到上止点时、气门正好关闭、火花塞正好点火。

3. 正时皮带的使用

正时皮带为橡胶易耗损品部件。随着发动机工作时间的增加，正时皮带和正时皮带张紧轮、冷却液泵驱动轮等部件都会发生磨损或老化。如果正时齿形皮带发生断裂会造成发动机内部气门与活塞撞击而造成严重毁损。因此，凡是装有正时皮带的发动机，厂家都会有严格要求，在规定的周期内定期更换正时皮带及附件，更换周期则随着发动机的结构不同而有所不同，一般在车辆行驶到 6 万 ~ 10 万 km 时应该更换，具体的更换周期应该以车辆的保养手册说明为准。

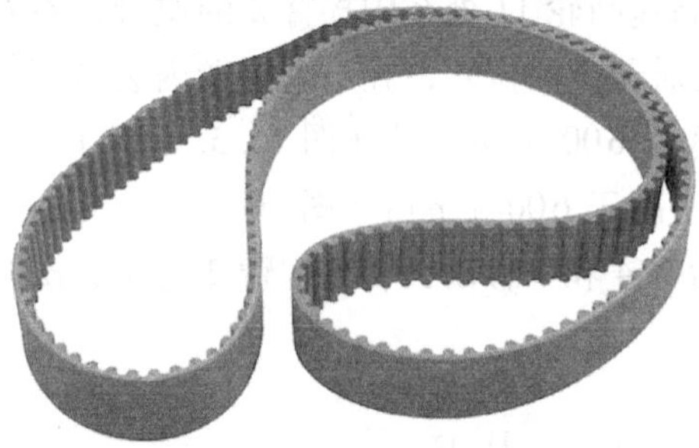

图 10. 5. 5　齿形正时皮带

正时皮带破裂时发生的故障将使顾客花费更多，而且还面临长时间不能用车的麻烦。因此，应该让顾客了解定期检查、及时更换正时皮带的重要性。同时，也应该让用户知道：常规保养时更换正时皮带，比以后拖进修理厂进行大修要便宜得多（图 10. 5. 5）。

10. 5. 2　操作步骤

在此对奥迪 A6L 轿车更换正时皮带的关键步骤进行介绍。

步骤 1：拆下车身外部温度传感器，将助力油散热油管固定螺栓用 T30 工具拆下。拆下进风口及滤网，用 T25 工具拆下左右空气导流板螺钉取下右侧导流板。用 T25 工具拧下冷凝器螺栓，拔下左侧风扇电机插头和压力开关插头。

步骤 2：用 13 mm 套筒拆下保险杠支架螺栓（左右侧一样），拔下左右两侧增压空气冷却器软管，用 T30 工具拆下发动机舱盖锁支架固定螺栓，拆下锁支架上的发动机舱盖，操纵拉索将锁支架抬下来。

步骤 3：拆下发动机罩，用 17 mm 的扳手向右推动多楔带张紧器取下多楔带（图

10.5.6)。用 13 mm 的套筒拆下多楔带张紧器固定螺栓取下张紧器（图 10.5.7)。

图 10.5.6　取下多楔带

图 10.5.7　取下张紧器

步骤 4：用 T30 工具拆下齿形带保护罩上端螺钉，取下保护罩上端，用套筒沿发动机运转方向旋转曲轴使曲轴楔形带轮上的标记和齿形带保护罩下端上的箭头对齐，凸轮轴驱动齿轮上的标记和汽缸盖罩上的箭头对齐。(图 10.5.8～图 10.5.12)

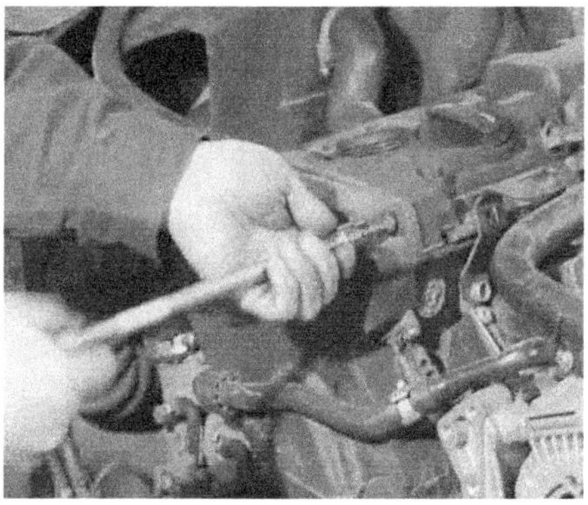

图 10.5.8　拆卸齿形带保护罩上端

图 10.5.9　取下保护罩

图 10.5.10　旋转曲轴

图 10.5.11　曲轴楔形带轮上的标记与保护罩下端箭头对齐

图 10.5.12 凸轮轴驱动齿轮上的标记与汽缸盖罩上的箭头对齐

步骤 5：用 VAG3036 工具固定凸轮轴齿形带轮。用工具拆下曲轴楔形带轮。用 T30 工具拆下齿形带保护罩下端螺栓，取下保护罩（图 10. 5. 13~图 10. 5. 16）

图 10.5.13 拆下齿形带轮连接螺栓

图 10.5.14 取下带轮

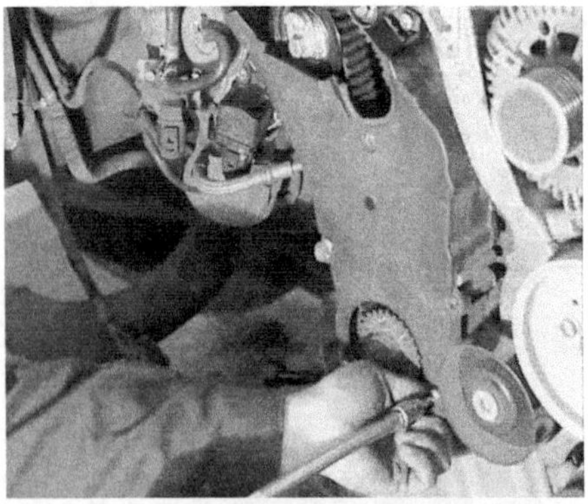

图 10.5.15 拆卸保护罩连接螺栓

图 10.5.16 拆卸保护罩

步骤 6：用 13 mm 的套筒拆下齿形带张紧轮螺母，用 8 mm 的内六角扳手把偏心轮逆时针旋转到最低点，取下张紧轮和齿形带。用 13 mm 的套筒拆下上方导向轮，用 12 mm 的套筒

拆下方的导向轮，用 10 mm 的套筒拆下冷却液泵（图 10. 5. 17~图 10. 5. 20）

图 10. 5. 17　拆下张紧轮螺母，使偏心轮转至最低点

图 10. 5. 18　取下张紧轮和齿形带

图 10. 5. 19　拆卸导向轮

图 10. 5. 20　拆卸水泵

步骤 7：安装新的冷却液泵，安装上方、下方新的导向轮。把新的齿形带张紧轮固定在螺栓上（图 10. 5. 21~图 10. 5. 23）。

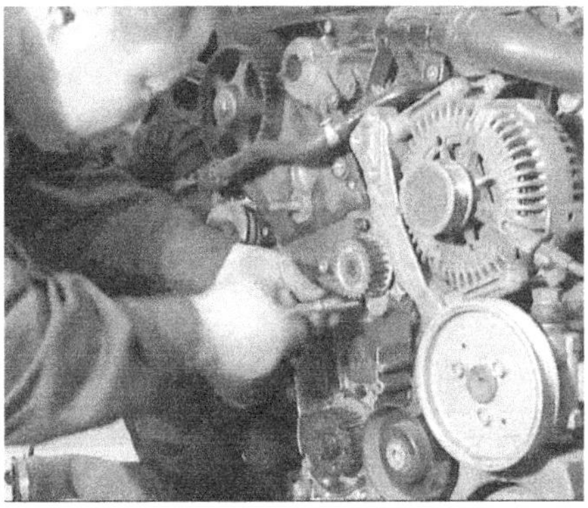

图 10. 5. 21　安装水泵

图 10. 5. 22　安装新的导向轮

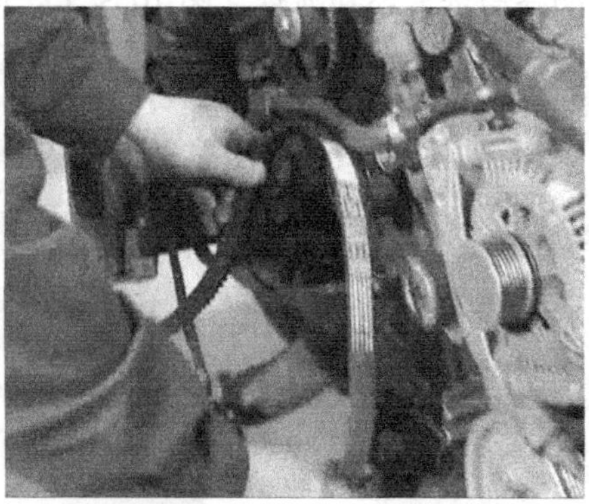

图 10.5.23　安装新的齿形带

特别提示：冷却液泵螺栓紧固力矩为 15N·m，上方导向轮螺栓紧固力矩为 25N·m，下方导向轮螺栓紧固力矩为 35N·m。

步骤 8：用 8mm 的内六角扳手顺时针旋转偏心轮直到工具转至上方，与张紧轮螺栓垂直。使偏心轮保持这个位置并拧紧张紧轮螺母。安装齿形带保护罩下端螺栓用 10N·m 力矩拧紧（图 10.5.24~图 10.5.26）

图 10.5.24　用六角扳手旋转偏心轮

图 6.5.25　偏心轮固定位置

图 6.5.26　安装齿形带保护罩下端

特别提示：齿形带安装过程中不要转动齿形带轮，安装齿形带时曲轴齿形带轮和凸轮轴齿形带轮的正时点必须对准要求的位置。张紧轮螺母用的紧固力矩为 25N·m，齿形带保护罩下端螺栓紧固力矩为 10N·m。

步骤 9：固定凸轮轴齿形带轮，安装曲轴多楔带轮螺栓。检查曲轴多楔带轮的标记和齿形带保护罩下端上的箭头对齐，凸轮轴齿形带轮的标记和汽缸盖罩上的箭头对齐。安装齿形带保护罩上端（图 10. 5. 27～图 10. 5. 29）

图 10. 5. 27　安装油轴多楔带轮螺栓

图 10. 5. 28　曲轴齿形带轮安装位置

图 10. 5. 29　凸轮轴齿形带轮安装位置

特别提示：安装曲轴楔形带轮注意定位孔的位置，其螺栓紧固力矩为 23 N · m。齿形带保护罩安装时要注意保护防冻液管和传感器插头。

步骤 10：安装多楔带张紧器。安装多楔带及带轮，多楔带装到发电机上时用 17 mm 的扳手向右推动多楔带张紧器，直到安上多楔带松开张紧器（图 10. 5. 30～图 10. 5. 32）。

图 10. 5. 30　安装多楔带张紧器

图 10. 5. 31　安装多楔带

图 10.5.32 松开张紧器

注意：多楔带张紧器螺栓的紧固力矩为 23N · m。多楔带安装时，多楔带和带轮必须对正。

复习思考题

1. 简述 ABS 系统中制动液的选用注意事项。
2. 简述液压制动系统的排气顺序和方法。
3. 简述发动机过冷的危害。
4. 简述发动机过热的危害。
5. 列出冷却液的成分。
6. 简述助力转向液缺失的危害。
7. 解释动力转向系统。
8. 简述奥迪 A6L 2.0T 轿车采用的 01J 自动变速器的优点。
9. 简述齿形带传动式配气机构的优越性。
10. 简答正时皮带未按保养里程更换会造成哪些不良影响?
11. 简述配气机构的功用。
12. 解释配气相位。
13. 简述使用原厂配件正时皮带的原因。
14. 解释常用充气效率的计算公式。

参 考 文 献

[1] 唐诗升．现代汽车推介［M］．北京：人民交通出版社，2007.

[2] 陈家瑞．汽车构造：上、下册［M］．北京：机械工业出版社，2005.

[3] 郭彬．汽车使用性能与检测技术［M］．西安：西安电子科技大学出版社，2007.

[4] 周传林．私家车主一本通［M］．天津：天津科技翻译出版公司，2009.

[5] 郭建强．养车用车名师高招百分百［M］．北京：机械工业出版社，2008.

[6] 施托德．汽车机电技术（一）学习领域 1~4［M］．华晨宝马汽车有限公司，组译．北京：机械工业出版社，2008.

[7] 艾若扎维克．汽车底盘及其诊断维修/汽车维修技师丛书［M］．司利增，译．北京：电子工业出版社，2006.

[8] 艾若扎维克．汽车维修基础知识与基本技能/汽车维修技师丛书［M］．司利增，译．北京：电子工业出版社，2006.